PRA QUE MENTIR?

VADICO,
NOEL ROSA E O SAMBA.

GONÇALO JUN

Há uma tendência em alguns círculos a insinuar que "sem Vadico Noel não seria o que foi". Isso é besteira. Noel seria Noel de qualquer jeito. Já Vadico foi mais Vadico com Noel.

RUY CASTRO

GONÇALO JUNIOR

Capa e projeto gráfico: André Hernandez
Arte da capa inspirada no trabalho de Páez Torres
para a capa do álbum Dançando com Vadico (Continental, 1956)
Revisão: Dirceu Rodrigues, Cris Leite, René Ferri e Roberta Sampaio
Produção Gráfica: Israel Carvalho
Impressão e acabamento: Leograf Gráfica Editora

Editora Noir
Praça da Sé, 21 cj 410
CEP 01001-000
São Paulo – Brasil

contato@editoranoir.com.br
editoranoir.com.br

© 2017 Editora Noir – Todos os direitos reservados
Permitida a reprodução parcial de texto ou de imagem,
desde que citados os nomes da obra e do autor.

N4

Dados Internacionais de Catalogação na Fonte (CIP)
Bibliotecária: Maria Isabel Schiavon Kinasz, CRB9 / 626

G613	Silva Júnior, Gonçalo Pra que mentir?: Vadico, Noel Rosa e o samba / Gonçalo Silva Junior - 1.ed. – São Paulo: Editora Noir, 2017. 412p.: il.; 21cm (Coleção MP do B, v.2)

ISBN 978-85-93675-08-9

1. Gogliano, Oswaldo, 1910 – 1962. 2. Cantores – Brasil – Biografia. 3. Compositores – Brasil. 4. Música popular - Brasil. 5. Samba. I. Título.

CDD 927.8 (22.ed)
CDU 92:78

1ª impressão: inverno de 2017

Para o amigo e irmão Dirceu Rodrigues.

GO

UM ITALIANO ENTRE AS MULATAS

Vadico em foto de agosto de 1954, enquanto ensaiava com a cantora Ana Cristina, estrela da Rádio Mundial, a quem deu para gravar a última composição inédita que restara da sua parceria com Noel – *Mais um samba popular*.

avia uma ousadia fora de padrões morais e de conduta social quando o empresário, professor e bailarino José Boscarino, o J. Boscarino, célebre por fazer parte da companhia de teatro de revista da estrela Alda Garrido, montou com o empresário Raul Barreto, no começo de 1930, o que denominou de Companhia Mulata Brasileira. A trupe era formada exclusivamente por artistas "de cor" – como eram identificados os negros e os mulatos pela imprensa paulista e carioca. Nada menos que 30 jovens que interpretavam, dançavam e cantavam, provocavam com sensualidade a plateia. Em especial, as moças, com seus corpos nem tão cobertos assim.

Em tempos de pudores como aqueles, o produtor sabia que mulher bonita e voluptuosa era algo tão admirado – e cobiçado, para evitar um termo mais vulgar –, que conseguia atropelar qualquer tipo de preconceito e atrair a atenção de homens, principalmente, para seus espetáculos de revista. E o que dizer, então, de mulatas de beleza deslumbrante, escolhidas a dedo? Como anunciaram os jornais, no elenco de J. Boscarino havia 16 atrizes e dançarinas "mulatinhas e dengosas de Jericó". Eram elas, segundo os anúncios publicados na imprensa, "mulatinhas do outro mundo, coisas nossas, muito nossas. Muito nacional! *Girls* (garotas) da cor de chocolate".

Mesmo assim, J. Boscarino prometia espetáculos "rigorosamente familiares" nos folhetos que distribuía pelos cinemas, teatros e cafés da região central de São Paulo ou nas entrevistas que concedia. Parte do elenco era formado por bailarinas treinadas à exaustão e obsessivamente, que o vaidoso e exigente bailarino gostava que fossem chamadas de "ensambikistas". Entre elas, algumas tinham se tornado famosas em outras companhias. Como Índia do Brasil, Rosa Negra, Mascotte Anib, Jacira Moreira e Silvia Peri. Eram mulheres grandes, de corpos esculturais – seios fartos, bundas avantajadas, e coxas roliças –, lindas de se ver dançar, cantar e interpretar, como se admiraria semelhantes várias décadas depois, nas comissões de frente das escolas de samba, durante o Carnaval.

Desde a última década do século XIX, após eventos importantes como o fim da escravidão (1888) e a Proclamação da República (1889), observou-se um fenômeno dos mais interessantes: a busca por parte de artistas negros de reconhecimento, quando se difundia pelo país espetáculos populares em circos e teatros, enquanto surgiam o cinema e o disco. Eles começaram a aparecer como compositores (atuantes no mercado de venda de partituras) dos primeiros filmetes e na gravação de fonogramas, como Baiano, Cadete, Geraldo Magalhães e Pixinguinha, considerado o mais talentoso dentre eles, e que se profissionalizou no ano de 1912.

Como observou Orlando de Barros, havia certa resistência aos negros e à sua cultura, muitas vezes percebida claramente no mundo dos espetáculos por causa do preconceito. No primeiro momento, havia até uma aceitação maior dos músicos negros para que tocassem nas orquestras dos teatros, ocultos no fosso, ou à parte, sem destaque no palco. Mas, como atores, dançarinos intérpretes ou cantores principais, a resistência era grande. Essa situação só mudou a partir da década de 1920, com o espaço conquistado por coristas negras e mulatas, chamadas de *black-girls* e anunciadas como exótica novidade.

Segundo Barros, os músicos "pretos e mulatos" das orquestras do teatro de revista de tanto mostrarem talento inquestionável passaram a ser chamados de "professores", como se fazia com os músicos brancos. Havia certa pressão nesse sentido, com a valorização da cultura negra norte-americana – o jazz e o blues, principalmente – em outros países depois da Primeira Guerra Mundial. Na França também aconteceu o acolhimento de artistas negros em espaços considerados nobres. Como o Brasil começava a falar inglês mas ainda pensava em francês, os novos tempos tornaram esses espetáculos mais tolerados.

Naquele momento, Rosa Negra era bastante conhecida no meio teatral brasileiro. Uma espécie de diva negra, musa dos palcos e da dança do Rio, e foi chamada por J. Boscarino para participar do primeiro espetáculo da companhia. Tinha atuado em várias revistas e se tornara a estrela da primeira empresa a reunir somente artistas "de cor", montada por De Chocolat e Pixinguinha, a Companhia Negra de Revistas, cuja estreia ocorreu em julho de 1920, no Teatro Rialto, no Rio. Era, portanto, uma veterana dos palcos. Bartira Guarany, quase garota, não citada nos créditos por causa da pouca experiência e da importância de seu papel – era apenas uma corista –, brilharia depois no famoso Casino (lia-se Cassinô), de Paris. O convite viria de um empresário, durante turnê da Companhia Mulata, no ano seguinte, em Portugal.

Sem dúvida, essas beldades eram atrações para lá de especiais, escolhidas com cuidado pelos dois produtores. Entre os homens, destacavam-se os atores e dançarinos Avalino Soares, Júlio Ribeiro, João Ferreira, A. Aquidabam, O. Vianna, A. Correia e J. Correia, que apresentavam os números cômicos e construiriam carreiras sólidas no decorrer da década de 1930. Enganava-se, porém, quem imaginava que o único propósito de J. Boscarino fosse fazer dinheiro com mulatas seminuas, ao apresentar sua primeira revista, *Batuque, Cateretê e Maxixe*, programada para estrear em outubro, mas que sofreria atraso e só aconteceria em novembro, em São Paulo. Ele tinha, inegavelmente, ambições artísticas e isso seria comprovado com as críticas entusiásticas que sairiam na imprensa.

O termo "revista" era o nome que se dava aos espetáculos teatrais bastante populares nas últimas décadas do século XIX e que se estenderiam até a primeira metade do XX, nas principais capitais brasileiras. Foram responsáveis pelo lançamento de nomes importantes da música, como Vicente Celestino, Aracy Cortes e Francisco Alves, entre outros, além de grandes atores e lendárias vedetes, cujas pernas expostas fizeram história. Essas apresentações de puro entretenimento misturavam dança, músicas cantadas e quadros de humor, com frequente apelo à sensualidade, por meio de coristas e vedetes, que exibiam coxas torneadas e viris. Os textos, porém, davam ênfase à sátira social, política ou aos modismos e trejeitos do momento.

As "revistas", enfim, quase sempre, traziam esquetes entremeados por números musicais e de dança. Eram uma forma de lançar sucessos populares para o Carnaval, por exemplo. Com a invenção do disco e as primeiras gravações, a partir de 1900, os espetáculos ajudaram a incrementar as vendas ou serviam de fontes para as gravadoras localizarem talentos. Por outro lado, recebiam críticas por serem marcados pelo improviso, por não terem um fio condutor de ação e serem, não raro, apressados. Um tema qualquer, até mesmo uma única música, acabava usado para justificação de uma sequência descontraída de números.

O espetáculo *Batuque, Cateretê e Maxixe* seguia esse modelo. Só que com maior elaboração dos quadros, escolha do elenco, direção e música. J. Boscarino tinha tanta ambição de provocar a reflexão do público, ao valorizar o propósito de reunir artistas negros, em uma época de forte preconceito, em que a maioria das revistas tinha ainda apenas brancos como protagonistas. Esmerou-se tanto na produção, nos ensaios e nas composições que acabaria por receber um tratamento de nível crítico destacado na imprensa, em meio a um número impressionante de revistas em cartaz nos teatros da capital paulista.

Dividida em dois atos e 24 quadros, a peça fora escrita por um tal K. Bloco, pseudônimo do próprio J. Boscarino. A divisão de cada ato mostrava a intenção da produção de explorar a beleza feminina em todo o espetáculo, com pitadas de erotismo, ajudadas pelas beldades do elenco e uma trilha sonora marcada por sambas e marchas. O primeiro ato foi assim dividido:

1 – Paraíso
2 – Mulatas brasileiras
3 – Origem da mulata
4 – Batuque, cateretê e maxixe
5 – Foi, foi, foi

6 – Um milagre
7 – Amor cinematográfico
8 – Viva a Penha
9 – Modinha
10 – Mulata autêntica
11 – Saudação
12 – Glória a Oswaldo Aranha

O segundo ato seguia essa mesma estrutura e tinha também doze quadros, assim divididos:

1 – Porfiadas flores
2 – Momento atual
3 – Discos populares
4 – Dupla gelatinosa
5 – Jongo
6 – Tesouras
7 – Meu sertão
8 – Casamento do sapo
9 – Não posso comer sem molho
10 – Álcool-motor
11 – Maxixe
12 – *Corta-jaca*, "encenada e cantada por todos".

Se todo o elenco da revista era formado por negros, o mesmo não se dava na execução da trilha sonora, tocada ao vivo por um conjunto regional, que incluía músicos brancos. Por mais incrível que pudesse parecer, o conceituado J. Boscarino tinha apostado em um rapazola branquelo, de apenas 20 anos de idade, magrelo e razoavelmente alto, com 1,75 metro, e já com óculos de grau, por ser míope, em que ele percebeu um talento incontestável. Chamava-se Oswaldo de Almeida Gogliano, mais conhecido pelo apelido de Vadico. A ele deu a responsabilidade (tamanho desafio) de compor nada menos que 23 músicas, todas dançantes, que se tornaram fundamentais para o sucesso de *Batuque, Cateretê e Maxixe*.

Somente a última composição executada durante o espetáculo não era de sua autoria, e funcionava como uma homenagem à maestrina Chiquinha Gonzaga, ainda viva, naquele momento, aos 83 anos de idade, com seu clássico *Corta-jaca*. Mas Vadico fez um arranjo próprio, capaz de dar unidade a todo o espetáculo. Nessa empreitada, ele contou com a participação especial do violonista Alfredo Pires, que se destacaria como músico nas interpretações. A confiança do produtor da peça em Vadico não veio só da empatia entre eles, mas por causa de seu currículo. Devia-se, em especial, a três êxitos que ele tinha conseguido recentemente.

Primeiro, ao fato de ter vencido, no ano anterior, o concurso de marchas carnavalescas dos jornais *Folha da Noite* e *Folha da Manhã*. Segundo, à inclusão de seu samba *Deixei de ser otário*, no filme *Acabaram-se os otários*, de Luís de Barros, lançado em 2 de setembro de 1929, no cinema Santa Helena, em São Paulo, e que ficou em cartaz até 28 de fevereiro de 1930. Agradou tanto que saiu em disco um mês depois do lançamento do longa, na voz de Genésio Arruda, então o maior comediante do país – o que, para Vadico, representava uma façanha e tanto.

Considerada o primeiro filme falado brasileiro – os filmes com som a partir do uso de discos haviam surgido dois anos antes –, a comédia tinha como protagonistas os irmãos Genésio e Sebastião Arruda, que faziam sucesso nos palcos paulistas interpretando "caipiras", o que teria influenciado o cômico Amácio Mazzaropi, segundo ele próprio, a fazer filmes a partir da década de 1950.

A música de Vavá aparecia em meio à história adaptada de um conto do escritor Menotti del Picchia sobre dois caipiras e um colono italiano – Betinho, Samambaia e Xixílio Spicafuoco – que chegam a São Paulo e, por serem ingênuos, acabam enganados por malandros e caem num conto do vigário, acreditando que compraram um bonde. Acabam sem dinheiro e forçados a voltar para o interior. Foi com enorme alegria que Vavá, os pais e os irmãos assistiram à estreia do filme.

Além de sua música, o longa trazia ainda as canções *Bem te vi, sol do sertão*, de Paraguaçu; e *Carinhoso*, de Pixinguinha – tocada só no instrumental, pois ganharia letra apenas em 1937. Com o êxito da empreitada de Barros – que gravou diálogos e músicas previamente em disco para serem dublados no estúdio pelos artistas –, a música de Vadico se tornou um sucesso, com centenas de cópias vendidas.

Por último, o jovem pianista alcançou outra façanha em junho daquele ano, a maior de todas, sem dúvidas: que Francisco Alves, o maior vendedor de discos do país, lançasse uma música sua, *Arranjei outra*, que fez em parceria com Dan Malio Carneiro, e ocupou o lado B do disco Odeon nº 10641. Naquele tempo, os discos traziam apenas duas músicas, uma de cada lado, porque as faixas eram extensas, devido à velocidade rápida, de 78 vezes por minuto, necessária para reproduzir cada gravação. J. Boscarino viu nele um talento promissor, portanto, que ia além de suas habilidades ao piano – era um músico ainda em formação, como lembrou o próprio (e modesto) Vadico, anos depois. Mesmo com o rapaz meio vacilante quanto à convocação para participar de sua revista, o bailarino o convenceu de que poderia tranquilamente dar conta da trilha de seu espetáculo. "Eles (Vadico e Alfredo) compuseram bem ao gosto das nossas plateias", escreveria, depois, o *Diário Carioca*, quando o espetáculo chegou ao Rio de Janeiro.

Vadico ficou à frente da orquestra de *Batuque, Cateretê e Maxixe*, que tocava em todas as apresentações. O cartaz da peça, aliás, destacava sua importância, pois trazia somente seu nome – sem citar o de Alfredo Pires. A peça estreou no dia 21 de novembro de 1930, no Cassino Antártica de São Paulo, um prédio gigantesco construído na Praça Giuseppe Verdi, no bairro central da Bela Vista, que depois seria chamada de Praça do Correio, inaugurada em 1912, com plateia para 1200 pessoas. J. Boscarino conseguia, assim, um lugar imponente na principal área de entretenimento da cidade.

Havia, então, nada menos que 88 teatros – com plateias de mil a 3 mil lugares – funcionando somente na região entre as praças da Sé e da República, a maioria nas proximidades do Vale do Anhangabaú. A imprensa paulistana adorou o que viu de *Batuque, Cateretê e Maxixe*. Destacou, em especial, a performance de Rosa Negra, pela sua delicadeza e "magnífico desempenho", como escreveu a *Folha da Manhã*, em sua conceituada coluna de teatro. No conjunto, os elogios do crítico do mesmo jornal foram para o sétimo ato, chamado de "Não posso comer sem molho" e considerado o mais engraçado da revista. Agradou tanto que, no final de uma das apresentações, todos da plateia saíram repetindo pela rua o forte bordão "Não posso comer sem molho".

Embora a estreia tenha ocorrido em São Paulo, despertou a atenção do crítico Jorgino que, no dia seguinte, em 22 de novembro, publicou um artigo na página das notícias teatrais de *O Diário Carioca*, para anunciar que, em breve, a Companhia Mulata Brasileira e sua revista chegariam ao Rio e seus espetáculos deveriam ser vistos com atenção pelo público e pelos empresários:

O corpo de girls da companhia se compõe de 16 dançarinas mulatinhas... E é o que sabemos, através do noticiário teatral, daquela iniciativa, que pretende renovar a tentativa, aliás, interessante, que, em tempos, foi tentada, no Rio, pela Companhia Negra. Ignoro se a Companhia Mulata Brasileira é constituída por elementos capazes de lhe assegurar uma vitória. Não sei se os autores exploraram com felicidade o vastíssimo campo de ação que lhes oferece o nosso folclore. Também não posso afirmar que o seu diretor artístico enquadrou a peça num ambiente favorável (...). Apenas quero chamar a atenção dos empresários inteligentes sobre aquela iniciativa. Se o que ela apresentar for bom, dali poderá sair talvez o verdadeiro teatro típico brasileiro. (...). O nosso maior defeito é tratar com desprezo os desforços humildes e não saber tirar deles a essência para grandes empreendimentos. Nada é inútil.

Depois de duas semanas em cartaz na capital paulista, a companhia se apresentou por dois dias em Santos, em 7 e 8 de dezembro. Havia interesse da direção do Cassino Antártica, em São Paulo, de manter a revista por mais tempo na casa, mas J. Boscarino e Barreto tinham feito um acerto antecipado com José Loureiro, diretor do Teatro República, no Rio de Janeiro, para uma temporada de três semanas e a companhia teve de interromper as apresentações no teatro paulistano e viajar para o Rio, onde deveria estrear em 19 de dezembro – teriam poucos dias para ensaiar no palco carioca, portanto.

O República ficava na Avenida Gomes Freire e pertencia ao empresário M. T. Pinto. Como a casa gozava de boa reputação, a companhia paulistana recebeu destacada cobertura da imprensa. Mas nem tudo aconteceu como o esperado. Pelo menos até a estreia. Dois dias antes do primeiro espetáculo, uma das suas coristas, Jacy Aimoré, desapareceu. Testemunhas – do próprio elenco – disseram à polícia que ela foi raptada por um rico comerciante do Meyer, que, "enlouquecido" pelos encantos da mulata, a teria levado para a Pavuna. Índia do Brasil, colega dela, no entanto, confessou depois que tudo não passava de uma "tapeação" para cima do empresário, a fim de convencê-lo a patrocinar o espetáculo e que ela reaparecia no dia seguinte, como aconteceu. Os jornais fizeram barulho com a história, mas não registraram se seu intento foi alcançado.

Pode parecer curioso que M. T. Pinto tenha chamado a companhia paulista formada por negros, sob o risco de haver resistência do público. Mas ele pretendia consolidar o República como um espaço para espetáculos considerados inovadores. Afinal, um elenco assim poderia desagradar à corte da República. Não foi o que aconteceu.

Afinal, a capital do país abrigava uma população expressiva de negros e a tolerância era maior que em outros estados, principalmente do Sudeste e Sul, habitados por descendentes de europeus. Ajudou nesse sentido, também, o fato de o República ser um dos espaços mais conceituados do Rio, descrito pelo *Diário Carioca* como da elite e, ao mesmo tempo, das plateias populares.

A estreia carioca de *Batuque, Cateretê e Maxixe* se deu como prevista, em uma data nada convencional, a uma semana do Natal, no dia 19 de dezembro. Mesmo assim, todas as sessões ficaram lotadas, assim como ocorrera em São Paulo. Embora reunisse mulatas "graciosas", "as melhores em todo país", J. Boscarino fez questão de destacar aos jornais e nos folhetos que mandou imprimir que suas apresentações eram "familiares".

O respeitado *Correio da Manhã* elogiou a apresentação e observou que, havia bastante tempo, uma companhia não despertava tanta atenção dos cariocas. "São muitas as suas condições de agrado, desde o elenco, que é homogêneo e afinado, até a constituição do espetáculo, que é bem-feita e apurada". O musical, acrescentou, reunia "quadros interessantíssimos, bem escritos e bem desempenhados, de um grande efeito teatral, como o quadro do ambiente africano Jongo".

A crítica mais sugestiva foi publicada pelo *Diário Carioca*: "Apesar de ter no elenco algumas mulatas de renome, a companhia apresenta-se modestamente, sem espalhafato, mas crente que vai agradar, pois os seus espetáculos são decentes, honestos, originais e de agrado certo. Neles, predomina o que é verdadeiramente nacional, o que é nosso, como o samba, o batuque, o maxixe, a nossa modinha dolente e sentimental, acompanhada ao violão (por Alfredo Pires), esse magnífico instrumento que até bem pouco tempo era privilégio dos capadócios e seresteiros e que hoje também domina nos salões da sociedade." Talvez o crítico não soubesse que estivesse elogiando uma trilha sonora feita não por um sambista carioca, mas por um jovem paulistano (branco e descendente de italianos) que jamais tinha ido ao Rio de Janeiro, capital do samba.

A pedidos, no dia 9 de janeiro de 1931, uma sexta-feira, após encerrar a temporada de três semanas no República, a companhia se apresentou no pomposo Cineteatro Imperial, em Niterói. No dia 22 de janeiro, a trupe voltou ao Teatro República. Só que a revista não era mais *Batuque, Cateretê e Maxixe* e, sim, uma nova produção, ensaiada em tempo recorde, para aproveitar o clima pré-carnavalesco que tomava conta da cidade: *Com que roupa?*, de Luiz Peixoto, cujo título foi tomado emprestado do samba de Noel Rosa, o grande sucesso radiofônico do momento. A música se tornaria também a mais tocada na folia daquele ano. Tinha sido gravada pelo próprio Noel e o Bando Regional, em 30 de setembro do ano anterior, e lançado em novembro, no lado A do disco 13.245, da Parlophon, selo da Odeon. Dois meses depois, em janeiro, quando Peixoto começava a organizar o ensaio da peça, saiu nova gravação da música, agora com Noel cantando ao lado de Inácio G. Loyola, pela mesma gravadora, no disco nº 13.269-A.

Uma coisa nada a tinha a ver com a outra – samba e peça –, aparentemente, pois o conteúdo não fazia referência à música do sambista da Vila Isabel. A não ser uma homenagem de Peixoto ao amigo Noel, que diria depois ter seu samba nascido do hábito de sua mãe esconder suas roupas para que ele não saísse à noite de casa, devido à fragilidade de sua saúde e à vida desregrada de boêmio que levava. Apesar de o produtor e criador do espetáculo ter aproveitado apenas o título na revista, a imprensa, em nenhum momento, comentou ou falou dos nomes homônimos.

Ajudada ou não pelo samba, *Com que roupa?* foi toda concebida por Peixoto, então um conhecido e respeitado cartunista, cenógrafo, compositor e revistólogo. Era, sem dúvida, um dos nomes mais importantes do meio teatral carioca naquele momento. "Luiz Peixoto foi aos morros e subúrbios da cidade apanhar os mais interessantes flagrantes das proximidades do Carnaval e transportá-los para o palco", escreveu o *Correio da Manhã*. Segundo o jornal, a opinião de todos era que a revista *Com que roupa?* se tornaria o grande espetáculo de 1931, pois tinha enorme potencial para isso – seria "o mais visto e celebrado". Jayme Silva, destacou o mesmo diário, pintou os cenários "e as músicas são todas lindíssimas, obedecendo aos temas da atualidade".

Não podia ser diferente. Os responsáveis pela trilha eram Vadico, por exigência de J. Boscarino, que não queria abrir mão de contar, mais uma vez, com seu garoto-prodígio; o veterano Freire Junior, responsável pela ascensão musical de Francisco Alves; e de um jovem compositor que começava a ficar conhecido: o mineiro de Ubá, radicado no Rio de Janeiro, Ary Barroso, de 28 anos, cunhado de Luiz Peixoto. Ambicioso, com uma segurança fora do comum, o temperamental e explosivo compositor buscava um lugar ao sol – isto é, consagrar-se como o excepcional fazedor de músicas que acreditava ser – e conseguiria. Entre ele e Vadico nasceria, ali, uma amizade para toda a vida.

Criado pela avó, porque seus pais morreram cedo, Ary começou a compor aos 15 anos. Três anos depois, mudou-se para o Rio, onde pretendia estudar Direito. Mas seu interesse era outro – a música – e resolveu pagar suas despesas realizando bicos como pianista. Fez o fundo musical para filmes mudos no Cine Íris, no centro do Rio. Em 1923, entrou para a orquestra do maestro Sebastião Cirino, na qual ficou por cinco anos. Em 1928, acompanhou a orquestra do maestro Spina, de São Paulo, durante uma temporada em Santos e Poços de Caldas – por coincidência, a mesma cidade onde Vadico tocou em uma orquestra por três meses, só que um ano depois.

Nessa época, Ary decidiu apostar em compor algumas músicas, sem conseguir êxito. Dentre elas, *Oh! Nina*, em parceria com o jovem Lamartine Babo, que se tornaria um dos maiores compositores brasileiros de todos os tempos. Até que o samba *Vamos deixar de intimidade*, gravado por Mário Reis, em 1929, transformou-se no seu primeiro sucesso. No mesmo ano, ele concluiu o curso de Direito. Mas não abandonou a música pela advocacia. Pelo contrário, em 1930, levou o primeiro lugar no concurso da Casa Edison, com a marcha *Dá nela!* – e usou o dinheiro do prêmio para se casar com Ivone Belfort de Arantes.

Mas, naquele janeiro de 1931, Ary daria o pulo do gato em sua carreira, pelo volume de produção e de aceitação de suas composições, quando as gravadoras lançaram seis músicas suas. *Deixa disso* e *Sou da pontinha* saíram na voz de Carmen Miranda, então conhecida pelo estrondoso sucesso *Taí (Eu fiz tudo pra você gostar de mim)*, do ano anterior. *Maria* e *Cavanhaque* ganharam a voz de Leonel Faria. Feita em parceria com Marques Porto e Luís Peixoto, *Sem querer* saiu na voz de Zaíra Cavalcanti. O maior êxito dessa leva, porém, foi *É do outro mundo*, com Almirante e o Bando de Tangarás – do qual Noel Rosa fez parte.

Ary desenvolvia, em paralelo, uma intensa carreira no teatro. No dia 9 de janeiro daquele 1931, estreou, no Teatro Recreio, *Deixa essa mulher chorar!*, escrita pelos Irmãos Quintiliano, com algumas músicas suas e que permaneceu cerca de 50 dias em cartaz. *Com que roupa?*, no entanto, deu-lhe mais projeção. Além de se destacar como compositor da revista de Luiz Peixoto, 1931 seria marcante na sua vida porque ele escreveu naquele ano *A grota funda* para uma peça de teatro de revista

– e que teria a letra e título alterados por Lamartine Babo, e virou o sucesso No *rancho fundo*, gravada por Silvio Caldas.

No caso de *Com que roupa?*, Ary, que vinha trabalhando na peça havia mais tempo, tirou da manga a marcha *Cordão dos filhos da virada da montanha*. Nesse espetáculo, apresentou-se, pela primeira vez, uma de suas obras-primas, o samba *Faceira*, cantada em coro pelo elenco. Porém, a música teria de esperar mais algum tempo para se tornar sucesso.

Na revista, J. Boscarino juntou a seu elenco, mais uma vez, alguns artistas "de cor", recrutados nos morros do Rio, como Flor de Sapoty, "a mulata mais dengosa do morro da Mangueira", e Zuzu, "a mulata desordeira". O resto das musas que vieram de São Paulo para a revista anterior estava todo lá – Índia do Brasil, Rosa Negra, Mascotte Anib, Jacira Moreira, Silvia Peri etc. No palco, Peixoto fez uma espécie de transposição do morro da Mangueira, cenário dos dois atos e nove quadros que formavam o espetáculo.

Nos cartazes espalhados pelos bares e teatros do Rio, *Com que roupa?* foi descrita como uma revista "burleta de costumes do Carnaval" e tinha patrocínio da Sapataria Bristol, que ficava na Rua São José. Sem modéstia, anunciava-se como o maior espetáculo teatral de 1931. Pelos jornais, foi noticiada como uma "peça de costumes populares" sobre "malandros do Morro de Mangueira, mata-mosquitos, homens do lixo, seresteiros", e com músicas "dos maestros Ary Barroso e Oswaldo Gogliano" – no programa, o sobrenome foi grafado como *Gagliano*, sem informar o apelido Vadico.

Em entrevista ao *Diário Carioca*, a primeira que se tem notícia em toda a sua vida, o jovem "maestro" Vadico afirmou que foi ainda mais feliz na confecção da partitura musical dessa peça do que nas muitas composições que fizera para *Batuque, Cateretê e Maxixe*. Só não explicou por quê. O mesmo jornal a descreveu, dias depois, como uma peça "muito alegre e divertida, e não há espectador que depois de assisti-la não saia do teatro contentíssimo e com vontade de voltar no dia seguinte". A trilha sonora, acrescentou o diário, merecia um "destaque especial", porque era quase toda composta de sambas e marchas carnavalescas (...) "que dão à peça uma alegria intensa, representando, dançando e cantando".

Com que roupa?, porém, não cativou o público e permaneceu apenas duas semanas em cartaz. Vadico estava afastado da casa dos pais havia mais de um mês, com uma breve pausa para passar o Natal com a família. De um momento para outro, viu-se no meio do furacão musical que era o Rio naquele momento. Mesmo com quase nenhuma experiência, passou a ser chamado pelos jornais de "maestro", o que lhe pareceu exagerado, pomposo demais. Tudo estava acontecendo numa velocidade alucinante em sua vida. Se não bastasse, em poucas semanas, seu caminho cruzaria novamente – agora o encontro seria ao vivo, pessoalmente – com o de Francisco Alves, o mais popular cantor do Brasil.

Mas, afinal, quem era esse tal Vadico que, de uma hora para outra, começou a fazer sambas e a ser gravado em disco no Rio?

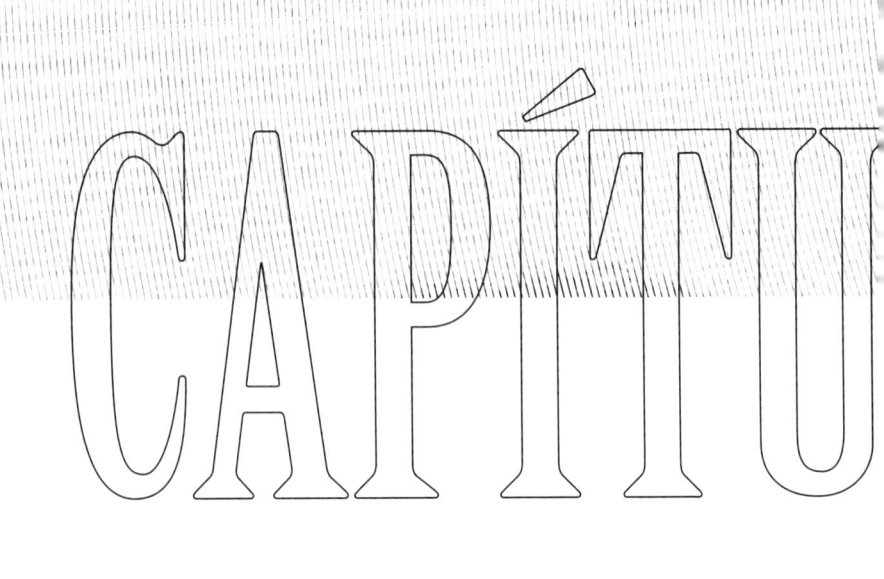

01

CAMPEÃO DE CONCURSOS

Depois de morar 14 anos nos Estados Unidos, Vadico foi levado de volta à Vila Isabel pela reportagem da revista *O Cruzeiro*. No local onde ficava a casa do antigo parceiro Noel Rosa, ele encontrou um moderno prédio de apartamentos.

Não havia, a princípio, alguém de nome "Vadico" na residência do casal Erasmino Gogliano e Maria Adelaide de Almeida, na Rua Vasco da Gama, uma travessa entre as movimentadas Rua do Gasômetro e a Avenida Rangel Pestana, no bairro paulistano do Brás. Mas, sim, um menino chamado Vavá. Depois, viraria um adolescente com o mesmo apelido. Foi só após se meter a participar dos concursos de músicas carnavalescas dos jornais *Folha da Noite* e *Folha da Manhã*, a partir de 1929, aos 19 anos de idade, que ele próprio escolheu a denominação que o tornaria famoso. "Oswaldo Gogliano não era um nome artístico que funcionasse, acho que as pessoas não o guardariam facilmente, daí, adotei Vadico", justificou ele, décadas depois.

Era sempre Vavá, o mais novo de seis irmãos – além dele, o casal teve Dirceu, Rute, Alaíde, Carlos e Erasmino Filho. Oswaldo de Almeida Gogliano era seu nome completo, como constava na certidão de nascimento. Vavá nasceu em uma das datas mais festejadas do ano em todo Brasil: 24 de junho, dia de São João. O ano era 1910. Ele veio ao mundo de parto natural, em que dona Maria Adelaide foi auxiliada por uma parteira, na casa da família, no Brás. No bairro, aliás, a família viveria até os filhos ficarem adultos. O local era, então, já famoso por abrigar fábricas, comércio popular e ter entre seus moradores uma maioria de imigrantes e descendentes de italianos.

O nome veio do seu fundador, José Brás, proprietário das terras onde o bairro se formaria, na segunda metade do século XVIII, quando foi erguida a Igreja do Senhor Bom Jesus de Matosinhos – em torno do templo se daria seu povoamento. Erasmino era filho de italianos que haviam chegado ao Brasil em meados do século XIX – não é possível precisar quando seus antepassados desembarcaram, porque só existem registros desse sobrenome nos arquivos do Museu da Imigração de São Paulo a partir dos anos de 1896 e 1897. Corre na família a informação, no entanto, de que a primeira Gogliano a desembarcar no Brasil, uma pianista, veio a convite do imperador Dom Pedro II, interessado em ouvi-la tocar para a sua corte.

Viria daí a tradição musical que Vadico e alguns irmãos herdariam. Não se sabe o nome dessa mulher desbravadora nem como ela passou a residir em São Paulo, uma vez que a Corte ficava no Rio. Ao que parece, mudou-se em busca de patrícios ou de parentes do marido. E ali se estabeleceu para sempre. De qualquer modo, Erasmino e Maria Adelaide se instalaram no Brás.

Ela era mineira de nascimento, descendentes de portugueses e, tudo indica que veio de uma família com alguma posse, pois foi educada em condições financeiras suficientes para aprender a tocar piano com maestria e até ganhar dos pais o caríssimo instrumento como presente de casamento, acessível somente à burguesia ou ao topo da classe média. Os pianos – como não eram fabricados no Brasil – tinham de ser trazidos de navio da Europa, principalmente da Alemanha, onde se faziam as marcas mais tradicionais e caras.

O progresso do Brás se media pela quantidade de salas de cinema que o bairro abrigava, embora a capital respirasse arte e cultura com cinemas e teatros em todos os cantos da região central. Ao mesmo tempo, cada bairro, cada esquina tinha uma sala de exibição confortável. Nas duas primeiras décadas do século XX, no Brás, foram abertos nada menos que 24 espaços grandes para exibição de filmes, em ruas de grande movimento, como as avenidas Rangel Pestana e a Celso Garcia. Dentre eles, Cinema Popular Piratininga, Amerikan Cinema, Ideal, Isis-Theatre, Pavilhão Oriente, Avenida, Eros, Salão Cinema, Savoy, Politheama, Mafalda, Olímpia, Babilônia, Oberdã e Roxy e outros.

E foi um negócio assim, tão promissor, que Erasmino vislumbrou para dar uma vida confortável à esposa e aos seis filhos, todos ainda crianças. Em 1911, quando Vadico tinha apenas um ano de idade, ele abriu o Brás-Bijou, na Rangel Pestana, 148, quase em frente à antiga rua América, que seria rebatizada de rua Oiapoque. Ele juntou suas economias e se associou a dois italianos, Lúcio de Fiori e Luiz Sprovieri. O espaço, porém, só duraria seis anos – e o mesmo endereço seria ocupado nas décadas seguintes por outros dois cinemas, em épocas diferentes: o Mafalda e, depois, o Piratininga.

Erasmino era uma figura irrequieta, que estava sempre metido em alguma atividade nada convencional para sustentar a família. Tinha uma renda fixa e segura, porém insuficiente, como funcionário público estadual – trabalhava como escriturário da Repartição da Estatística e Arquivo. Por isso, metia-se em outras atividades, como fundar salas de cinema. Segundo a família, ele teve mais algumas salas até a década de 1930, cujos nomes e localização não se sabe. Além da música e do cinema, ele gostava de esportes. Tanto que se tornou campeão brasileiro de tiro ao alvo – não há registro de que tenha competido internacionalmente nessa categoria inclusive em alguma Olimpíada.

Por algum tempo, Erasmino foi um bom pai. No começo da década de 1920, porém, abandonou a família e a deixou depois, sem qualquer assistência, por motivo que virou tabu na família. De qualquer modo, seu nome apareceu como réu em uma queixa-crime sobre falsificação de uma escritura para venda de um vasto terreno – de 300 metros de frente, na Avenida Celso Garcia, que fazia margem ao fundo com a linha de trem da Central do Brasil. O esquema teria sido encabeçado pelo imigrante italiano Caetano Passero, e envolvia outras sete pessoas como acusadas. O julgamento do caso, que ficou conhecido como "O Grilo do Brás" – em referência ao termo "grilagem", com amplo destaque na imprensa –, começou no dia 21 de fevereiro de 1928.

Na audiência de 30 de abril do ano seguinte, Erasmino negou conhecer o acusado e o juiz Renato de Toledo Silva, do Fórum Criminal, decidiu ouvir outros envolvidos e testemunhas em futura audiência. Não foi possível encontrar registro do desfecho do caso e se ele foi condenado. O que a família revelou quase um século depois foi que, antes desse episódio, Erasmino já não morava mais com a esposa e os filhos. E nem ajudava no sustento das crianças.

Sem o pai, o primogênito Dirceu teve de se virar para prover a mãe e os cinco irmãos, então adolescentes na década de 1920. "Como Erasmino separou-se de minha avó, coube a meu pai, filho mais velho, sustentá-la e a seus cinco irmãos por um bom tempo, o que causou em meu pai um ressentimento profundo", recordou Oswaldo Gogliano Sobrinho, nove décadas depois. E ele o que ele fez foi por meio da música, pois dominava como poucos o piano. Não foi fácil para ele abdicar dos seus sonhos de ser um grande músico, o que todos acreditavam que ele era. Pelo menos, por algum tempo.

Dirceu fez o que pôde para amenizar as necessidades mínimas de manutenção da família. "Meu pai, apreciador incondicional de música clássica, formado em piano com louvor pelo Conservatório Dramático e Musical de São Paulo, na década de 1920, precisou abrir mão de uma bolsa de estudos em Paris para tocar piano em cinemas, confeitarias etc. Isso para poder sustentar a todos. Não me recordo de meu pai trocando uma palavra comigo sobre Erasmino em toda sua vida", acrescentou Sobrinho.

Vavá tinha seis anos de idade, quando Maria Adelaide concluiu que o filho mostrava certa "queda para música", ao notar seu interesse em dedilhar seu instrumento. E o colocou para estudar piano e teoria musical com a professora Jesuína do Carmo Ribeiro. O ambiente musical onde ele vivia ajudava em seu aprendizado. Em casa, consumia-se canções ao piano (a mãe) e ao violão (o pai) na mesma proporção do café da manhã, almoço e jantar. Todo mundo ali gostava de música. Quatro dos filhos se tornaram exímios instrumentistas, de inquestionável talento, desenvolvido pela atenção e interesse dos pais.

Eles costumavam colocá-los para tocar nos saraus de fins de semana e nas festas ou datas especiais, como o Natal e o Réveillon. Carlos tocava flauta e sax. Rute se formou em piano e harmonia. Dirceu, como foi dito, fez o Conservatório Dramático e Musical de São Paulo – e viveria como músico, compositor clássico e professor. Ele chegou a se apresentar em rádios na década de 1930, com peças clássicas em solos de piano, como na Educadora. Também foi laureado pelo conservatório – dizias que era um título tão importante quanto o de bacharel em Direito pela Faculdade do Largo do São Francisco.

O forte de Oswaldo ou Vavá era o piano, embora tocasse também violão. Tinha talento e paixão. Estranhamente, porém, deu entrevistas, no final da década de 1950, em que negou seu gosto por tocar e deixou clara sua preferência maior por criar composições e fazer arranjos para discos e programas de rádio e TV. Até lá, ele teria de aprender com afinco, como queria sua mãe. Não foi fácil. O garoto, como ele mesmo contou depois, andou se descuidando dos estudos musicais, o que lhe valeu "umas surras" e a obrigatoriedade das lições, por meio da vigilância intensa da mãe.

Não que Maria Adelaide fosse daquelas mães megeras. Castigar os filhos era uma prática comum nas famílias. Desse modo, Vavá completou o curso musical. Mas ficou com certa repulsa de tal modo pelo instrumento que, por toda a vida, o tocaria por ter se tornado a forma de se sustentar, apresentando-se na noite. A Rubem Braga, para um perfil que seria publicado na revista *O Cruzeiro*, ele confessou, de modo surpreendente, que, na verdade, sua "grande vontade" juvenil era a de médico. "Mas a família fez-me um estudante de piano, sob a ameaça de ir para um seminário (colégio interno), se não aprendesse a tocar".

Como só falou desse desejo uma única vez, ao que parece, certamente o assunto seria esquecido e Vavá, de fato, criou gosto e prazer pela música. Além de revelar aptidão. O tempo mostraria isso. Em depoimento de 1959, ele contou que o sentido "eminentemente" popular de sua música, desde os primeiros tempos, deveria ser atribuído ao dia para lá de especial em que ele nasceu, o de São João. Como era uma das datas mais comemoradas do ano, ele a celebrava duplamente, por causa do seu aniversário. Tinha sempre a impressão de que todos aqueles fogos eram estourados para ele, "nos primeiros anos de vida", contou certa vez.

Depois de completar o curso secundário, já sem a vontade de ser médico, Vavá concluiu que queria mesmo viver da música e para ela, como fez questão de ressaltar. Estava convencido de que realmente tinha talento para compor e reger orquestras. O irmão Dirceu recordou depois que ele fazia parte do time "dos tais músicos natos", que costumam demonstrar talento fora do normal desde muito pequenos. O caçula, segundo ele, tinha "notável sensibilidade artística e um extraordinário senso de estética musical, que é incomum em idade tenra".

As primeiras experiências em composição surgiram aos 16 anos, em 1926, época em que organizou com amigos uma pequena orquestra, de acordo com Dirceu, cujo nome ele não se lembrava. Logo, porém, o grupo musical se desfez, porque, segundo Vadico, seus componentes "mais brigavam que tocavam". E, também aos 16 anos, ele foi trabalhar como datilógrafo de uma empresa no centro de São Paulo, em troca de um salário de 100 mil réis por mês, mais um adicional de cinco mil réis aos sábados. Não tinha pretensões, a não ser conseguir ajudar nas despesas da casa.

Os dedos que batiam à máquina com tanta força queriam dedilhar com delicadeza e suavidade as teclas do piano. Sua cabeça estava em outro lugar. Como ele mesmo disse ao jornalista Lúcio Rangel, tinha no sangue o "micróbio do samba" e já acumulava, nessa época, uma dezena de composições suas, todas feitas com a ajuda do piano da mãe – só havia as melodias, não tinha se aventurado ainda a compor letras. Foi por essa ocasião que compôs *Isso mesmo é o que eu quero*, com versos seus, composição que resolveu inscrever no Concurso de Música Carnavalesca dos jornais *Folha da Noite* e *Folha da Manhã*, que pertenciam ao mesmo grupo. Começava o ano de 1929, quando ele preencheu a ficha.

A competição tinha patrocínio da Casa Vitale, especializada na venda de partituras e instrumentos musicais, além de edição de músicas para compositores – e arrecadação de seus direitos autorais. Em São Paulo, a empresa ficava na Rua São Bento, 12A, uma das mais tradicionais do centro da cidade. Vavá trazia uma confiança tamanha no seu talento como compositor que acreditou que ganharia o concurso. E não deu outra. Com apenas 19 anos, na primeira vez em que concorreu em uma disputa musical, ficou em primeiro lugar, com a marchinha carnavalesca.

O rapaz levou para casa uma pomposa medalha de ouro – na verdade, não passava de uma moeda grande de ferro pintada de amarelo. Foi nesse momento, antes de se inscrever, que ele concluiu que Gogliano não era um nome fácil de escrever ou pronunciar. E Oswaldo costumava causar confusão. Alguns escreviam com W, outros com V. Usar "Vavá" era simplório demais para um compositor que tocava piano e tinha ambições profissionais. Colocou como pseudônimo – uma exigência do concurso, para evitar favorecimentos – um diminutivo de Oswaldo, "Vadico".

Mesmo assim, ao publicar os vencedores, a reportagem da *Folha da Manhã* o chamou de "Vadio" – sem dúvida, provocativo e sugestivo para um sambista, que tinha fama de desocupado ou malandro. Na ficha de inscrição, seu nome completo aparecia errado, como "Oswaldo A. Gigliano

(Vadio)". E, assim, ele chegou à finalíssima, na noite do dia 29 de janeiro de 1929, no Cineteatro Avenida, na São João, então, o trecho mais badalado de São Paulo. O título da competição era pomposo: "Concurso de Marcha Carnavalesca da *Folha da Manhã*". Organizada pelo ator, produtor e diretor de teatro Júlio Moraes, a festa contou com a participação de autoridades do município, da direção das Folhas e da Casa Vitale.

Depois da última sessão cinematográfica do dia no Avenida, encerrada às 19h, teve início a final, com discurso de Moraes, de um diretor do jornal – Jorge Alberto – e do dono da Casa Vitale, Vicente Vitale. Em seguida, a Orquestra Typica dos Irmãos Leal, sob a batuta do seu diretor e maestro Moacir Leal, fez a introdução e tocou alguns sambas e marchas conhecidos do público. Os doze concorrentes se apresentaram em seguida e, por volta da 23h, foram anunciados os vencedores, escolhidos pelo júri, formado por apenas três pessoas: Moacir Leal, Jorge Alberto e Ramiro de Almeida, ambos da *Folha da Noite*.

Vavá, agora chamado de Vadico, assistiu eufórico da plateia, sem qualquer participação, uma vez que a orquestra de Leal estava completa e ele não cantava. Assim, sua *Isso mesmo é o que eu quero* foi interpretada pelo sambista Del Monte, escolhido pela organização. Em segundo e terceiro lugares ficaram Emílio de Azevedo Marques (Zé da Franca), com o maxixe *O choro é nosso*, cantado por Índio do Brasil; e Frederico Del Ré (Peri), autor e intérprete do maxixe *Caiu no mangue*. A festa não acabou aí. Após números de variedades com Lydia Rossi, Reni Batestes, Júlio Moraes e Chicharrão, veio o encerramento, em forma de baile de carnaval, puxado pela marcha vencedora. O evento só terminou depois das 2 da madrugada, com um vencedor eufórico no retorno para casa.

A vitória deixou dona Maria Adelaide esfuziante. Ela acertara, o filho tinha talento para a música. E mostrou que Vadico tinha extrema facilidade para não só ler como compor e escrever música. Com a medalha conquistada com *Isso mesmo é o que eu quero*, ele decidiu largar o emprego de datilógrafo para se apresentar pela primeira vez em público, como pianista de uma orquestra em um hotel em Poços de Caldas, cidade balneária mineira, famosa pelas fontes e nascentes, descobertas no século XVII, encontradas no fundo de uma caldeira vulcânica. Suas águas, consideradas raras, tinham poderes de cura e foram responsáveis pela prosperidade do município desde os seus primórdios, quando as terras começaram a ser ocupadas por ex-garimpeiros.

A fama atraía, todos os meses, pessoas do Brasil e do exterior. Naqueles tempos de cassinos, além de espaços para entretenimento, Poços de Caldas abrigava também grandes hotéis de luxo para quem podia pagar por isso – e ainda desfrutar do tratamento em suas térmicas. "Eu escrevia com todos os dedos; hoje, cato milho com dois", recordou Vadico, sobre os tempos de datilografia. Um dia, cismou que poderia ganhar mais como pianista. "Arquivei a máquina de escrever e fui para Poços de Caldas, onde consegui um contrato pelo qual receberia 40 mil réis por noite." O convite teria vindo por causa do resultado do concurso – um dos donos de um hotel da cidade mineira estava em São Paulo e assistiu à final da competição.

Em depoimento para a contracapa do disco *Festa dentro da noite*, de 1959, porém, Vadico informou que a sua família passava uma temporada na cidade – provavelmente férias ou a passeio –, o que sugeriu que ele se apresentasse como ganhador do concurso. Assim, acabou contratado para uma temporada como pianista em uma orquestra, que procurava por um músico para assumir o posto. Ficou hospedado no mesmo hotel onde havia tocado antes e não conseguia acreditar que, a cada dois dias e meio, lhe pagavam o salário mensal de datilógrafo. Não era uma fortuna, mas, a soma, no final do mês, se tornava expressiva. "Eu me sentia como se tivesse descoberto a América! Larguei o tal emprego e me tornei um profissional – profissional ruim, tocando mal, quase de ouvido."

Vadico trazia a vantagem de ter a consciência – e a modéstia – de que tinha ainda muito a aprender e se aplicar aos estudos para se aprimorar. Ele voltou para São Paulo no começo do segundo semestre de 1929, com a promessa de que regressaria a Poços de Caldas – o que só cumpriria quase uma década depois, quando já era um compositor e músico dos mais conhecidos. Pretendia estudar, melhorar sua qualidade técnica e aprimorar seu domínio do instrumento para poder viver de música – tanto para tocar como para compor e arranjar. Com as novas músicas que fez naquele ano, tornou a disputar o concurso das *Folhas* na edição de 1930, quando foram incluídas novas categorias, além da marcha – samba, canção e valsa.

Na disputa, ficou em sétimo lugar, atrás de jovens e promissores talentos já conhecidos, como Zequinha de Abreu e Joubert de Carvalho. Esses dois, aliás, assim como Vadico, sabiam que o centro da música no país era o Rio de Janeiro, onde as rádios começavam a tocar música popular – sambas, valsas, choros, canções e marchinhas – e a impulsionar o mercado de discos, com a promoção de seus cantores. Foi nesse momento, quando regressou à sua cidade, em meados de 1929, que colaborou com uma das músicas do filme *Deixei de ser otário* e também houve a gravação de uma música sua em disco, por Genésio Arruda.

No dia seguinte à vitória da competição, Vadico tinha sido procurado por Arruda, que lhe pediu para gravar o samba. Ele concordou, mas o disco demorou a sair e ele nem acreditava mais que isso aconteceria quando foi avisado de que estava nas lojas. Explicaram para ele, depois, que se devia à sua inclusão em um filme sonoro – o primeiro a ser feito no Brasil – o qual estava sendo produzido. E que ele se preparasse porque o Brasil inteiro cantaria seu samba.

Na gravação, Genésio Arruda como se representasse um caipira, com forte sotaque do interior paulista e intervenções de uma espécie de cuíca, para dar um tom de humor – e deboche. Ele cantou acompanhado pela Jazz-Band Columbia, em disco da gravadora Columbia nº 5138-B. Chamava a atenção – e isso era comum na época – a longa introdução instrumental, que ocupava um terço dos 3m02s que formavam o tempo total. A letra era das mais singelas, porém, bem estruturada:

Meu benzinho
Você vem cá
Vem cá, vem cá (coral feminino)

Não quero mais o seu amor
Pois de ti já estou cansado
Eu prefiro andar sozinho
Do que ficar mal acompanhado (bis)

Meu benzinho vou te deixar
Deixar, deixar (coro)

Porque chorando tu vais ficar
Vem cá, vem cá (coral)

Não soubeste dar valor
A um amor tão sincero
Chora, chora, meu benzinho
Isso mesmo é o que eu quero (bis)

Como se não bastasse tudo isso, Vadico conseguiria outras façanhas ao longo de 1930: músicas suas seriam lançadas em três discos.

Em julho, graças a um empurrão de Arruda, fez com que sua composição *Arranjei outra* – com letra de Dan Malio Carneiro – foi parar nas mãos de ninguém menos que Francisco Alves – na verdade, exímio descobridor de novos talentos, ele gostara da música gravada pelo comediante e pediu para encaminhar a solicitação a Vadico de que queria gravar algo seu. Por meio do escritório dos Irmãos Vitale, o samba foi enviado ao Rio, já com a partitura escrita por ele e revisada pelo seu irmão Dirceu. Chico Alves o gravou imediatamente.

No mês seguinte, a música foi lançada, com o número 10641, pela Odeon – no lado B do disco, vinha *Pra que casar*, de Sebastião Santos, que se tornaria um dos discos mais vendidos do cantor naquele começo de década. No rótulo, a composição dos paulistas aparecia como "samba de gíria". A letra era uma brincadeira de Vadico sobre a relação homem e mulher, do sujeito preguiçoso que encontra a companheira ideal, rica e disposta a lhe dar boa vida:

Deixa
Deixa
Eu ir me embora
Que de ti só tenho queixa (bis)

Arranjei outra
Mais camarada
Que me dá casa e comida
E também roupa lavada

Vivo contente
Pois até deixei de trabalhar
Tanta vantagem
É difícil de encontrar

Deixa
Deixa
Eu ir me embora
Que de ti só tenho queixa (bis)

Agora eu vivo
Com uma boa nega
Que me dá terno e chapéu
Me dá camisas de seda

Tenho automóvel
Pois até deixei de andar a pé
Fica chorando
Que em ti não faço fé
Deixa
Deixa
Eu ir me embora
Que de ti só tenho queixa (bis)

Os dois outros discos não seriam citados pela maioria daqueles que escreveram sobre sua vida. No mesmo mês em que Francisco Alves gravou *Arranjei outra*, Januário de Oliveira emprestou sua voz para registrar em disco da Columbia o samba *Vou te pôr em leilão*, com melodia e letra de Vadico. Saiu no lado A do 78 rpm nº 5.211 (a única cópia localizada em disco está quase inaudível e não foi possível transcrever a letra aqui). Januário era um fenômeno na época. Só em 1930, na mesma gravadora, ele teve nada menos que 30 discos – com 60 músicas – lançados, e um deles trazia um dos maiores sucessos do ano, a marcha carnavalesca *Quebra, quebra gabiroba*, de Plínio Brito – cantada com Paraguassu e Jararaca.

Não há precisão sobre a data de gravação da outra composição de Vadico, só que aconteceu em 1930 e pode ter sido anterior às outras duas. Tratou-se do fox *Onde estás, melodia?*, totalmente instrumental, executado pela Orquestra Columbia e que ocupou o lado B do disco 22.149-B. Foi quando o bailarino e produtor J. Boscarino o chamou para se juntar à Companhia Mulata Brasileira e participar de uma revista, em que ele pretendia apostar todas as suas fichas. Vadico nem ligou que a trupe fosse formada exclusivamente por artistas "de cor". Pelo contrário, trabalhar cercado de algumas das mulatas mais bonitas do *showbusiness* nacional não podia ser mais agradável, em sua opinião.

Era julho de 1930. Vadico topou compor as músicas do espetáculo *Batuque, Cateretê e Maxixe*. Ajudado pelo violonista Alfredo Pires, mergulhou em dois meses de trabalho intenso, até que começassem

Teatro Municipal de São Paulo e Hotel Esplanada, no Vale do Anhangabaú, na década de 1920. Entre as praças da República e da Sé, nessa época, existiram 88 teatros, com até 3 mil lug

os ensaios, em setembro. O resultado de tudo já foi contado aqui: seu trabalho se mostrou impecável, o bastante para ser elogiado pela imprensa paulistana. Tanto que J. Boscarino levou a festejada revista para o Rio de Janeiro. E Vadico foi junto. Para nunca mais voltar.

CAPÍTU

CAPÍTULO 2

NO OLHO DO FURACÃO MUSICAL

Francisco Alves, o maior cantor da era de ouro do rádio, com mais de 1,1 mil músicas gravadas em disco, foi o primeiro a registrar uma composição de Vadico entre os grandes nomes da época. Chico Viola, como também era conhecido, tinha um faro singular para identificar sucessos e compositores de talento.

O momento mais importante da carreira de Vadico, que redimensionaria sua trajetória profissional em vários sentidos, aconteceu quando ele foi apresentado ao carioca Noel de Medeiros Rosa, já um conhecido compositor e cantor de sambas, em algum dia do final de 1932. Os dois tinham praticamente a mesma idade, pois nasceram em 1910 – Vadico era mais velho cerca de seis meses. Mas, ao contrário do que fazem pensar alguns registros biográficos do Poeta da Vila, o compositor paulistano estava longe de ser um artista desconhecido quando esse encontro aconteceu. E Noel sabia muito bem quem era Vadico, quando aceitou a sugestão de um amigo para escrever a letra de um samba seu.

Antes do contato histórico entre eles, o pianista teve um ano intenso de produção em 1931, que o aproximou de grandes cantores, compositores – alguns ainda bem jovens, em começo de carreira – e músicos, além de produtores, maestros e arranjadores das principais gravadoras de discos do Rio de Janeiro. A ponto de o maior deles, Francisco Alves, astro da Odeon, pedir-lhe pessoalmente para gravar mais um samba seu – o segundo em um ano –, poucos meses depois de ele se estabelecer na capital da República, com os dois espetáculos de revista da Companhia Mulata Brasileira.

Concursos, aliás, pareciam ser algo que empolgava Vadico. Ele adorava participar sempre que possível. E foi de um que veio a primeira grande notícia do ano para ele. Mesmo passando a residir no Rio, ele ganhou novamente, em janeiro de 1931, o concurso da *Folha da Manhã* e da *Folha da Noite*, de São Paulo, com o samba *Minha vida melhorou*, gravada por I. Kolman e a orquestra da boate Lido, para a Columbia – seria lançado dois meses depois, no lado A do disco 55.146. Com essa música, levou também o Prêmio para os Compositores Paulistas, do mesmo jornal, e recebeu, em dinheiro, a pequena soma de 200 mil réis.

Apesar do caráter jocoso da letra, a partitura terminava com a costumeira riqueza de construção harmônica de Vadico, mas com cores nitidamente melancólicas – que os críticos identificariam no conjunto de sua obra. Era uma prova de que, quando livre para dispor de notas e de palavras a seu gosto, a música estava, para Vadico, em um plano mais importante, como objeto de elaboração. Por outro lado, mostrava que o arranjo para piano conservava a mesma fina simplicidade que era encontrada apenas nos mestres desse instrumento.

Vadico teve de se desdobrar para acompanhar a competição da *Folha da Manhã* em São Paulo, pois o evento aconteceu entre o fim da temporada da revista *Batuque, Cateretê e Maxixe* e os primeiros ensaios para a estreia de *Com que roupa?*, no final de janeiro. Pelo menos conseguiu assistir à final e receber pessoalmente o troféu entre pela direção dos dois jornais paulistanos.

De volta ao Rio, começou a levar uma vida que começava a se tornar de boemia e que faria sua fama, mas sem excessos na parte das bebidas alcoólicas nos primeiros anos. Sempre de terno alinhado e bem passado, com seus inseparáveis óculos e chapéu, ele circulava em ambientes frequentados por cantores, compositores, músicos, jornalistas e o pessoal das rádios – locutores, programadores e técnicos.

No momento em que Vadico desembarcou na metrópole, uma revolução estava bem no começo: a era do rádio, que também ficaria conhecida como os "anos de ouro" da radiofonia brasileira – e se estenderia até o final da Segunda Guerra Mundial, em 1945. Embora a primeira transmissão de rádio no país tenha ocorrido simbolicamente no dia 7 de setembro de 1922, para marcar a abertura de uma exposição sobre o centenário da Independência, o veículo levou alguns anos para começar a sua popularização, a partir de 1929, quando a programação deixou de ser erudita.

Nesse período, surgiram, em vários estados brasileiros, emissoras que funcionaram de modo limitado, a partir de experiências como as rádio-clubes. Dentre elas, estava a carioca Rádio Sociedade, presidida por Roquette Pinto, fundada em 1923 e considerada pioneira. No ano seguinte, também no Rio, nasceu a Rádio Clube do Brasil e, em 1926, a Rádio Mayrink Veiga, que seria marcante ao longo da década de 1930, pela qualidade da programação e por ter sob contrato grandes astros da música.

Nesse período, o veículo seria redimensionado com a sua regulamentação por Getúlio Vargas. Seu governo estabeleceu regras para o uso da propaganda no meio, o que permitiu, a partir de 1932, a obtenção de receita para desenvolvê-lo e pagar salários ou cachês aos funcionários e artistas. Era o chamado "anúncio" ou "reclame".

A autorização para a venda e a veiculação de comerciais seria aproveitada de modo inteligente pela Rádio Roquette Pinto, que abriria um caminho a ser seguido pelas demais, com a contratação das maiores estrelas do disco da época. Na verdade, desde o final dos anos de 1920, as rádios já tocavam música popular, mas essa abertura servia apenas para os cantores divulgarem seus discos.

As gravações, porém, ainda rendiam pouco aos artistas porque custavam caro e poucas famílias tinham aparelhos em casa para tocá-las. Com a novidade, eles passaram a trabalhar por cachê. Noel Rosa, por exemplo, empregou-se como cantor e contrarregra do *Programa Casé*, o pioneiro na introdução das mensagens patrocinadas no rádio e no pagamento dos artistas.

Vivia-se o começo de uma tecnologia revolucionária, que mudaria a vida nas grandes cidades. Despontavam os primeiros astros e estrelas, como Francisco Alves, Mário Reis, Aracy Cortes e Carmen Miranda. "O prestígio de Chico Alves subia firme como ação de companhia de petróleo", observou Orlando Portella, da revista *Carioca*, o primeiro a tentar biografar Noel em capítulos, na famosa publicação. "Projetava-se a voz chorosa e dramática de Aracy de Almeida, que logo gravaria uma infinidade de sambas de Noel, que também seria cantado por Marília Batista." Enquanto Luiz Barbosa interpretava sambas de breque, Almirante organizava o Bando de Tangarás, grupo musical do qual participaram Noel, Braguinha (João de Barro), Henrique Pinto e Alzinho.

Quando Noel faria 20 anos, em 1930, suas músicas começaram a dar o que falar. *Com que roupa?* foi um estouro no final daquele ano. Nos meses seguintes, o retrato do jovem talentoso com deformidade no queixo passou a aparecer cada vez mais em livretos de modinhas, em revistas e em jornais, além de ele passar a ser citado no rádio. A mãe, dona Martha, toda orgulhosa, não implicava mais com aquela gente que vinha bater à sua porta atrás do filho para cantar na noite. Um dia, porém, quase desmaiou, quando atendeu um rapaz alto, magro e simpático, bem arrumado, sorriso largo, cuja popularidade era enorme: Francisco Alves.

Ela adorava o cantor. Qual não foi sua surpresa ao saber que ele estava ali, na sua porta, atrás de Noel. Chico explicou que queria lhe pedir um samba para gravar. Chamou o filho e o viu, pasmada, tratar aquele cantor já célebre com a maior intimidade. Àquela altura, Noel era bem-vindo em qualquer escola de samba, segundo Orlando Portella. Cartola, um dos bambas do morro da Mangueira, tinha por ele uma afeição comovente. No próprio Estácio, reduto de samba e da valentia, frequentado pelo seu futuro desafeto Wilson Batista, o rapaz dava a honra de comparecer a uma reunião da Escola Primeira quando era dia de festa.

Como qualquer pessoa, porém, tinha virtudes e defeitos. O compositor Antonio Almeida, que o conheceu no apartamento de Vadico, na rua das Marrecas, contou que havia dois Noéis: um, antes das dez da noite e, outro, depois, quando ele ia para os cafés, bares e cabarés da Lapa. Segundo Almeida, quando exagerava na bebida, o compositor costumava se tornar inconveniente. "Não foram poucas as ocasiões em que o bravo Zé Pretinho, seu companheiro de noitadas, interveio para protegê-lo e apaziguar mal-entendidos", observou Rodrigo Azulguir, biógrafo de Wilson Batista.

Nada disso ofuscava, claro, sua fama maior de sujeito boa gente, alegre, brincalhão e tranquilo, sempre em busca de uma forma de pregar peças nos conhecidos. Por isso, era amigo de sambistas, motoristas de praça, malandros e bicheiros, que ficavam impressionados com sua presença fisicamente frágil, porém espirituosa, agradável. Com inteligência acima da média, tirava da imaginação frases de efeito, improvisadas no calor do momento, do bate-papo e da conversa fiada – o mesmo talento que apareceria nos seus versos de cronista urbano. Paulo da Portella afirmou ao repórter de *Carioca* que respeitava o moço genial que versejava de improviso como poucos vira até então. E enfatizou: "É muito grande, muito grande mesmo, este pequeno Noel!" Na Lapa e na Saúde, todos conheciam o compositor de sambas "expressivos, caricaturais e melodiosos" que tomaram a cidade entre 1930 e 1931 – e se estenderiam pelos seis anos seguintes. Noel passou a viver intensamente a vida noturna. Circulava pelos ambientes de boemia, com aquela alegria mansa que o caracterizava: falava pouco, sorria pouco e timidamente, para não expor os dentes malcuidados, ressaltados ainda pela deficiência facial. "Tinha sempre um olhar observador e a rima embalada", como descreveu Portella.

Entre os que frequentavam com mais assiduidade a casa dos Rosa, destacavam-se Floriano Belham, Aracy de Almeida, Marília e Henrique Batista, os irmãos Haroldo e Euvaldo Rui Barbosa, o jornalista, cartunista e compositor Nássara, o locutor e também jornalista e compositor Cristóvão de Alencar e o compositor João de Barro, o Braguinha. Em 1932, Noel já era um astro estabelecido da música popular, com um número impressionante de sambas gravados por ele e por outros cantores.

Naquele ano, seriam lançadas, de sua autoria, composições que virariam clássicos, como *Quem dá mais, Até amanhã, Fita amarela* e *Seu Jacinto*. *Fita amarela*, aliás, rendeu ao autor sua primeira polêmica, por ter feito enorme sucesso no Carnaval de 1933. O compositor Donga, famoso por se apropriar de versos alheios, dessa vez deixou de ser vidraça, e o acusou de roubar seu samba, que tem versos realmente similares: "Quando eu morrer/ Não quero choro nem nada". Donga blefava, na verdade. Noel não foi exatamente original nesse samba, não havia dúvidas.

Ele tinha escrito os versos de *Fita amarela* a partir de uma batucada – subgênero do samba bastante popular na época – conhecida nas rodas de samba, atribuída a Edgar Marcelino dos Passos, o Mano Edgar, um dos mais conhecidos "bambas" do bairro do Estácio. A letra do original era assim: "Quando eu morrer/ não quero choro nem nada/ eu quero ouvir um samba/ ao romper da madrugada". Na mesma época, no fim de 1932, Donga e Aldo Taranto usavam o tema para compor o samba *Quando você morrer*, gravado por Carmen Miranda.

Especialistas constataram na época que, enquanto Noel aproveitou apenas a ideia, Donga e Taranto copiaram também a melodia, segundo Almirante, que relatou o episódio na coluna "Cantinho das Canções", que publicava no jornal carioca *O Dia* – o artigo saiu em 11 de fevereiro de 1973. De acordo com o historiador, foi somente por causa do êxito de *Fita amarela* que Donga protestou nos jornais e acusou Noel de plagiar seu samba. O mesmo não pôde fazer, se o quisesse, Mano Edgar, que havia sido assassinado em um jogo de ronda na véspera do Natal de 1931.

O tempo mostraria que tanto Noel quanto Vadico eram as pessoas certas, na hora e no local certos quando se conheceram. Desde 1928, grupos multinacionais do segmento de discos começaram a se instalar no país. Assim, nos casos do rádio e dos discos, uma coisa passou a andar de mãos dadas com a outra. Ou seja, as indústrias elétrica e fonográfica proporcionaram um grande impulso à expansão radiofônica pela execução de músicas, que trouxe audiência e, claro, patrocinadores.

Aquele era um período de mudanças porque, durante quase três décadas, a tecnologia de gravação de discos esteve restrita à Casa Edison e à multinacional alemã Odeon, desde que o primeiro estúdio brasileiro de gravação foi inaugurado, em 1902, na cidade do Rio de Janeiro.

A Casa Edison foi fundada pelo imigrante tcheco e judeu Frederico Figner. Coube a ele importar o primeiro fonógrafo, engenhoca criada pelo inventor norte-americano Thomas Edison, em 1877, que permitia a gravação e reprodução de sons por meio de cilindros giratórios. Foi uma revolução quando o primeiro disco produzido no Brasil foi colocado à venda. Até aquele momento, os músicos brasileiros só podiam se apresentar ao vivo ou comercializar suas obras musicais por meio de partituras impressas, que eram adquiridas e tocadas nas casas e nas festas, principalmente com piano.

A partir daquele momento, a música podia ser produzida, comercializada e consumida em grande escala. Somente em 1913, porém, Figner instalou a primeira fábrica de discos do Brasil, em parceria com a empresa holandesa Transoceanic, a partir de maquinário importado da Alemanha. As cópias continuavam a trazer o selo Odeon, que passou a gravar e a prensar disco em 78 rotações de forma mecânica. Os discos eram confeccionados por meio da cera de carnaúba e tocados em aparelhos movidos a manivelas – conhecidos como gramofone, inventado pelo alemão Emil Berliner, e se tornado padrão mundial para reprodução.

Quando Vadico desembarcou na estação da Rede Ferroviária Federal, no centro da capital da República, vindo de São Paulo, encontrou uma cidade cheia de glamour, um centro de efervescência e de irradiação cultural, além de epicentro da política brasileira – por ser a capital do país. Artistas se tornariam famosos da noite para o dia, e suas carreiras seriam impulsionadas pela divulgação no rádio, enquanto proliferavam pelo Brasil grandes cassinos, que passaram a contratá-los para divertir seus clientes. O da Urca marcou época e, talvez, tenha sido o mais famoso de todos, onde os nomes mais importantes do cenário artístico nacional – e mesmo internacional – se apresentaram.

Mesmo com tanto fascínio, não foi uma decisão fácil para Vadico viver em definitivo no Rio – a qual teve de tomar depois que a Companhia Mulata Brasileira estreou seu segundo espetáculo, em 22 de janeiro de 1931. Principalmente no aspecto familiar, pois era bastante apegado à mãe e adorava a proximidade dos irmãos. Por outro lado, quem vivia de música não tinha boa reputação, sem esquecer que essa era uma profissão instável. Como ele mesmo disse depois, "ficou pensando" se deveria sair de São Paulo, uma vez que "músico, naquela época, não era sinônimo de boa coisa. Além do mais, havia a família".

As oportunidades no Rio, no entanto, foram surgindo uma atrás da outra, sem lhe dar tempo de estudar a possibilidade de voltar para São Paulo. Com seu nome estampado em enormes anúncios de um quarto de página dos principais jornais cariocas como um dos responsáveis pelas músicas de *Com que roupa?*, ao lado de Ary Barroso e outros compositores, nos dois primeiros meses do ano, Vadico passou a ser conhecido e pôde mostrar algumas de suas composições inéditas – parte feita nas horas de folga na pensão na qual se instalou nas proximidades da Praça Mauá, região de redações de jornais e de algumas emissoras de rádio, mas que, à noite, virava zona de prostituição em algumas ruas próximas. Foi quando se aproximou da Odeon, levado por Ary.

Vadico fazia propaganda de si mesmo onde fosse possível: nas mesas dos cafés, nos bares, nas estações de rádio, em qualquer lugar onde encontrasse cantores, produtores, arranjadores etc., fazia isso sem exibicionismos. Apenas aproveitava as oportunidades para mostrar que conhecia música razoavelmente.

Mesmo com algumas oportunidades de trabalho que não deixou escapar, todas temporárias, ele tinha pressa em conseguir algum trabalho mais duradouro e estável, além de colaborar com revistas de teatro, cuja duração, em média, não passava de dois meses. Nas conversas, ele lembrava sempre a vitória do concurso carnavalesco de 1929, a música gravada por Genésio Arruda para o filme *Deixei de ser otário* e a faixa cantada em disco por Francisco Alves.

Por volta de março de 1931, quando Ary o levou à Odeon, Vadico foi por ele apresentado a Francisco Alves. O fato aconteceu nos corredores da gravadora. Ele lembrou ao ídolo ser o autor do samba *Arranjei outra*, que ele tinha gravado em julho do ano anterior. Em resposta, Chico pediu que lhe mostrasse outras músicas. Combinaram que ele faria isso logo.

Naquele dia, o objetivo era levar o compositor paulistano para conhecer o diretor artístico da gravadora, o também paulista Eduardo Souto, que o acolheu com entusiasmo e fez incontidos elogios a seu trabalho à frente dos músicos que tocavam nas peças da Companhia Mulata Brasileira.

Discreto, porém confiante e sempre com soluções eficientes para resolver entraves nos arranjos e gravações, Vadico caiu nas graças do diretor, depois que este o convidou para participar como pianista de gravações de discos da Odeon. Como as gravadoras não listavam os nomes de seus músicos, não é possível precisar em quantos e quais discos Vadico participou. Além de cuidar da direção artística, Souto era um experiente e respeitado compositor, exímio pianista, regente e arranjador musical da famosa gravadora. Ele nasceu em uma família tradicional de São Vicente, litoral paulista, distante menos de oito quilômetros de Santos.

Guilherme Souto, seu pai, tinha certa vocação amadora para a música. E foi secretário da 3ª Sociedade Carnavalesca de Santos, o grêmio aristocrático Les Bavards. Os Souto se mudaram para o Rio, quando Eduardo tinha 11 anos de idade, em 1893. Nesse mesmo ano, o menino começou seus estudos musicais com o Professor Darbilly. Aos 14 anos, compôs sua primeira música, a valsa *Amorosa*. Com 20 anos, em 1902, abandonou os estudos na Escola Politécnica para se empregar no Banco Francês. Nas horas vagas e nos fins de semana, porém, continuava a se dedicar à música com afinco. Estudava obsessivamente no piano da família.

Sua primeira apresentação pública teria ocorrido em 1906, aos 24 anos, já como regente do conjunto musical amador do Éden Club, de Niterói. A paixão pela música fez com que, finalmente, em 1917, Souto deixasse o banco para dirigir uma casa de música na Rua do Ouvidor, centro do Rio. Mas a instabilidade no meio musical o deixou desiludido e o levou de volta ao posto de bancário, após receber o convite para trabalhar como contador no Banco do Comércio. Até que, dois anos depois, os ventos tomaram outro rumo, quando ele compôs seu maior sucesso, o tango de salão *O despertar da montanha*, que se tornou peça típica nos saraus da época e essencial no repertório pianístico brasileiro.

Em 1920, Eduardo Souto fundou a Casa Carlos Gomes, na Rua Gonçalves Dias, que imprimia e vendia partituras, e consagrou seu nome no meio artístico. No começo, ele só oferecia partituras compostas por ele mesmo. Depois, acolheu inúmeros compositores de música de salão. O contato diário com músicos, que o procuravam para que editasse suas composições, fez com que o espaço virasse, à época, ponto de encontro de grandes nomes do meio musical. Ainda em 1920, foi convidado para cuidar da programação de alguns espaços musicais e organizou as orquestras que tomaram parte das recepções ao Rei da Bélgica, em sua visita ao Brasil.

Enquanto isso, Souto começou a se destacar cada vez mais como compositor. Em 1921, um dos sucessos do Carnaval, a chula baiana *Pemberê*, era de sua autoria e saiu em disco pela Odeon, na voz do popularíssimo cantor Manuel Pedro dos Santos, o Baiano, acompanhado do Grupo do Moringa – Baiano fora o responsável pela gravação de *Pelo Telefone*, em 1916, considerado o primeiro registro (oficial) em disco de um samba. O mesmo cantor gravaria outras músicas de Souto naquele ano: o choro *Mesmo assim*, a marcha *Eu vou-me embora* e os cateretês *No rancho* e *Caboclo magoado*.

Naquele mesmo ano, o Grupo do Moringa gravou dele os choros *Mesmo assim* e *Um baile no catumbi*. E Vicente Celestino registrou em disco para a Odeon suas canções *Paixão de artista* e *O que os teus olhos dizem* e o tango *Saudade*. No Carnaval desse ano, Souto fez sucesso com a marcha *Pois não*, composta em parceria com João da Praia e gravada quase simultaneamente por Baiano e pela Banda do Corpo de Bombeiros do Rio de Janeiro. Por tudo isso, ele seria apontado como um dos responsáveis pela consagração das marchas carnavalescas – *Pois não* seria considerada a primeira marcha de Carnaval da história.

Sua carreira musical prosseguiu em ascensão ao longo da década de 1920. Uma iniciativa importante nesse sentido foi a criação, em 1922, do Grupo Eduardo Souto, um regional que gravou duas músicas inéditas de sua autoria: o maxixe carnavalesco *Não sei o que é* e o *foxtrot O carnaval*. Entre outros feitos, em 1923, compôs o samba *Tatu subiu no pau*, de enorme êxito, obra tipicamente caipira, baseada em motivos folclóricos do interior paulista, mas que tocou bastante no Carnaval carioca.

Souto descobriu como promover suas músicas de um jeito peculiar e pessoal: mandava executá-las exaustivamente nos pianos da Casa Carlos Gomes, para que as pessoas que passassem na rua ou entrassem para comprar alguma coisa as ouvissem. Além disso, distribuía gratuitamente as letras aos transeuntes, enquanto as outras editoras as vendiam Ele comporia inúmeras músicas para peças de teatro de revista nos anos seguintes, cantadas e até gravadas por nomes de prestígio como Aracy Cortes, Zaíra de Oliveira, Baiano, Del Nigri, Zito Batista, entre outros.

Nesse período, estreitou sua amizade com Francisco Alves, que gravou duas marchinhas satíricas suas sobre o presidente Washington Luís: *É, sim senhor* e *Seu doutor*. Enquanto isso, idealizou o Coral Brasileiro, formado pelos cantores Bidu Sayão, Zaíra de Oliveira, Nascimento Silva e outros famosos em sua época. Já era, então, um respeitado orquestrador de música sinfônica, com concertos no Rio de Janeiro e em São Paulo no final da década. E se tornara diretor artístico da Odeon e da subsidiária Parlophon. Pouco depois, conheceu Vadico de quem se tornaria um grande amigo.

O diretor da gravadora tinha fama de incentivar e dar oportunidades a novos talentos, em quem ele realmente achava e acreditava ter algo a dizer. Ou a fazer. Por isso, no primeiro momento, ouviu atentamente as músicas novas de Vadico e ficou tão entusiasmado com uma delas que logo se ofereceu para encaminhar sua gravação. Era *Por amor do meu mulato*, com composição e letra suas, lançada em junho de 1931, na voz da veterana atriz e cantora Otília Amorim, no disco de número 33.438. Do outro lado, vinha *Na miséria*, de Guito Itaperê. Tratavam-se de "dois sambas estrepitosos, cantados com graça pela festejada Otília", escreveu o responsável pela coluna "Discando", do *Correio da Manhã*. "Este disco é realmente jeitoso".

Talvez por causa dos costumes da época, a letra não tenha sido levada a sério ou mesmo criticada, por falar de uma mulher que trabalha duro e tem o salário tomado por um sujeito truculento, que gasta tudo na orgia e ainda bate nela, além de rasgar seus vestidos em momento ciúme e de fúria.

Mesmo assim, submissa, ela aceita e diz que não sabe mais o que fazer para agradá-lo. A intenção clara de Vadico era fazer algo que tivesse humor. E desse modo a música foi tratada, então, mesmo cantada por uma mulher:

Eu faço tudo
Por amor de meu mulato
E por ele ainda me mato de tanto trabalhar
Tudo que eu ganho ele gasta na orgia
E, depois, no outro dia
Mais dinheiro vem buscar

Eu fico sem saber o que fazer
Pra agradar o meu amor
Sem eu fazer nada
Ele me dá pancada
Mas eu gosto dele
Seja ele como for

O meu mulato
Quando fica aborrecido
Rasga todos os meus vestidos
E sai batendo o pé
Fica valente, sai dizendo que é pesado
E que está sempre prensado só por causa das 'muié'

Eu fico sem saber o que fazer
Pra agradar o meu amor
Sem eu fazer nada
Ele me dá pancada
Mas eu gosto dele
Seja ele como for

  Alguns meses depois, seu samba *Silêncio* saiu em disco, gravado pela dupla Luís Barbosa e Vitório Lattari. Como era comum naquele tempo, a mesma obra foi incluída na revista de teatro *Bibelô*, de De Chocolat. O disco chegou às lojas com o número 10879-A, pouco antes do Natal, pois o registro da música indicava que sua gravação fora feita no dia 9 de dezembro de 1931 e lançada ainda naquele ano. No lado B, o disco trazia o samba *Não gostei dos seus modos* (Getúlio Marinho). *O Correio da Manhã* aprovou o 78 rotações: "Chapa divertida, gravada com aquela arte brilhante da Odeon, em que há a apreciar sambas sugestivos, arrastantes para o folguedo, cantados e tocados corretamente."

O samba, na verdade, tinha duas curiosidades: primeiro o breque que Vadico estabeleceu ao final do refrão e de cada estrofe. A outra dizia respeito à letra, recebida como engraçada novamente, mas que era de um machismo quase inacreditável, e revelava o quanto o comportamento masculino de dominação e até de humilhação da esposa era algo assustadoramente natural. O samba falava de um sujeito que, cansado das brigas com a esposa, enxota-a de casa de um jeito imperturbável:

> *Silêncio*
> *Quem manda aqui sou eu*
> *Vai buscar a tua mala e arrume o que é teu*
> *Quem canta no terreiro é o galo*
> *E, portanto, quando eu falo*
> *Ninguém pode protestar*
> *Pra que teimar? (breque)*
>
> *Silêncio*
> *Quem manda aqui sou eu*
> *Vai buscar a tua mala e arrume o que é teu*
> *Quem canta no terreiro é o galo*
> *E, portanto, quando eu falo*
> *Ninguém pode protestar*
> *Pra que teimar? (breque)*
>
> *Eu cansei de te avisar*
> *Que somente estás aqui*
> *Pra dormir e trabalhar*
> *Seu lugar é na cozinha*
> *Descascando batatinha*
> *Pra fazer o meu jantar*
> *Não me responda (breque)*
>
> *Silêncio*
> *Quem manda aqui sou eu*
> *Vai buscar a tua mala e arrume o que é teu*
> *Quem canta no terreiro é o galo*
> *E, portanto, quando eu falo*
> *Ninguém pode protestar*
> *Pra que teimar? (breque)*

Já não posso nem dormir
Pois procuras me acordar
Pra brigar e discutir
Eu já estou enfraquecendo
E acabo enlouquecendo
E esta vida prosseguir
Oh, que azar (breque)

Como se não bastasse, no ano que começava, 1932, Vadico venceu com essa música o concurso de Carnaval realizado pelo jornal *Correio da Manhã*. O anúncio de sua façanha saiu publicado na edição de 27 de março de 1932. A música teve 16.471 votos e derrotou, com larga margem, concorrentes fortes como Ary Barroso (*Na Piedade*) e Heitor dos Prazeres (*Mulher de malandro*). No gênero marchas ganhou a competição Eduardo Souto e seu parceiro Getúlio Marinho, com *Gegê*, o que acabou por colocar no pódio o compositor novato e seu protetor. *Gegê* se tornaria o último sucesso de Souto. Ismael Silva venceu na categoria de canções, com *Ao romper da aurora*.

O pianista e compositor paulistano derrotou nada menos que 57 sambas concorrentes. A vitória reafirmou o nome de Vadico como um talento inquestionável tanto para compor quanto para arranjar espetáculos, pois não tivera ainda a oportunidade de fazer um disco com arranjos seus. "Essa música, segundo jornais do Rio, bateu concorrentes fortes, de autores já famosos", observou seu irmão Dirceu, ao falar do êxito de Vadico. "Dizem os cronistas que ela abriu a ele todas as portas do meio musical carioca. Tenho, em minha residência, no bairro do Ipiranga, o belo troféu que ele, então, recebeu do jornal."

Sem ter sua letra questionada, *Silêncio* se tornou sensação na revista *Bibelot*, de De Chocolat. Mas, claro, não foi a primeira música de sua autoria gravada no Rio, pois a primazia coube a Francisco Alves, mais de um ano antes, com *Arranjei outra*, como foi visto. Enquanto isso, contagiado pela crescente paixão do brasileiro pelo futebol – que parecia ser maior entre os cariocas do que entre os paulistas –, Vadico fez do Fluminense, do Rio, a grande paixão de sua vida (Ele jamais revelou qual era o time do seu coração em São Paulo.).

O músico brigava com quem o provocava depois de uma derrota tricolor ou quando seu time estava complicado no campeonato. Gostava tanto que, como o ambiente em que trabalhava vivia vinculado à boemia e era frequentado pelos jogadores de futebol da época, tornou-se amigo de Fausto, Domingos, Leônidas, Tinoco e outros craques do futebol carioca.

Vadico contou que, como todo rapaz novato em uma grande cidade, além de bastante jovem e sem o apoio da mãe e dos irmãos, "andou dando as suas cabeçadas" no Rio. Referia-se às dificuldades para se manter, ao longo do segundo semestre de 1931, apesar da receptividade de Eduardo Souto e da expectativa de ter *Silêncio* gravada. Àquela altura, estava desvinculado da Companhia Mulata Brasileira, que iniciou uma turnê com *Batuque, Cateretê e Maxixe* de três meses pelo Espírito Santo e, em seguida, nas capitais pelo Nordeste. Em 9 de abril, por exemplo, estreou no Teatro José de Alencar, em Fortaleza. Em seguida, viajou para uma "turnê vitoriosa" em Portugal e na França, que durou seis meses.

Segundo ele, no Rio, estava "enturmado o suficiente" para continuar a morar ali – e não lhe faltava confiança para tocar na noite. Ele descreveria esses meses difíceis como a "vida era dura". E ressaltou: "Andava contando e economizando os tostões para comprar pautas (papel pautado, com marcações em linhas), com as quais entulhava os bolsos, para não perder a inspiração", se ela o encontrasse na rua.

E passou a falar para seus conhecidos que precisava de um trabalho complementar às gravações na Odeon. Até que foi informado que o maestro Paraíso poderia ajudá-lo. Vadico o procurou, mostrou seus dotes no piano, falou de suas façanhas nos concursos, as primeiras gravações, as trilhas para teatro de revista etc. Paraíso ficou mesmo impressionado e o convidou para tocar em sua orquestra, que atuava no Caverna, espécie de cabaré que funcionava no subsolo do Cassino Beira-Mar, mais ou menos onde seria erguida a estátua do Marechal Deodoro, em frente ao Passeio Público.

Nessas apresentações, Vadico ganhava um cachê diário de 27 mil réis, menos do que recebera do hotel onde tocava em Poços de Caldas, três anos antes. Mas o suficiente para bancar a pensão, na Lapa, para onde se mudou, e sua alimentação – evitava, assim, gastar em mesas de bares e, por isso, sumiu por um tempo da vida boêmia das madrugadas. Na orquestra, tornou-se grande amigo de Walfrido Silva, baterista e que se tornaria um nome importante na luta pelo direito autoral no país.

Quem conheceu Vadico nessa época o destacaria pela elegância e pelo zelo ao se vestir e cuidar da aparência – uma preocupação que o marcaria por toda a vida. Os principais biógrafos de Noel Rosa, Carlos Didier e João Máximo, dariam uma descrição física minuciosa dele em seu livro: Vadico, disseram eles, "era um sujeito magro, de bigodinho fino, cabelo ondulado dividido ao meio, óculos de aro de metal". Ainda segundo os dois, "os dedos ágeis deslizam pelo teclado na execução de uma melodia".

Do Caverna, no ano seguinte, Vadico migraria para a Taberna Antártica, na Rua Álvaro Alvim e, em seguida, para a Fênix-Escola de danças, que funcionava no mesmo lugar do antigo teatro Fênix, que tinha sido demolido fazia pouco tempo. Depois, passou uns tempos em O Milton, boate cujo nome era uma auto-homenagem do seu dono, e que seria rebatizado duas décadas depois de Dancing Brasil. Antes disso tudo, seu caminho cruzou com o de um rapaz magrelo e com uma saliente deformidade do lado direito do queixo e que falava com alguma dificuldade e rapidez. Por outro lado, tinha um nome delicado, poético, inspirador para ele, embora não fizesse ideia disso: Noel Rosa.

CAPITU

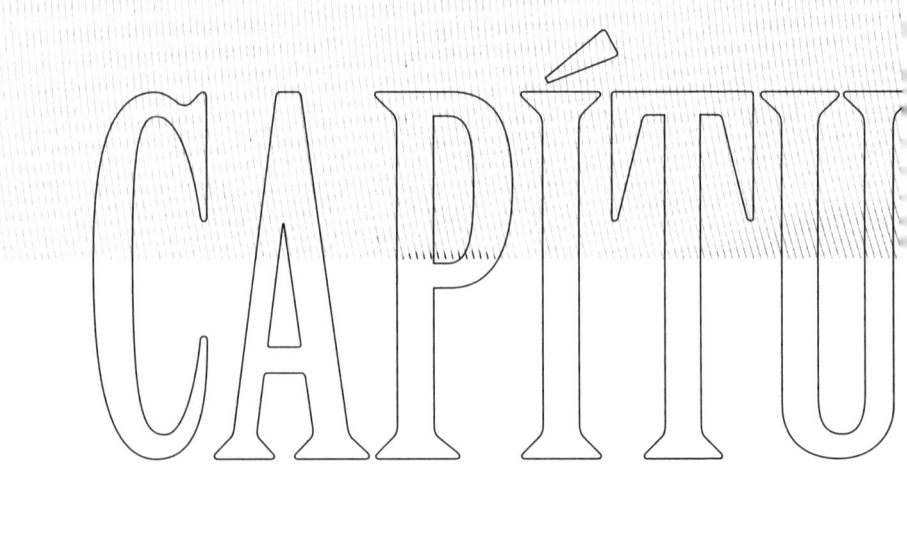

L03

SAMBA COM NOEL

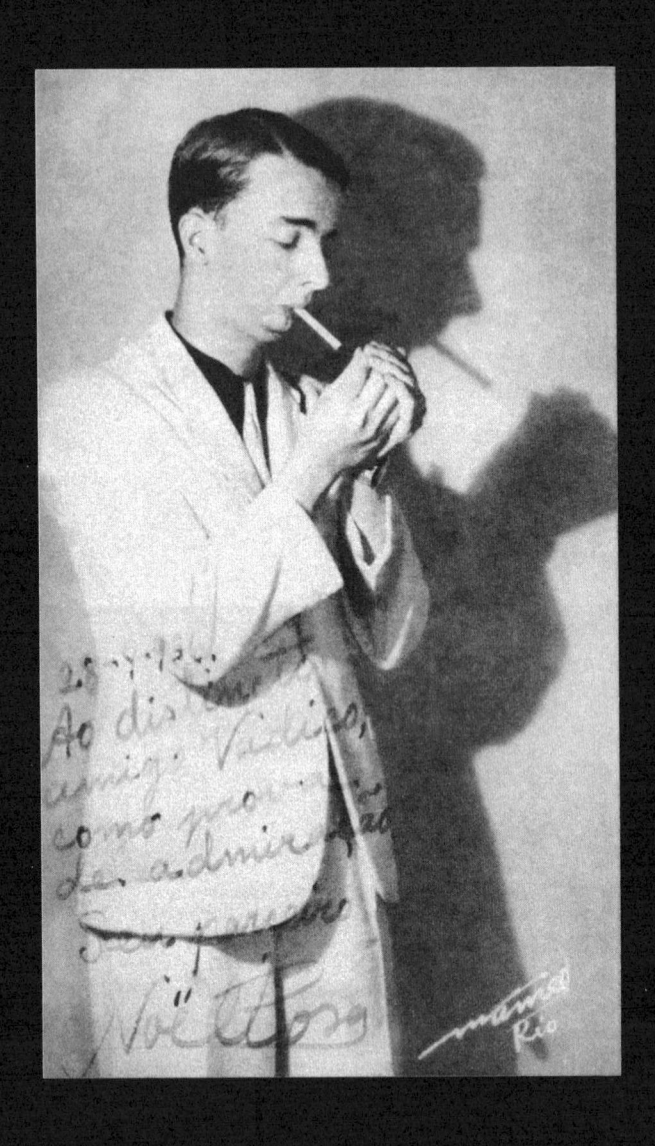

Foto promocional de Noel Rosa produzida pela gravadora Odeon, em 1936. Na dedicatória que fez ao companheiro musical, o Poeta da Vila escreveu: "Ao distinto amigo Vadico, como prova de admiração. Seu parceiro, Noel".

Visto de cima para baixo, o bairro carioca de Vila Isabel dava a impressão, na década de 1930, de ter a forma de uma colher encravada entre cinco outros bairros e ladeada pela colina que todos chamavam de Morro dos Macacos. Essa descrição foi feita pelo jornalista Orlando Portella, da revista *Carioca*, ao escrever um perfil de Noel Rosa, em 1947. Um século antes, escreveu ele, a área era bem diferente e se tornara, naqueles últimos 30 anos, um exemplo do quanto o Rio de Janeiro havia mudado sua paisagem urbana e crescido, juntamente com a reurbanização da capital do Brasil. Para se ter uma ideia, em meados de 1800, a região era conhecida como uma das passagens do caminho entre o Engenho Velho e o Engenho Novo, onde ficava a "Vila" da Princesa Isabel.

Em seguida, viraria propriedade do Barão de Drummond, nobre nada convencional, aristocrata destituído de preconceitos, militar irreverente, além de "grande amigo" dos animais, como diziam seus críticos, com bastante ironia. Tanto que foi atribuído a ele a invenção do conhecidíssimo "jogo do bicho".

Os anos correram, veio o replanejamento urbano do Rio pelo prefeito Pereira Passos a partir de 1906 e o lugar virou o bairro de Vila Isabel. Nos anos de 1930, tornara-se um paraíso residencial modesto, distante doze quilômetros do centro da cidade, mas com ruas bem pavimentadas, que acomodavam casarões enormes, herança histórica dos tempos da breve monarquia brasileira.

Esses imóveis contrastavam com os moderníssimos bangalôs e as "modestas residências proletárias" que completavam a paisagem de suas ruas. Ao que parecia, todos tinham orgulho de morar lá. "Vila de meus amores, onde até o capim dá flores...", dizia o samba de Henrique e Marília Batista, *Vila dos meus amores*.

E aquela seria a Vila que Noel Rosa nomearia com propriedade e autoridade a "capital do Rio de Janeiro", pois ele e Vadico dariam ao bairro uma áurea mágica, ao compor *Feitiço da Vila*, uma espécie de hino informal, porém legítimo, do bairro, ao mesmo tempo, como queria a vontade popular.

Como destacou o jornalista e cronista Rubem Braga, amigo de Vadico por toda a vida, o grande samba orfeônico *Palpite infeliz* mostrava que esse orgulho bairrista de Noel era um sentimento generoso. Na letra, uma obra-prima de Noel, também autor da melodia, ele se confraternizava com os outros redutos do samba, mas sem deixar de destacar a singularidade do seu bairro: "Salve Estácio, Salgueiro, Mangueira, Oswaldo Cruz e Matriz, que sempre souberam muito bem que a Vila não quer abafar ninguém, só quer mostrar que faz samba também..."

E foi em uma de suas ruas, a Teodoro da Silva, no número 12, que nasceu, pouco mais de vinte anos antes, precisamente em 11 de dezembro de 1910, Noel de Medeiros Rosa, primeiro filho do comerciante Manuel Garcia Rosa e da professora Martha de Medeiros Rosa e que, anos mais tarde, transformaria-se no mais famoso compositor da música popular brasileira do seu tempo.

Em entrevista a Orlando Portella, pouco antes de morrer, no começo de 1947, o médico obstetra Heleno Brandão recordou porque o menino, por causa de complicações no nascimento, levaria por toda a vida uma marca facial que iria distingui-lo de todos. E lhe trazer uma série de tormentos íntimos e de saúde.

Coube a ele fazer o complicado parto que quase matou mãe e filho. "Era um parto difícil. Eu precisava tomar uma decisão. Tive que empregar os instrumentos para extraí-lo. Uma dúvida de minha parte e sacrificaria a mãe ou a ambos. Peguei-o como pude e, depois, com tristeza, verifiquei que o garoto ficaria com um defeito no rosto, com o maxilar afundado", recordou. Com o tempo, esse acidente fez com que a deficiência ficasse mais pronunciada e deu ao rosto do compositor e cantor um feitio ovalado, como ele mesmo descreveu.

Coube também a revista *Carioca* revelar outra tragédia que marcaria a família Rosa. Portella escreveu: "O pai de Noel Rosa, sofrendo um desastre financeiro em seus negócios, perdeu a casa comercial de sua propriedade, ficou endividado e foi à falência. Esteve no interior do estado do Rio, voltando depois para assumir um cargo na Prefeitura."

Foi ele quem organizou a primeira Tabela de Abastecimento da cidade, que regulou os preços no Distrito Federal. "Mas o trabalho excessivo, as enormes preocupações de família, o peso dos golpes sofridos, abalaram-lhe os nervos, acabando por se transformar na psicose da mania do suicídio. E, um dia, recolhido a uma casa de saúde, fugindo da vigilância dos que o tratavam, conseguiu consumar o desvairado objetivo."

Mesmo antes de Manuel Garcia Rosa falecer, caberia a dona Martha se virar para sustentar e educar os dois filhos do casal, Noel e o caçula Hélio. Ela abriu uma escola na mesma casa onde morava, para alfabetizar, ao longo de vários anos, milhares de crianças que por ali passaram, em diferentes momentos. Enquanto isso, Noel crescia raquítico de dar dó, e virou um adolescente de magreza excessiva, com uma cabeça grande e saliente cabeleira de poeta, descrita por quem o conheceu como muito lisa, que sempre teimava em lhe cair sobre os olhos.

Ao mesmo tempo, prejudicava-o a má alimentação, limitada pela deformidade, que o fazia evitar de comer em público ou escolher alimentos facilmente digeríveis, sem necessidade de período mais longo de mastigação. Nada disso o impediu, porém, de se transformar em um exímio violonista, aprendizado que dividia com a paixão em soltar balão ou fazer subir papagaios de longos rabos pelas ruas do bairro.

Mas foi o instrumento musical que o tornou conhecido na Teodoro da Silva, por sua habilidade fora do comum de tirar lindas melodias. Ele chegou até a ensinar o irmão a tocar também, o que deixou a mãe preocupada, pois dava duro para ver os filhos formados, e queria para eles uma profissão segura e estável.

No Ginásio São Bento, Noel adorava sentar-se na copa da mangueira do pátio durante o recreio, e tocar violão, o que atraía sempre uma pequena multidão de estudantes. Criativo, mestre na improvisação de versos, como um menestrel ou trovador, ritmava a "dialogação" da tabuada, como escreveu Portella.

Colegas lembrariam depois que era um compasso que os enchia de entusiasmo na hora da lição e fazia a tabuada andar mais depressa, mas que acabava chamando mais a atenção da garotada do que a aula de dona Martha e demais professores, que ficavam irritados. Ela se levantava com seu rosto rechonchudo, pele muito alva e cabeleira encanecida, ia até a janela e gritava para o filho: "Noel, pare com isso!"

O menino nem ligava, fingia que não era com ele. Sem suas improvisações musicais, a tabuada perdia toda a graça. A garotada achava que aquelas combinações sem música de Noel Rosa "não valiam nada". Esse fragmento de memória levaria à certeza de que, se Noel chegou a ser um grande compositor, não foi por causa do incentivo materno. dona Martha, aliás, fazia questão de deixar claro que detestava ver o filho tocando violão.

Havia outro motivo nobre de sua parte, além da preocupação com seu futuro profissional: a preservação da sua saúde, pois o instrumento o levava às noites de madrugada e sereno, à bebida e ao cigarro, consumidos excessivamente, enquanto ele tinha vergonha de ingerir alimentos em público. O tempo mostraria que dona Martha tinha razão, infelizmente, em seu suposto excesso de preocupação com o filho mais velho.

A habilidade do rapaz com a música o fazia ser assediado por amigos, que o arrastavam para a "orgia", como se dizia sobre as farras em bares e cabarés, na época, sem qualquer conotação sexual. Justo ele, magrinho, de alimentação restrita, boca sempre ferida, dentes a precisar de cuidados de um exímio dentista. Além disso, ficava cada vez mais distante dos livros de estudo. Hélio dava exemplo contrário. Por mais que gostasse de música e andasse com o irmão, vivia focado nas aulas e nos livros – não por acaso, ele se tornaria um competente veterinário.

Para levar o filho desviado até o caminho que tinha escolhido para ele, o da Medicina, que chegaria a cursar por um breve período, dona Martha brigava, escondia suas roupas – como foi dito, isso o teria inspirado a compor *Com que roupa?* – e o violão, proibia a entrada do instrumento em sua casa etc. De nada adiantava. Depois que percebeu a investida da mãe, Noel passou a deixar o instrumento em uma padaria da Avenida 28 de Setembro, onde trabalhava um violonista do bairro amigo seu, conhecido por "Cobrinha".

Um dia, mãe e filho tiveram uma discussão mais séria, e ela lhe deu um ultimato: ou se dedicava aos estudos e largava a música ou teria de sair de casa. Ele aceitou o desafio de dona Martha e foi embora, para desespero dela, tão dedicada e protetora do filho "doente".

Noel diria depois que a carreira que tinha escolhido para si ainda não havia academia para cursar – o incidente doméstico o teria inspirado em uma de suas maiores criações, *Feitio de oração*, primeira parceria com Vadico, como se verá. Ele escreveu: "Batuque é um privilégio/ Ninguém aprende samba em colégio".

Na adolescência, quando Noel começou a se envolver com música, sua casa era frequentada por gente mais simples, na maioria moços que também começavam na vida artística como ele, que queriam compor ou cantar. Os mesmos que, mais tarde, firmariam-se com prestígio no chamado "broadcasting" do rádio nacional – como Almirante, Braguinha e outros.

E aquela rapaziada só falava uma língua: a do samba. Dona Martha, por fim, sucumbiu e aceitou que jamais veria o filho formado, diante da força do talento e do prestígio que Noel desfrutava. E teve de amargar depois vê-lo abandonar o curso de Medicina – curso que frequentou durante o ano de 1931.

Noel entrou em um estúdio para gravar pela primeira vez antes de completar 19 anos, em maio de 1929, juntamente com seus companheiros do conjunto Bando de Tangarás – além dele, como já foi dito, faziam parte Almirante, Braguinha (João de Barro), Henrique Pinto e Alzinho. O disco traria a embolada *Galo garnisé* e o cateretê *Anedotas*. E não pararia mais de gravar, numa carreira meteórica de produção intensa, muitos discos, parcerias e quase nenhuma remuneração. Tanto que foi trabalhar como contrarregra no lendário *Programa Casé*.

Se levava uma vida noturna afogado na boemia, ou na orgia, durante o dia, Noel cuidava de seus "negócios" junto aos artistas que estavam interessados em cantar suas músicas, como Francisco Alves, Aracy de Almeida e Marília Batista, aos programadores e apresentadores de programas de rádio e, claro, frequentava com assiduidade os estúdios da Odeon. Foi lá que Eduardo Souto o apresentaria a Vadico em algum dia do final de 1932 – provavelmente em outubro ou novembro, quando eram gravados os discos para aproveitar as vendas do Natal e que prosseguia até o Carnaval.

Enquanto o encontro não acontecia, cada um seguia seu caminho. Um ano antes de eles se conhecerem, na noite de 19 de dezembro de 1931, exatamente doze meses após a estreia da Companhia Mulata Brasileira no Teatro República, no Rio, Vadico viu entrar em cartaz a terceira revista de teatro com músicas e arranjos seus. Nessa data, a Trupe Mosaicos apresentou, pela primeira vez, a revista *Bibelôs*, escrita pelo incansável De Chocolat, composta de um ato e 23 quadros. As composições eram de Gastão Lamounier, Vadico, Jacy Aymberê e outros – citados nessa ordem no cartaz da peça.

Somadas as façanhas daquele ano que terminava – o destaque dado pela imprensa às peças da Companhia Mulata Brasileira e as gravações de músicas suas por Francisco Alves e Odília –, Vadico não tinha do que reclamar. Mais que isso, deveria comemorar, pois seu nome se tornara razoavelmente conhecido no meio, apesar dos apertos financeiros.

Ao longo do primeiro semestre de 1932, Vadico trabalhou incansavelmente com Souto na gravação de dezenas de discos, como instrumentista e na função de auxiliar de arranjador. Não foi diferente nos primeiros meses do segundo semestre. Curiosamente, nenhuma composição sua seria gravada nesse ano.

Até que veio o momento em que o Poeta da Vila teve curiosidade de ser apresentado ao pianista, quando Eduardo Souto o chamou para ouvi-lo tocar uma melodia ainda sem título e letra, no intervalo da gravação de uma música de Noel por Francisco Alves.

O próprio Vadico relembrou, mais de vinte anos depois, ao jornalista Lúcio Rangel, o mítico encontro em que os dois se conheceram: "Eu trabalhava numa gravação com o falecido Chico Alves. Num dos intervalos dos trabalhos, tendo Eduardo Souto a meu lado, toquei ao piano uma das minhas composições, pela qual o velho Souto ficara fascinado."

Pouco depois de terminada a gravação, "eis que surge o maestro acompanhado de Noel Rosa, que eu conhecia apenas de nome. A empatia foi imediata". Continuou Vadico: "Após as apresentações, Souto pediu-me que tocasse novamente o samba que tanto o agradara. Percebendo o entusiasmo de Noel pela minha composição, ali mesmo (Souto) sugeriu que trabalhássemos juntos. Concordamos, eu e Noel, imediatamente".

Dias depois – alguns historiadores falam em 48 horas apenas –, a música recebia letra e o título de *Feitio de Oração*, e seria gravada no começo do ano seguinte. "E, com esse samba, demos início à nossa parceria", acrescentou o compositor paulistano.

Na verdade, naquele encontro histórico, Vadico tocou duas músicas suas, segundo ele. Uma delas, ainda sem letra, que seria *Feitio de oração*, ele tinha trazido de São Paulo – a compôs na época em que sua família morava na rua Maria Domitila, no Brás. A segunda ele não diria qual, mas afirmou em duas entrevistas tê-la tocado naquele dia também.

Quando Souto chamou Noel, Chico Alves veio junto, ficara encantado com a música na primeira audição, antes de Noel ouvi-la, e pediu a primazia de gravá-la, o que, de fato, aconteceria, em parceria com Castro Barbosa. O disco, com selo Odeon, na verdade, só seria registrado seis meses depois, no dia 7 de julho de 1933, e teria lançamento em agosto, com o número 1042. O resultado foi um primor de arranjo de Souto, em ritmo cadenciado e cheio de balanço, que contou com a participação de Vadico ao piano, com direito a um breque logo no começo.

A letra era um exemplo de que Noel, tão famoso por suas crônicas bem-humoradas de personagens comuns do Rio de Janeiro, era capaz de escrever versos altamente poéticos e elaborados com uma sofisticação como poucas vezes se vira até então. *Feitio de oração* era, sim, uma reverência ao gênero samba, cheia de trocadilhos, em que ele misturava o ato em si de compor e interpretar com um dos temas mais nobres que era o sentimento sobre a perda de um amor – algo tão explorado pelos compositores, mas tratado com um refinamento poético pouco visto antes.

Ao mesmo tempo, dizem estudiosos de sua obra, Noel compôs um hino que servia como um manifesto pela miscigenação social e racial do samba, no esforço de harmonizar ou "pacificar" o morro e a cidade, pela sua adoção por toda a cidade e contra a ideia dos puristas de que o gênero perdia sua originalidade e autenticidade ao ser adotado pela classe média, branca em sua maioria.

Havia também referência aos estudos, abandonados por Noel para sempre. O que se via e ouvia era uma música monumental, em que a melodia servia de tapete vermelho para o letrista exercitar seu talento único de poeta:

A família Medeiros Rosa em 1918, quando Noel tinha apenas oito anos de idade. No colo do pai, o caçula Hélio. Com um olhar tristonho, introspectivo, o menino do rosto deformado olha em sentido contrário aos demais.

Quem acha vive se perdendo
Por isso agora eu vou me defendendo
Da dor tão cruel desta saudade
Que por infelicidade
Meu pobre peito invade

Por isso agora lá na Penha
Vou mandar minha morena
Pra cantar com satisfação
E com harmonia
Esta triste melodia
Que é meu samba em feito de oração

Batuque é um privilégio
Ninguém aprende samba no colégio
Sambar é chorar de alegria
É sorrir de nostalgia
Dentro da melodia

Por isso agora lá na Penha
Eu vou mandar minha morena
Pra cantar com satisfação
E com harmonia
Esta triste melodia
Que é meu samba em feito de oração

Batuque é um privilégio
Ninguém aprende samba no colégio
Sambar é chorar de alegria
É sorrir de nostalgia
Dentro da melodia

Por isso agora lá na Penha
Eu vou mandar minha morena
Pra cantar com satisfação
E com harmonia
Esta triste melodia
Que é meu samba em feito de oração

O samba na realidade não vem do morro
Nem lá da cidade
E quem suportar uma paixão
Sentirá que o samba então
Nasce do coração

E quem suportar uma paixão
Sentirá que o samba então
Nasce do coração

Considerada uma das mais perfeitas criações da música popular brasileira de todos os tempos, *Feitio de oração* se encaixava no gênero samba-canção, no qual Noel se tornaria um mestre, ao compor obras-primas como *Três apitos, Pra que mentir?* (com Vadico) e *Último desejo*.

Em ritmo mais lento e cadenciado, o formato seria visto como uma forma "de se entregar a sentimentos antes não confessados sobre desilusões amorosas". Noel, aliás, escancarou de modo mais radical esse conceito nos versos dramáticos de *Último desejo* ("Nunca mais quero o seu beijo/ Mas meu último desejo/ Você não pode negar").

Essa exposição sem pudores de sentimentos um tanto dramáticos como abandono, desilusão, amores não correspondidos, tristezas e alegrias já aparecia em síntese em dois versos de *Feitio de oração*: "Da dor tão cruel desta saudade/ Que, por infelicidade, meu pobre peito invade".

Grandes nomes da composição também aderiram ao gênero, como Ary Barroso, Lupicínio Rodrigues e Vinicius de Moraes nas duas décadas seguintes. Com alguns deles, como Lupicínio, o samba-canção ganharia contornos mais dramáticos, o que daria origem aos subgêneros "dor de cotovelo" e "fossa".

Se *Feitio de oração* mostrava uma sofisticação acima da média entre as composições de Noel e de todos os compositores da época, o que dizer, então, da parceria seguinte entre ele e Vadico, *Feitiço da Vila*? De uma beleza singular, gravada por João Petra de Barros em 22 de outubro de 1934, saiu mais de um ano depois da composição anterior – 15 meses, precisamente.

O disco, também pela Odeon (11175-A), chegou às lojas somente em dezembro, para aproveitar as vendas de Natal. A música fazia parte de um momento interessante na vida de Noel. Ele não tinha sido apresentado pessoalmente ao ainda pouco conhecido compositor e sambista Wilson Batista, mas se meteu em uma polêmica com ele, que foi acompanhada com interesse e bom humor, a princípio, por todos do meio musical e radiofônico.

Menos pelos dois protagonistas, que, aparentemente, levaram a sério a briga. Foi o que entrou para a história, pois haveria quem duvidasse que tivesse mesmo existido algo além de uma estratégia de promoção. Pelo menos da parte de Batista. E quem dizia que sim apontava a disputa por uma bela morena como a causa da desavença.

O rival de Noel era um molecote recém-chegado de Campos dos Goytacazes, cidade do litoral norte do Rio, ainda no grau de aprender a compor e a fazer música, mas que se impôs com a imagem de dublê de malandro, disposto a fazer qualquer coisa para ficar conhecido. Ou, segundo ele próprio, era um gato selvagem. Até então, para sobreviver, ganhava algum dinheiro como *crooner* e panderista da Orquestra Romeu Malaguta, em apresentações pelo subúrbio carioca.

Noel tinha fama estabelecida, era já um compositor e cantor consagrado. Havia uma quase certeza de quem começou a briga foi ele. A versão mais corrente era que a bronca tinha vindo depois que Batista conquistou uma jovem que Noel cobiçava. Furioso, compôs *Rapaz folgado*, ao saber que o moleque que o derrotou na disputa amorosa era o autor da recém-lançada *Lenço no pescoço*, gravada por Silvio Caldas.

O samba de Noel só seria gravado em 1938, mas correu de boca em boca até se alojar nos tímpanos de Batista. A tréplica veio com endereço certo, pelo samba *Mocinho da Vila*. Noel não se fez de rogado e compôs com Vadico *Feitiço da Vila,* uma das mais belas músicas brasileiras de todos os tempos. E uma das mais regravadas também:

Quem nasce lá na Vila
Nem sequer vacila
Ao abraçar o samba
Que faz dançar os galhos
Do arvoredo e faz a lua
Nascer mais cedo

Lá, em Vila Isabel
Quem é bacharel
Não tem medo de bamba
São Paulo dá café
Minas dá leite
E a Vila Isabel dá samba

A vila tem um feitiço sem farofa
Sem vela e sem vintém
Que nos faz bem
Tendo nome de princesa
Transformou o samba
Num feitiço decente
Que prendè a gente

O sol da Vila é triste
Samba não assiste
Porque a gente implora
Sol, pelo amor de Deus
Não vem agora
Que as morenas
Vão logo embora

Eu sei por onde passo
Sei tudo o que faço
Paixão não me aniquila
Mas, tenho que dizer
Modéstia à parte
Meus senhores
Eu sou da Vila!

A Vila tem um feitiço sem farofa
Sem vela e sem vintém
Que nos faz bem
Tendo nome de princesa
Transformou o samba
Num feitiço decente
Que prende a gente

Quando João Petra de Barros a gravou, porém, Noel suprimiu duas estrofes, pois a letra estava grande demais:

Quem nasce pra sambar
Chora pra mamar
Em ritmo de samba

Eu já saí de casa olhando a lua
E até hoje estou na rua.

A zona mais tranquila
É a nossa Vila,
O berço dos folgados,
Não há um cadeado no portão
Porque na Vila não há ladrão.

O rival respondeu com *Conversa Fiada*, o que obrigou Noel a retrucar com outra obra-prima, *Palpite Infeliz* ("Quem é você/ que não sabe o que diz/ Meu Deus do céu/ que palpite infeliz"), que fez sozinho e foi gravada de forma magistral por Aracy de Almeida. Seu desafeto compôs, ainda, de modo mais virulento e até cruel, os sambas *Terra de Cego* e *Frankenstein da Vila*. A última era uma clara referência à sua deficiência facial. Era uma letra feita para magoar, apesar do jogo de morde e assopra do autor:

Boa impressão nunca se tem
Quando se encontra um certo alguém
Que até parece um Frankenstein
Mas como diz o rifão:
Por uma cara feia perde-se um bom coração

Entre os feios és o primeiro da fila
Todos reconhecem lá na Vila
Essa indireta é contigo
E depois não vá dizer
Que eu não sei o que digo
Sou teu amigo

De todos os sambas provocativos de Wilson Batista, apenas *Lenço no pescoço* foi gravado no período do embate entre eles. E, mesmo assim, ele o vendera à RCA Victor por 50 mil réis, que o lançou com o pseudônimo de Mário Santoro. De qualquer maneira, mesmo se a história do amor tomado pelo concorrente não foi verdadeira, Noel não podia ignorar um sambista de primeira linha como era aquele crioulo cheio de ginga, malícia e valentia.

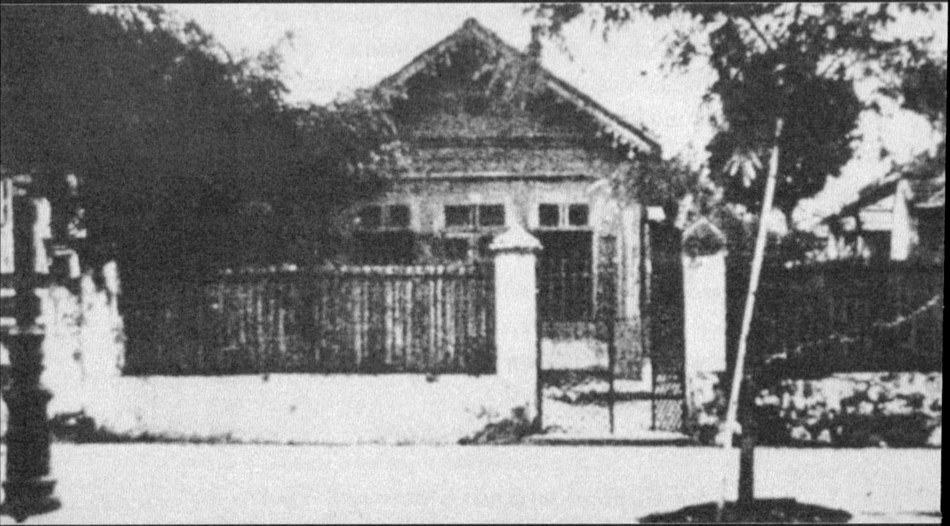

Segundo Batista, os dois se conheceram logo depois do último samba-resposta e Noel teria achado graça em tudo aquilo, levando a coisa "esportivamente", segundo garantiu Batista. A história da briga dos dois, no entanto, teria sido forjada, para Brício de Abreu, repórter da revista *O Cruzeiro*. Em uma extensa reportagem sobre o Poeta da Vila, ele contou que tudo não teria passado de uma música de cada lado – *Lenço no pescoço* e *Rapaz folgado*. O episódio teria começado no Café Indígena, na Lapa, "quando Wilson Batista, um mulatinho de talento, criou um samba que cantava o malandro clássico da época, o *Lenço no pescoço*". Noel, diante do sucesso da música, respondeu com *Rapaz Folgado*. E ponto final.

Segundo Abreu, essa foi a versão que Batista contou, em 1951, a Almirante, na série de programas que ele fez sobre Noel na Rádio Tupi. Só muito tempo depois surgiu *Feitiço da Vila*. E não para atacar o rival, mas para reverenciar seu bairro – cuja moradora Lela Casatle, de beleza capaz de causar congestionamento de quilômetros, vencera o concurso Rainha da Primavera de 1934, do jornal *O Globo*. Os dois teriam se tornado amigos e, pasmem, composto juntos *Terra de cego*, em um café na Rua Evaristo da Veiga, como resposta ao samba *João ninguém*, do próprio Noel.

A Herberto Sales, repórter da revista *O Cruzeiro*, e que se tornaria um famoso escritor e parceiro seu, Vadico não fez referência à briga entre Noel e Wilson Batista quando falou da origem de *Feitiço da Vila*. Contou apenas que, após a gravação de *Feitio de oração*, Noel apareceu um dia em seu apartamento – ele tinha alugado um imóvel na Rua das Marrecas, Lapa – e chegou acompanhado do compositor Germano Augusto. Ele perguntou pelas novidades e Vadico disse que tinha um samba novo para mostrar ao parceiro. Abriu o piano e começou a tocar.

Assim que Vadico deu o último acorde, Noel parecia tão impressionado pela melodia que, ali mesmo, fez uma letra provisória, ou seja, um "monstro", como se dizia nos meios musicais em relação a um rascunho, de modo a poder marcar o número de sílabas dos versos que iria escrever mais tarde. Passaram-se dois ou três dias, quando Vadico se encontrou, por acaso, com Germano Augusto na rua e ele lhe contou que Noel já estava com a letra pronta. Como ia se encontrar em sua casa com o Poeta da Vila naquele exato momento, chamou Vadico para acompanhá-lo.

Quando os dois chegaram, o visitante já estava à espera de Augusto, e Vadico perguntou pela letra do samba. Ansioso, tinha a expectativa de que os dois estariam próximos de fazer mais um bom

Fábrica de tecidos Confiança, na Vila Isabel. A empresa marcou a adolescência de Noel e o inspirou a compor o samba-canção *Três apitos* ("Quando o apito da fábrica de tecidos/Vem ferir os meus ouvidos/eu me lembro de você").

samba. "Eu tinha grande curiosidade em saber que título ele dera à música", recordou. Noel respondeu sem rodeios e com um sorriso de entusiasmo: "*Feitiço da Vila*".

Vadico contaria depois uma versão levemente diferente ou mais completa à revista *Manchete* sobre esse momento: "Noel tirou do bolso um pedaço de papel, disse-me: 'Aqui está a letra do seu samba'. Sem mesmo me deter para olhar o papel, perguntei: 'Que nome você deu ao samba?' — '*Feitiço da Vila*', me respondeu Noel Rosa".

E, ali, sob "as vistas", inclusive de Lindaura, mulher de Noel e ainda quase uma menina, que todos chamavam de Linda e o acompanhava, foi cantado pela primeira vez, pelo próprio letrista, acompanhando-se ao violão, que tão bem tocava. Isso aconteceu depois de um rápido ensaio e alguns ajustes entre eles, sob os olhos entusiasmados do amigo Germano Augusto.

Nasceu, assim, o samba que iria imortalizar Vila Isabel e a própria dupla. Vadico adorou a letra, mas, por causa de compromissos de Noel, a música levaria um longo tempo para ser gravada. Ele também revelou depois como compôs a melodia do samba. "A música veio primeiro e me recordo exatamente de quando a executei, pela primeira vez, para Noel".

O resultado de tudo isso foi uma bela homenagem do compositor a seu bairro e sua tradição de gerar grandes compositores e cantores. Não deixava de ser uma forma sutil e refinada de responder a Wilson Batista, ao mesmo tempo em que colocava Vila Isabel como um lugar de vanguarda de grandes compositores e cantores. Basta lembrar que Francisco Alves, então o mais popular cantor do Brasil, morara lá por muitos anos e era identificado como prata local. Mais uma vez, em precioso momento de inspiração, Noel mandou seu recado.

No momento em que *Feitiço da Vila* começou a ser tocada nas rádios cariocas – em uma interpretação arrebatadora de João Petra de Barros, a partir de novembro de 1934, e se soube que se tratava da segunda parceria com Vadico – o meio musical carioca e as indústrias do rádio e do disco tiveram a certeza de que estava formada mais uma grande dupla de compositores da música popular brasileira, tão ou mais promissora que a dobradinha entre Ary Barroso e Lamartine Babo.

E acreditou-se que coisas de alta qualidade viriam deles, como de fato aconteceu. Seriam mais nove sambas e uma marcha memoráveis. Era esperar para ver.

CAPITU

LO 4
CONVERSAS DE BOTEQUIM

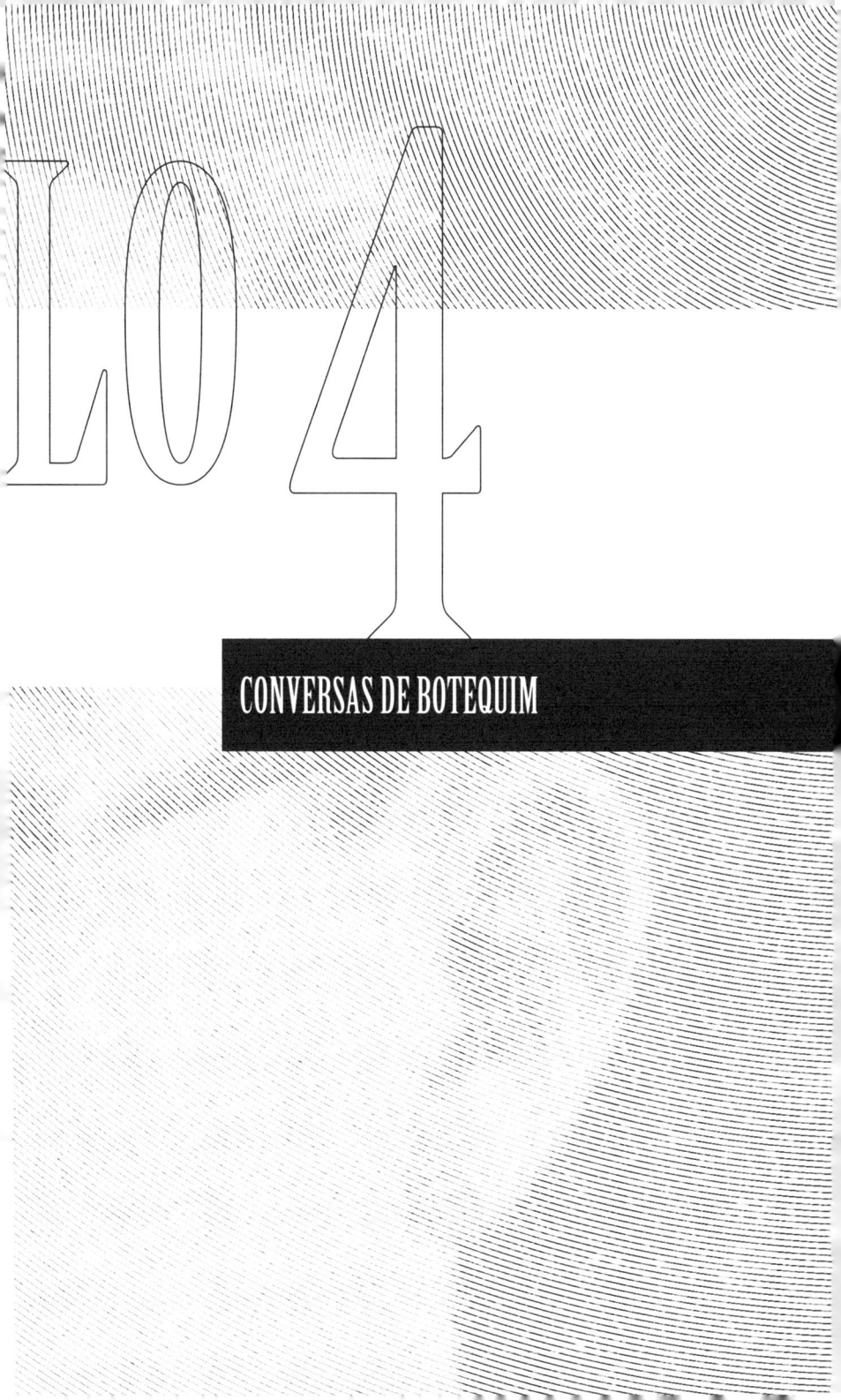

Partitura lançada pouco depois que Noel Rosa gravou para a Odeon *Conversa de Botequim*, dele e de Vadico. O samba seria apontado como uma das mais perfeitas composições populares brasileiras de todos os tempos.

O paletó bem passado e alinhado, o inseparável bigodinho, os óculos com armação de tartaruga e o chapéu a esconder a cabeça razoavelmente grande que marcava o perfil físico de Vadico, somados à timidez e ao jeito cortês e educado de falar com as pessoas, faziam dele um contraste curioso ao descabelado, amarrotado e notívago Noel. Magro, sempre a comer pouco, por vergonha pela dificuldade de mastigar sem deixar aparecer parte dos dentes do lado direito, Noel levava uma vida de encontros e conversas noturnos, com horários desregrados – ficava na rua até a alta madrugada e acordava tarde, perto da hora do almoço.

Fragmentos de memórias apontam que ele e Vadico não frequentavam juntos noitadas em bares e restaurantes. Mas tomavam, sim, uma média (café com leite) acompanhada de pão com manteiga e conversavam em lugares públicos. Principalmente em cafés. Em pouco tempo, desenvolveu-se um relacionamento fraterno entre os dois, de cumplicidade e confiança absolutas das duas partes. Pelo que se sabe, jamais discutiram ou tiveram algum desentendimento.

Noel confiava bastante em Vadico. Conhecia-o o suficiente para saber que o pianista teria sempre a solução ideal para algum impasse musical ou desejo de melhorar determinada composição. Vadico não conhecia letrista melhor no Rio de Janeiro para completar suas ideias e inspirações musicais.

E, na medida do possível, por causa da tuberculose que se manifestou em Noel no ano de 1934, a dupla continuou a fazer sambas. Pela ordem de criação, Noel e Vadico compuseram mais dez canções além de *Feitio de oração* e *Feitiço da Vila*, no total de doze – inclusa uma marcha publicitária – que marcaria a carreira dos dois para sempre: *Conversa de botequim, Cem mil-réis, Provei, Quantos beijos, Tarzan, o filho do alfaiate, Mais um samba popular, Só pode ser você, Pra que mentir?* e uma última, composta cinco meses antes de sua morte, com título e letra desconhecidos, inscrita no concurso carnavalesco do jornal *A Noite*, realizado em dezembro de 1936, como se verá adiante.

Muitas histórias, às vezes verdadeiras, outras nem tanto e algumas lendárias, surgiriam da amizade entre Noel e Vadico, e do modo e contexto em que músicas tão geniais teriam sido criadas. A mais especulada referia-se à gênese da monumental *Conversa de botequim*.

Em 1º de março de 1955, ao iniciar uma série de reportagens sobre curiosidades dos bastidores da música popular no *Diário da Noite*, o polêmico jornalista – e dublê de compositor – David Nasser descreveu a forma como esse samba teria sido composto, em um bar na Lapa, segundo apuração sua.

Nasser narrou que Noel e Vadico estavam na mesa de um café na Lapa, quando eram atendidos pelo garçom José Pereira Mattos, famoso pelo seu jeito calmo e paciente de trabalhar. Por isso, talvez fosse o preferido de Noel. Na ocasião, o compositor pretendia comer sua primeira refeição do dia, uma média e pão com manteiga, servida às 22 horas. Enquanto se decidia, perguntou se Vadico havia gostado dos versos que acabara de cantar. "A entrada é boa, Noel", teria respondido. Mas Vadico parecia mais preocupado com a má alimentação do amigo e perguntou em seguida: "Por que não come direito? Por que não janta? Falta de dinheiro?" Noel respondeu, com tranquilidade: "Não, até que não. Eu andei fazendo (e ganhando) alguns festivais. Estou abonado. Falta de vontade, Vadico." Ou não se alimentava corretamente porque estava amando alguma mulher e não era correspondido ou estava doente, comentou o parceiro, sorrindo.

O resto do texto de Nasser, porém, traía seu propósito e fazia parecer que, na verdade, aquele diálogo não existiu exatamente na hora em que fizeram *Conversa de botequim*. Era apenas a rotina de Noel, que o inspirou a escrever em casa a letra do samba. Por ser contemporâneo de Noel, Nasser sabia, sim, quais eram os pontos mais frequentados pelo compositor e o encontrou em vários desses lugares, em conversas entre o repórter iniciante que ele era e interessado em virar compositor e o nome já respeitado no meio musical.

Ao final, percebeu-se que essa descrição feita por Nasser tinha a pretensão de apenas supor em que contexto Noel e Vadico criaram o terceiro samba juntos, e a terceira obra-prima, que seria gravada em julho de 1935 pelo próprio Poeta da Vila, acompanhado do Conjunto Regional, pela Odeon, no lado B do disco 11257.

Uma testemunha que teria visto os dois fazerem o samba foi Pedroca, o famoso pistonista, cujo nome de batismo era Carmelino Veríssimo de Oliveira. Ele contou, décadas depois, que estava no Café Nice, em animada (suposta) conversa com Vadico e Noel (Sabe-se que Noel detestava o Nice e não gostava de ir lá), quando o garçom deu para ficar passando um pano na mesa, acintosamente, no claro intuito de despejar os três artistas, considerados "fregueses sem futuro", pois nunca iam além de um cafezinho e ocupavam o espaço por muito tempo. Foi quando Noel o teria advertido: "Se você ficar limpando a mesa, não me levanto e não pago a despesa".

O depoimento de Pedroca podia até ser verdadeiro. Mas acabou por entrar no rol das especulações pouco confiáveis. Carlos Didier e João Máximo, biógrafos de Noel, contaram que o compositor tinha algumas manias que confundiam aqueles que estavam por perto. Por isso, várias pessoas passaram a dizer que testemunharam o nascimento daquele clássico e de outras composições do produtivo Poeta da Vila.

Era comum, por exemplo, Noel chegar em determinado lugar e anunciar: "Vou cantar um samba que acabo de fazer". Ao falar assim, dava a impressão aos presentes de que a música tinha sido feita naquele dia ou instantes antes. Era apenas jogo de cena dele em busca da atenção de uma plateia.

Outra das testemunhas do parto de *Conversa de botequim*, citada por Didier e Máximo, teria sido o motorista de praça (taxista) Álvaro Rodrigues Gouvêa, que tinha um nariz adunco e, por isso, era chamado por todos de Papagaio. Inclusive por Noel. Os dois eram grandes amigos e tinham se conhecido dois anos antes. Era possível que ele fosse o "bom carro" citado na letra de *Dama do cabaré*.

Papagaio adorava Noel – talvez o melhor termo fosse veneração –, sabia suas músicas nunca cobrava pela corrida e costumava sentar-se à mesa do compositor nos cafés Indígena e Club, apenas para observá-lo e dizer: "Como é inteligente esse Noel!" Nem que isso implicasse em perder corridas. Era possível que apenas ele tivesse visto *Conversa de botequim* nascer, observaram os biógrafos do compositor.

Didier e Máximo descreveram a música como uma prodigiosa crônica dos cafés cariocas e de seus folgados frequentadores, que usavam suas mesas para horas de conversa sem consumo de praticamente nada além de uma média com pão e manteiga – mesma observação foi feita por um frequentador assíduo do Nice, Ary Vasconcelos, em seu livro *Memórias do Café Nice*. Era "um irretocável retrato da cidade e de alguns de seus tipos: o garçom que passa o pano na mesa como se a dizer ao freguês que este já lhe roubou tempo demais, o sujeito que gasta seu último níquel apostando no jogo do bicho, o interesse um tanto vago pelo futebol (como o de Noel)".

Para os dois autores, *Conversa de botequim* deveria ser incluída entre as mais notáveis peças de toda a história da música popular brasileira. "Em nenhuma outra é tão harmonioso o casamento da melodia com a letra, pontuação perfeita, acentuação irrepreensível (nem todos têm cuidado para com esse detalhe técnico de uma letra, a acentuação da palavra tendo que coincidir com a acentuação musical, isto é, a sílaba mais forte correspondendo à nota sobre a qual recai o acento melódico, do que *Conversa de botequim* é o exemplo definitivo).

Os biógrafos ressaltaram que esse samba, sem dúvida, tornou-se um desafio para os estudiosos de música popular. Ou seja, por ter sido feito em parceria com Vadico, a questão se dividia em dois pontos, de acordo com eles: ou Vadico fez toda a melodia e Noel criou para ela os mais exatos versos de toda a canção brasileira ou "o próprio Noel teve alguma participação na construção da música – escorregadia como a de um choro. O que é mais provável". Vadico nunca fez qualquer observação que ajudasse a esclarecer esse enigma.

Em dezembro de 1953, Vadico deu uma importante entrevista à revista *Manchete*, publicada no dia 17 daquele mês, em que contou como fazia sambas com Noel, de modo geral. Perguntado pelo repórter se havia algum "sistema" de trabalho entre eles, o compositor e então arranjador respondeu que não. "O sistema era de quem criasse primeiro, apesar de que Noel podia escrever uma letra a qualquer momento, e com uma rapidez de pasmar, sem jamais se deter para buscar rima", explicou ele.

A revista quis saber se eles tinham algum lugar fixo para reunião e troca de ideias. Vadico explicou que não havia propriamente lugar designado para os encontros, que podiam ocorrer em sua casa, na residência de Noel, em algum estúdio de gravação ou outro local qualquer. "Perguntei, aproveitando uma pausa que Vadico fizera para acender um cigarro" – observação, reproduzida na revista, que realçava o vício do músico pelo fumo, o qual acabaria por ajudar a matá-lo precocemente.

O pianista explicou ainda: "De um modo geral, porém, todas as noites, depois que terminava com a minha orquestra no Lido, dirigia-me para um café na Lapa, naquela época ponto de reunião da boemia carioca, e lá, fatalmente, encontrava Noel e outros amigos. Muitas vezes sentados ao redor de uma mesa de café, entre um sanduíche e um copo de cerveja, ou mesmo um simples cafezinho, Noel concluía a letra de um novo samba."

Havia, de fato, uma admiração de Vadico pela rapidez com que Noel improvisava uma letra e pela qualidade do que saía dessas experiências. Ele contaria depois que musicou *Conversa de botequim* em um domingo, enquanto viajava para um almoço em Madureira – como sempre fazia, trazia um rolo de pautas musicais no bolso, um lápis e uma borracha para apagar.

Noel entrou em estúdio para gravá-lo no dia 24 de julho de 1935 e o disco chegou às lojas em setembro do mesmo ano. A letra inteira era quase um monólogo – pois a outra parte apenas ouvia – entre um boêmio folgado e um garçom, a quem cobrava todo tipo de assistência e atenção, além de servi-lo bem todas as noites, apesar de gastar pouco.

O samba tinha, em especial, uma letra autobiográfica, sobre a rotina caótica que era a vida de compositor de Noel, atormentado pela deformidade no rosto e a falta de dinheiro, em uma época em que se vendiam poucos discos e os direitos autorais sequer eram pagos quando as músicas eram executadas nas rádios.

NOËL ROSA { Rua do Ouvidor, 160-1.° andar
Res: R. Theodoro da Silva, 392-Villa Isabel

Meu Amigo Vadico
Bom dia.
Ha dois dias que lhe procuro em vão.
A Araci de Almeida tem que gravar o nosso Samba "Só pode ser você" e essa musica tem que ser entregue logo mais na RCA Victor.
E quem ha de escrevê-la nas claves de sol e de fá?
Só pode ser você.
Para evitar desencontros é favor que você a entregue pessoalmente até às 17 hs á Dona Mercedes. Um abraço do Velho

Bilhete escrito em papel timbrado por Noel para Vadico. Na breve mensagem, ele pedia para que o pianista terminasse de compor *Só pode ser você* e o entregasse no mesmo dia para que Aracy de Almeida gravasse. O recadinho só viria a público em 1954, em uma reportagem sobre Vadico feita por *O Cruzeiro*.

Ousada, inovadora, desafiadora, com versos que formavam uma crônica imbatível da vida noturna carioca – e do próprio Noel –, no começo da década de 1930, *Conversa de botequim* formava uma colcha de retalhos com citações diversas de elementos populares naquele momento, mas que se manteria atual. E o título bem podia ser "Rapaz folgado", do provocativo Wilson Batista:

Seu garçom, faça o favor de me trazer depressa
Uma boa média que não seja requentada
Um pão bem quente com manteiga à beça
Um guardanapo e um copo d'água bem gelada
Feche a porta da direita com muito cuidado
Que não estou disposto a ficar exposto ao sol
Vá perguntar ao seu freguês do lado
Qual foi o resultado do futebol

Se você ficar limpando a mesa
Não me levanto nem pago a despesa
Vá pedir ao seu patrão
Uma caneta, um tinteiro
Um envelope e um cartão
Não se esqueça de me dar palitos
E um cigarro pra espantar mosquitos
Vá dizer ao charuteiro
Que me empreste umas revistas
Um isqueiro e um cinzeiro

Seu garçom, faça o favor de me trazer depressa
Uma boa média que não seja requentada
Um pão bem quente com manteiga à beça
Um guardanapo e um copo d'água bem gelada
Feche a porta da direita com muito cuidado
Que estou disposto a ficar exposto ao sol
Vá perguntar ao seu freguês do lado
Qual foi o resultado do futebol

Telefone ao menos uma vez
Para três quatro, quatro, três, três, três
E ordene ao seu Osório
Que me mande um guarda-chuva
Aqui pro nosso escritório
Seu garçom me empresta algum dinheiro
Que eu deixei o meu com o bicheiro
Vá dizer ao seu gerente
Que pendure esta despesa
No cabide ali em frente

Seu garçom, faça o favor de me trazer depressa
Uma boa média que não seja requentada
Um pão bem quente com manteiga à beça
Um guardanapo e um copo d'água bem gelada
Feche a porta da direita com muito cuidado
Que não estou disposto a ficar exposto ao sol
Vá perguntar ao seu freguês do lado
Qual foi o resultado do futebol

  Se em quase três anos, entre 1932 e 1935, Vadico e Noel tiveram apenas três músicas feitas e gravadas, a parceria entre os dois engrenou mesmo no decorrer de 1936, quando saíram em disco nada menos que quatro sambas deles: *Cem mil-réis, Tarzan, o filho do alfaiate, Provei* e *Quantos beijos*.
  O primeiro foi gravado por Marília Batista e Noel, nos estúdios da Odeon, em 5 de março daquele ano, em um momento de melhora na saúde do compositor, e o disco começou a ser vendido em abril, com o número 11337. Embora o samba viesse no lado B, onde eram colocadas as músicas que as gravadoras menos apostavam, foi outro sucesso instantâneo dos dois compositores.
  A música trazia como subtítulo na edição em partitura *Você me pediu...* Noel e Marília gravariam seis músicas juntos, todas em 1936. Duas foram feitas por ele com Vadico. *Cem mil-réis* se tornou uma das melhores performances de Noel como cantor. Embora doente, por causa da tuberculose, ele se mostrava mais afinado que nunca e em sua melhor forma.

O arranjo, em que se destacava a flauta, mais parecia um choro. Na letra, sobre a melodia de Vadico, Noel inseriu versos dos mais divertidos, provavelmente inspirados em algum episódio vivido por ele. Como no samba anterior, eram carregados de referências da época, termo em francês e, inclusive, a brincadeira de que se usava couro de gato para fazer tamborim:

> *Você me pediu cem mil-réis,*
> *Pra comprar um soirée,*
> *E um tamborim,*
> *O organdi anda barato pra cachorro,*
> *E um gato lá no morro,*
> *Não é tão caro assim.*
>
> *Não custa nada,*
> *Preencher formalidade,*
> *Tamborim pra batucada,*
> *Soirée pra sociedade,*
> *Sou bem sensato,*
> *Seu pedido atendi,*
> *Já tenho a pele do gato,*
> *Falta o metro de organdi.*
>
> *Sei que você,*
> *Num dia faz um tamborim,*
> *Mas ninguém faz um soirée,*
> *Com meio metro de cetim,*
> *De soirée,*
> *Você num baile se destaca,*
> *Mas não quero mais você,*
> *Porque não sei vestir casaca*

A composição seguinte seria também outro sucesso da dupla. Noel adorava cinema e combinou esse gosto com a sua visão apurada de cronista para observar os modismos que surgiam por causa das "fitas" mostradas nas telas. Vadico também gostava de filmes – sem imaginar que, anos depois, apareceria em pelo menos seis deles.

E os dois foram ver uma das grandes bilheterias de 1936, o filme de aventura *A fuga de Tarzan*, terceira produção com o astro e ex-campeão olímpico de natação Johnny Weissmuller, ator nascido na Romênia, mas naturalizado americano. Embora seu personagem andasse apenas com uma tanga de couro na floresta, por causa da condição de selvagem, fora das telas o astro aparecia em público – em fotografias, principalmente –, vestido com um terno que ressaltava as ombreiras, bastante usadas pelos homens.

Weissmuller tinha um porte atlético invejável, difícil de ser imitado, em uma época que não havia academias de musculação. Mesmo assim, os candidatos cariocas a galã passaram a imitá-lo. Essa onda, para Noel, parecia ridícula nos muitos casos em que não havia massa muscular para dar contorno aos paletós.

Como bom cronista, ele escreveu para uma melodia de Vadico a letra de *Tarzan*, que depois ficaria com o título completo de *Tarzan, o filho do alfaiate*, parafraseando o primeiro filme da série, *Tarzan, o filho das selvas*, de 1932. Ao mesmo tempo, Noel se autossatirizava por causa das brincadeiras que amigos e desafetos faziam de seu porte esquelético, que seria agravada pela doença nos pulmões:

Quem foi que disse que eu era forte?
Nunca pratiquei esporte, nem conheço futebol...
O meu parceiro sempre foi o travesseiro
E eu passo o ano inteiro sem ver um raio de sol

A minha força bruta reside
Em um clássico cabide, já cansado de sofrer
Minha armadura é de casimira dura
Que me dá musculatura, mas que pesa e faz doer

Eu poso pros fotógrafos, e distribuo autógrafos
A todas as pequenas lá da praia de manhã
Um argentino disse, me vendo em Copacabana:
'No hay fuerza sobre-humana que detenga este Tarzan'

De lutas não entendo abacate
Pois o meu grande alfaiate não faz roupa pra brigar
Sou incapaz de machucar uma formiga
Não há homem que consiga nos meus músculos pegar

Cheguei até a ser contratado
Pra subir em um tablado, pra vencer um campeão

Mas a empresa, pra evitar assassinato
Rasgou logo o meu contrato quando me viu sem roupão

Eu poso pros fotógrafos, e distribuo autógrafos
A todas as pequenas lá da praia de manhã
Um argentino disse, me vendo em Copacabana:
'No hay fuerza sobre-humana que detenga este Tarzan'

Quem foi que disse que eu era forte?
Nunca pratiquei esporte, nem conheço futebol...
O meu parceiro sempre foi o travesseiro
E eu passo o ano inteiro sem ver um raio de sol

A minha força bruta reside
Em um clássico cabide, já cansado de sofrer
Minha armadura é de casimira dura
Que me dá musculatura, mas que pesa e faz doer

O que seria pouco lembrado foi que esse samba fez parte da trilha sonora do filme *Cidade-Mulher*, lançado em julho de 1936, no cine Alhambra, no Rio de Janeiro, o qual percorreria todo o Brasil com bons resultados de bilheteria até abril do ano seguinte. A direção e a produção foram de Humberto Mauro; cenário de Henrique Pongetti; músicas de Noel, Raul Roulien, Muraro, Waldemar Henrique, Assis Valente, J. M. de Abreu e Vadico – como dizia o cartaz.

A trama trazia uma comédia musical "moderna", como descreveram alguns jornais. Na história, de acordo com a sinopse publicada na revista *Cine-Repórter*, em 8 de setembro de 1936, um empresário teatral acumulava uma série de insucessos e nem mesmo as enormes figas que mandou colocar na caixa do teatro o arredaram da nefasta "macaca". Sua filha, juntamente com o namorado, propuseram auxiliá-lo, mas, por orgulho, ele não quis. Os dois, então, tentaram ajudá-lo às escondidas e recorreram ao patrocínio de uma baronesa excêntrica e rica, fanática protetora de cães. O plano deu certo e a revista que montaram se tornou um sucesso.

O elenco reunia nomes famosos, como Carmen Santos, Jayme Costa e Sarah Nobre, entre outros, em uma narrativa feita como se fosse uma revista de teatro, centrada em números musicais. Na tela, *Tarzan* foi cantada pelo ator José A. Vieira. No disco, porém, foi gravada por Almirante e o conjunto regional da RCA Victor, em 4 de agosto e lançado em setembro, com o número 34.086. A letra transformou *Tarzan* em uma gíria das mais usadas, sinônimo de homem magro, o que divertiu muita gente e marcou o Carnaval do ano seguinte como um dos sambas mais cantados.

O primeiro samba da dupla a não fazer sucesso perene veio em seguida, o de nome *Provei*, também cantado por Marília Batista e Noel – que fazia a segunda voz. O registro em disco aconteceu em 12 de novembro de 1936, no estúdio da Odeon, mais uma vez. Saiu no lado A do disco 11422 e chegou às lojas na primeira semana de dezembro.

Até então, Vadico fazia apenas as composições e Noel colocava a letra. Nesse caso, porém, o paulistano compôs a melodia, escreveu o estribilho e criou o título. Noel modificou o estribilho e escreveu os versos da segunda parte. Era a primeira vez que eles falavam dos dramas do amor, exclusivamente, sem qualquer pitada de humor. E ficou assim o belo samba-canção:

> *Provei*
> *Provei*
> *Do amor todo amargor que ele tem*
> *Então jurei*
> *Nunca mais amar ninguém*
> *Porém, eu agora encontrei alguém*
> *Que me compreende*
> *E que me quer bem*
>
> *Nunca se deve jurar*
> *Não mais amar a ninguém*
> *Não há quem possa evitar*
> *De se apaixonar por alguém*
>
> *Quem fala mal do amor*
> *Não sabe a vida levar*
> *Pois quem maldiz a própria dor*
> *Tem amor mas não sabe amar*

Tão logo *Provei* foi gravado, o empolgado Vadico propôs a Noel participarem com ele de um concurso com prêmio em dinheiro, o que poderia dar um bom respiro financeiro para os dois – ele, que acumulara algumas vitórias importantes, estava animado em levar mais um troféu para casa.

Noel voltara a trabalhar no *Programa Casé*, então apresentado na Rádio Sociedade (PRA-2), que tinha entre seus principais patrocinadores o bazar O Dragão, famosa magazine carioca que funcionava na Rua Larga, 193 – rebatizada de Avenida Marechal Floriano –, região central do Rio. O ponto comercial era carinhosamente apelidado de "A Fera da Rua Larga" – conhecida por suas calçadas extensas. Seu proprietário, Oscar Menezes Pamplona, além de amigo, era admirador de Noel, e ficou conhecido como um empresário que gostava tanto de música quanto de negócios. E teve a ideia de fazer um concurso para escolher uma marcha que melhor falasse das qualidades do seu bazar. Portanto, não era nada pequena a chance de Noel e Vadico saírem vitoriosos da disputa.

Naquele momento, os jingles não eram uma novidade no rádio, existiam havia pelo menos dois anos. E os dois fizeram a *Marcha do dragão*, que, na verdade, não passava de uma quadrinha, para ser repetida à exaustão nas propagandas ou reclames que fariam nas emissoras de rádio.

Com música e letra prontos, o próprio Vadico inscreveu a marcha no concurso. Não deu outra: eles venceram – não se sabe se com a interferência de Pamplona, claro. O episódio trazia uma curiosidade particular: seria a única marcha composta por Vadico com Noel.

Nessa época, Noel estava bem doente, acamado. Mesmo assim, sua proverbial facilidade para versejar ajudou que ele escrevesse a letra e entregasse a Vadico, quando este foi visitá-lo. A letra vencedora não passava de um trecho e um refrão (que Noel tirou de um dos seus maiores sucessos na época, o samba *De babado*), com música de Vadico:

Você é mais conhecido
Do que níquel de tostão
Mas não pode ficar mais popular
Do que o Dragão.

Meu amor ideal,
Sem babado, não

Com a vitória, os dois dividiram o prêmio de um conto de réis, quantia nada desprezível na época. A promoção de O Dragão, no entanto, não seria o único concurso em que a dupla se meteria nos cinco

Marília Batista canta ao violão no estúdio da Rádio Mayrink Veiga, em 1933, assistida por Mário Moraes, Cyro de Souza, Henrique Baptista Fernando Pereira, Renato Baptista e Noel Rosa (da esquerda para a direita).

anos de amizade e parceria. Em dezembro, ainda de 1936, ele e Vadico compuseram um samba e o inscreveram no concurso de Carnaval "Quem será o homem?", do jornal *A Noite* e da Rádio Nacional (PRE-8).

O tema da competição era a sucessão presidencial, pois se acreditava que o governo revolucionário de Getúlio Vargas – havia seis anos no poder – finalmente permitiria que fossem realizadas eleições diretas em novembro do ano seguinte para Presidência da República. Como se sabe, Vargas daria um golpe e instituiria a ditadura do Estado Novo, em novembro de 1937, sob a alegação de um suposto plano preparado pelos comunistas para tomar o poder.

O título do concurso foi tirado da revista homônima de De Chocolat, que estreou em 4 de dezembro, no Teatro Olímpia. Na primeira página da edição de 11 de dezembro de 1936, o jornal informava que, à meia-noite anterior, haviam se encerradas as inscrições para "Quem será o homem?" – na verdade, a data oficial tinha sido cinco dias antes e foi prorrogada.

A reportagem dizia que, às 23h58, tinha sido recebida a última inscrição, da dupla Carlos Machado e Felisberto Martins. "Pouco antes, Noel Rosa e Vadico, dois festejados autores cariocas, tinham se apresentado para entregar o samba que compuseram. Todos os quatro, satisfeitos, declararam acreditar na doutrina de que 'os últimos serão os primeiros.'"

Mas não aconteceu assim. O resultado da competição foi divulgado seis dias depois e a composição vencedora foi a de Nássara e Cristóvão de Alencar, *A Menina Presidência*, defendida por Silvio Caldas. A dupla recebeu 300 mil réis em dinheiro. Em segundo lugar, ficou *Não sei não*, de Jaime Brito e Antonio Almeida, com 200 mil réis de prêmio. O terceiro ficou com *Não digo*, de Marília e Henrique Batista.

Carlos Didier, biógrafo de Nássara e Noel Rosa – e o maior pesquisador vivo do Poeta da Vila – confirma que o samba composto para este concurso de Carnaval foi, sem dúvida, a 12ª composição da dupla Noel e Vadico. Infelizmente, nem a letra e nem o título sobreviveram ao tempo. "Não há dúvida. A canção desapareceu junto com o nome, mas o registro de *A Noite* garante mais uma obra da dupla", ressaltou Didier.

Noel gravou ainda em dueto com Marília Batista e os Reis do Ritmo, em 18 de novembro de 1936, outra parceria com Vadico, a bela *Quantos Beijos*, no disco da Victor (34.140), lado B, que chegou às lojas em dezembro. A letra Noel tirou do fundo da alma, no momento em que a sua relação com a dançarina de cabaré Ceci – que inspirou a música,

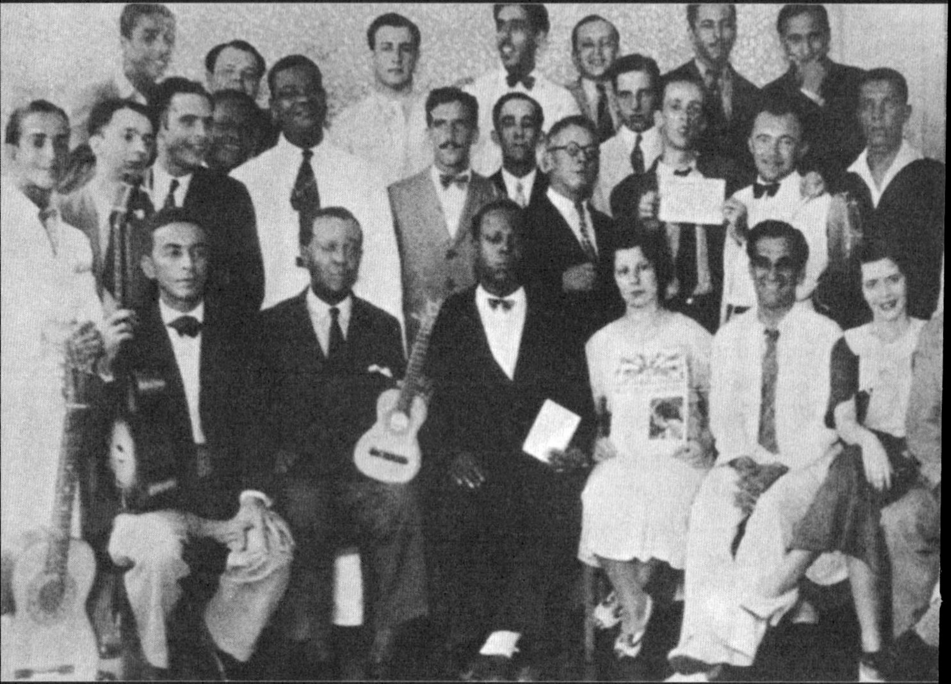

sem dúvida – era marcada por conflitos, em uma mistura turbulenta de mentira, traição, beijos e frases sem sentido, ditas por ela ao seu ouvido, de acordo com Didier e Máximo.

E refletia seu estado de espírito naquele final de 1936, quando a luta contra a tuberculose estava praticamente perdida. "O inspirado Vadico é seu parceiro ideal nestes dias. Ideal e derradeiro, já que Noel não se ligará a nenhum outro a partir de agora", escreveram os dois biógrafos.

Juraci Correia de Moraes, mais conhecida como Ceci, era uma moça bonita e elegante, dançarina de cabaré, oito anos mais nova e por quem Noel se apaixonara alucinadamente, mesmo casado. Vadico conhecia Ceci e acompanhava de perto o romance conturbado dela com Noel. Sabia bem o que se passava no coração do amigo. "Talvez, por isso, esteja tão afinado com as tristezas dos seus versos."

Mas era evidente também que essa sintonia acontecia por causa da debilidade física do amigo, que tanto comovia seu parceiro. O cantor e radialista Almirante considerava esse samba um dos mais bonitos da dupla. "Pena que seu lançamento, por Marília Batista, tenha sido feito um pouco apressadamente. Uma gravação mais apurada teria demonstrado seu grande valor", acrescentou. A letra não era extensa:

Não andava com dinheiro todo dia
Para sempre dar o que você queria
Mas quando eu satisfazia os teus desejos
Quantas juras... quantos beijos...

Quantos beijos
Quando eu saía
Meu deus
Quanta hipocrisia!

Meu amor fiel você traía
Só eu é quem não sabia
Ai meu deus,
Mas quantos beijos...

Não esqueço aquelas frases sem sentido
Que você dizia sempre ao meu ouvido
Você porém mentia em todos os ensejos
Quantas juras... quantos beijos...

Johnny Weissmuller, o maia famoso Tarzan do cinema. O samba de Noel e Vadico transformou o herói em uma gíria das mais usadas, sinônimo de homem magro.

A partitura publicada da música para piano trazia uma dedicatória dos dois autores: "Ao distinto amigo e ilustre dentista Bruno de Moraes, homenagem de Noel e Vadico." Joaquim Bruno de Moraes seria descrito como um "homem de ideias avançadas", segundo o primo e biógrafo de Noel, Jacy Pacheco. Ele era vizinho, amigo e dentista do compositor, e tinha seu consultório na mesma rua, Teodoro da Silva, em frente ao chalé da família Medeiros Rosa, bem perto da fábrica de tecidos Confiança, que inspiraria os versos de *Três apitos*.

A gratidão ao dentista nasceu de um motivo especial. Noel tinha problemas complicados em sua dentição, por causa da deformidade no queixo. "Homem fino, psicólogo, num rápido exame que fez na boca do compositor, compreendeu sua tragédia: Noel tinha cáries necessitando de tratamento", contou Pacheco.

O restauro foi difícil porque o "aleijão" – como descreveu o primo – não lhe permitia abrir a boca suficientemente. Moraes tentava aliviar os sofrimentos do paciente com o máximo de carinho e paciência. "Seu Bruno" via de perto a dor física e moral de Noel. "Aparentemente insignificante, o aleijão não lhe permitia mastigar nada, apenas engolir, engolir líquidos."

O dentista até tentou, mas frustrou-se por não consertar seu maxilar, corrigir-lhe as arcadas dentárias, proporcionar-lhe a perfeita articulação do queixo. Não havia cirurgia facial ou plástica na época que desse jeito. "Com dificuldade, extraía os dentes que doíam e não podiam ser tratados. Noel, cheio de gratidão, dedicava amizade a 'Seu Bruno', e também muitas músicas."

De acordo com Pacheco, ele sabia da "ideologia" do dentista. "Ouvia-o com respeito e atenção: 'Noel, explore nos seus sambas a angústia do nosso povo. Um artista verdadeiro fala a linguagem do povo, exprime seus sofrimentos e prazeres. Aí está a fábrica de tecidos desafiando sua inspiração. Compreende?' Noel compreendia de modo muito claro."

Vadico, infelizmente, começava a pressentir, nesse momento, que a relação de amizade e de parceria com Noel estava condenada a acabar. Não por vontade deles, mas por causa de um flagelo que atormentava a humanidade havia um século: o mortal bacilo que transmitia uma doença que condenava todos à morte, a tuberculose. Noel entrou 1937 bastante doente e próximo do fim, com apenas 26 anos de idade, mas sem abandonar a sua maior paixão, a música. E Vadico lamentaria bastante por isso.

CAPÍTULO

05

CHORO E VELA, SEM FITA AMARELA

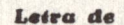

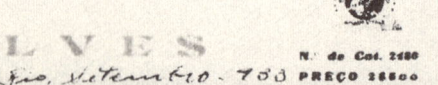

Partitura de *Feitio de oração*, primeira parceria entre Noel e Vadico. Eles foram apresentados pelo maestro Eduardo Souto, depois que Vadico tocou a melodia ao piano. Noel topou fazer a letra e Francisco Alves, presente no momento, pediu para deixá-lo gravar.

Um Noel Rosa bastante doente viu nascer o Ano Novo de 1937. Enfermo e sem sair de casa, duas semanas depois da decepção dele e Vadico perderem o concurso do jornal *A Noite*, ouvia rádio o dia inteiro, com algum interesse nos sambas e marchas que dominavam a preferência dos ouvintes e, certamente, seriam os mais tocados no Carnaval. Musicalmente, concluiu que não seria aquela uma das boas safras dos últimos anos. O maior sucesso era, então, *Mamãe eu quero*, tida como uma marcha de versos pobres – e maliciosos – do cantor e humorista Jararaca, musicados pelo maestro Vicente Paiva –, mas que Carmen Miranda imortalizaria em Hollywood.

A sua *X do problema*, na voz de Aracy de Almeida, não era exatamente um samba carnavalesco. Não tinha a frivolidade necessária que a festa pedia. Até que, no domingo de Carnaval, 7 de fevereiro, ele se sentiu disposto o suficiente para sair um pouco de casa. Chamou Lindaura para ver com ele o movimento da cidade nos trechos da festa e pediu ao irmão Hélio que chamasse um táxi. Toda a família acabou indo ver os desfiles na Avenida Central. Noel, porém, ficou pouco tempo, não se sentia bem, voltou triste.

E os dias correram para ele com febre alta, tosse e falta de ar. Sem vontade de nada fazer, dormia a maior parte do tempo, não recebia ninguém. A falta de Ceci e o desejo de encontrar Vadico o fizeram, certa noite, entrar num táxi e seguir para o Café Nice. Lá, teve a agradável surpresa de ver o amigo Vadico bebendo com o capitão do Exército Floriano Machado, amigo em comum. "Vadico era exatamente quem Noel procurava", narraram Didier e Máximo.

O Poeta da Vila estava com a aparência abatida e pálida, com os olhos mais tristes que nunca. Essa foi a percepção de Floriano, assim que ele se aproximou da mesa e disse ao parceiro que os dois precisavam conversar. Necessitava dele para musicar um samba. Noel pediu para que fossem onde houvesse um piano. Vadico propôs a solução mais fácil: seguissem para seu apartamento, na Rua das Marrecas.

Ele havia feito do local uma espécie de garçonnière, um daqueles lugares para encontros amorosos que os amigos sempre recorriam depois de alguma conquista. Foi ali também que ele e Noel, em torno do piano, escreveram ou finalizaram a maior parte dos seus sambas juntos. Dessa vez, no entanto, o Poeta da Vila preferiu outro piano, mais próximo do local onde estavam, pois lhe faltavam forças para andar.

Parecia ter pressa, teria de voltar logo para casa. Com o corpo cansado, a febre voltara. Faltava-lhe ar, queria deitar na cama. Floriano apontou a solução: que usassem o piano do clube que ficava na esquina próxima, a alguns passos do Nice. Ele conhecia o gerente. Os três foram para lá. No caminho, Noel insistiu que queria muito concluir um samba naquela mesma noite e precisava da ajuda do parceiro na melodia. Explicou que era algo que tinham que fazer logo, porque o samba "estava preso" dentro dele, como se fosse um nó na garganta. Vadico disse que tudo bem, que ficasse tranquilo, porque estava ali para ajudá-lo na empreitada.

Noel, então, passou a desabafar, a falar de Ceci. Puxava o ar para os pulmões, parecia confuso em seus sentimentos, nas suas descrições –

reflexos prováveis da doença, que costumava trazer delírios aos doentes em sua fase mais aguda. Mesmo assim, estava consciente do que queria ali, do suporte que buscava de Vadico. Floriano contaria aos biógrafos de Noel que, embaraçado com as confidências do sambista, preferiu se afastar por alguns instantes. E passou a acompanhar à distância os dois amigos, enquanto trabalhavam em um samba, que se revelou um primor – concluiu o militar.

Depois daquela noite, Noel retornou para casa e, tão logo as forças voltaram nos dias seguintes, passou a limpo a letra em seu famoso caderno de folhas soltas. Anotaria também o gênero e a autoria (samba de Vadico e Noel Rosa), o título (*Pra que mentir?*) e a data. Tudo aconteceu na noite de 8 de março de 1937. Menos de dois meses depois, Noel estaria morto e não veria a música gravada. *Pra que mentir?*, um legítimo samba-canção, de título tão sugestivo, era mais uma composição excepcional dos dois, que entraria para os clássicos de Noel.

Mas só seria gravado no dia 1º de setembro de 1938, mais de um ano depois da morte do mais notável compositor da Vila Isabel – e chegaria às lojas em fevereiro do ano seguinte, no lado A do disco de número 34413 da RCA Victor. Quem o gravou foi Silvio Caldas, acompanhado do maestro Fon-Fon e sua orquestra. Mais uma vez, Noel mostrou talento para fazer uma de suas melhores letras, em que explorava de modo intenso o desejo de ter Ceci só para ele, e da certeza de que isso jamais aconteceria:

Pra que mentir se tu ainda não tens
Esse dom de saber iludir?
Pra quê?! Pra que mentir
Se não há necessidade de me trair?

Pra que mentir, se tu ainda não tens
A malícia de toda mulher?
Pra que mentir?
se eu sei que gostas de outro
Que te diz que não te quer?

Pra que mentir
Tanto assim
Se tu sabes que eu sei
Que tu não gostas de mim?!

Se tu sabes que eu te quero
Apesar de ser traído
Pelo teu ódio sincero
Ou por teu amor fingido?!

O nome de Noel Rosa brilhava como compositor e cantor, naquele Rio de Janeiro agitado politicamente, às vésperas do Brasil sucumbir à sua primeira ditadura republicana – que seria imposta em novembro daquele ano –, quando ele morreu. Nos últimos cinco anos, Noel produziu intensamente, tanto como compositor quanto como cantor. Mas levava uma vida desregrada e de aventuras amorosas, mesmo depois de se casar com a adolescente Lindaura, de apenas 13 anos, em dezembro de 1934.

A união teria acontecido mais por pressão da mãe da moça, pois a filha era muito nova e estava grávida dele – Noel tinha dez anos a mais que ela. Infelizmente, Lindaura perderia o bebê, ainda em gestação, alguns meses depois. Mesmo com a nova situação civil, não modificou os hábitos boêmios, que piorariam sua saúde. Ele teria se casado já doente e, pouco depois da cerimônia, viu-se forçado a partir para Belo Horizonte, em busca de melhor clima, no começo de 1935. Na capital mineira, ele tinha uma tia, que o acolheu com Lindaura.

A mudança de ares deu certo, a princípio. Tanto que o compositor engordou doze quilos – alguns autores falam em cinco. Não demorou, no entanto, para ele frequentar bares e o meio artístico da cidade. Chegou a se apresentar na Rádio Mineira. Estava ainda na cidade, quando foi informado do suicídio do pai, que se enforcara na casa de saúde onde estava internado para tratamento psiquiátrico. Foi na vida noturna de Belo Horizonte que Noel conheceu o talentoso Hervé Cordovil, com quem escreveu os sambas *O que é que você fazia?* (gravado por Carmen Miranda) e *Triste cuíca* (Aracy de Almeida) e a marcha *Não resta a menor dúvida* (Bando da Lua).

Ao voltar ao Rio, em setembro de 1935, Noel mostrou pouca vontade de seguir as prescrições médicas de repouso e vida regrada. Para piorar, teve de enfrentar junto à mãe e ao irmão a trágica morte do pai e todas as implicações que isso causou à família. Precisava consolar a mãe, bastante abalada com o episódio. O sucesso das músicas que compunha, enquanto isso, não parava. Dentre eles, um dos maiores êxitos dos carnavais de todos os tempos, *Pierrô*

Apaixonado, em parceria com Heitor dos Prazeres. Ou *O orvalho vem caindo*, com Kid Pape.
Nesse retorno, fez novo samba com Vadico. Tratava-se do pouco lembrado *Só pode ser você,* que seria registrado em disco no dia 11 de agosto de 1936, por Aracy de Almeida – a RCA Vitor só lançaria o samba em março do ano seguinte, no lado A do disco 34152. A música teria sido inspirada em Ceci.

A relação entre os dois não deu certo e, ao voltar da recuperação em Belo Horizonte, após saber pela mãe que Ceci esteve em sua casa à procura de notícias sobre sua saúde, Noel encontrou inspiração na descrença e na ironia os motivos para fazer aquele samba.

A melodia, nesse caso, foi iniciada por Noel e completada por Vadico. O encontro entre os dois para fazer esse samba, depois de um bom tempo sem se verem, aconteceu no estúdio da Rádio Guanabara, na Rua 1º de Março, onde Noel lhe pediu para completar a música – um bilhete sobre a cobrança a Vadico seria guardado por este e publicado pela imprensa na década de 1950, como se verá adiante.

Aracy cantou acompanhada do regional da gravadora e a música, sem dúvida, tinha a qualidade da produção dos dois compositores. A letra falava sobre morte, e explorava o tema do abandono da mulher amada e da mágoa que veio daí:

Compreendi seu gesto
Você entrou naquele meu chalé modesto
Porque pretendia somente saber
Qual era o dia em que eu deixaria de viver

Mas eu estava fora
Você mandou lembranças e foi logo embora
Sem dizer qual o primeiro nome
De tal visita

Mais cruel, mais bonita que sincera
E pelas informações que recebi já vi
Que essa ilustre visita era você
Porque não existe nessa vida
Pessoa mais fingida
Do que você

Partitura de mais um sucesso de Noel e Vadico. Percebe-se que o título sugerido inicialmente foi "Você me pediu 100 mil-réis". Depois, seria simplificado para *100 mil-réis*. Uma das poucas composições da dupla em que o humor predominava.

No mês seguinte à gravação desse samba, em outubro, Noel e Vadico se tornaram participantes diários do quadro "Suplemento Musical", do programa *A Hora do Brasil*, produzido pelo setor de rádio do Departamento de Propaganda e Difusão Cultural (DPDC), criado por Armando Campos, amigo de infância de Getúlio Vargas. A atração, imposta a todas as emissoras do Brasil, estreou em 22 de julho daquele ano. Oficialmente, o governo justificou que a intenção era aproveitar as facilidades do rádio para promover a "aproximação" dos brasileiros e "nivelar todos" no conhecimento dos fatos mais importantes ocorridos durante o dia. Na prática, fazia propaganda de seus atos, em uma época em que a comunicação era precária na maioria dos estados brasileiros.

À frente do projeto foram colocados o jornalista Ika Labarthe e o crítico teatral Genolino Amado, vindos da Rádio Mayrink Veiga e que foram contratados pelo DPDC (Departamento de Proteção e Defesa do Consumidor). Como boa parte dos intelectuais do Rio apoiava Vargas, antes do golpe de 1937, não foi difícil para o departamento atrair colaboradores ilustres, sem qualquer pudor ideológico, sempre bem remunerados.

Parte dessa simpatia vinha do fato da chamada Revolução de 1930, que colocou Getúlio no poder, sustentar-se com propostas políticas para áreas até então pouco amparadas, como educação, saúde e cultura. O governo seduziu um bom número de intelectuais – jornalistas e escritores, principalmente –, chegou a chamá-los para colaborar com o regime, com ideias e projetos, muitos deles literários, bem remunerados.

No primeiro momento, o DPDC deveria "regulamentar o rádio e o cinema educativos", sob o comando do seu diretor, o depois temido Lourival Fontes. Ele convocou Amado e Labarthe para que criassem algo além de transmitir informações burocráticas pelo programa de rádio estatal, de modo a atrair e a segurar audiência.

Além de sergipano e colega de faculdade de Direito de Fontes, Amado fazia sucesso com suas "Crônicas da cidade maravilhosa", que publicava no jornal *Boletim de Ariel*. Para os dois, o rádio deveria ser utilizado pelo Estado não só como elemento de cultura popular, mas, principalmente, como área de propaganda para mobilização das "forças espirituais" do país, a serviço do poder federal.

Ficou estabelecido que, de modo sutil e disfarçado, a programação da *Hora do Brasil* traria informes políticos, palestras sobre educação e saúde e números musicais. Ao que parece, como informou o jornal *A Nação*, Noel e Vadico estrearam no programa na noite de 29 de outubro.

O primeiro tocava violão e cantava, acompanhado do parceiro ao piano. Por algum tempo, eles se apresentaram intercalando o microfone com a soprano Maria R. Dutra e o tenor Augusto De Giuli, seguidos das crônicas de Genuíno Amado e Raul Ribeiro da Silva. A dupla manteve a colaboração até os primeiros meses de 1936.

Noel não mediu esforços para esconder de todos que doença tinha. Sua magreza acentuada ajudava nesse sentido. Não queria se sentir excluído, longe do que mais amava: a música. Tanto que nenhum jornal que noticiou sua morte falou qual era a "enfermidade" letal. De qualquer modo, pareceu bem no decorrer do primeiro semestre de 1936, quando suas músicas continuavam a ser gravadas.

Até que a tuberculose voltou a dar sinais, com crises de tosse insistentes. Mesmo assim, chegou ao ano seguinte sem novos internamentos. Em fevereiro de 1937, por determinação médica, foi levado para um sanatório em Nova Friburgo, interior do Rio. Incorrigível, não respeitou o repouso necessário e se apresentou no cinema local, além de ter ido a alguns bares da cidade e regressou ao Rio.

Bastante adoentado, por sugestão de amigos e familiares, foi para Barra do Piraí, em abril, na busca de repouso para tentar alguma melhora. De acordo com seus biógrafos, após visitar a represa de Ribeirão das Lajes no feriado de 1º de maio, com alguma dificuldade, Noel começou a sentir arrepios, a passar mal e a ter delírios. Durante a noite do mesmo dia, na pensão onde estava hospedado, sofreu grave crise de hemoptise – com golfadas de sangue – e um médico foi chamado às pressas para socorrê-lo. Ele advertiu o paciente de que não havia recursos para tratá-lo naquela cidade.

Na manhã de 2 de maio, Noel retornou à capital com Lindaura, em um táxi. Seu estado era gravíssimo, do qual não conseguiria se recuperar. Durante os dois dias seguintes, recebeu visitas de poucos amigos, na casa da mãe, onde ficou acamado. Entre eles, a cantora Marília Batista e o compositor Orestes Barbosa, que tentaram animá-lo, dar-lhe alguma esperança. O abatimento, no entanto, era total. Respirava com bastante dificuldade e os dois saíram de lá arrasados, sem esperança alguma. Tanto que o compositor morreu no fim da noite do dia 4 de maio.

Seu corpo seria enterrado na tarde do dia seguinte, uma quarta-feira chuvosa, no Cemitério São Francisco Xavier, onde também foi velado, com a presença dos maiores nomes da música e do rádio. Alguns amigos, como Vadico, perceberam uma mulher jovem, tipo mignon, de tailleur escuro e de chapéu, a certa distância da sepultura, no esforço para não ser notada nem despertar a atenção de Lindaura. Ele foi lá e tentou consolá-la.

Era a amada e intempestiva Ceci, "a dama do cabaré". Noel a vira pela última vez em 11 de dezembro, dia do aniversário do Poeta da Vila. A seu pedido, como se fosse uma despedida, ela concordou em dormir com ele. Noel sabia que ela mantinha um romance com o compositor Mário Lago – autor, futuramente, de *Amélia* e *Aurora* e o mesmo quem se tornaria ator famoso nas telenovelas da Rede Globo, décadas depois.

Apesar disso, foi procurá-la em seu mais recente trabalho, no cabaré Caverna, no subsolo do Cassino Beira-Mar, o mesmo onde Vadico se apresentou cinco anos antes, quando se mudou para o Rio. Disse-lhe que queria apenas conversar e os dois seguiram para o restaurante Taberna da Glória. Era mais de meia-noite, a ideia era um jantar. O encontro, no entanto, começou sem jeito de ambos os lados.

Um Noel triste, arrasado, por saber do caso de Cecy com Lago, disse-lhe que tinha certeza de que tudo havia acabado entre eles. Mesmo assim, dormiram juntos. Dias depois, ele pediu a Vadico que a procurasse e lhe mostrasse seu último samba, inspirado no amor que tinha por ela. O parceiro limitou-se a entregar a letra – não há registro de que ele tenha ajudado Noel nessa obra-prima, que pode ter acontecido, embora ele jamais tenha feito referência a isso:

Nosso amor que eu não esqueço
E que teve o seu começo
Numa festa de São João
Morre hoje sem foguete
Sem retrato e sem bilhete
Sem luar, sem violão

Perto de você me calo
Tudo penso e nada falo
Tenho medo de chorar
Nunca mais quero o seu beijo
Mas meu último desejo
Você não pode negar

Transcrição feita por Noel da letra de *Feitio de oração*, com melodia de Vadico. Na parte inferior, é possível observar a data em que foi lançada, agosto de 1933. A letra, no entanto, teria sido feita por volta de novembro de 1932.

Se alguma pessoa amiga
Pedir que você lhe diga
Se você me quer ou não
Diga que você me adora
Que você lamenta e chora
A nossa separação

Às pessoas que eu detesto
Diga sempre que eu não presto
Que meu lar é o botequim
Que eu arruinei sua vida
Que eu não mereço a comida
Que você pagou pra mim

A morte de Noel Rosa mereceu destaque na primeira página da edição matutina do jornal *O Globo*, de 5 de maio de 1937. Quando aconteceu, terminavam três anos de sofrimento desde o aparecimento da doença. O compositor e cantor tinha, então, apenas 26 anos – faria 27 em dezembro. Ao lado da notícia, aparecia, no mesmo jornal, uma foto sua apoiando o pé sobre uma cadeira, tocando violão, no estúdio da sua gravadora, a Odeon. Segundo o diário, o artista morreu pouco antes da meia-noite, após sofrer um colapso cardíaco – embora o jornal não tenha dito, isso aconteceu em decorrência do grave estado do artista por causa da tuberculose.

O título trazia a comoção que abateu os editores do jornal: "Morreu Noel Rosa, o cantor do morro e da cidade". *O Globo* apurou que Noel, nos últimos doze meses, tinha diminuído bastante sua "capacidade de trabalho", uma vez que acumulara em sete anos uma produção intensa, com mais de uma centena de músicas de sua autoria, gravadas por ele e por outros grandes nomes como Francisco Alves, Sílvio Caldas, Marília Batista, Aracy de Almeida e outros. "O morro reclamou. A cidade reclamou. Mas Noel não podia atendê-los porque estava num sanatório, vítima de terrível enfermidade" – mais uma vez a reportagem não falou qual era a doença.

Pouco antes do último Carnaval, disse o diário, sua saúde geral até tinha melhorado e ele lançou *O X do Problema*, mas "de sucesso relativo", apenas. Logo em seguida, saiu em disco *Provei*, composição dele e de Vadico. Essa, sim, "de franco sucesso". A partir de março, porém, seu estado clínico voltou a se agravar e ele foi levado para Barra do Piraí, onde ficou internado.

O MALHO   22 — II — 1934

Programma

Broadcasting

Os jornaes estamparam, ha dias, a noticia da fuga de Ernesto Nazareth da colonia de alienados de Jacarépaguá e logo depois sua sorte tragica.

E para quem sabe o que significa o nome desse compositor patricio diante do passado da nossa musica, bem triste ha de ter sido a resonancia dessas noticias

Ellas equivalem a advertencias amargas sobre o destino dos nossos artistas.

O publico brasileiro tem uma caracteristica singular, em assumptos de musica e literatura: ama a creação, mas ignora e se desinteressa por completo do creador.

Nenhum outro povo tem esquecido e relegado ao indifferentismo os 'us artistas, tanto como o desta patria de poetas e talentos espontaneos, o que encerra, sem duvida, uma ironia e um paradoxo.

Ernesto Nazareth foi, incontestavelmente, o mais original e o mais brasileiro dos nossos compositores.

As suas producções, de melodias vivas, suggestivas, de execução difficil e interpretação subtil, ainda hoje desafiam os imitadores e os pianistas que apreciam as valsas de Zequinha de Abreu, etc.

Nazareth plasmou o rythmo nacional, reproduzindo as voltas, os saracoteios e as dolencias da alma nativa.

Pois é esse homem que, premido por uma sorte adversa, vae terminar os seus dias num hospicio, na mais completa pobreza.

Quantas vezes vimos o auctor de "Apanhei-te, cavaquinho!" chegar ao "guichet" da "Casa Edison" e não ter nem um vintem para receber!

E o trabalho de empregado para fazel-o comprehender — surdo como elle já estava — que as peças sobre as quaes os seus direitos de auctor ainda prevaleciam, eram justamente as que não se vendiam!

Pobre Nazareth!

Em quantos milhões de dollars se poderia avaliar o seu prejuizo de haver nascido no Brasil?

O. S.

A BOA MUSICA

A "Sociedade de Concertos Leon Kaniefsky", de S. Paulo, animadora da musica elevada, pede aos compositores patricios que lhe mandem originaes para a elaboração dos seus programmas.

O envio dos originaes, manuscriptos ou impressos, deve ser subordinado aos seguintes quesitos:

1 — As peças podem ser: Symphonias, Ouvertures, Poemas, Suites, Intermezzos, Peças avulsas, Peças concertantes etc., bem como concertos ou peças para violino, piano, violoncello e canto com acompanhamento de orchestra de cordas. Coros com acompanhamento de orchestra de cordas.

A RAINHA DO BROADCASTING NACIONAL

— Carmen Miranda, a popular cantora que tanto se festeja, foi eleita "rainha do broadcasting nacional" no concurso promovido pelo vespertino A Hora.

2 — Os manuscriptos devem ser perfeitamente legiveis e constar do seguinte material: Partitura, 6 partes de 1.º violino, 6 partes de 2.º violino, 4 partes de viola, 4 partes de violoncello e 2 de contra-baixo.

3 — Nas peças para solistas com acompanhamento de orchestra de cordas, deve ser enviado uma parte addicional de acompanhamento em arranjo para piano.

4 — Todo o material orchestral enviado ficará sendo propriedade da Sociedade, sem prejuizo dos direitos autoraes.

5 — Todas as composições enviadas serão após julgamento feito pela Sociedade, annexadas ao repertorio effectivo da orchestra de cordas e incluidas nos programmas dos concertos, em datas que serão communicadas aos seus compositores.

Outros esclarecimentos os interessados obterão dirigindo-se ao Sr. Leon Kaniefsky, á Avenida Angelica 241, na capital paulista.

O QUE VAE PELOS STUDIOS

— Sonia Barretto, passado o Carnaval, voltou ao seu posto no "broadcasting" da cidade. O seu repertorio foi renovado durante o periodo vertiginoso da folia. Passou a hora dos sambas...

—

A valsa "Chuva de Estrellas", de Julio de Oliveira na parte musical e de Oswaldo Santiago na parte literaria, vae ser editada pela casa "A Melodia". Os auctores já assignaram contracto com o editor Mangione.

—

A Hora elegeu, tambem, no pleito que organizou, o "principe" do nosso "broadcasting", cabendo a victoria a João Petra de Barros, o mais perigoso dos rivaes de Francisco Alves.

—

Tem sido commentado com extranheza o facto de não ter havido publicidade em torno do concurso para escolha de artistas amadores, promovido pelo "Untisal" e levado a effeito atravez do microphone da "Radio Guanabara".

Consta que o sr. Elba Dias, um dos directores do "Radio Club", pretende processar o jornalista Zolachio Diniz, que tem escripto artigos de sensação sobre a sua actuação á frente daquella estação diffusora.

Esse processo, caso effectivado, é o primeiro, no genero, entre nós. O radio, como se vê, começa a civilizar-se...

— Moacyr Bueno Rocha vae deixar o "Programma Casé".

— E para onde vae? Para a "Radio Cruzeiro do Sul"?

— Nada disto. Vae para a "Mayrink Veiga". Não tens ouvido elle cantar as letras de Cesar Ladeira?

—

A "Radio Mayrink Veiga", de uns tempos para cá, accentuando o seu espirito imperialista, resolveu só transmittir discos cantados pelos seus artistas exclusivos. Ao fim de cada transmissão, os "speakers" dessa estação fazem sentir aos ouvintes a exclusividade do cantor. O melhor, porém, é que ha dias, depois de irradiar um disco de Maurice Chevalier, o costume fez com que um delles accrescentasse: — Artista exclusivo da "Mayrink Veiga"...

NOTAS FÓRA DA CLAVE

A quebra do contracto de Francisco Alves á "Mayrink Veiga" tem servido de thema á conversas de todas as rodas radiophonicas. Uns palpitam que o cantor de "Meu companheiro" voltará ao "Programma Casé", que constitue o espantalho das organisações argentarias... Outros acham que elle ficará avulso, combatendo a praga do "exclusivismo", tão em moda no momento. Que rumo tomará Francisco Alves? E' bem possivel, a esta hora que os seus "fans" já tenham visto esses palpites confirmados ou que tenham experimentado uma surpreza. Quem ficar com Francisco Alves só tem a ganhar.

A "Mayrink Veiga" é que soffreu um abalo enorme com a sua perda.

A VOZ DA BOA-TERRA

A Bahia é bôa terra. E' a terra inspiradora dos sambistas. Sem a Bahia que é uma especie de Favella Ionginqua, os compositores cariocas não sahiriam dos seus morros. Mas o leitor já sabe disso. O que o leitor póde não saber é que na Bahia ha uma estação de radio e um "speacker". Póde não haver cantores. O "speacker", porém, existe. E ahi está elle numa caricatura de Brochado. O seu nome é Nelson Costa. Sim, senhores! Si duvidam, experimentem entrar em contacto com as ondas da "Radio Sociedade da Bahia"...

RADIO ATWATER KENT
O RADIO DE QUALIDADE
ONDAS LONGAS — ONDAS CURTAS
DISTRIBUIDORES GERAES
Casa MAYRINK VEIGA S/A
17-Rua Mayrink Veiga-21

GRIPPES • DÔRES DE CABEÇA ?...
TRANSPIROL
COMPRIMIDOS

A popularização do rádio, a partir de 1930, fez surgir a primeira geração de celebridades do mundo da música. E levou, também, ao aparecimento de uma imprensa especializada para cobrir a área, com seções sobre rádio e música.

Noel retornou porque queria participar "do lançamento de sua última música, chamada de *Até Deus se esqueceu de mim*". Na verdade, tratava-se de *Eu Sei Sofrer*, gravada por Aracy de Almeida no dia 20 de abril e que só chegaria às lojas em junho. Um dos versos trazia a dramática frase "Com certeza Deus já me esqueceu", apropriada para descrever o drama final de seu autor.

Noel, portanto, não chegou a realizar seu desejo de ao menos ouvir a matriz do disco na Odeon, como tinha planejado. Foi direto para casa e não mais levantou da cama. O corpo assustadoramente emagrecido e com os pulmões tomados pela doença, e com dificuldade para promover a respiração, fez com que o coração não suportasse, e ele teve um enfarto. Isso aconteceu no momento em que conversava com a mãe e a esposa, encostado sobre um travesseiro, na cabeceira da cama. Sonolento, pareceu ter cochilado e, de olhos levemente fechados, partiu para sempre.

Ainda segundo *O Globo*, minutos antes, Noel teria pedido a uma pessoa da família que fosse à casa defronte, do outro lado da rua, onde era realizada uma festa, para solicitar que tocassem um samba de sua autoria. A orquestra, então, ao ser informada de que o compositor estava bastante doente, atendeu-o quase como uma serenata, e interpretou *De babado*, um samba alegre e contagiante, com o propósito de animá-lo.

Ninguém podia imaginar que aquele seria seu último desejo. "Uma lágrima grossa, a última, escorreu pela face do compositor, que acompanhou baixinho a música. Quando o samba terminou, Noel Rosa já exalara o último suspiro."

Na missa de sétimo dia da morte de Noel, em 11 de maio de 1937, a igreja estava cheia de amigos e fãs, como o chofer de praça Papagaio. Parte deles, admiradores de "última hora" do compositor desaparecido. Depois de apresentar os pêsames aos familiares do seu parceiro, Vadico foi para casa e completou a melodia de *Pra que mentir?*.

No mesmo dia. Cessavam, naquele momento, as atividades da dupla. A morte havia separado definitivamente os dois compositores, como descreveu Herberto Sales. E interrompeu uma produção que apenas se iniciava, embora figurassem nela algumas das mais belas páginas da música popular brasileira de todos os tempos.

Noel havia partido cedo demais. Mas a vida prosseguia para Vadico. E ele ainda teria muito a fazer nos anos de vida que ainda lhe restariam. E não eram poucos.

CAPÍTU

Capítu

6
O MUNDO SEM NOEL ROSA

Vadico musicou a letra satírica que Noel fez sobre o modismo dos homens
cariocas de usarem ternos com ombreiras, difundido pelo galã John
Weissmuller, que interpretava Tarzan no cinema. Nos anos de 1950,
Vadico a regravou com seu conjunto, cantada por Zezinho.

Enquanto compunha sambas com Noel, Vadico se tornava conhecido e respeitado nos meios musicais como coautor de alguns dos melhores sambas do Poeta da Vila. Com ele, o parceiro parecia mais inspirado para fazer letras mais elaboradas, sofisticadas, refinadas, até. Não quer dizer que as outras eram inferiores. Mas a química entre os dois rendia sempre frutos especiais. Também por causa de sua participação nas revistas de teatro, nos anos de 1930 a 1932, o compositor paulistano passou a ser admirado como exímio pianista e um profissional talentoso para fazer orquestração e arranjo, o que atraiu para si oportunidades de trabalho como a que lhe deu Eduardo Souto.

As gravações na Odeon, no entanto, eram avulsas, sem contrato e, em determinados períodos do ano, rareavam. Como de janeiro a março e de julho a setembro. Vadico precisava tocar na noite, portanto. Nada, porém, que lhe desse contrato fixo ou estabilidade a longo prazo também. Os cachês para quem trabalhava em boates, cabarés e cassinos eram baixos.

Assim, nos seus primeiros anos no Rio de Janeiro, ele se virava como podia, pois, a dobradinha com Noel demoraria a ter o merecido reconhecimento. Só muitos anos depois, Vadico entrou para a história da música popular brasileira pelo que fizeram juntos. De qualquer modo, ajudou Noel a levar o samba para os salões dos bairros aristocráticos da única metrópole brasileira até então.

Como observou Herberto Sales, Noel Rosa e Vadico completavam-se na hora de fazer composições com rara combinação musical, em que a junção de talentos não era apenas a soma de um mais um ou dois mais dois. Enquanto durou a parceria, pouco mais de quatro anos – entre o final de 1932 e começo de 1937 –, entretanto, ambos produziram novas músicas isoladamente ou com outros parceiros.

De modo geral, nunca atingiram momentos tão altos como nos sambas em que trabalharam juntos – o que atormentaria Vadico nas décadas seguintes, que buscou, obsessivamente, fazer algo que se aproximasse do nível das suas músicas com Noel, sem jamais consegui-lo.

Uma sólida amizade – e cumplicidade – também uniram os dois, sem dúvida, "enquanto Noel viveu", segundo Vadico disse a *O Cruzeiro*, dezesseis anos depois. Os dois se davam muito bem. "Noel Rosa era, sem dúvida alguma, um grande compositor, uma grande alma e um excelente amigo. E me sinto bastante feliz, muitíssimo feliz, ao verificar que o público brasileiro tem sabido reconhecer a grandeza do gênio do compositor de Vila Isabel."

Nesse contexto, quando conversavam, Noel jamais dizia a ele ter preferência por alguma cantora para as suas músicas. "Nunca chegamos a trocar ideias sobre esse particular, mas estou certo de que Aracy de Almeida e Marília Batista foram as que melhor assimilaram e interpretaram os versos de Noel."

Uma composição da dupla, feita entre o final de 1933 e começo de 1934, intitulada *Mais um samba popular*, ficaria inédita em disco por 20 anos – embora Noel o tivesse cantado algumas vezes em programas de rádio, com Marília Batista. Na verdade, o samba foi lançado oficialmente no teatro, cantado por Grande Otelo, que então surgia como ator, e de modo consagrador, na revista *No Tabuleiro da Baiana* – no mesmo espetáculo interpretava *Dá nela*, uma das grandes composições de Ary Barroso.

Mais um samba popular nasceu de modo diferente dos mais conhecidos feitos pela dupla. Vadico compôs a melodia, escreveu a primeira parte da letra, o coro e deu o título. Essa foi a primeira versão, incompleta:

> *Eu fiz um samba para te dar*
> *Feio ou bonito*
> *Faça força para gostar*
> *Se não gostares*
> *Eu posso te dizer:*
> *"Meu benzinho, me perdoe,*
> *Que melhor não sei fazer"*

De modo curioso, Vadico tratava a amada de "Benzinho", do mesmo jeito que fizera na primeira marcha de sua autoria que chegou a público, *Isto mesmo é o que eu quero*, vencedora do concurso do Carnaval de 1929, dos jornais *Folha da Noite* e *Folha da Manhã*, e que seria gravada por Genésio Arruda. Noel, com jeito, deixou claro que não gostou dos versos e, com toda delicadeza, perguntou ao amigo se podia compor a letra inteira. Vadico aceitou de imediato.

Confiava que dali sairia algo melhor. Portanto, esse samba não foi, como geralmente se pensava ou escrevia, a última produção de Vadico-Noel Rosa. A composição, na cronologia da obra de Noel, foi feita entre as criações *Tarzan, o filho do alfaiate* e *Só pode ser você*. O último samba daquela parceria foi mesmo *Pra que Mentir?*.

Após ouvir e memorizar a composição, Noel escreveu a letra definitiva, com os versos iniciais completamente modificados:

> *Fiz um poema pra te dar*
> *Cheio de rimas que acabei de musicar*
> *Se por capricho*
> *Não quiseres aceitar*
> *Tenho que jogar no lixo*
> *Mais um samba popular*
>
> *Se acaso não gostares*
> *Eu me mato de paixão*

Apesar de teus pesares
Meu samba merece aprovação

Eu bem sei que tu condenas
O estilo popular
Sendo as notas sete apenas
Mais eu não posso inventar

Os versos da segunda parte foram desenvolvidos em outro momento. Mesmo depois de finalizada, a composição não tinha título e ficou um tempo assim. Até que Noel resolveu batizá-la com o último verso do estribilho e ficou *Mais um samba popular*. Uma das explicações para que a música ficasse tanto tempo inédita, e até esquecida, foi o agravamento da saúde de Noel nos meses seguintes, até ser deixada de lado. Depois, veio o luto e o gradativo esquecimento de sua obra como um todo, por cerca de dez anos, em que boa parte desse tempo Vadico não estava morando no Brasil.

Embora Vadico e Noel tenham sido a dobradinha que mais rendeu frutos que se tornariam clássicos, o Poeta da Vila compôs com outros, mesmo que, em alguns casos, o resultado tenha sido colocado sob suspeita, como as músicas que saíram com o nome do cantor Francisco Alves como coautor, pois ele tinha fama de comprar parcerias de composições de sambistas – tirado do contexto da época, Chico Viola foi colocado como o grande vilão de seu tempo, embora vários outros cantores fizessem o mesmo, e ele, sem dúvida, mexia nas letras ou nas melodias antes de gravar a maioria delas, o que caracterizaria coautoria.

Noel foi tão grande compositor quanto letrista, apesar de, maledicentemente, terem dito que seu forte era a segunda função, como se verá adiante. Das 138 composições catalogadas por um de seus biógrafos, o primo Jacy Pacheco, 76 foram feitas apenas por ele. As restantes 62 tiveram parceiros.

Depois de Vadico, outros nomes foram Walfrido Silva (*Vai haver barulho no chateau*). Nonô (*Vitória*), Orestes Barbosa (*Positivismo*), Ismael Silva e Francisco Alves (*Para me livrar do mal*), Custódio Mesquita (*Prazer em conhecê-lo*), Francisco Mattoso (*Esquina da vida* e *Cara ou coroa*), Christóvão de Alencar (*Pela primeira vez*), Kid Pepe (*O orvalho vem caindo*), Erastóstenes Frazio (*Julieta*), João Mina (*De babado*),

Heitor dos Prazeres (*Pierrot apaixonado*), Lamartine Babo (*A E I O U*) e João de Barro (*As pastorinhas*).

Apesar de os grandes jornais não terem ido além de noticiar o falecimento de Noel no dia 5 de maio, com algum destaque, sem dúvida, sua morte trouxe efeitos imediatos na música popular que se fazia então. Cantores como Francisco Alves, Aracy de Almeida e Marília Batista perderam uma preciosa fonte geradora de boas composições – a maior de todas, o tempo mostraria.

Quem mais sofreu foi Marília. Tanto que ela preferiu se afastar da música por um bom tempo. Noticiou-se que o casamento, os deveres de mãe e, talvez, um certo desencanto pelo mercantilismo que havia dominado o ambiente da música popular terminaram por afastar a "Princesinha do Samba", como era chamada, dos microfones e dos estúdios de gravação.

Havia, no entanto, um compromisso sagrado que ela fizera consigo mesma e do qual não pretendia se desviar: registrar o seu depoimento musical sobre Noel Rosa e sua obra. Faria isso por meio da gravação das canções que ele lhe apresentou. Assim, deixou em disco, ao longo da sua carreira nada menos que 76 músicas – mais da metade de tudo que ele fez.

Graças a Marília, sobreviveria o Noel exato, autêntico, legítimo, com as suas músicas interpretadas tal e qual o próprio autor lhe transmitiu. Fidelidade integral, absoluta, diria ela depois. Sua versão de *Feitiço da Vila*, por exemplo, obedeceu ao andamento preciso com que Noel e ela, cantando a duas vozes, lançaram no programa *Horas Suburbanas*, na Rádio Guanabara.

Desde 1932, Vadico tinha uma carreira paralela às músicas que fazia com Noel como instrumentista, compositor e arranjador de discos. E se tornou respeitado por isso. Nos seus dois primeiros anos no Rio de Janeiro, a partir de 1931, ele participou como pianista em diversas gravações, segundo contou depois, sem citar um único trabalho. E tocou em várias escolas de dança e cabarés da cidade – além de *night-clubs* conhecidos, como Caverna, Fênix, O Milton etc. Até que, em 1934, foi atuar com a orquestra do clarinetista Luiz Americano, na Boate Lido, em Copacabana.

Americano foi o grande solista das décadas de 1920 a 1940. Tocava bem vários instrumentos de sopro, principalmente clarinete e sax, além de ser respeitado compositor e intérprete de diversos gêneros – choros, valsas, maxixes, polcas, rumbas e *fox-trots*. Nascido em Aracaju, Sergipe, em 1900, Americano introduziu o clarinete no choro e se tornou o músico mais requisitado de seu tempo para gravações. Dizia-se que tinha uma inteligência fora do comum para improvisar e encontrar soluções nos arranjos inacabados. Seu profundo conhecimento técnico fazia com que o timbre de seu clarinete se mostrasse mais macio e cheio de improvisações.

O instrumentista teve empatia imediata por Vadico e soube identificar seu talento para orquestração e arranjo. Tanto que, ao sair, recomendou à direção da Lido que ele passasse a chefiar a orquestra, da qual faziam parte os músicos Al Quincas (tenor), Lupercílio Lyra (saxofone), Gumercindo Melo (pistão), Lilico (contrabaixo) e Busquet (bateria).

Vadico se tornaria um grande amigo de Americano. Tanto que fariam juntos uma valsa, *Nathalia*, que teve um terceiro parceiro, chamado apenas de Vero. A música seria gravada em janeiro de 1935, e lançada ainda naquele ano, sem data precisa. Curiosamente, o registro foi feito apenas pelos dois autores, com o primeiro no sax e o segundo ao piano, para um disco da Odeon. Genial.

A orquestra de Vadico da Lido, na descrição de Carlos Didier e João Máximo, tinha formação jazzística, mas tocava choros e sambas porque, assim, os frequentadores (dançarinos) o exigiam. Mas os músicos se sentiam mais à vontade num *fox* dolente, melodioso, sobre cujas frases Vadico improvisava harmonias, enquanto Al Quincas e Lupercílio perdiam-se "em complicados solos". Quase sempre, após deixar a Lido, o pianista seguia para a Lapa, em busca de algum amigo para bater papo e tomar as últimas da noite.

O preferido dele era Noel. Os dois costumavam se encontrar mais em cinco endereços de certos cafés: Indígena, Leitão, 1900, Siri ou Café Club. No último, porém, tinham mais tranquilidade para falar de composições. "Porque Vadico, se é jazzístico na Lido, nem se atreve a pensar em música americana quando está com o parceiro", escreveram Didier e Máximo. "Nesses momentos, o assunto é samba. E samba triste, pois nada além de tristeza sabe cantar Noel nesse crepúsculo de 1936."

Comandar uma orquestra na Lido se tornara uma experiência marcante em sua vida. Vadico ficou na função por quase quatro anos, entre 1934 e 1938, fundamentais para seu futuro como maestro e arranjador – o que ele faria na década de 1940. Dizia que adorava ser chefe de uma boa orquestra, como acontecia naquele momento, preparar os arranjos, ensaiar à exaustão e ter o comando e o respeito de todos. Um dia, porém, ele achou que ganhava pouco para as muitas responsabilidades que tinha, e pediu aumento de 33 mil-réis para 42 mil-réis por noite, o que foi considerado "um absurdo" pela gerência da Lido.

Vadico, então, não recuou. Pediu as contas. E mudou de emprego. Aceitou convites para tocar em boates diversas – com passagens não extensas – e continuou a participar das gravações de discos. Em seguida, voltou a se apresentar em Poços de Caldas, agora em outro patamar, a convite de seus antigos contratantes, com cachês melhores. Passou alguns meses na cidade, durante a alta estação, entre novembro de 1937 e fevereiro de 1938, e regressou ao Rio, para tocar em cassinos, bares, hotéis, clubes e *dancings*. Fez o mesmo em São Paulo, nas temporadas que ali passava para ficar perto da família.

Ainda na segunda metade da década de 1930, precisamente em 1936, Vadico gravou, com a orquestra da Lido, na Columbia, um 78 rpm com as faixas instrumentais *Maestro marmelada* e *Is it all right?*, ambas de sua autoria, em ritmo dançante de *foxtrotes*, o que reforçava o seu interesse crescente pela música americana. Em 1937, ele teve o samba *Seja o que Deus quiser*, com letra de Mário Moraes, gravado por Nuno Roland, na Odeon.

Aquela era uma das mais belas melodias que Vadico comporia em toda a sua vida e, mais uma vez, com uma letra que pendia para o humor, com direito a uma citação-homenagem-inspiração a um trecho do samba *Gosto que me enrosco*, obra-prima de Heitor dos Prazeres e Sinhô:

> *Apesar de te querer*
> *Eu jurei nunca mais*
> *Nunca mais te perdoar*
> *Aconteça o que acontecer*
> *A minha jura eu não hei de quebrar*
> *Não sei porque cheguei a te querer*
> *Não te perdoo*
> *Mas não posso te esquecer (bis)*
>
> *Embora o homem, com toda fortaleza*
> *Desça da nobreza para fazer aquilo que ela quer*
> *Eu te asseguro que vou fazer queixo duro*
> *E te digo com franqueza seja o que Deus quiser*

Apesar de te querer
Eu jurei nunca mais
Nunca mais te perdoar
Aconteça o que acontecer
A minha jura eu não hei de quebrar
Não sei porque cheguei a te querer
Não te perdoo
Mas não posso te esquecer (bis)

Sua produção musical foi intensa nos quase nove anos em que viveria no Rio de Janeiro, entre dezembro de 1930 e abril de 1939. Além das doze composições com Noel, trabalhou sozinho ou com diversos compositores e letristas, como Mário Moraes, Dan Malio Carneiro e Eduardo Souto, entre outros.

Com Souto, fez *O despertar da montanha*, como já dito, instrumental, só gravado quatro décadas depois por Arthur Moreira Lima. Entre os sambas inéditos de Vadico, que só seriam conhecidos e gravados na década de 1950, alguns tinham letras que ele mesmo admitiu que lembravam bastante o processo criativo de Noel, como *Espiritismo* – e que foram feitos nessa época.

Por outro lado, sambas do Poeta da Vila guardariam traços acentuados do estilo de Vadico, talvez devido ao fato de o parceiro ter escrito e harmonizado diversas produções de autoria exclusiva sua – pois, como se sabe, Noel não conhecia música, como observou Herberto Sales, em *O Cruzeiro*. Vadico, porém, era mais músico do que letrista, razão pela qual a maioria dos seus sambas inéditos dependia de letras e era gravada à medida que ele as conseguia.

Perguntado, depois, quanto teriam rendido os sambas que fez na década de 1930, Vadico riu e disse duas décadas depois: "Dinheiro, nada! Naquele tempo, fazia-se samba por amor ao samba, por gosto e mais ainda, por diversão. Daí a espontaneidade da música de então, em nada parecida com a atual." Observou ainda: "Não me lembro da renda de *Feitio de oração*, mas posso afirmar que, quando João Petra de Barros gravou *Feitiço da Vila*, segundo samba que fiz com Noel Rosa, conseguiu vender exatamente 234 discos (cópias). Nós, os compositores, ganhávamos 300 reis por chapa vendida, o que, dividido por dois, rendeu exatamente 355.100 réis. Ganhava-se dinheiro?" A música faria tanto sucesso que permaneceu nas paradas por cerca de um ano, até o final de 1935.

Nem tudo era ruim, entretanto. E Vadico caminhava para consolidar uma carreira de músico e compositor entre os melhores do Rio de Janeiro, capital política e musical do Brasil. O que ele não podia imaginar era a brevidade da vida que Noel teria, a quem – de todo modo – seu nome estaria atrelado para sempre.

Até o ano seguinte à tragédia que levou o Poeta da Vila, o pianista viveu de tocar na noite e da participação em discos da Odeon, principalmente. Foi quando recebeu, em novembro de 1938, um convite para passar uma temporada, por contrato, durante quatro meses, no Cassino Tênis Clube, de Petrópolis.

Vadico chegou à cidade serrana na primeira semana de dezembro e regressou ao Rio no dia 9 de abril de 1939. Mal chegou e recebeu uma nova proposta, que mudaria sua vida para sempre: viajar para um lugar bem distante. Dois meses depois, ele embarcou para os Estados Unidos, com a Orquestra Romeu Silva, que ia tocar no Pavilhão Brasileiro da Feira Mundial de Nova York. A viagem seria longa para Vadico. Duraria cerca de catorze anos.

CAPÍTU

7

VIDA DE AMERICANO

Carmen Miranda em um *aceno* de despedida. Em 1939, ela partiu para Nova York e ficou na América até falecer, em agosto de 1955. Graças a ela, Vadico pôde ser músico nos Estados Unidos e produzir trilhas sonoras para Walt Disney.

Vadico era um profissional conceituado no meio musical carioca naquele começo de junho de 1939, quando ele subiu no navio para os Estados Unidos. Na América, ele deveria participar de um evento que mudaria a vida de alguns brasileiros, inclusive a sua. Além dele, a cantora Carmen Miranda – maior estrela feminina da música brasileira naquele momento –, dos rapazes do Bando da Lua e figuras menos conhecidas, como o cartunista Alceu Penna, da revista *O Cruzeiro,* e amigo de Carmen – nessa viagem, Penna foi tradutor voluntário da cantora e virou colaborador da *Esquire,* uma das mais modernas e lidas revistas norte-americanas.

Todos eles participaram da hoje mítica Feira Mundial de Nova York, em sua primeira edição, que teve o Brasil como um dos homenageados. O pavilhão verde e amarelo foi projetado pelos arquitetos Lúcio Costa e Oscar Niemeyer, futuros responsáveis pelo projeto e pela construção de Brasília, quase duas décadas depois. A concepção do megaevento tinha a ver com a depressão econômica norte-americana, que se seguiu à quebra da Bolsa de Nova York, em 1929. Por isso, seis anos depois, em 1935, no auge da crise recessiva e do desemprego, um grupo de policiais aposentados sugeriu a criação de um evento internacional para levantar economicamente a cidade, atrair negócios e turismo e, assim, ajudar a tirar também o país da recessão.

Em poucos meses, o projeto cresceu tanto que pareceu megalomaníaco. Não demorou, o grupo organizador se transformou na chamada Corporação da Feira de Nova York, cujo escritório ocupou um dos andares mais altos do Empire State Building, que era, naquele momento, o mais famoso edifício da cidade. E foi assim que, ao longo de quatro anos, o comitê planejou, construiu e organizou a feira e suas exibições, com diversos países como participantes. A ideia final foi criar o maior evento internacional desde a Primeira Guerra Mundial (1914-1918). Só que do bem, pacifista. Seu propósito se tornou associar o aspecto cultural ao histórico como temática para a montagem dos estandes. Deu tão certo que recebeu, em quatro meses, mais de 44 milhões de visitantes.

Isso mesmo, mais de 44 milhões de pessoas. A abertura aconteceu em 30 de abril de 1939 – somente nesse dia, cerca de 200 mil pessoas visitaram o evento. Com o slogan "O amanhecer de um novo dia", a feira prometia mostrar "O mundo de amanhã". Ao deixar a exposição, os visitantes haviam se tornado testemunhas de uma nova era. E ganhavam um *button* com os dizeres: "Eu vi o futuro". Isso aconteceu porque a exposição funcionou como um *showroom* para os mais novos prodígios tecnológicos americanos e pessoas de outros países, que se dispuseram a revelar suas novidades. Mas os americanos eram as estrelas, queriam se mostrar ao mundo como potência econômica e científica.

Além da televisão, o evento também apresentou ao público a fotografia em cores para ser consumida em grande escala, o ar-condicionado, as fascinantes lâmpadas fluorescentes e o revolucionário tecido náilon, que mudaria a forma de vestir e o comportamento da humanidade nas décadas seguintes. Por causa do risco de uma guerra mundial, que, de fato, seria deflagrada poucos meses depois, em setembro daquele ano, a

Feira Mundial serviu ainda para promover as relações de vizinhança entre os EUA e a América Latina.

Daí o destaque dado ao Brasil, maior país do continente abaixo da linha do Equador. O pavilhão brasileiro só foi inaugurado em maio. O país estava, havia um ano e meio, sob a ditadura do Estado Novo, de Getúlio Vargas, e coube ao seu órgão de censura e "promoção cultural" recém-criado, o Departamento de Imprensa e Propaganda (DIP), selecionar convenientemente quem representaria o país. Ou seja, aqueles artistas, intelectuais, produtos e atividades que mostrassem positivamente o Brasil, sem qualquer caráter ideológico ou de crítica ao regime de Vargas.

O jornal *O Estado de S. Paulo* descreveu com destaque as atrações tupiniquins escolhidas para o espaço brasileiro. Ali, o visitante americano – e de outros países, claro – poderia apreciar os "panoramas do Rio de Janeiro" – de dia e de noite – "do aeroporto carioca" e com reproduções de grandes cenários, como o porto de Santos; pelas "telas de Portinari". Podia ver "um busto do pioneiro da aviação, Santos Dumont, e uma exibição em homenagem ao ex-presidente americano Theodore Roosevelt".

Havia ainda uma exposição de pedras preciosas nacionais emprestadas por colecionadores. Também foram levados diversos produtos agrícolas cultivados em diferentes regiões do país, como castanhas-do-pará, cacau e tabaco produzidos na Bahia, mate do Rio Grande do Sul, algodão de diversos estados, e claro, como não poderia faltar, o café de São Paulo. Foi montado um bar e restaurante "com acomodações para 300 pessoas, onde se fará ouvir todas as noites uma orquestra brasileira".

Carmen Miranda, acompanhada do Bando da Lua – que incluía seu nunca oficializado namorado Aloysio de Oliveira –, e a cantora lírica Bidu Sayão fizeram apresentações na inauguração do pavilhão. O Bando era um grupo consagrado isoladamente, e fora com Carmen para os Estados Unidos por fruto de um episódio quase inesperado. No começo daquele ano, meio que por acaso, o conjunto acompanhou a cantora em uma apresentação de gala no Cassino da Urca, na interpretação do samba *O que é que a baiana tem?*; foi um sucesso a sintonia que surgiu entre ambos, o público aplaudiu de pé. Daí o convite para se apresentarem juntos novamente, porém nos Estados Unidos.

Todos os dias, desde então, havia shows de nomes menos conhecidos no Brasil, mas que representavam a música genuinamente nacional. Vadico, por exemplo, embarcou com a Orquestra Romeu Silva – que tinha como cantor (*crooner*) Cândido Botelho – para uma série de apresentações diárias, com cachês pagos pelo governo brasileiro, o que duraria nada menos de três meses – nesse período, de junho a setembro, foram gravadas transmissões de rádio para o Brasil dessas orquestrações, feitas pela National Broadcasting Corporation (NBC).

Em novembro, parte do grupo voltou para o Rio de Janeiro, inclusive Vadico, ao contrário do que se escreveria depois. Fernando Alvares (violonista), Ivan Lopes (pistonista) e José de Oliveira, o Zezinho, conhecido ainda como Zé Carioca (violonista), porém, decidiram ficar para tentar a sorte na América – Zezinho viveria no país para sempre. No Rio, ainda com Romeu Silva, Vadico passou a se apresentar na Feira de Amostras do Rio de Janeiro, aberta em junho, que tinha um conceito parecido com o megaevento americano, em menor proporção, claro.

Depois de passar um mês de férias com a família em São Paulo, Vadico embarcou para Nova York em abril de 1940, para tocar na reabertura da Feira Mundial. Com o encerramento da mostra, em outubro daquele ano, ele finalmente decidiu morar no país, e foi ao encontro dos outros amigos que tinham debandado na viagem anterior e se estabelecido em Los Angeles, na Califórnia – Fernando Alvares, Ivan Lopes e Zezinho. Em Hollywood, ele localizou Zezinho, que já tinha contatos com alguns estúdios, graças a Carmen Miranda. E foi assim que ele passou a trabalhar na gravação das músicas do filme *Uma noite no Rio* (That night in Rio), de Irving Cummings, com Carmen Miranda, que seria lançado em 1941.

Mas, o que o teria levado a trocar o Rio pelos Estados Unidos? Vadico contou a Herberto Sales, de *O Cruzeiro*, que a morte de Noel, com quem gostava de compor, deixou perspectivas pouco animadoras das condições de trabalho para ele no Rio. Havia nele, porém, "um pouco de sede de aventura" – que justificou como herança do sangue de emigrante que lhe corria nas veias –, o que fez com que tomasse a decisão de ir viver nos Estados Unidos.

À revista *Manchete*, quando ainda morava em Nova York, em dezembro de 1953, ele falou sobre o assunto. "Decidi-me a regressar a este país no mesmo ano em que a Feira Mundial terminou, isto é, em 1940, e fui direto para a Califórnia (Los Angeles), onde já se encontrava Carmen Miranda. Passei, então, a trabalhar com o Bando da Lua, compondo e arranjando muitos dos números que faziam parte do repertório de Carmen."

Sobre esses primeiros tempos de desafios, o ex-parceiro de Noel recordou ainda a *O Cruzeiro*, em 1954, de um modo em que as coisas pareceram fáceis demais: "Carmen Miranda, à frente de quem eu cheguei na América, havia terminado, então, a sua triunfal estreia na revista *Streets of Paris* (Ruas de Paris) e chegava a Hollywood, para fazer os seus primeiros filmes (seriam oito, com a presença do Bando). Ao saber que eu estava em Los Angeles e (o estúdio) necessitava de um arranjador (para as músicas que ela cantava), conseguiu que eu fosse contratado."

No entanto, algumas informações do próprio Vadico levariam a crer que não foi bem assim que aconteceu. Pelo menos com essa rapidez que o brasileiro deixou transparecer. Na verdade, Vadico revelaria muitos anos depois que teve uma série de contratempos durante três ou quatro meses, antes que fosse ao encontro de Zezinho e de Carmen. Ele contou a Lúcio Rangel, em 1959, que, ao regressar à América e tentar obter trabalho como pianista em Los Angeles, foi informado por gerentes e donos de *night-clubs* que não poderia trabalhar pois não tinha visto de residente.

Sem saber o que fazer e como não dominava ainda o inglês, Vadico procurou Carmen, que prometeu ajudá-lo com o embaixador brasileiro. Mas ela precisava de um tempo, não seria tão rápido. Sem dinheiro, o músico seguiu a sugestão de alguns desses contatos no mundo da música e viajou para o México, onde poderia trabalhar por algum tempo sem ser importunado, porque a fiscalização a músicos em situação ilegal praticamente não existia. Na capital mexicana, o brasileiro ficou algumas semanas fazendo bicos em boates e restaurantes de hotéis, até receber uma carta de Carmen – ele havia escrito para ela e dado seu endereço –, em que cantoria dizia que ele poderia voltar, pois seu empresário havia dado um jeito para ele permanecer nos Estados Unidos como residente.

O argumento usado por Carmen para ajudar o amigo foi infalível: disse que precisava do pianista como arranjador para as suas apresentações, juntamente com o Bando da Lua. Foi praticamente uma condição, colocada a seu modo, com simpatia, malemolência e firmeza. Assim que começaram as apresentações com a cantora, após o retorno do Brasil, ainda em 1940, Vadico, Nestor Amaral e Zezinho se juntaram a ela e ao Bando – que nunca fora tão grande em número de componentes como naquele momento. Carmen adorava Vadico, achava-o um músico com técnica singular e bons conhecimentos musicais para fazer arranjos – dava-lhe tranquilidade em seus shows. Também o respeitava por ter feitos músicas tão maravilhosas com Noel.

O conjunto musical, aliás, teria grande importância na vida de Vadico, porque, nos Estados Unidos, ele acabou por fazer parte como um de seus componentes a partir de 1942 – antes disso, participara apenas na função de convidado. Conhecer um pouco da história do grupo ajudou a compreender a longa aventura que Vadico viveria na América.

O Bando seria descrito como uma brincadeira de infância que deu certo, pois nasceu da reunião de rapazes do mesmo bairro, no Rio de Janeiro, todos amigos e com vocação para a música. Eram moradores da avenida Martins da Mota, que resolveram formar uma pequena orquestra.

Depois de empolgar a vizinhança pela afinação vocal, seus componentes foram procurar uma rádio, a Sociedade do Rio de Janeiro, onde foi permitido que tocassem e cantassem em um de seus programas. A receptividade dos ouvintes surpreendeu todos. Veio de comentários que ouviam por onde passavam, apesar do número de aparelhos de rádio ser ainda pequeno na virada da década de 1930. Mas serviu para estimular os meninos a continuarem a tocar e a cantar, mesmo sem nada receberem por isso.

Naqueles tempos de pura ingenuidade, eles até se ofendiam quando alguém lhes falava em "trocar" música por dinheiro. Ou seja, ganhar pelas apresentações que faziam. E assim continuaram por um tempo. Até o Bando se tornar o primeiro conjunto vocal a gravar discos, e o de maior sucesso, graças às vocalizações afinadas e avançadíssimas, que revolucionariam a maneira de cantar em pequenos grupos no Brasil, como observou o historiador e crítico musical J. L. Ferrete. Isso aconteceu porque, de fato, havia vários talentos entre eles, músicos de primeira linha, além do potencial vocal.

O conjunto, ainda sem nome, começou a se exibir publicamente no Rio por volta de 1929, com nove participantes, que seriam sua formação original – Aloysio de Oliveira, com apenas 15 anos de idade, era o *crooner* (vocalista principal), Hélio Jordão Pereira (violonista); os irmãos Afonso (ritmo), Stênio (cavaquinho) e Armando Osório (violão); Oswaldo Éboli, mais tarde apelidado de "Vadeco" (pandeiro); Ivo Astolfi (banjo); Diego Astolfi, irmão desse último (bandolim); e um primo dos Astolfi, que ficaria pouco tempo no grupo (ritmo).

No decorrer do ano de 1930, quando perambulavam numa noite de lua cheia pela praia, um deles sugeriu o nome de Bando da Lua. Mas dois da primeira formação se afastaram nesse começo – por não concordarem com o recebimento de cachês – e os rapazes passaram a cobrar pelas apresentações ocasionais que faziam. Por coincidência histórica, o maestro e compositor Josué de Barros, que lançava Carmen

Miranda naquele momento, teve sua atenção voltada para o conjunto, e o incluiu em seus espetáculos musicais.

Graças a ele, Aloysio e sua turma gravaram o primeiro disco, pelo selo Brunswick, edição nº 10.163. Eram fim de 1930, e esse marcante 78 rpm trazia as faixas *Que tal a vida?* e *Tá de mona*. Não fez sucesso e isso pareceu ter tido pouca importância. De qualquer modo, contou Ferrete, a música continuava a ser apenas um saudável passatempo para os rapazes, mais interessados em fazer faculdade. O retorno financeiro era pequeno e ficava menor ainda após a divisão com toda aquela gente. Tanto que Aloysio se preparava para ingressar no curso de odontologia, Hélio estudava contabilidade, Ivo aplicava-se ao estudo de línguas estrangeiras, Armando era bancário e os demais mantinham outras ocupações.

Um dos motivos para isso também estava no fato de que, como foi visto no caso com Vadico, música popular não era atividade recomendável para moços de boa família – lia-se, de classe média, como era o caso de todos eles. Mas a explosão do rádio como comunicação de massa fez com que, em 1933, eles aceitassem ser contratados para atuar no célebre *Programa Casé*, de Adhemar Casé. Logo, assinaram com a gravadora Odeon, onde fizeram, ainda nesse ano, três discos – com duas músicas cada –, nos quais começavam a impor seu estilo original e bem-humorado de cantar, além de arranjos vocais sofisticados e afinadíssimos.

O passo seguinte foi a transferência para o programa radiofônico de César Ladeira. Logo depois, migraram para a RCA Victor. O maior êxito da carreira do Bando da Lua veio em 1935, com o samba *Maria boa*, de Assis Valente – dele, o Bando gravaria nada menos que 22 músicas em cinco anos, que incluíam boa parte de seus maiores sucessos, como *Bola preta, Mangueira* e *Que é que Maria tem?*, entre outras. Em 1939, após 32 gravações – 16 discos – pela RCA Victor, e pelo menos uma dezena de sucessos, o grupo seguiu com Carmen Miranda para os EUA, para apresentações previamente acertadas – na Feira Mundial e nas casas noturnas.

A cantora viajou com o grupo ao Brasil em 1940, e convenceu todos os seus componentes, menos Ivo Astolfi, a voltarem com ela aos EUA. Ao chegarem, seguiram diretamente para Hollywood. De imediato, o Bando assinou contrato com a Decca para acompanhar Carmen em suas gravações e, também, registrar músicas do grupo sozinho em disco. Todas as gravações feitas em 1941 contaram com a participação de Aloysio, Stênio, Afonso, Vadeco e Ivo, além de convidados especiais, como Zezinho (violão) e Vadico, ao piano, que também cuidou dos arranjos.

Nesse ano, o músico paulistano fez os arranjos e tocou piano nas faixas *Maria boa* e *Cansado de sambar,* ambas de Assis Valente (registradas em 4 de julho); *Na aldeia* (Carusinho-Silvio Caldas-De Chocolat), gravada em 17 de julho; *Lig lig lê* (Oswaldo Santiago-Paulo Barbosa), em 17 de julho; e *É bom parar* (Rubens Soares), gravada em 20 de agosto. Na verdade, todas essas músicas eram sucessos antigos do Bando ou de outros cantores, que ganharam novas leituras de Vadico, segundo Aloysio, "para americano entender".

Com a tranquilidade de estar perto de Carmen e dos amigos do Bando da Lua, Vadico percebeu mais possibilidades profissionais nos Estados Unidos entre 1941 e 1942. Como no cinema, por exemplo. Após regularizar seu visto, ele seguiu com Carmen e o Bando para uma série de shows pela Califórnia. Além das apresentações em Los Angeles, foram para Hollywood, onde Vadico trabalharia nos quatro anos seguintes com Carmen e o grupo em seis filmes, como arranjador e orquestrador. E chegou até a aparecer como figurante.

Como aconteceu em *Uma noite no Rio,* o primeiro deles. Nesse longa-metragem, foram duas as suas participações. Em ambas, ele surgia com os demais rapazes do Bando da Lua dublando os acompanhamentos instrumentais e vocais da cantora. Na primeira, tocava instrumento de percussão (chocalho), enquanto Carmen cantava em português a marchinha *Cai cai,* de Roberto Martins, que tinha sido lançada em janeiro de 1940 pela dupla Joel e Gaúcho. Na gravação original da música, sua verdadeira colaboração foi tocar a parte do piano. Vadico estava à frente, ao lado esquerdo do grupo – são seis rapazes com calças pretas e um lenço vermelho no pescoço, que mais lembravam um sexteto mexicano.

O piano não entrou no filme porque limitava os movimentos dos músicos em cena. Em outro momento, ao cantar *Chattanooga,* Carmen chamava o Bando da Lua ao apartamento de John Payne, no hotel, e os apresentava ao proprietário, um a um, como seus irmãos. Os nomes que ela anunciava tinham sido inventados, de improviso, naquele momento. Mas quem os conhecia identificava, pela ordem de aparição: Aloysio, Stênio, Affonso, Zezinho, Nestor e Vadico, que usava óculos de grau e, dessa vez, fingia tocar pandeiro, embora fosse, mais uma vez, seu piano que se ouvia ao fundo.

Em situações semelhantes, Vadico apareceu acompanhando Carmen em *Aconteceu em Havana,* também de 1941, com direção de Walter Lang; *Minha secretária brasileira* (1942), novamente dirigido por

Cummings em 1942; e *Entre a loira e a morena* (1943), de Busby Berkeley. Ruy Castro contou na biografia de Carmen que aqueles primeiros anos não foram fáceis para os rapazes do Bando porque, com a entrada dos Estados Unidos na guerra, em dezembro de 1941, o presidente Franklin Delano Roosevelt baixou um decreto que obrigava os estrangeiros residentes a servirem nas Forças Armadas americanas e, se necessário, irem para o *front*.

Ou cumpriam a determinação ou deixavam o país. Por medo de ser convocado, Vadeco voltou para o Brasil. Tinha uma motivação importante, que contou aos amigos: casar-se. Os demais – Aloysio, Stênio, Affonso, Zezinho e Nestor – passaram um ano atormentados pelo pesadelo da chegada do carteiro com a convocação pelo Exército, como observou Castro. Segundo ele, por algum tempo, escaparam ao chamado graças a Carmen, que pediu ajuda ao embaixador brasileiro, Carlos Martins. Ela teria dito: "Meu embaixadorzinho querido, pelo amor de Deus, livre os meus rapazes." E ele teria conseguido poupá-los, por pelo menos um ano.

Em 1943, no entanto, contou o biógrafo, quando os músicos já se julgavam fora de perigo, Stênio foi convocado. Para piorar, isso aconteceu no momento em que sua mulher, Andréa, estava grávida de novo, e de oito meses. Castro anotou: "Mas ele teve de se apresentar assim mesmo, e o destacaram para um lugar incerto e não sabido. Stênio beijou Andréa e foi enfiado em um trem com outras centenas de rapazes. Embarcou chorando, porque não sabia para onde. Aliás, não sabia nada sobre a guerra, exceto que os Estados Unidos faziam parte dela. Foi mandado como soldado para uma base do Exército no Missouri, onde receberia instrução militar."

Por pouco, Vadico não teve o mesmo destino, depois de também receber a visita do carteiro, em 1942. Na mesma época, com ele já decidido a morar definitivamente no país, chegou a tal carta para que ele se apresentasse imediatamente ao comitê de alistamento das Forças Armadas. Ele atendeu à ordem no dia seguinte, cheio de pavor.

Não conseguia acreditar que morreria – sim, não pensava que sairia vivo do conflito – longe da sua família e lutando por outro país, que não era o seu. Depois de passar a noite em claro e caminhar apreensivo até o posto, qual não foi a sua surpresa quando o oficial que o atendeu olhou fixamente para seus óculos com lentes relativamente grossas, emolduradas por armações de tartaruga, e o dispensou. Foi salvo por causa da sua alta miopia.

George Guinle, em visita ao estúdio da Fox, com Don Ameche, durante uma filmagem.

O sorteio e, em outros casos, o alistamento voluntário dos artistas de Hollywood vem causando aos vários estúdios a perda de nomes populares. Nos últimos meses, o cinema perdeu os seguintes artistas: Clark Gable, alistando-se como soldado raso, espera passar, dentro em breve, para a escola de metralhadoras da Aviação, Tyrone Power, tendo sido recusado pela Marinha, alistou-se no regimento de Fuzileiros Navais; Lyle Talbott alistou-se na Aviação do Exército. O mesmo já fez o simpático artista da Metro, Robert Sterling. Estive com êle há dias, e Bob me disse que as autoridades lhe deram licença para fazer mais um filme, devendo êle apresentar-se em Outubro. Henry Fonda, sem dar confiança a ninguem, nem ao próprio estúdio, foi a um posto de recrutamento e alistou-se na Marinha como simples marinheiro.

Ray Mac Donald, rapaz dansarino da Metro, foi sorteado e está no Corpo Médico do Exército americano. Mickey Rooney deverá apresentar-se dentro de um mês. Mickey, por sinal, anda com pouca sorte com o seu casamento de apenas oito meses. Êle e Ava separaram-se, dizendo-se que ela pedirá aos tribunais um divórcio. Assim, lá se vai o Andy Hardy para o exército, e divorciado... E a lista de artistas de Hollywood vai aumentando, dia a dia. Os estúdios estão seriamente ameaçados com essas perdas seguidas, pois esses nomes são, dentre milhares de artistas, nomes de grande cartaz.

* * *

Norma Shearer, depois de uma viuvez de alguns anos, casou-se novamente com um rapaz de San Francisco, mas de ascendencia francesa. O nome dele é Arrouche. O casamento foi feito pela igreja católica, a simpática igrejinha de Beverly Hills, "Do Bom Pastor".

Arrouche era instrutor de "ski" em Sun Valley, onde Norma tem passado muitos invernos com as crianças e foi êle quem, durante uma temporada, ensinou aos filhos da querida estrela a arte de andar em "skis".

Arrouche é um rapagão muito simpático e, nas poucas semanas que viveu em Hollywood, conquistou a amizade de muita gente. Casaram-se com separação de bens e, desse modo, muita gente viu a saber que a "fabulosa fortuna", deixada por Irving Thalberg, orçada em seis milhões de dolares, não ficou em mais de dois milhões. A fortuna está no nome das crianças e

HOLLYWOOD

Norma somente recebe dela um rendimento mensal. Arrouche é católico. Norma está afastada do cinema, há alguns meses, dizendo-se mesmo que não voltará mais à téla. Os seus últimos filmes para a Metro não estavam no mesmo nível de seus sucessos anteriores. Mas a-pesar-de tudo isso, ela continúa uma das mais adoráveis mulheres de Hollywood. Vendo-se essa interessante mulher, a gente sente nela uma grande dignidade, uma grande beleza e uma doçura difícil de ser encontrada.

* * *

Carmen Miranda, finalmente, livrou-se do contrato que a prendia a Shubert, produtor teatral de New York. A 20th Century-Fox a tomou no seu elenco, ficando Carmen comprometida a aparecer em dois filmes por ano, com a liberdade de fazer tournées pelos Estados Unidos, aparecendo em teatros e casinos.

Assim, a nossa querida estrela está detididamente prêsa a Hollywood, o que não é de admirar, em vista do seu último filme "Springtime in the Rockies". Os que já o viram, afirmam ter a nossa querida estrela um papel esplendido e, mais do que isso, roubar o filme inteirinho... Carmen deverá começar outro trabalho em Janeiro próximo e, em Junho, mais outro. Por enquanto, ela descansa na sua linda casa em Beverly Hills, na companhia da sua familia. Em Novembro, parte, de novo, para New York, onde aparecerá durante duas semanas no magnífico e imenso cinema

Carmen e o Bando da Lua José de Oliveira (Zezinho), Osvaldo Gogliano (Vadico), Nestor Amaral, Affonso e Stenio Ozorio e Aloysio de Oliveira.

Essa foto de Carmen com os rapazes do Bando da Lua correu o mundo. Vadico está entre eles. O grupo teve várias formações e, como um de seus membros, entre 1941 e 1945, o compositor paulistano apareceu em seis filmes da estrela.

Livre do compromisso de morrer pela América, Vadico participou de orquestras em shows em teatros e *night-clubs*, quando não se apresentava com Carmen e o Bando da Lua. Por causa da cantora, chamou a atenção da Universal Pictures, que lhe pediu para compor o samba *Ioiô*, que teve letra do musicista e compositor paulistano Nestor Amaral, também do Bando e paulistano. Seria usado em um filme que nunca foi realizado. Ele também despertou interesse do criador, produtor e diretor de animação Walt Disney, que o chamou para colaborar em um filme que pretendia fazer sobre a América Latina, por encomenda do governo americano. O convite foi aceito, mas, como Vadico estava vinculado por contrato à 20th Century Fox, Disney o "pediu emprestado" por cinco dias ao estúdio, e foi atendido.

Ele deveria cuidar da trilha sonora do longa-metragem que o personagem Zé Carioca aparecia como símbolo do Brasil. Seria chamado de *Alô, amigos* – que acabaria exibido em *première* pelo próprio Disney, durante a segunda viagem que faria ao Rio de Janeiro, em 24 de agosto de 1942 – nos cinemas americanos, seria lançado em 6 de fevereiro de 1943. Na trama, Zé Carioca aparecia como representante da cultura brasileira, apesar de o protagonista ser o Pato Donald – foi o primeiro filme a ter atores reais contracenando com personagens animados. Ninguém pareceu ter notado que Disney havia criado um papagaio esperto e malandro, como muitos brasileiros que transitavam pelas ruas do Rio de Janeiro.

Foi de Vadico a ideia de encerrar o filme com *Aquarela do Brasil*, do seu amigo Ary Barroso – que lhe seria bastante grato por isso –, chamada apenas de *Brazil* e com versão em inglês de S. K. Russel, que tornou o compositor mineiro famoso em todo o mundo. O desenho resultou, na verdade, do esforço do governo norte-americano para fortalecer sua política de bom relacionamento com a América Latina, principalmente por causa do temor de prolongamento da guerra e de uma disseminação de ideias nazistas no continente – era notória a simpatia de Vargas pelo ditador nazista. E o entretenimento podia ser o melhor caminho para isso.

O mundo estava em guerra desde 1939, e Disney desfrutava do sucesso comercial e de crítica de seu primeiro longa-metragem de animação, *Branca de Neve*, lançado naquele ano. Mas as coisas não andavam boas para ele em 1941. Por causa da guerra, seus planos de construir um estúdio e dar continuidade a projetos ambiciosos, como os longas *Pinocchio* e *Fantasia*, estavam ameaçados no começo da nova década. Ele devia 4,5 milhões de dólares – uma soma fabulosa na época –, e perdera o mercado europeu, arrasado pelas tropas de Hitler. Se não bastasse, enfrentava uma greve de funcionários.

Um convite diplomático do então presidente Roosevelt caiu como uma bênção dos céus para aliviar seus tormentos financeiros. Roosevelt lhe disse que buscava aliados na América do Sul e que precisava dele para isso. Disney percebeu que, nesse continente, ele também poderia obter ideias para futuras produções, uma vez que a região lhe parecia formada por países e povos exóticos. Esses foram os bastidores que levaram o produtor e 16 artistas e técnicos de sua equipe à América Sul, em 1941, para descobrirem, de alguma forma, como deter o avanço da simpatia pela Alemanha nazista.

Mesmo sem jamais ter sido destacado pela sua participação na produção de *Alô, amigos*, Vadico trabalhou diretamente com Disney na escolha das canções e na criação dos arranjos orquestrados. Impressionou-o a quantidade de discos brasileiros colocada à sua disposição, trazida da viagem e conseguida com a ajuda da Embaixada do Brasil. O filme foi um sucesso em todo o continente, inclusive nos Estados Unidos, e rendeu várias vezes os 300 mil dólares dos custos totais.

Pouco depois, um velho amigo brasileiro de Vadico desembarcou na América: o explosivo Ary Barroso. Era, claro, o mesmo com quem trabalhou na trilha da revista *Com que roupa?* algumas semanas depois de chegar ao Rio, em janeiro de 1931. O ranzinza Ary tinha uma série de restrições ao "imperialismo" americano e aparecia na imprensa como crítico feroz da penetração da música americana no Brasil. Mas não resistiu à tentação, e viajou assim mesmo, no momento em que suas músicas encantavam os americanos.

Além de canções em *Alô, amigos*, em 1944, ele teve *Os quindins de iaiá* e *Na Baixa do Sapateiro*, composições suas incluídas no filme *Você já foi à Bahia?*, de Disney, que o convidou a conhecer seus estúdios. *Na Baixa do Sapateiro* teve seu título mudado para apenas *Bahia*. Juntamente com *Brazil*, as duas foram as primeiras músicas brasileiras a ter mais de um milhão de execuções nos Estados Unidos.

Esse filme, aliás, também teve os arranjos compostos por Vadico, que fazia um solo de piano inesquecível quando Aurora cantava em inglês *Tico-tico no fubá* (Zequinha de Abreu), cortejada pelos rapazes do Bando da Lua, o que muito remetia a Carmen e aos filmes da Fox. Eles apareciam dançando em volta dela, e Vadico podia ser visto em destaque, girando um chocalho.

Ary chegou de navio, pela costa leste americana, em janeiro de 1944, e cruzou a América de trem, até Los Angeles, cheio de expectativas e curiosidades. Dizia que pretendia conhecer por dentro o "gigante" que tanto demonizava — os Estados Unidos. Com seu jeito quixotesco, já que, no Rio, não o deixavam montar uma orquestra tipicamente brasileira para tocar sambas nos cassinos, a não ser que incluísse também *foxtrotes*, resolveu "invadir" o poderoso país e sabotá-lo com seus sambas e marchas. Queria ir à forra, enfim. Mesmo que sozinho, com uma orquestra (ou exército?) de um só homem. Apostou que Carmen e Aurora o ajudariam nesse sentido.

Mas não foi bem assim, porque, tão logo chegou a Los Angeles, Ary recebeu a informação de que as irmãs cantoras não se encontravam na cidade. Estavam em Palm Springs, onde Carmen se recuperava de uma cirurgia no nariz para "eliminar uma obstrução nasal". O autor de *Na Baixa do Sapateiro*, então, encontrou abrigo junto aos amigos brasileiros Aloysio, Vadico e Gilberto Souto e seus anfitriões dos estúdios da Republic, que circularam com ele pela cidade e adjacências.

Ruy Castro observou: "O resultado foi que, desde as primeiras cartas que Ary mandou para Yvonne, sua mulher, todo o seu mau humor diante da influência da música americana se dissipara. Em Miami, já ficara deslumbrado com a largura das avenidas, a limpeza das ruas, os trens, os táxis, os hotéis, as máquinas de cigarros — quem o lia imaginava que ele saíra de uma taba, não do Rio."

A convivência entre Vadico e Ary em Hollywood seria de muito aprendizado para ambos. Embora temperamental e passional, o compositor mineiro era um amigo devotado dos compatriotas. Os dois, ele e Vadico, conversavam muito, trocavam. Somava-se a isso a gratidão de Ary por ele ter incluído *Aquarela do Brasil* no filme de Disney. Segundo Gilberto Souto, Vadico entrava sempre em confabulações com Ary, quem lhe dizia, no esforço de lhe dar dicas sobre arranjos: "Aqui, você mete aquele molho. Faz isso, faz aquilo" — se bem que as orquestrações, mais tarde, deveriam ficar a cargo de Herbert Spencer e de Edward Powell, para os corais.

Ary comporia, nessa longa estada nos Estados Unidos, músicas para o filme *Brazil*, de Robert North. Uma delas, *Rio de Janeiro*, foi indicada ao Oscar. No começo de 1944, um ano depois de chegar a Hollywood, ele foi convidado por Disney para assumir a direção musical da Walt Disney Productions. Mas recusou a oferta, com a inacreditável justificativa de que queria voltar ao Rio para acompanhar seu time do coração, o Flamengo, que tentava ser campeão pela terceira vez seguida, e estava na reta final do campeonato estadual. Depois que a disputa terminou e ele passou um tempo com a família, voltou a Hollywood para musicar o filme *Três garotas de azul*, que nunca seria filmado.

Em cartas à esposa, Ary falou da intimidade que passou a ter com colegas brasileiros, o que facilitou sua adaptação no país. Em uma delas, deu uma ideia do mundo que vivia naquele momento o qual representava também o mesmo universo profissional em que Vadico estava metido. "Hollywood fez despertar em mim a sensação de felicidade, de amor, de desejo de ser alegre e, sobretudo, de viver em harmonia com você. Não nasci para preocupar-me com problemas de ordem material, querida. Ando por um mundo esquisito de sons, de acordes, de melodias."

Na mesma mensagem, o compositor destacou aquele universo de glamour e sonhos do qual o planeta inteiro desejava participar: "Estou com a fortuna em minha mão, querida. Fui recebido aqui tão bem, tão respeitosamente, numa atmosfera de tamanho carinho e com tão grandes manifestações de apreço que, acredito, um novo ciclo de vida se abriu para mim, ou melhor, para nós. Sim, para nós: eu, você e os nossos queridos filhinhos."

Na mesma carta, mais adiante, o compositor escreveu: "Por entre noites e dias de incríveis emoções, rodeado de celebridades mundiais que me consideram um colosso, um *big composer*, um *wonderful artist*, penso em você, com uma vontade infinita de tê-la ao meu lado, para que pudesse conhecer, de fato, sinceramente, o valor do seu marido, o que ele é e o quanto de felicidade poderia lhe proporcionar."

Vadico jamais expressou esse deslumbramento pela América, como fez Ary Barroso. Preferiu ser discreto quanto a isso. Mas gostava da vida que levava naqueles primeiros anos, ao lado de Carmen e com o Bando da Lua. Ou tocando em orquestras. Jamais imaginou que apareceria em filmes para o mundo inteiro vê-lo – mesmo que fosse em histórias caricaturais que a Fox dava a Carmen, em papéis depreciadores, muitas vezes, incluídos em comédias quase sempre idiotas, em que ela aparecia como uma espécie de escada para situações de humor de astros americanos. "Estou positivamente convencido de que meu mundo é esse aqui. Todos me apreciam, todos me querem, todos me aplaudem", escreveu Ary.

Da sua rotina faziam parte, portanto, os rapazes do Bando da Lua e Vadico. "A minha vida aqui tem sido a seguinte: levanto-me às

8 horas, faço meu pequeno almoço e vou no carro do Aloysio para o estúdio da Republic Pictures. Lá, tenho o meu *stage*: uma bonita sala, com telefone, geladeira, uma mesa grande, um piano... e um secretário. Trabalho até as 12 horas. Tenho duas horas para o almoço. Volto às 14 horas e saio sempre às 17 para o hotel, quando tomo o meu banho. Faço a barba e vou jantar com o Aloysio, Vadico e Afonso."

Nessas noitadas, os rapazes iam com Ary a conhecidos e badalados *night-clubs*, como Trocadero, El Cairol, Little Club, Mocambo ou Clover Club. "São verdadeiras maravilhas. Um ambiente agradável e divertidíssimo." Os músicos americanos do estúdio ficavam admirados por Ary saber música, pois muitos dos mais famosos compositores norte-americanos ou que viviam nos Estados Unidos, como Irving Berlin, batiam as suas maravilhosas melodias com um dedo no teclado, sem conhecerem uma nota, como observou Ruy Castro. Ary apresentava o seu trabalho, escrito na pauta, em letra clara e precisa, e também para o espanto de muitos — executava-o ao piano, com aquele seu jeito todo especial de pianista com tarimba de muitos anos.

Os músicos que acompanhavam Carmen também se apresentaram sem ela no decorrer da primeira metade da década de 1940, na noite de Los Angeles, em pequenos conjuntos e orquestras. Zezinho, Vadico e Gringo do Pandeiro, que formavam um trio capaz de causar êxtase por onde passava, foram contratados pelo La Directoire, o mais elegante *nightclub* da Rua 58. Enquanto isso, Vadico prosseguia à disposição, como pianista de Carmen e membro do Bando da Lua. Em 1944, ele participou, por exemplo, dos shows que a estrela e o conjunto fizeram nas bases da Marinha em San Francisco.

Ao final de cinco anos, o Bando da Lua participou de seis filmes, como acompanhante de Carmen – e um com Aurora Miranda. Em 1943, seus membros tocaram e cantaram em *Serenata boêmia*, nas músicas *Give me a band* e *A bandana*. Por fim, ainda com Vadico, em 1945, na canção *Chico Chico*, em *Sonhos de estrela*. Ao que parece, como os créditos não traziam os nomes de suas formações, Vadico participou de todos esses longas dos estúdios da Fox.

Aqueles foram anos de grande alegria e orgulho para sua mãe, dona Maria Adelaide. "Sempre que um filme de Carmen Miranda era exibido em São Paulo, como meu tio aparecia em todos, ela ia diariamente ao cinema para vê-lo, enquanto o filme estivesse em cartaz", recordou Oswaldo Gogliano Sobrinho.

BANDO DA LUA NOS E.U.A.

Assim que chegou aos Estados Unidos, o Bando da Lua assinou contrato com a Decca para acompanhar Carmen em suas gravações e, também, registrar suas músicas em disco. Todas as gravações feitas em 1941 contaram com a participação de Vadico, ao piano. Ele também cuidou dos arranjos.

Nem tudo, porém, era um mar de rosas para Vadico e o Bando da Lua. Aloysio, fazia tempo, tornara-se "dono" do grupo e determinava todas as diretrizes para a sua continuidade e contratações. Após participar do filme *Minha secretária brasileira*, em 1942, ele encerrou seu primeiro ciclo com Carmen e com o Bando da Lua, e foi trabalhar como assessor especial de Disney. O músico e cantor explicou para Carmen que seu afastamento do conjunto era importante até para que pudesse crescer artisticamente. Com sua saída, o Bando da Lua original se resumiu aos irmãos Stênio e Affonso Ozorio. E eles decidiram continuar com Carmen.

Aloysio, porém, impôs que o nome do grupo deixasse de existir, e Stênio e Affonso tiveram de concordar. A saída encontrada pelos dois foi montar, informalmente, os Carioca Serenade, que incluiu ainda Zezinho, Nestor, Vadico e o trompetista Ivan Lopes, músico brasileiro que também fora tentar a sorte em Los Angeles. A questão não estava resolvida. Enquanto isso, Carmen havia assinado contrato permanente com a Fox. Por isso, suas apresentações com o Bando da Lua diminuiriam, como se o mesmo tivesse deixado de existir. Aloysio, no entanto, não demoraria a retornar. E Vadico continuou com o grupo.

Cansado daquela rotina, porém, ele finalmente deixou os brasileiros após o fim da guerra, em 1945. E foi viver o sonho americano sozinho. Uma aventura que incluía se manter por quase uma década sem ver a família e escapar da morte por duas vezes – sem que ninguém no Brasil soubesse.

CAPÍTU

L0 8

SAMBA PARA DANÇARINO BAILAR

A bailarina, coreógrafa e educadora Katherine Durham foi uma pioneira na luta pelos direitos civis dos negros americanos. Entre 1949 e 1951, Vadico foi o maestro de sua companhia de balé folclórico, formada por bailarinos negros.

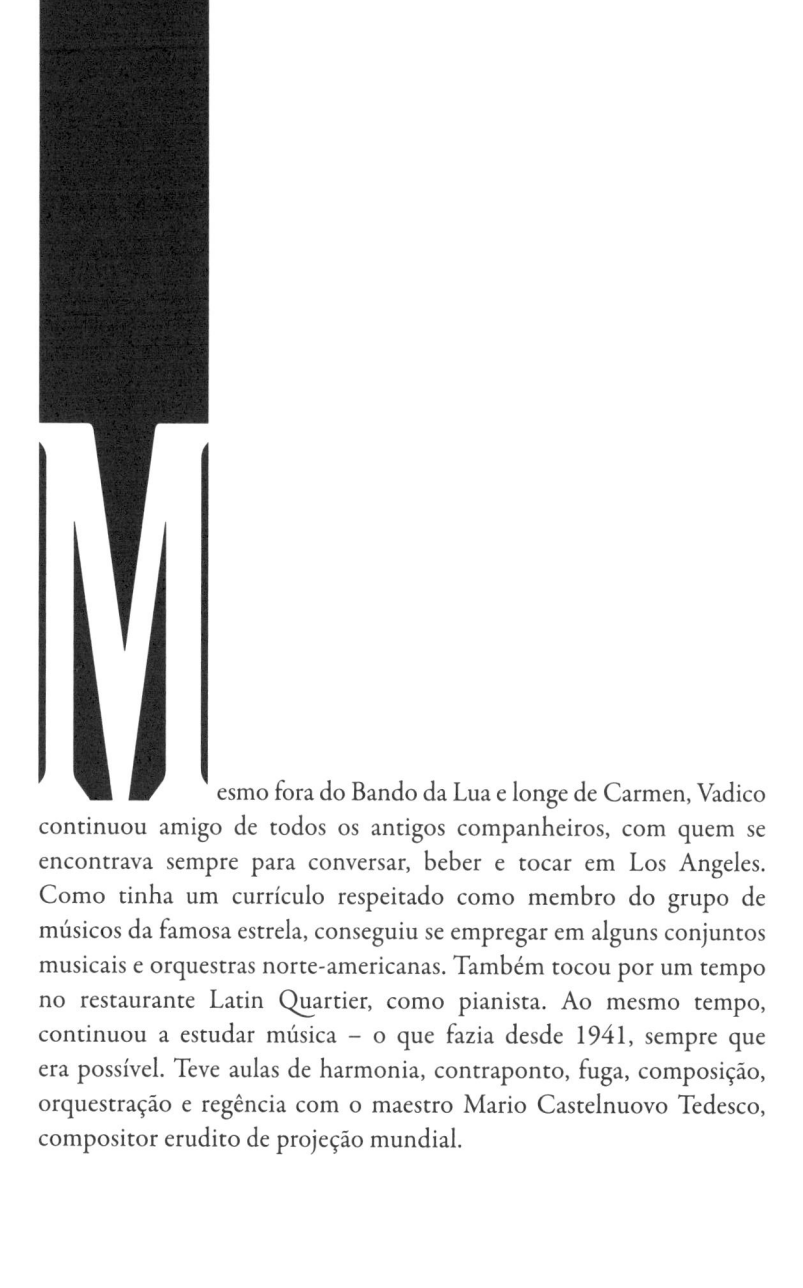

Mesmo fora do Bando da Lua e longe de Carmen, Vadico continuou amigo de todos os antigos companheiros, com quem se encontrava sempre para conversar, beber e tocar em Los Angeles. Como tinha um currículo respeitado como membro do grupo de músicos da famosa estrela, conseguiu se empregar em alguns conjuntos musicais e orquestras norte-americanas. Também tocou por um tempo no restaurante Latin Quartier, como pianista. Ao mesmo tempo, continuou a estudar música – o que fazia desde 1941, sempre que era possível. Teve aulas de harmonia, contraponto, fuga, composição, orquestração e regência com o maestro Mario Castelnuovo Tedesco, compositor erudito de projeção mundial.

Com ele, entre 1945 e 1946, Vadico viveu momentos importantes de reciclagem e de aprimoramento musicais. Queria ser cada vez melhor nas funções de arranjador e compositor, sem deixar de lado a melhora como músico, sua principal fonte de sustento. "Enquanto eu trabalhava, procurei ampliar os meus conhecimentos e realizei diversos cursos com o famoso compositor italiano, radicado na Califórnia", acrescentou.

Por mais que acumulasse um currículo invejável como parceiro de Noel e por ter participado da gravação de dezenas de discos na Odeon brasileira, queria aprender mais e mais. A Lúcio Rangel, ele explicou: "Na música e na vida a gente não para de aprender." Pelo menos deveria ser assim. Em outra entrevista, foi mais direto: "Os cursos me foram muito úteis, pois, quando me desliguei do Bando da Lua, foi-me fácil arranjar emprego na Califórnia, como pianista e arranjador."

Nessa época, Vadico conheceu e se tornou amigo de Vinicius de Moraes, quando ele era vice-cônsul do Brasil e trabalhava em Los Angeles. Vinicius chegou à cidade em 1946, para ocupar seu primeiro posto diplomático – havia passado em um concurso público quatro anos antes. Ficaria no país por cinco anos – e sem voltar uma única vez ao Brasil nem mesmo para férias.

O brasileiro vivia um momento difícil na vida pessoal, após a separação temporária da sua primeira esposa, Tati de Moraes, e a mudança para aquele país tinha o propósito de dar uma solução à crise que vivia. Chegou a viajar com a namorada, Regina Pederneiras, mas acabou por se instalar sozinho em Los Angeles, onde encontraria em Vadico um ombro amigo e um confidente.

Apaixonados por música, Vinicius e Vadico viravam as noites tocando, conversando, cantando em bares onde o músico se apresentava – com Vinicius a lamentar a ausência de Tati. E ficaram bem próximos por cerca de dois anos, até 1948, quando Vadico se mudou para Nova York. No texto que escreveu para a contracapa do disco *Festa dentro da noite* (1959), o futuro autor de *Garota de Ipanema* recordou essa amizade e a convivência que tiveram na capital do cinema.

Vinícius observou: "Nem todo mundo sabe, tampouco, que enquanto se processava casualmente essa injustiça (não dar créditos a ele pelas parcerias com Noel – tema que será visto mais adiante), Vadico, debruçado anos a fio sobre o piano de sua casa, em Hollywood, tal como o conheci nas boas noites em que ia visitá-lo, estudava sem parar harmonia, contraponto, fuga, composição e orquestração, sob a orientação do mestre Castelnuovo-Tedesco, grande da música contemporânea."

No sexto vivendo na América, em 1946, Vadico se casou com a americana Harriette Melane – a união só duraria até o começo da década seguinte e eles não teriam filhos. Durante os dois anos que vieram em seguida, o brasileiro fez parte de várias orquestras americanas. "De 1945 a 1948, atuei sozinho ou com diversos conjuntos, na própria Los Angeles. Fiz gravações e arranjos para diversos selos. Depois, fui para Nova York, onde fiz três meses de estágio, consegui o primeiro contrato, passando desde então a atuar em boates e shows noturnos." Vadico nunca disse onde teria feito esse aprendizado, que era uma exigência do Sindicato dos Músicos local.

Aliás, toda essa rica experiência musical não seria detalhada por ele nas entrevistas que daria na década seguinte a jornais e revistas, após voltar ao Brasil. Com quais gravadoras ele colaborou? Com que músicos e cantores tocou? Seu piano, certamente, apareceu em um bom número de discos também, principalmente de jazz, um de seus gêneros preferidos.

Ao ser perguntado por *Manchete* sobre "a vida do músico nos 'States'", ele se limitou a dizer que era "muito cavada" – queria dizer difícil, que impunha uma luta constante para conseguir trabalho em orquestras e boates. Depois, acrescentou que "a concorrência e, principalmente, a excelência do instrumentista americano são muito grandes".

Não era fácil driblar a fiscalização, também, no caso dos músicos estrangeiros. Isso o levou a pedir cidadania, que conseguiu com certa facilidade por ser casado com uma americana. "O Sindicato dos Músicos, por uma imperiosa necessidade de controle, domina todo o país e dirige todos os pontos onde se possa exercer atividades, desde os bailes familiares até os grandes shows de cinema ou teatro", explicou. Mesmo assim, Vadico conseguia se virar para sobreviver. Até que, em 1948, recebeu um telefonema de Carmen Miranda com o convite para acompanhá-la em uma excursão a Londres, juntamente com o remontado Bando da Lua. Seria uma espécie de reencontro ou de nostalgia para todos eles.

Vadico topou sem problemas. Adorou a ideia de cruzar o Atlântico e conhecer, finalmente, a Europa. E a turnê de Carmen fez bastante sucesso, graças, especialmente, às comédias para o cinema que ela fazia para a Fox – que levaram multidões para os shows. Em outra entrevista, ele deu mais alguns detalhes sobre reencontrar a famosa cantora brasileira: "Eu sempre fui feliz nas apresentações e conjuntos que

A companhia de Katherine Durham: Vadico talvez não tivesse ideia de que participava de um momento histórico importante, ao entrar para um grupo que desafiava regras rígidas de preconceito e racismo, como acontecia em boa parte dos Estados Unidos, naqueles anos que antecederam às lutas pelos direitos dos negros.

formei. Continuei minha vida sem problemas mais ou menos até 1948, quando recebi um novo convite de Carmen. Ela ia a Londres exibir-se em alguns shows e necessitava de novo de meus serviços."

Carmen e sua trupe se apresentaram como astros internacionais no teatro de variedades Paladium, do empresário Vic Parnell. Ela deveria cantar na capital inglesa em temporada de seis semanas. A viagem incluía passeios turísticos em Paris e, possivelmente, em Lisboa. Estava acompanhada, mais uma vez, de Aloysio de Oliveira, Zezinho, Affonso Ozório, Vadico, Gringo do Pandeiro e do baterista mexicano Chico Guerrero, um apaixonado por samba. A estrela acabara de realizar para a Metro o filme *O príncipe encantado* (A date with Judy), de Richard Thorpe. "Ela foi um abafa em Londres", resumiu Vadico, em entrevista a Rubem Braga, em Paris, dois anos depois, em fevereiro de 1950.

A cantora, o marido Sebastian, a irmã Aurora e os músicos embarcaram para Londres no dia 15 de abril de 1948. Vadico adorou voltar a trabalhar com a cantora que, além de ser sua amiga, fora fundamental em sua carreira americana no começo da década. Ele lhe devia muitos favores. Sobre aqueles tempos e a convivência com ela, ele resumiu: "Fiquei até o fim da guerra com Carmen. Ela, Aloysio e Zé Carioca (Zezinho) formavam o primeiro time e eu fazia os arranjos e orquestrações. Fizemos muitos shows, muitos filmes – sendo eu o responsável pela parte musical e pelo roteiro de todas as suas atuações."

No dia 7 de junho, quando deixaram Londres – sem passar por Paris e Lisboa, como ela tinha programado – no navio Queen Mary, quase todos tinham o que fazer assim que regressassem. Exceto Aloysio que, sem nenhum trabalho em vista, pegou outro navio e seguiu direto para o Rio, onde pretendia descansar um pouco. Carmen iria para Los Angeles a partir de Nova York. Zezinho, Vadico e Gringo do Pandeiro ficariam em Nova York, onde se apresentariam como trio no *night club* Ruban Bleu. Depois, Zezinho voltaria para Los Angeles.

Ao mesmo tempo, Vadico, Nestor Amaral, Laurindo de Almeida e Russo do Pandeiro reassumiriam as apresentações noturnas no restaurante Marquis – em seguida, a partir de novembro, voltariam a tocar no tradicional La Directoire, *nightclub* da Rua 58, onde tinham feito uma temporada sete anos antes – dessa vez, eles só deixariam de tocar lá, alguns meses depois, porque a casa foi fechada.

Foi em uma dessas excursões com Carmen, em 1942, que ele conheceu outra personalidade feminina que seria importante em sua vida:

a bailarina, coreógrafa e educadora Katherine Durham, uma pioneira na luta pelos direitos civis dos negros americanos. Mas eles só trabalhariam juntos sete anos depois, em 1949. Os dois se reencontraram no ano anterior, como contou Vadico à *Manchete*: "Em 1948, eu me transferi para Nova York e, aqui me encontrava, quando recebi um convite para ir a Londres com Carmen Miranda e o Bando da Lua. Em Londres, eu me reencontrei com Katherine Durham, a quem havia sido apresentado em 1942, em Hollywood."

Na capital inglesa, eles conversaram bastante sobre os planos da bailarina de resgatar e divulgar a cultura e a música negra em toda a América, inclusive a que era feita no Brasil, como o samba. Vadico falou bastante sobre o que se fazia no Rio, da Companhia Mulata Brasileira, do teatro de revista, dos sambas como música de negro, do que compôs com Noel, e ela ficou impressionada.

A ponto de nem esperar pela sua volta para lhe fazer um convite. "Foi no regresso da viagem com Carmen, aliás, uma das maiores, em êxito, das que já participei, que encontrei em minha residência um apelo (telegrama) de Katherine Durham para que me integrasse à sua trupe, que ia iniciar uma excursão pela Europa. Foi assim que viajei por todo o Velho Mundo e pela América do Sul."

Em outra entrevista, ele contou que a conversa se deu não por escrito, mas via telefone, alguns meses depois do retorno de Londres, quando ela o ligou de Chicago, bastante decidida a convencê-lo a trabalhar em sua companhia. "Ela me fez um convite para ser seu diretor musical numa extensa turnê que pretendia realizar em toda a Europa. Aceitei e, depois dessa excursão, Katherine veio para Nova York. Durante algum tempo estivemos (juntos) em um show na Broadway". Antes disso, porém, a jornada foi longa.

A parceria entre os dois duraria mais de dois anos, de 1949 a 1951. E seria intensa. Na verdade, o teste inicial para Vadico foi dirigir um espetáculo de balé do grupo na Broadway, que ficou dois meses em cartaz. Katharine ficou maravilhada com seu trabalho e a repercussão das apresentações na imprensa. O prestígio do brasileiro com a bailarina chegou a tal ponto que, de imediato, ele passou a ter sob a sua responsabilidade exclusiva a regência da orquestra da companhia.

Na Europa, a Katherine Durham Company se apresentou na França, Bélgica, Suíça e Itália. No último país, Vadico se encontrou casualmente, na rua, com o maestro alagoano Fon-Fon, apelido de Otaviano

Romero Monteiro, que se exibia em um *night-club* de Roma e o convidou para assistir uma apresentação sua. Os dois eram conhecidos dos tempos em que Vadico trabalhava na orquestra da Odeon, sob a regência de Eduardo Souto, na década de 1930.

Ajudava no resultado da turnê a reputação internacional que a bailarina folclorista havia construído. Filha de uma professora branca franco-canadense com um negro americano, Katherine nasceu em 1909, no Illinois – era, portanto, um ano mais velha que Vadico. Aos 8 anos de idade, ela escandalizou a família e a comunidade, ao organizar uma espécie de representação de um cabaré na igreja metodista de Joillet, a fim de angariar recursos para obras de caridade. Fez aquilo por pura ingenuidade, concluíam os adultos. Mas a iniciativa passaria a fazer parte do seu currículo, com um claro indício de ousadia da sua parte.

Logo, Katherine aprendeu a tocar piano, estudou na Universidade de Chicago, apaixonou-se pela antropologia e, ao mesmo tempo, pela dança. Aos 17 anos, em 1926, ela ganhou uma bolsa para estudar na Fundação Rosenwald. Em seguida, formou-se antropóloga pela Universidade de Chicago. Na instituição, teve oportunidade de fazer uma série de pesquisas que ajudariam na sua carreira como folclorista. No começo da década de 1940, era considerada uma das maiores pesquisadoras das danças de origem negra, folclóricas e da antiguidade em geral nos Estados Unidos.

Depois, foi para as Antilhas preparar uma tese sobre a dança e a religião dos negros. Voltou dois anos mais tarde, com o trabalho concluído e uma companhia de dançarinos e cantores que ela mesma organizou e que faria sucesso em vários países, respeitadíssima por causa da valorização das tradições negras e pela ousadia em pregar contra o racismo. Somava-se a isso o imenso talento de seus artistas e a qualidade dos espetáculos. Na segunda metade da década de 1940, a Katherine Durham Company se tornou uma referência internacional em dança folclórica. A ela foi creditada a abertura de caminho para espetáculos na Broadway para dançarinos negros, além de ela ter coreografado e dançado em Hollywood.

Vadico talvez não tivesse ideia de que participava de um momento histórico importante, ao entrar para um grupo que desafiava regras rígidas de preconceito e racismo, praticadas em boa parte dos Estados Unidos, naqueles anos que antecederam às lutas pelos direitos dos negros, como aconteceria na década de 1960. Curioso que aquilo acontecesse

Vadico bem à vontade e feliz entre as bailarinas de Khaterine Duhram, durante uma excursão pela América Latina, em 1950. Aqui, na passagem por Buenos Aires, Argentina.

pela segunda vez em sua vida. Quase vinte anos antes, ele tinha feito parte da Companhia Mulata Brasileira, que o levou a morar no Rio de Janeiro, cujo propósito era valorizar atores negros.

Um testemunho da reputação de Katharine se via na coluna que o correspondente brasileiro Rubem Braga – o mesmo que se tornaria um dos maiores cronistas da imprensa nacional – escrevia da França para a *Folha da Tarde*, chamada "Recado de Paris". Em 28 de janeiro de 1950, Braga anotou que a bailarina estivera na capital francesa no ano anterior e fora bastante elogiada.

Em seguida, teve também um "êxito enorme" em Londres. Naquele momento, ela retornava com seu grupo ao teatro do Palais de Chaillot, onde faria uma esperada temporada a partir da semana seguinte. Seu programa seria prefaciado por ninguém menos que André Breton, um dos fundadores do movimento surrealista. O posfácio caberia a Georges Huisman, presidente da Associação Francesa dos Amigos da Dança.

Braga ficou encantado pela americana. "Ela e algumas dezenas de negros e negras (entre os quais alguns bailarinos esplêndidos) apresentam danças e canções afro-americanas", explicou na mesma coluna. Algo especial chamou a atenção do jornalista brasileiro: a "suite brésilienne", que apresentava um maracatu, três choros, uma espécie de arranjo de samba e uma batucada.

O repórter desafiou: teria algum brasileiro entre eles? No mesmo programa havia "uma boa macumba", tirada das práticas religiosas de Trinidad Tobago, mas que podia muito bem ser brasileira. Sim, havia alguém do Brasil no meio, ele descobriu. "Cenários bonitos, coloridos, roupas maravilhosas. Ela parece que vai ao Brasil. Estou com vontade de entrevistar essa negra. O chefe da orquestra é Vadico."

Três dias depois, Vadico se tornou notícia internacional. A agência France Press distribuiu uma nota sobre ele – publicada em diversos jornais brasileiros, como *Correio da Manhã* e *O Globo*, no dia 31 de janeiro –, por causa da visita de cortesia que ele fez ao ministro encarregado dos negócios do Brasil na França, Nemésio Dutra, que o parabenizou pelo êxito obtido como músico na capital francesa. A embaixada brasileira em Paris, então, distribuiu uma nota para a imprensa sobre o encontro. "O artista brasileiro partirá para a Itália na próxima sexta-feira", onde faria uma série de recitais com o grupo de balé. Depois, seguiria para os Estados Unidos, Antilhas e América do Sul, onde deveria chegar nos primeiros dias de junho.

KATHERINE DUNHAM

et sa Compagnie
avec

VANOYE AIKENS · LUCILLE ELLIS · LENWOOD MORRIS

COSTUMES ET DÉCORS DE
JOHN PRATT

ORCHESTRE SOUS LA DIRECTION DE
VADICO GOGLIANO
ET
NINO NARDINI

CHORÉGRAPHIE ET
MISE EN SCÈNE DE
KATHERINE DUNHAM

O desejo de Rubem Braga de conversar com Katherine resultou em uma longa entrevista, publicada no *Correio da Manhã,* em 5 de março de 1950 – na mesma edição saiu uma conversa sua com Vadico. De Paris, Braga mandou um perfil que fez da bailarina, com o título "Uma artista, Katherine Durham", cuja intenção era anunciar que ela viria mesmo ao Brasil em junho – a viagem só aconteceria em julho, com um mês de atraso.

A conversa se deu na última semana de fevereiro. Braga começava com a descrição do ambiente que encontrou ao chegar para a entrevista, acompanhado de amigos que vieram ver a apresentação: "Somos uns cinco brasileiros a descer elevadores e escadarias desse imenso Palais de Chaillot, volta e meia atropelados por correrias de bailarinos e bailarinas, negros e mulatos com estranhas vestes coloridas que sobem para os camarins ou descem para os bastidores."

O jornalista deu uma espiada na sala: "Está absolutamente repleta; esta é uma das últimas noites da segunda temporada triunfal de Katherine Durham em Paris. Mandam-me entrar em seu camarim. E ela logo aparece, farfalhante de sedas, tinindo de joias, e senta diante do espelho, na mesinha atopetada de coisas de 'maquillage'. Há cartões postais, revistas, saias, chapéus, miçangas por toda parte, mas, nas paredes, essa negra americana só pregou grandes reproduções em cores do teto de Michelangelo, na capela Sistina (no Vaticano). Adão está nascendo sob o autoritário dedo do Senhor Deus."

Simpática, ela respondeu com entusiasmo a primeira pergunta do repórter: "Sim, vou ao Brasil – espere um momento! (Ela procura uma carta datilografada e a encontra embaixo de uma caixa de cosméticos), em junho, parece. Agora mesmo, vamos à Itália, ao Egito, a vários lugares, para apresentar *Pardon my sarong*, adaptação do filme homônimo de 1942, da dupla de humoristas Abbot e Costello. Naturalmente que conheço alguma coisa da música brasileira ou afro-brasileira. Você viu minha 'suite brésilienne'?", perguntou a estrela ao repórter.

Braga disse que vira, sim, e gostara bastante. Ficara impressionado também com um xangô bem parecido com os que conhecia no Rio, Bahia e Recife. Katherine sorriu, simpática, ao ouvir a observação. Entretanto, explicou ela, "aquela era uma representação inspirada em um xangó das Índias ocidentais". E acrescentou que contara na concepção daquele espetáculo com a ajuda especial de um brasileiro de quem ela gostava bastante e que fazia parte de sua companhia: "Gogliano tem me ajudado muito, ele tem composições lindas!" Referia-se a Vadico, claro.

Katherine fez questão de observar que, nos Estados Unidos, ouvira muitos discos brasileiros – sem citar nomes dos cantores ou conjuntos. Fez isso por sugestão de Vadico. Ao que parece, podiam ser encontrados em algumas lojas especializas, com certa facilidade. E, também, leu livros de autores brasileiros que se interessaram por assuntos de influência negra, como Gilberto Freyre e Arthur Ramos.

Naquela excursão, ressaltou Rubem Braga, Vadico dividia com o francês Nino Nardini, dois anos mais novo que ele, a direção da orquestra – Katherine gostava de ter sempre um "nativo" em cada país que chegava, porque homenageava o povo local com algum número dali. O brasileiro, lembrou o repórter, era autor de várias músicas do espetáculo. Braga foi ouvi-lo uma hora antes de começar mais uma apresentação. O músico contou que foi um prazer trabalhar com Katherine na concepção das músicas e na coreografia de *Pardon my sarong*.

Vadico lembrou sua vida na América nos últimos dez anos e destacou que "bateu papos intermináveis" com Vinicius de Moraes quando ele era vice-cônsul brasileiro em Los Angeles. "Do Brasil sente saudade de tudo e está feliz por voltar em junho", escreveu o repórter. Rubem Braga registrou suas impressões do músico compatriota: "No fim de vinte minutos de conversa, o tom carioca já vai se afirmando (Vadico era paulista, vale ressaltar, e viveu apenas nove anos no Rio), então, faço uma pergunta sobre as mulatas do balé, ele ri, conserta os óculos, mas diz que prefere as francesas."

E o interrompeu para tentar remendar o que havia dito: "Mas, espere aí, rapaz, estou casado e a minha senhora é bonita, veja". Ele pegou uma foto do bolso e a entregou a Braga. "Afastamo-nos para um lugar mais claro, entre umas cortinas de florestas, e ele mostra a fotografia de uma bela americana descansando na praia, um longo corpo de nobres linhas.

Para acabar, pergunto a Vadico se ele não quer mandar um recado a ninguém no Brasil." Queria sim, para uma cantora especial: "Só para Aracy, essa é a única amiga que ainda me manda um cartãozinho. Diga que quando chegar lá vou fazer ela cantar todos os sambas desses carnavais que eu perdi." O repórter finalizou: "E (Vadico) desce uma escada misteriosa para ocupar seu lugar na orquestra."

A vinda da companhia de Katharine Durham ao Brasil aconteceu. Era julho de 1950. Ela protagonizou, aliás, mesmo sem querer, um papel importante na história da legislação contra o racismo no Brasil, por causa de um desagradável incidente ocorrido com ela. Na chegada, a bailarina foi proibida de ficar no Hotel Esplanada, em São Paulo, porque o local não aceitava negros como hóspedes. A imprensa foi avisada pela produção do espetáculo e a humilhação imposta à artista se transformou em um escândalo nacional. Tanto que levou a um discurso inflamado do sociólogo Gilberto Freyre, então deputado federal, sobre o caso que sacudiu os meios políticos e sociais.

Um pouco antes do episódio, o deputado federal da UDN mineira Afonso Arinos de Mello Franco tinha apresentado no Congresso Nacional o projeto de lei que transformava o racismo em Contravenção Penal, motivado pela discriminação sofrida pelo seu motorista particular, negro, que era casado com uma catarinense de descendência alemã, e que fora barrado ao tentar entrar em uma confeitaria no Rio de Janeiro, acompanhado da mulher e dos filhos, devido à proibição imposta pelo proprietário do local. Mas foi por causa de Katherine que o projeto saiu da gaveta, e foi aprovado por adesão total.

Vadico, claro, fez parte da turnê da companhia naqueles dois meses de 1950 no Brasil, com apresentações em algumas capitais. A imprensa nacional destacou os espetáculos da estrela e de seus bailarinos, mas deu ênfase também à presença do brasileiro como arranjador e maestro, e de outros músicos compatriotas na orquestra – convidados por ele, como fazia nos países que a companhia visitava.

Além dele, da turnê nacional participaram Gaúcho (violão elétrico), Hércules (pistão) e Valfrido Silva (bateria). Vadico foi lembrado como parceiro de Noel Rosa em vários sambas importantes, como *Conversa de botequim* e *Feitiço da Vila*.

O grupo estava em excursão por diversos países da América Latina. No Chile, antes de vir para o Brasil, Vadico encontrou tempo para reger alguns choros – uma de suas paixões – e composições de sua autoria com a Orquestra Sinfônica de Santiago. Dentre elas, a inédita peça *Prelúdio e fuga*, que também foi apresentada pela Orquestra Sinfônica do Sindicato de Músicos Argentinos, sob a sua regência, e dançada por Katherine Durham e seus bailarinos, no Teatro Colón, de Buenos Aires, uma semana antes do desembarque em São Paulo.

No Brasil, além da capital paulista, a companhia se apresentou em Recife e no Rio de Janeiro – nas duas últimas, Vadico convidou para tocar com ele um velho amigo de quem gostava muito, o baterista e compositor Walfrido Silva. Na estreia, Katherine fez questão de falar algumas palavras em português, enquanto dançava: "Meus senhores, apresento este samba

A bailarina Eartha Kitt, colega da companhia e que depois se tornaria uma cantora famosa internacionalmente, inclusive no Brasil. Vadico teria se apaixonado por ela e a orientado a cantar. Eartha ficaria mundialmente conhecida também como a Mulher-Gato, da série de TV Batman, nos anos 1960.

brasileiro..." Na cidade onde nasceu, como descreveu depois Vinicius de Moraes, no perfil que escreveu dele, Vadico "tomou a batuta" da Orquestra de Concertos da Universidade de São Paulo, que era comandada por Leon Kaniefsy, para reger seu *Prelúdio e fuga*.

Era a primeira vez em dez anos que que Vadico voltava ao Brasil. O país havia mudado muito. Os cassinos desapareceram e viu, com alívio, que a noite carioca havia se readaptado aos novos tempos, com a abertura de grandes boates, que absorveram boa parte dos cantores e músicos desempregados e deram oportunidades aos novatos que surgiam.

Ainda quando passava pelo Rio, Vadico ficou feliz ao saber que dois de seus sambas com Noel Rosa estavam sendo relançados com grande sucesso por Aracy de Almeida, que o convidou para vê-la na boate Vogue. Ele foi e a cantora, ao ser informada da sua presença na plateia, chamou-o ao palco e o apresentou como coautor de alguns daqueles sambas maravilhosos que ela cantava ali havia quase três anos. Muitos não tinham a menor ideia de sua existência, achavam que Noel havia feito todos sozinho.

Vadico, no entanto, foi embora sem ver o disco pronto, que Aracy havia gravado na Continental. Evitou, nesse primeiro momento, ter uma grande decepção que o irritaria bastante nos anos seguintes: os créditos das faixas no rótulo e na contracapa não traziam seu nome como coautor, somente o de Noel Rosa. Logo depois, a companhia deixou o Brasil. Em Mar Del Plata, cidade no centro-leste da Argentina e última etapa da excursão, Vadico orquestrou peças para a Sinfônica de Chicago, encarregada, ali, de acompanhar os espetáculos da companhia de Katherine.

A experiência com a companhia se tornou, para Vadico, um período de intenso aprendizado, em que ele tomou contato direto com outros ritmos musicais e pôde reviver os tempos em que fazia arranjos para teatro de revista no começo da carreira. Ao mesmo tempo, comprometeu irremediavelmente seu casamento. Além da distância da esposa por tão longos períodos, ele mesmo daria pistas de que tinha se apaixonado pela bailarina Eartha Kitt, colega da companhia, quem depois se tornaria uma cantora famosa internacionalmente, inclusive no Brasil. (Na década de 1960, ela ficou mundialmente conhecida como a Mulher-Gato da série de TV Batman.)

Ele botou na cabeça que a moça, além da "plástica fantástica" no palco, tinha dotes de boa intérprete dramática e melhor voz de cançonetista. Pôs-se, então, a ensiná-la, sob a bênção de Katherine, tudo indicaria. Não se sabe o que aconteceu que deixaria Vadico com um rancor indisfarçável em relação à artista. Em 1955, quando já tinha voltado a viver no Rio de Janeiro, ele foi impiedoso com ela, ao comentar sobre seu talento com o colunista Ary Vasconcelos, na edição de 2 de julho da revista *O Cruzeiro*. Ele a reprovou categoricamente em três quesitos: "Como bailarina, é medíocre; como mulher, idem; como cantora, uma droga!"

Nunca ficou claro porque ele decidiu se afastar da companhia, onde permaneceu até meados do ano seguinte. Teria sido por um amor não correspondido de Eartha Kitt? Oficialmente, ele contou, em diversas entrevistas, que o desligamento se dera durante uma turnê em Kingston, na Jamaica, em agosto de 1951, porque Katherine adoeceu gravemente e não pôde prosseguir com as apresentações.

Como a recuperação lhe custaria alguns meses de internamento no hospital, sua agenda para o resto do ano e começo do seguinte foi cancelada. Sem perspectivas e nem poder esperar tanto tempo, Vadico resolver voltar à América. "Desliguei-me da companhia e regressei a Nova York, onde havia recebido uma proposta melhor (para trabalhar em uma orquestra cubana)."

Ao fazer um balanço da experiência com a companhia de bailarinos negros, ele contou que, durante aquele tempo, foi o único brasileiro fixo no grupo e com a maior responsabilidade, o que lhe deu bastante orgulho. Katherine o respeitava, confiava nele sempre e pedia suas opiniões para aprimorar os espetáculos. Em Nova York, depois de tocar com os cubanos, em 1952, Vadico voltou a trabalhar sozinho, nas funções de orquestrador de discos e espetáculos ou de músico em orquestras. Sem dar detalhes, apenas comentou: "Voltei e continuei na rotina, como arranjador e chefe de orquestra."

Em maio daquele ano, a revista *O Cruzeiro* publicou uma nota do jornalista Paulo Magalhães, que se encontrava na capital francesa, com uma informação das mais curiosas envolvendo seu nome. Em Paris, a cantora brasileira Heloísa Helena fazia sucesso com as músicas *Aquarela do Brasil*, de Ary Barroso, e *Saudade do Brasil*, com música e letra de Vadico, a qual jamais seria lançada em disco no seu país. Com exagero, o colunista afirmou: "Estes dois números, no momento, são os dois mais tocados em Paris, depois, é claro, de *Tico-tico no fubá*, que só perde aqui da *Marselhesa* (hino nacional francês)."

Ao mesmo tempo, Vadico acompanhava ao piano e como arranjador espetáculos de balé para algumas companhias – cujos nomes ele não chegou a citar. O músico também recebeu convites para se apresentar no exterior com esses mesmos grupos –, sem relevância, pois poucas vezes falou a respeito ou deu detalhes. Bem provável que, nessa época, quando seu casamento estava em crise, ele tenha sofrido o primeiro enfarto. Apesar do susto, foi sem maior gravidade, mais leve do que aquele que viria depois.

E, assim, Vadico viveu nos dois anos seguintes, período em que o mercado de discos passava por uma revolução, graças à invenção do long-play, ou LP, a partir do final da década anterior. Desde a virada para o século XX, os discos eram gravados na velocidade de 78 rotações por minuto (rpm) e, por isso, cabiam apenas duas músicas, uma de cada lado. Houve uma pequena evolução, na década de 1920: a passagem da gravação mecânica para a elétrica, o que melhorou, sem dúvida, a qualidade do registro das vozes e dos arranjos e, portanto, da audição doméstica do som final.

O formato do LP era mais resistente, flexível e com tempo de armazenamento maior, pois cabiam de 8 a 12 músicas na soma dos dois lados – inicialmente, os discos tinham dez polegadas. Depois, passaram para doze polegadas. Sua introdução e consolidação no mercado seriam um processo longo, que duraria cerca de 15 anos – como aconteceu no Brasil. Até que o 78 rpm fosse finalmente aposentado. Nesse período, um cantor, músico ou conjunto ter um LP lançado era sinônimo de prestígio, status ou a certeza de que a gravadora de fato apostava no artista ou no grupo.

Enquanto isso, a partir de 1953, ainda nos Estados Unidos, Vadico deixava de lado seu jeito tímido e polido e partia para comprar uma briga no Brasil, tão logo soube que a Continental havia lançado um LP de dez polegadas com gravações de Aracy de Almeida e que seu nome não aparecia como coautor de *Feitiço da Vila* – antes, algumas dessas faixas tinham saído em três 78 rpm, no ano de 1950, como se verá a seguir. De Nova York, ele contratou um advogado em São Paulo para entrar com um processo contra a gravadora, com dois objetivos: pedir a inclusão de seu nome nos créditos das músicas e cobrar os direitos autorais, que não vinham sendo pagos.

Na ação, o representante do compositor pediu à Continental 500 mil cruzeiros de indenização – uma soma razoável para a época. A gravadora era um dos cinco selos do grupo Gravações Elétricas S.A, que detinha perto de dez por cento do mercado nacional de venda de discos – os outros selos da companhia eram Chantecler, Phonodisc, Musicolor e Gravasom (em Belém, Pará). Seu escritório ficava na cidade de São Paulo,

Os músicos da orquestra de Romeu Silva, em Nova York, em junho de 1939. Vadico está em pé, ao centro, de colete xadrez. Naquele ano, eles tocaram na Feira Mundial, um dos acontecimentos mais importantes da primeira metade do século XX.

na Avenida do Estado. A fábrica se localizava na cidade do Rio de Janeiro, na Rua Aguiar Moreira. O elenco era, então, um dos maiores do Brasil, assim como o da Discos Copacabana.

A RCA Victor e a Odeon, as maiores do setor, tinham bons elencos nacionais e um suporte internacional forte. Mas a Continental ganhou força no segmento nacional, graças à presença do bem relacionado João de Barro, Braguinha, como diretor artístico. A gravadora tinha como marca o logotipo original com os três sininhos, sugeridos pelo próprio Braguinha. O tempo mostraria que valeu a pena acreditar na MPB, pois, a partir de 1944, a Continental enriqueceria o cancioneiro popular com inúmeros sucessos.

Ao mesmo tempo, Vadico moveu uma ação parecida contra a Musidisc, do empresário Nilo Sérgio, que tinha lançado o disco *Noel Rosa – Horacina Corrêa e Leo Peracchi*, o qual incluía as faixas *Conversa de botequim* e *Pra que mentir?* sem seu nome. O advogado pediu as mesmas compensações do processo contra a concorrente Continental. As duas medidas viraram um escândalo no Brasil. Nos dois casos, as gravadoras disseram que procuraram a imprensa, para se defender porque o erro de omissão do nome de Vadico não era delas. Os advogados da Musidisc afirmaram que, quando decidiram fazer o disco, procuraram Estevão Mangione, proprietário da Edições Euterpe Ltda., e quem cuidava dos direitos das músicas, para saber quais das faixas eram exclusivas de Noel, pois pretendiam fazer um disco só com material dele.

Em carta de 14 de agosto de 1953, Mangione teria respondido com uma lista – entre elas, apareciam *Conversa de botequim e Pra que Mentir?* Com essa informação, a Musidisc fez o disco em setembro e o lançou em outubro do mesmo ano. Para sua surpresa, somente em 28 de dezembro, quando Vadico já tinha acionado seu advogado e denunciado o fato na imprensa, a gravadora teria recebido uma nova carta de Mangione, informando que Noel tinha um parceiro naquelas músicas, Vadico. O disco já estava à venda. A Musidisc, então, garantiu que providenciou a retirada do disco das lojas, para trocar o rótulo por um com os nomes dos dois autores. Mas já era tarde. Várias cópias tinham sido vendidas.

Vadico anunciou, então, que seu advogado entraria com um processo contra Mangione para que fosse responsabilizado pela omissão. Antes disso, em entrevista ao correspondente da revista *Manchete*, em Nova York, publicada em 18 de dezembro de 1953, escrita por Jackson Flores, com fotos do americano Jay Kay, Vadico foi questionado sobre

Dois momentos da inesquecível viagem que Carmem Miranda fez a Londres em 1948. A turnê marcou o reencontro da estrela com os rapazes do Bando da Lua. Ela fez um convite especial a Vadico, pois gostaria de tê-lo a seu lado novamente.

qual era a situação da ação judicial que movia contra a Continental. O músico respondeu: "Para falar a verdade, pouco sei a esse respeito, exceto que o meu advogado em São Paulo já tomou as providências iniciais para a reivindicação dos meus direitos."

Apesar do aparente pouco interesse, Vadico parecia animado com o andamento do processo e a repercussão que alcançou na imprensa. Na mesma entrevista, ele disse em seguida: "Uma coisa, porém, já me trouxe grande satisfação e esta é o interesse com que o povo brasileiro vem acompanhando o meu caso. No reconhecimento do valor do meu trabalho reside, em última análise, a minha aspiração suprema. O resto é assunto puramente legal, que a justiça saberá como resolver."

O que Vadico não disse à *Manchete* foi que 1953 se tornou um dos anos mais difíceis de sua vida. E que, naquele momento da entrevista, ele se recuperava do segundo enfarto, bem mais grave que o primeiro e que quase o matou, no ano anterior, como conta Oswaldo Gogliano Sobrinho. "Foi muito grave, ele precisou permanecer dois meses internado e sem trabalhar. Somente após este período pôde voltar às atividades, em ritmo bem lento, desde que mantivesse um sono regular de 8 a 9 horas por noite."

Além disso, viagens de avião somente com cabine pressurizada (o que não era comum na época). Não foi fácil. Estava separado e teve de se virar sozinho. "Veja que isso ocorreu quando ele tinha mais ou menos 43 anos de idade, o que provavelmente fez com que não morresse. O problema cardíaco na época não tinha cura. Não havia o que fazer, nem ponte de safena, nem angioplastia, nada. Restava viver com o que sobrou do coração danificado." Segundo seu médico, "se tudo corresse bem, ele teria mais 5 ou 10 anos de vida".

No decorrer do primeiro semestre de 1954, Vadico concluiu que chegara o momento de voltar ao Brasil, mesmo que de férias, para observar o que acontecia. Aproveitaria para ver de perto os processos contra as gravadoras. Ou teria medo de morrer sozinho, longe da família? De qualquer modo, em julho, ele comprou uma passagem só de ida para seu país. Não imaginava que deixaria a América para sempre.

CAPÍTU

PARCEIRO ESQUECIDO

Vadico em seu retorno definitivo ao Brasil, em agosto de 1954. Em um dos botecos da Vila Isabel, ele posa para o fotógrafo Mário Moraes. Tudo estava mudado. Os cassinos tinham sido proibidos e os músicos agora tocavam em boates, muitas delas de luxo.

Quando Vadico desembarcou no Brasil, no dia 5 de agosto de 1954, pouco mais de três semanas antes do suicídio do Presidente Getúlio Vargas, provocado por uma das mais graves crises políticas da história do Brasil, o nome de Noel Rosa era celebrado como o do maior compositor de sua geração. Dezessete anos haviam se passado desde sua morte prematura, aos 26 anos, em 4 de maio de 1937. Mas nem sempre fora assim. No final dos anos de 1930 e em boa parte da década seguinte, poucos lembravam do seu nome. E suas músicas desapareceram do mercado fonográfico – a não ser raras gravações de *Feitiço da Vila*, uma delas de abril de 1946, pelo conjunto Namorados da Lua.

VADICO
o parceiro esquecido de Noel Rosa

Reportagem de JACKSON FLORES
Fotos de JAY KAY

Oswaldo Gogliano, falando para MANCHETE em New York, desfaz as últimas dúvidas sobre a sua parceria nos mais famosos sambas do saudoso Poeta da Vila Izabel.

New York, dezembro — Oswaldo Gogliano, brasileiro, nascido em São Paulo, naturalizou-se muito cedo carioca e a sua música — que passou a embalar os verões de Noel Rosa — consagrou-o como filho adotivo de Vila Isabel. Oswaldo, ou Vadico (que é o seu apelido profissional) é atualmente assunto de uma controvérsia que empolga todo o Brasil, desde que MANCHETE trouxe ao conhecimento de seus leitores a sua decisiva e profunda participação na obra de Noel Rosa, como autor das músicas de muitos dos sucessos do falecido compositor.

Vadico, que vive nos Estados Unidos desde 1940, é alto, de cabelos castanhos ondulados, bigodinho e óculos que o acompanham desde criança. Extremamente modesto e reservado, aqui a troco em meu apartamento para me contar aquilo que o público deseja saber a seu respeito.

Enquanto saboreamos um cafezinho à moda brasileira, substituto do clássico "scotch and soda" para os amigos brasileiros que me visitam, procuro ordenar a memória e recapitular o meu primeiro encontro com Vadico. Foi em 1948, no restaurante italiano Villanova, um dos lugares preferidos dos brasileiros residentes em New York, que me apresentaram a Vadico, naquela época, então, recém-chegado da Califórnia, de onde viera para fixar residência nesta grande cidade. O amigo que nos introduzira junto a Vadico me advertira:

— Esse que está aí é o autor das músicas dos maiores sucessos de Noel Rosa. Muitas crônicas havia lido sobre a vida de Noel, mas não me recordava em absoluto de jamais ter ouvido ou visto o nome de Vadico associado ao de Noel Rosa e, por isso mesmo, o inesperado daquela revelação deve ter me forçado a assumir um ar de incredulidade, o que fez, provavelmente, com que o meu amigo se apressasse em esclarecer:

— Você se recorda "Feitiço da Vila" e "Conversa de Botequim"? Pois bem, o nosso amigo Vadico é o responsável pelas músicas desses sucessos e de muitas outras que fez em parceria com Noel Rosa.

É claro que me recordava daqueles sambas, mas o que a minha memória não conseguia associar ao nome de Vadico como em autor daquelas composições. E essa revelação deve, também ter-se constituído em uma grande surpresa em todo o Brasil. E para reparar essa injustiça e requerimento em que foi relegado Vadico, esta revista me solicitou que entrevistasse o parceiro de Noel Rosa, para que os seus leitores e o público em geral melhor possam conhecer e compreender a sua participação nesse assunto — autorias e parcerias — que tanta repercussão está tendo no Brasil.

OSWALDO (VADICO) GOGLIANO FOI PARCEIRO NOS MELHORES SAMBAS DE NOEL ROSA

REPORTER — Você só sairá daqui depois de me contar a sua vida.

VADICO — A primeira vez em que encontrei Noel Rosa foi em 1932. Não posso assegurar agora o dia e mês, mas me recordo que o nosso encontro se deu nos estúdios da Odeon, aonde eu trabalhava numa gravação com o falecido Francisco Alves. Num dos intervalos da sessão, vendo Eduardo Souto ao seu lado, toquei ao piano uma das minhas composições, e com a qual o velho Souto ficara fascinado. Pouco depois de haverem terminado a gravação, o Eduardo Souto apareceu com Noel Rosa, a quem apenas conhecia de nome. Após as apresentações, Souto pediu-me que novamente tocasse o samba que tanto a agradara. Percebendo o entusiasmo de Noel pela minha composição, ali mesmo Eduardo Souto sugeriu que trabalhássemos de parceria, o que concordamos imediatamente. Dias depois minha música recebia o título de "Feitiço da Oração", com letra de Noel Rosa. E com esse samba demos início a nossa parceria e decidimos lutar juntos.

REPORTER — Havia algum sistema de trabalho: entre vocês dois? Como, por exemplo, você fazer primeiro a música e Noel, então, escrever a letra? — perguntei, aproveitando uma pausa que Vadico fizera para acender um cigarro.

VADICO — Não. O sistema era de quem criasse primeiro, apenar de que Noel podia escrever uma letra a qualquer momento e com uma rapidez de pasmar, sem jamais se deter para buscar rimas.

REPORTER — No caso de "Feitiço da Vila", o que foi que surgiu primeiro — a música ou a letra?

VADICO — Aí, também, a música veio primeiro e me recordo exatamente quando a executei pela primeira vez para Noel. Foi numa tarde em que ele apareceu em minha casa em companhia de Germano Augusto. Depois de palestrarmos durante algum tempo, sentei-me ao piano e toquei o samba que dias antes havia composto. Noel não só gostou como no mesmo momento improvisou uma letra (monstros), com a qual poderia trabalhar mais tarde. Dias depois tínhamos um encontro marcado e Noel tirando do bolso um pedaço de papel disse: "Aqui está a letra do seu samba". Sem mesmo me deter para olhar o papel, perguntei: "Que nome você deu ao samba?" — "Feitiço da Vila" me respondeu Noel Rosa.

REPORTER — Vocês tinham algum lugar fixo para se reunirem e trocarem idéias?

VADICO — Bem, não havia propriamente lugar designado para os nossos encontros, que podíamos ocorrer em minha casa, na residência de Noel, em algum estúdio de gravação ou outro local qualquer. De modo geral, porém, todas as noites, depois que terminava com a minha orquestra no Lido, me dirigia para um café na Lapa, naquela época ponto de reunião da boemia carioca e lá, finalmente, encontrava a Noel e outros amigos. Muitas vezes sentados ao redor de uma mesa do café, entre um sanduíche e um copo de cerveja, ou mesmo um simples cafezinho, Noel concluía a letra de um novo samba.

REPORTER — Ao todo, quantos sambas você compôs de parceria com Noel Rosa?

VADICO — Ao todo, o que me recordo no momento, fiz 10 sambas de parceria com Noel. As entãs ou estas:

— "Feitiço da Cigana" — "Feitiço da Vila" — Conversa de Botequim" — Cem Mil Réis" — Provei" — Quantos Beijos" — Só Pode Ser Você" — Tarzan" — Prá Que Mentir" — Mais Um Samba Popular (inédito)"

— A composição "Mais Um Samba Popular" (uma música de minha autoria e letra de Noel Rosa), é absolutamente inédita, esclareceu-me Vadico.

— Noel Rosa era, sem dúvida alguma, um grande compositor, uma grande alma e um excelente amigo — prosseguiu Vadico — E sinto bastante feliz, muitíssimo feliz, ao verificar que o público brasileiro tem sabido reconhecer a grandeza do gênio do compositor de Vila Isabel.

Um furo de reportagem da revista *Manchete*. Em dezembro de 1953, a publicação fez uma extensa entrevista com Vadico, com foco em suas parcerias com Noel Rosa. Como vivia havia 13 anos nos Estados Unidos, ele estava praticamente esquecido em seu país.

Por dez anos, pelo menos, a memória, a obra e o legado de Noel permaneceram no limbo. Tanto que foi preciso que o jornalista Ariosto Pinto, que cobria o meio musical para a revista semanal *Carioca,* fizesse um apelo quase dramático, em uma mistura de artigo (opinativo) com reportagem, publicado na edição de 1º de março de 1947. No texto, ele lembrava que, em maio, aconteceria os dez anos da partida do autor de *Último desejo* e conclamava a todos celebrá-lo. O título dizia: "Homenageemos Noel Rosa". No primeiro parágrafo, ele repetia: "Homenageemos Noel Rosa. Homenageemos o gênio do samba, porque, dentro de dois meses, completará o primeiro decênio da sua morte".

Pinto observou que Noel faleceu na casa de sua mãe, na Vila Isabel, "o bairro que já foi das grandes novidades". Segundo ele, o artista deixou um nome e uma fama que pareciam definitivos na história da música popular brasileira. Mas andava esquecido no mercado fonográfico, o que era algo inexplicável: "Ele foi o criador dos maiores sucessos, dos mais movimentados e gostosos sambas que já se cantaram no país, o insuperável autor de notáveis modinhas carnavalescas. Ainda agora, em todos os anos, em todos os carnavais, em muitos programas, principalmente de calouros, sempre há intérpretes de suas produções."

Se cantavam, a autoria quase nunca era lembrada. Noel apenas estava no imaginário popular, quase como parte do cancioneiro carnavalesco. Em seguida, o jornalista ressaltou, sem rodeios: "É bem verdade que Noel Rosa não tem sido comemorado como devia e merece. Passam-se seus aniversários, de morte e de nascimento, e muitos dos seus ex-companheiros e amigos, muitos daqueles que viviam sendo alimentados por ele, nos bares, da Vila, da Saúde, e do centro da cidade, querem esquecer ou esquecem de fato que no dia 4 de maio de 1937 desaparecia o homem que se notabilizou no samba, o boêmio 100%, o poeta que se fez sambista."

Com efeito, prosseguiu Ariosto Pinto, Noel foi um poeta "perdido" para a poesia, ou, melhor, roubado pelo samba da poesia. "Certamente, se o 'filósofo do samba' não fosse tentado pelo ritmo espetacular do samba, permanecesse no ambiente estudantil, a que pertenceu muitos anos, porque foi também universitário, e se dedicasse à musa, hoje estaria sendo cantado não por aquela gente que leva às horas de calouros seus números. Estaria sendo cantado, isto sim, pelos que admiram as belas letras."

O jornalista lembrou que Noel deixou um espaço que mesmo esforços conjugados não conseguiam ocupar até aquele momento. "Sim, a lacuna ainda não foi preenchida, porque, sabe-se, por mais que se tente

A VIDA de NOEL ROSA

Contada por ALMIRANTE

O "BANDO DE TANGARÁS" ★ ORIGEM DE UM APELIDO FAMOSO ★ HENRIQUE BRITO ★ TRAGÉDIA NAS MATAS DA TIJUCA ★ AVENTURAS NA AMÉRICA DO NORTE ★ O INVENTOR DO VIOLÃO ELÉTRICO

MUITA gente guarda ainda na memória alguns dos estrondosos sucessos alcançados por aquêle brasileiríssimo conjunto regional chamado «Bando de Tangarás» que, entre 1929 e 1932 ocupou lugar de destaque no nosso meio musical, graças à originalidade de suas apresentações e mais ainda graças ao seu repertório limpo e inédito.

O «Bando de Tangarás» era formado por legítimos amadores que recusavam, formalmente, qualquer espécie de pagamento por suas exibições em público. Receber dinheiro para tocar violão ou cantar era considerado por nós como ato degradante. Nosso escrúpulo — ou, porque não dizer, nossa vergonha — ia ao ponto de nem admitirmos o pagamento da condução para os lugares, mesmo os mais longínquos, onde nos íamos apresentar graciosamente.

Somente concordávamos em receber o dinheiro proveniente da vendagem de nossos discos ou das audições radiofônicas que se faziam, aliás, cada vez mais freqüentes.

Tão estranho desprendimento foi de enorme valia para o bom conceito do conjunto que, mesmo explorando sambas e embolados — formas ainda consideradas rasteiras, na música popular — se mantinha em posição social bem diversa dos outros muitos grupos de profissionais, não afetados pelos nossos tolos preconceitos.

★

Quando se procedeu à seleção dos cinco que iriam formar o «Bando de Tangarás», Carlos Braga, que já sugerira aquêle título, aventou, também, a idéia de que cada um de nós, para aumentar o simbolismo, adotasse um nome de pássaro, como pseudônimo. Eu, Noel, Brito e Alvinho rejeitamos a proposta. Eu, porque já estava sobejamente conhecido pelo apelido que recebera na Reserva Naval; Brito, porque jamais se acomodaria a outra alcunha além da de «Violão» que os colegas do Colégio Batista lhe haviam conferido, por não poderem desassociar o homem do instrumento; Alvinho, porque não pretendia admitir para si mesmo mais do que o diminutivo familiar de seu nome. E Noel?

Creio firmemente que o motivo principal que levou Noel a fazer côro conosco, naquele momento, teria sido sua ojeriza aos apelidos, pela triste lembrança dos tempos em que seus colegas do São Bento, impiedosamente, fazendo alusão a seu defeito físico, o designavam como «Queixinho»...

Carlos Braga, (o Braguinha) porém, tinha suas razões especiais para adotar um nome de guerra. Filho de distinta família, com representantes de prestígio no nosso alto-comércio, pareceu-lhe comprometedor o arrastar o sobrenome para a lide já mal-vistas da música popular. Por essa razão, foi o único a tomar para si um nome de pássaro adotou, desde então, o pseudônimo de «João de Barro» com que, aliás, tem assinado a valiosa bagagem musical que vem produzindo ininterruptamente, pontilhada de sucessos marcantes, tais como «Copacabana», «Fim de Semana em Paquetá», «Chiquita bacana», «A mulata é a tal», «O gato na tuba», e uma porção de etc...

★

Dos cinco fundadores do «Bando de Tangarás», um desertou das lides musicais: — Alvinho. Era e é cantor de voz aveludada e bonita. Eu e «João de Barro» prosseguimos na carreira que se iniciou naquele conjunto. Noel Rosa morreu, e dêle falaremos longamente nestes capítulos. Podemos, por isto, nos deter um instante para lembrar outro saudoso companheiro, que a morte nos arrebatou também: — Henrique Brito.

Natural do Rio Grande do Norte, irmão de inspirado poeta e juiz, o Dr. Abner de Brito, teve Henrique Brito seus estudos no Colégio Batista custeados

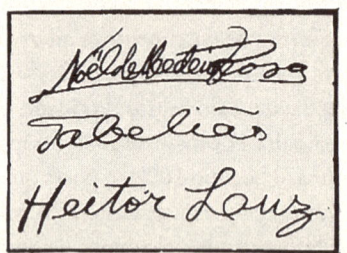

NOEL DE MEDEIROS ROSA — eis o nome todo do inesquecível NOEL num precioso autógrafo seu, em que êle mesmo, de seu próprio punho, num papel amarelo, (sempre excêntrico) escreveu o nome do tabelião

---

Por doze semanas ininterruptas, entre outubro de 1952 e janeiro de 1953, a *Revista da semana* narrou toda a vida do compositor, na série "A vida de Noel Rosa contada por Almirante" – o material serviria de base para um livro do pesquisador sobre o Poeta da Vila, lançado em 1963.

imitar seu estilo, por mais que se façam músicas para chegar ao coração do povo, como as suas, tudo resulta praticamente inútil." Mas reconheceu que tinha surgido, nos últimos anos, uma lavra de novos compositores, com boas valsas, bons sambas, boas marchas e choros e canções. Contudo, fazia bem alguns anos que não se ouvia um samba ser cantado tantas vezes e por tempo tão dilatado como, por exemplo, *Último desejo*.

A Vila Isabel, apelou Ariosto Pinto, deveria perpetuar o nome do seu filho querido e estava demorando para fazer isso. "E seus moradores, principalmente os que tiveram contato com o 'filósofo do samba', poderiam, unidos, firmes e decididamente, fomentar a glória de Noel Rosa, e dar o seu nome a clubes, escolas de samba mesmo, agremiações esportivas, a tudo afinal que for possível e permitido a tão importante expressão da arte musical." E, assim, acrescentou o jornalista, "pediria às nossas autoridades municipais que recolocassem seu busto que foi arrancado de uma das praças da Vila".

Sobre o aniversário de sua morte, dali a 60 dias, ele pediu: "Que haja homenagens, no rádio, em clubes, e textos nos jornais e revistas, visitas ao seu túmulo, e como consideração a uma das suas mais queridas diversões, que seja organizada uma serenata saudosa, muda, com violão, que ele tanto gostava e tocava admiravelmente, bandolim, clarineta, saxofone, flauta, trombone, sim, estes instrumentos que o acompanhavam nas suas grandes serenatas, com seus amigos prediletos, Lacerda, Silvio Caldas, Orlando Silva, Carlos Galhardo, Francisco Alves, Germano Augusto, Aracy de Almeida, Assis Valente e todos seus outros amigos." Vadico não aparecia na lista.

Naturalmente, continuou o jornalista, as cordas do violão, do bandolim, bem como as teclas dos outros instrumentos ficariam imóveis. "Imóveis como estão no túmulo, transformados pela ação do tempo, os seus restos mortais." O repórter de *Carioca* voltou a justificar o motivo de insistir tanto para que Noel fosse resgatado do indiscutível esquecimento. "Fazemos este lembrete, nesta crônica, porque seus aniversários têm passado em brancas nuvens. Abramos os jornais, por exemplo, durante alguns anos, e verificaremos que não se veem nem notas, nem demonstrações das próprias associações de compositores relativas à sua personalidade."

Portanto, disse ele, era preciso "haver qualquer coisa, quaisquer homenagens, demonstrações de apreço à sua memória. E que o leitor não esqueça, de, ao menos, cantar um dos seus sambas, aquele samba em que ele dizia *Quando eu morrer/ Não quero choro nem vela/ Quero uma fita amarela/ Gravada com o nome dela"*. Carioca tinha circulação expressiva e cobria a área cultural, com destaque para o cinema, a música, o rádio e o teatro.

O Poeta da Vila, sem dúvida, estava esquecido. Mas não era o único. Desapareceu como muitos dos artistas que tinham surgido nas décadas de 1920 e 1930, juntamente com o rádio e a expansão da indústria nacional do disco. Foram descartados por um esquema do entretenimento mutante, que estava em constante busca por novidades. Alguns, no entanto, continuavam vivos, apesar de fora do mercado fonográfico.

Como Aracy Cortes, Donga, Orlando Silva, Sílvio Caldas, Assis Valente – que, aliás, tentara se matar, em 1941, ao pular do Cristo Redentor, escapou ao ficar preso em uma árvore – e muitos outros. Seria injusto não reconhecer que o texto assinado por Ariosto Pinto foi o pontapé inicial para o resgate da importância da obra do artista, formada por mais de uma centena de composições suas e com parceiros diversos, o mais constante deles, Vadico, com doze músicas.

Outro passo importante para a recuperação do nome do compositor aconteceu quando, em 1948, a comunidade do bairro onde ele nasceu e foi criado, como se atendesse ao apelo de *Carioca*, inaugurou um monumento no Cemitério São Francisco Xavier, onde o compositor foi sepultado, em comemoração aos 38 anos de seu nascimento. Noel já tinha sido homenageado pelo público e por autoridades depois de sua morte, com a inauguração de um busto na Praça Tobias Barreto, na Vila Isabel, o qual depois seria transferido para a Praça Barão de Drummond, no mesmo bairro.

Mas caberia a Aracy de Almeida resgatar Noel em definitivo no mundo da música. A partir de 1948, ela passou a cantar seus sambas na boate Vogue – o repertório trazia parte dos sucessos que ela mesma tinha gravado originalmente nos anos de 1930. A Vogue era chamada de território livre dos boêmios endinheirados e formadores de opinião. Aracy também incorporou a seu repertório outras canções que nunca tinha gravado. A entrada da música do compositor em local tão nobre não foi das mais simples. Ruy Castro contou em seu livro *A noite do meu bem* que a contratação da cantora pareceu esdrúxula, no primeiro momento, pois ninguém era mais anti-Vogue que ela.

Havia também o temor sobre como a maioria do público reagiria à sua subida ao palco se soubesse que Aracy vivia entre malandros da Lapa, e cantava em lugares frequentados por párias e descabelados. Então, veio a surpresa. Os membros do chamado Clube dos Cafajestes, filhos de ricas família do Rio, que faziam parte da plateia da Vogue, gostavam dela. Principalmente dois de seus líderes, Mariozinho de Oliveira – a quem ela carinhosamente chamava de "meu" Mário – e Paulo Soledade. Os dois eram seus fãs e amigos.

Mariozinho morreria em 2016, com 91 anos de idade. Sua vida, segundo o neto Rodrigo de Oliveira, foi uma grande festa, "nunca preso a grilhão de qualquer espécie e sempre cercado de amigos e lindas mulheres". Ele foi um dos fundadores do clube, formado por jovens da burguesia carioca, sempre rodeados por belas mulheres nas décadas de 1940 e 1950. Temido, o grupo reunia *bad boys* e conquistadores, costumava se envolver em confusões e festas bem frequentadas. Faziam parte da trupe o polêmico ex-jogador do Botafogo Heleno de Freitas – que morreria de tuberculose –, o futuro colunista social Ibrahim Sued, Jorginho Guinle, príncipe Dom João de Orleans e Bragança, Sérgio Porto (Stanislaw Ponte Preta), entre outros.

Certa noite, tempos antes, ainda segundo Ruy Castro, eles tinham ficado desapontados, quando pediram ao trompetista da Vogue, Pernambuco, para que tocasse uma música de Noel e ouviram que não seriam atendidos pois o músico não se lembrava de nenhuma. Com Aracy, eles concluíram que chegara o momento da clientela da Vogue conhecer o esquecido sambista da Vila Isabel, e levaram seu nome para a direção da casa. Conseguiram. Pois não era que o pianista da casa, o americano Claude Austin, que vivia no Rio, conhecia e admirava a obra de Noel?

Ele contou para a cantora que costumava tocar alguns sambas *noelinos* para estrangeiros em rodas de amigos que vinham do Rio e eles adoravam. Empolgada, a artista montou uma lista de sambas para a estreia, com destaque para as composições do parceiro de Vadico. "Da combinação química de Aracy ao microfone, Claude Austin ao piano e os Cafajestes aplaudindo nas mesas, reforçados pelos grã-finos, políticos e artistas recém-convertidos, a Vogue fez surgir um novo Noel, maior até do que em vida, e para sempre", escreveu Ruy Castro.

Essa redescoberta do parceiro de Vadico chamou a atenção do produtor da gravadora Continental, João de Barro, o Braguinha, amigo e parceiro de Noel no Bando de Tangarás, e que pretendia fazer do selo uma excelência em música popular brasileira. Ele, então, combinou com Aracy a gravação de alguns discos. Entre 1950 e 1951, ele produziria nada menos que seis 78 rpm só com músicas de Noel, num total de doze faixas,

HOMENAGEEMOS NOEL ROSA

EM MAIO, O PRIMEIRO DECÊNIO DE SUA MORTE

Texto de Ariosto Pinto

HOMENAGEEMOS Noel Rosa. Homenageemos o gênio do samba, porque, dentro de dois meses, completará o primeiro decênio de sua morte. Foi no dia 4 de maio de 1937, na casa da sua genitora, em Vila Isabel, — o bairro que já foi das grandes novidades, — que expirou, vencido por terrível moléstia, o compositor que deixou um nome e uma fama definitiva na história da nossa música popular. Ele foi o criador dos maiores sucessos, dos mais movimentados e gostosos sambas que já se cantaram no país, o insuperável autor de notáveis modinhas carnavalescas. Ainda agora em todos os anos, em todos os carnavais, em muitos programas, principalmente de calouros, sempre há intérpretes de suas produções.

É bem verdade que Noel Rosa não tem sido comemorado como devia e merece. Passam-se seus aniversários, de morte e de nascimento, e muitos dos seus ex-companheiros e amigos, muitos daqueles que viviam sendo alimentados por êle, nos bares, da Vila, da Saúde, — onde morou algum tempo, — e do centro da cidade, querem esquecer ou esquecem de fato que no dia 4 de maio de 1937 desaparecia o homem que se notabilizou no samba, o boêmio 100%, o poeta que se fez sambista. Com efeito, Noel Rosa foi um poeta perdido para a poesia, ou, melhor, roubado pelo samba à poesia. Certamente, se o "filósofo do samba" não fosse tentado pelo ritmo espetacular do samba, permanecesse no ambiente estudantil, a que pertenceu muitos anos, porque foi também universitário, e se dedicasse à musa, hoje estaria sendo cantado não por aquela gente que leva às horas de calouros seus números. Estaria sendo cantado, isto sim, pelos que admiram as belas letras.

Deixou uma lacuna que mesmo esforços conjugados não conseguem preencher. Sim, a lacuna ainda não foi preenchida, porque, sabe-se, por mais que se tente imitar seu estilo, por mais que se façam músicas para chegar ao coração do povo, como as suas, tudo resulta praticamente inútil. Todavia, tem surgido, da lavra de outros compositores, boas valsas, bons sambas, boas marchas e choros e canções. Contudo, faz bem alguns anos que não se ouve um samba ser cantado tantas vezes e por tempo tão dilatado como, por exemplo, "Último desejo", além de outros que frequentemente vêm ao microfone. Nossos compositores populares têm produzido vários sucessos passageiros, com raríssimas exceções, evidentemente.

A Vila Isabel deveria perpetuar o nome do seu filho querido. E seus moradores, principalmente os que tiveram contacto com o "filósofo do samba", poderiam, unidos, firmes e decididamente, fomentar a glória de Noel Rosa, e dar ao seu nome a clubes, escolas de samba mesmo, agremiações esportivas, a tudo afinal que fôr possível e permitido a tão importante expressão da arte musical. E assim pediria às nossas autoridades municipais que recolocassem seu busto que foi arrancado de uma das praças da Vila.

Dentro de dois meses passará o primeiro decênio da morte de Noel. Que haja homenagens, no rádio, em clubes, e textos nos jornais e revistas, visitas ao seu túmulo, e como consideração a uma das suas mais queridas diversões, que seja organizada uma serenata saudosa, muda, com violão, que ele tanto gostava e tocava admiravelmente, bandolim, clarinete, saxofone, flauta, trombone, sim, estes instrumentos que o acompanhavam nas suas grandes serenatas, com seus amigos prediletos, o Lacerda, Silvio Caldas, Orlando Silva, Carlos Galhardo, Francisco Alves, Germano Augusto, Araci de Almeida, Assis Valente, e todos seus outros amigos. Naturalmente, as cordas do violão, do bandolim, bem como as teclas dos outros instrumentos ficariam imoveis. Imoveis como estão no túmulo, transformados pela ação do tempo, os seus restos mortais.

Faremos este lembrete, nesta crônica, porque seus aniversários têm passado em brancas nuvens. Abramos os jornais, por exemplo, durante alguns anos, e verificaremos que não se vêm nem notas, nem demonstrações das próprias associações de compositores relativas à sua personalidade. Porém, deverá haver qualquer coisa, quaisquer homenagens, demonstrações de apreço à sua memória. E que o leitor não esqueça, de, ao menos, cantar um dos seus sambas, aquele samba em que ele dizia:

> Quando eu morrer,
> Não quero choro nem vela
> Quero uma fita amarela
> Gravada com o nome dela,

Carioca

NOEL ROSA — AUGUSTO RODRIGUES

Os dez anos da morte de Noel, em 1947, foi o ponto de partida para uma série de reportagens com o propósito de resgatar o valor de sua obra. A revista semanal *Carioca* saiu na frente para que houvesse mobilização no sentido de que seus sambas voltassem a ser ouvidos e gravados.

gravadas por Aracy em apenas dois dias. Foram incluídas, principalmente, as que ele fez com Vadico –*Conversa de botequim, Feitiço da Vila, Pra que mentir?* e *Feitio de oração.*

Em fevereiro de 1950, a recém-fundada companhia de cinema Vera Cruz, que pretendia trazer para o Brasil o padrão dos grandes estúdios de Hollywood para fazer filmes, anunciou que, entre as próximas produções que pretendia realizar estava uma cinebiografia de Noel Rosa. Chegou a informar que o roteiro seria escrito por David Nasser e a direção de Ruggero Jacobbi. No papel do compositor, ninguém menos que Sérgio Cardoso, um dos atores mais festejados da época. O projeto até andou, antes de ser abortado, por causa das dificuldades financeiras da Vera Cruz. Em 21 de julho do ano seguinte, Nasser entregou à companhia a biografia de Noel que escreveu, de onde deveria ser feito o roteiro. O texto desapareceria sem jamais ser publicado.

Em 1952, 15 anos após a morte de Noel, a redescoberta das músicas do compositor virou escândalo no *Última Hora*, em sua edição de 9 de maio de 1952. "Tubarões enriquecem com as músicas de Noel", dizia uma das manchetes na primeira página do jornal. A principal fonte para a reportagem do diário era a viúva do compositor, Lindaura Rosa. Segundo o jornal, Noel deixou uma "bagagem" de composições populares que deveria ser suficiente para manter sua mulher em um nível de vida elevado, a partir da arrecadação de direitos autorais. Com exagero, afirmou que "milhares e milhares de discos do Poeta da Vila foram vendidos no Brasil e no estrangeiro" nos últimos anos. Nas festas, "suas criações eram bastante executadas".

Apesar de ele ter falecido havia tanto tempo, vítima da tuberculose, "suas músicas são cantadas e poucos são os jovens que nunca ouviram *Feitiço da Vila, Palpite infeliz* ou *O orvalho vem caindo*, porque os sambas de Noel ecoam em nossas almas, falam diretamente ao sentimentalismo do brasileiro". Sua herdeira, por isso, deveria estar rica. Ou pelo menos com algumas centenas de milhares de cruzeiros acumulados. "Isto, no entanto, não passa dos desejos de uma heroica mulher que, aos 16 anos de idade, casou-se com um homem com os pulmões minados e, portanto, condenado à morte." Lindaura estava pobre naquele momento. "Não vive miseravelmente. Todavia, merecia um amparo dos editores de Noel."

Ela morava na Rua Barão de Ubá, onde recebeu a reportagem de *Última Hora*. Tinha, então, 34 anos, apenas. Mesmo assim, o diário observou: "Está muito conservada, apesar dos sofrimentos por que passou

NOEL - um boêmio

Os frequentadores da casa de Noel Rosa — D. Marta, afinal, compreendeu que Noel era do samba — As flores misteriosas — "Bela Idéia" que vive do prestígio de Noel

De ORLANDO PORTELLA
Exclusividade de CARIOCA

NOEL ROSA, com grandes artistas do século passado, teve também o seu salão. Não era certamente um salão florido como o de Mme. Recamier, nem se travavam em sua casa aqueles brilhantes torneios de fraseado literário que constituem a suprema delícia dos caçadores de episódios jocosos da história.

Era gente mais simples, na maioria rapazes que também começavam a vida artística como Noel, os quais mais tarde se firmariam e se espalhariam pelas diversas estações e que viriam a ter prestígio no «broadcasting» nacional. E aquela rapaziada simples falava apenas em termos de samba.

Dona Marta foi bastante inteligente para compreender que jamais veria o filho formado e teve que ceder ante a força do talento e o prestígio que Noel desfrutava.

Era no começo do rádio, quando despontavam os primeiros astros e estrelas.

O untuoso Mario Reis, cantando só ou em dupla com Chico Alves, era o queluche das mocinhas de então. O prestígio de Chico Alves subia firme como ação de companhia de petróleo. Despontava Araci de Almeida, Luiz Barbosa cantava sambas de «breck» e Almirante, organizava o «Bando de Tangarás», do qual participou Noel. Os outros eram Henrique Pinto, «Braguinha» (João de Barro) e Alzinho.

Em 1930 a música de Noel Rosa começa a fazer furor, «Com que roupa?» toma conta do carnaval daquele ano. O nome do filho de D. Marta é falado nos quatro cantos da cidade, aparece nas capas das músicas, nas etiquetas dos discos. O retrato de Noel aparece em modinhas, em revistas e em jornais. O nome de Noel é pronunciado muitas vezes pelo rádio.

Era o sucesso e Dona Marta bem compreendia que aquele era o negócio de seu filho. Mas, era de mais aquela gente toda que vinha bater à porta de sua casa, à procura de Noel.

Um dia, porém, Dona Marta quase desmaiou. É que entrou em sua casa um homem alto, moreno e simpático, cuja popularidade era enorme; e ela ficou pasmada de ver o filho tratar aquele cantor já célebre que era Francisco Alves com a maior intimidade. Era «Chico, Chico, você faça isto...» Chico, você pra cá, você pra lá.

A esta altura Noel já tinha entrada franca em qualquer escola de samba. «Cartolas», o dono do morro da Mangueira, tinha por êle uma afeição comovente.

No próprio Estácio, reduto de samba e de valentia, onde um dia pulverisou um maioral com aquele satírico «Quem é você que não sabe o que diz?», se Noel dava a honra de comparecer a uma reunião da Escola Primeira, era dia de festa...

Paulo da Portella respeitava o moço genial pela versejança de improviso como poucos vira. («E muito grande, muito grande mesmo, este pequeno Noel!»)

Na Lapa, na Saude, todos conheciam o compositor de sambas expressivos, caricaturais e melodiosos.

Noel ia passando por todos os ambientes de boemia, com aquela alegria mansa que o caracterisava, falando pouco, sorrindo pouco, sempre com um olhar observador e a rima embalada.

Entre os que frequentavam com mais assiduidade a casa de Noel Rosa, destacavam-se Floriano Belham, Araci de Almeida, Marilia e Henrique Batista, os irmãos Haroldo e Euvaldo Rui Barbosa, o jornalista Nassara, o «speaker» e também jornalista e compositor Cristovão de Alencar e o compositor Carlos Braga (João de Barro).

AS FLORES MISTERIOSAS

A memória de Noel Rosa continua sendo cultuada em Vila Isabel. Ainda há pouco, no Ponto de Cem Reis, existia um movimento entre amigos do compositor para levar uma caravana até o cemitério do Caju e ali fazer uns reparos e plantar umas flores no tumulo do cantor de Vila Isabel, que diziam estava abandonado.

Reina porém, certo mistério em torno de um preito de saudade que é de quando em vez prestado ao compositor. Saudosas mãos misteriosas depositam ali junto da herma, da Praça Barão de Drumond, enorme «bouquets» de flores. Ninguém, porém, sabe quem é o dono ou dona dessas mãos, nem a ligação que tem o misterioso personagem com o autor de «O Feitiço da Vila».

O guarda-municipal que ronda a praça nunca viu ninguém deixar ali as flores. Nem «Bela Idéia», o mendigo que diz que conhece o bairro como quem conhece a palma de sua mão.

Alguém sugeriu que é Araci de Almeida quem manda depositar o bouquets ao pé da herma. Outra pessoa afirma que é D. Lindaura, a viuva de Noel Rosa. Mas, foi «Osso», um antigo badeil do Ginásio Nacional e atualmente do Instituto Rabelo, quem levantou uma nova hipótese e que pode ser a ponta do véu de um grande mistério.

Na sua opinião, devia ser coisa daquela pequena da fábrica, a que «atendia» ao grito do apito da uma chaminé de Barros, mas que não ouvia a buzina do carro de Noel Rosa.

Mas, quem é ela?

«Osso» sorri e diz com malícia: «Não convém falar nisso. A tecelã é hoje uma cantora de grande cartaz. Não vale a pena falar nisso».

Pode-se dizer que, em geral, todos se lembram de Noel. E, de modo especial, esse original mendigo que é «Bela Idéia», que afirma todas as manhãs na «fila» do ônibus que «Noel e Bocage foram os maiores poetas que o mundo conheceu».

Quando a comerciária, a bancária ou a funcionária pública se aproxima, para tomar o seu lugar no ônibus, é quase certo «Bela Idéia» receber o seu níquel, dizendo:

«A parte feminina: é sempre mais benevolente. Noel já dizia que a mulher é o feitiço da Vila!»

Carioca

Página de *Carioca*. Coube a Aracy de Almeida, como cantora da boate *Vogue*, dar início à redescoberta de Noel. A partir 1950, ela gravou discos com seus sambas pela Continental. Alguns, aliás, ela jamais tinha cantado em estúdio.

nos seus duros anos de vida. Queixou-se dos editores, como Mangione, que administrava os direitos autorais de seu falecido marido. O jornal observou: "As arrecadações da UBC (União Brasileira dos Compositores) são microscópicas. Basta dizer que neste ano há apenas 90 cruzeiros consignados em seu nome. E as músicas do maior sambista de sua época continuam sendo tocadas nos bailes, nos shows, nos teatros."

E se não fossem as vendas de discos, ela nada receberia, "porque, de direitos autorais, recebe migalhas". Na longa reportagem, o diário contou em detalhes a relação de amor que teria nascido entre Noel e Lindaura. Ao falar da rotina do casal, ela lembrou as pessoas mais próximas do marido. E afirmou que Vadico, de fato, era uma delas. "Muita gente se intitula amiga de Noel. Conheci poucos. Os principais, porém, iam sempre à nossa casa. Lá, eu via sempre Vadico, Silvio Caldas, Nássara, Aracy de Almeida, João de Barro, Marília Batista, Orestes Barbosa, Henrique Gonzales, Valuche e mais uns 'três ou quatro'." Suas relações com Carmen Miranda "limitavam-se ao rádio".

Com Noel Rosa na pauta do dia, nos 15 anos de sua morte, uma iniciativa do radialista e pesquisador Almirante – agora um cantor definitivamente aposentado –também foi importante para o debate sobre a importância de sua obra e sua redescoberta como compositor. Antes que 1952 chegasse ao fim, ele deu início a uma valiosa série de reportagens na *Revista da Semana,* contando a vida do amigo e antigo parceiro do Bando de Tangarás, com documentos reveladores – fotografias e reproduções de originais de letras e cartas que ele enviara à família. Todo aquele material tinha sido passado a ele por dona Lindaura Rosa.

Ao longo de doze semanas ininterruptas, de 18 de outubro de 1952 a 3 de janeiro de 1953, num total de 36 páginas, Almirante narrou toda a trajetória do compositor, na série intitulada "A vida de Noel Rosa contada por Almirante" – o material serviria de base para um livro do pesquisador sobre o Poeta da Vila, que seria lançado dez anos depois, em 1963, intitulado *No tempo de Noel Rosa.* Ao mesmo tempo, Almirante apresentou uma versão para o rádio desses textos, na Tupi, intercalada por gravações de Aracy de Almeida e Marília Batista.

Todo esse ambiente favorável à valorização de Noel ajudou Vadico, a partir de 1953, a alimentar a possibilidade de voltar ao Brasil. Tinha 43 anos, o casamento acabara sem filhos naquele ano e ele era um homem divorciado, cansando de virar as madrugadas tocando em boates, com saudade da família e das coisas do seu país. Muito ligado à mãe, aos irmãos e aos sobrinhos, lamentava ter ficado tanto tempo longe deles. Quantas vezes planejou passar o Natal e o Ano Novo com eles, sem conseguir? "Não sei por que motivo, comecei a achar a América sem aqueles encantos iniciais e as saudades foram apertando, até que, em 1954, arrumei a 'trouxa' e regressei ao Brasil."

Ele insistia na saudade como maior motivação para o retorno. Pelo menos para passar férias em São Paulo. "Você sabe, o Brasil é sempre nossa terra onde quer que a gente se encontre. E justifica-se a minha saudade, pois a acolhida que tive foi das melhores", disse a Herberto Sales, de *O Cruzeiro*. Referia-se à turnê brasileira da companhia de dança de Katherine Durham, realizada em julho de 1950. Na verdade, havia quatro outros motivos decisivos para seu retorno. Primeiro, o cansaço daquela vida instável de músico. Depois, o fim do casamento; terceiro, ninguém sabia, por causa dos dois infartos que ele sofrera em 1952 e 1953, que o levaram a longos períodos de internamento. Tinha medo de morrer longe da família.

O quarto motivo tinha também mais relevância para ele: cobrar moral e financeiramente os créditos que lhe eram negados nas músicas que fez com Noel, lançadas em disco. Vadico fora instigado, nesse sentido, pela repercussão de uma nota do colunista Clemente Neto, publicada na revista *Manchete*, de março de 1953, em que denunciou as gravadoras Continental e Musidisc como usurpadoras dos seus direitos autorais de Vadico nas composições de Noel, uma vez que seu nome não aparecia nos rótulos dos discos como coautor e, consequentemente, não lhe pagavam por seus direitos autorais. Pelo que se sabe, Neto fez isso por iniciativa própria, por ser fã da dupla. E motivou Vadico a buscar um advogado.

Quando ele ainda estava nos Estados Unidos, em 9 de março de 1954, aconteceu a primeira audiência na 6ª Vara Cível do Rio, onde corria o processo contra a Musidisc, em que foram apresentadas queixa e defesa. O compositor foi representado por seu advogado, que pedia indenização por perdas e danos no valor equivalente ao da venda de dez mil discos, honorários do advogado e que a gravadora colocasse seu nome nos discos *Noel Rosa – Horacina Corrêa e Leo Peracchi* (que trazia as faixas *Conversa de Botequim* e *Pra que mentir?*) e do Trio Surdina – pela gravação de *Conversa de botequim* no disco *Trio Surdina interpretando Noel Rosa e Dorival Caymmi*.

Vadico pedia ainda que pagassem pela edição das músicas a parte que lhe cabia. Mais uma vez, como fizera pela imprensa, a Musidisc contestou, disse que fez a edição a partir de informações da empresa de

Estevão Mangione, Edições Euterpe Ltda., a quem cabia dar explicações e pagar pelo prejuízo de Vadico. O juiz mandou, então, citar a Euterpe, antes de decidir quem deveria ser responsabilizado. Enquanto isso, ele e o advogado esperavam a audiência com os representantes da Continental, a qual ainda ocorreria naquele ano.

Na *Manchete*, enquanto isso, Clemente Neto insistia em sua coluna que era uma injustiça não dar a Vadico o lugar que ele "merecia" na música popular brasileira. Concorrente bem atrás de *O Cruzeiro*, que vendia 500 mil exemplares por semana, em média, naquele momento, *Manchete,* com apenas dois anos de vida, pressentiu cheiro de pólvora na história, comprou a briga e transformou o assunto em polêmica, como não se vira até então relacionada a autoria de música e direito autoral no Brasil. Pelo menos publicamente. Deu tão certo que o assunto se espalhou por outros meios de comunicação no decorrer de 1953, e atravessou o ano seguinte.

O responsável pela seção "Notas Soltas", da *Revista do Rádio*, por exemplo, entrou na discussão, em 7 de abril de 1953, para anunciar, como uma alfinetada nas gravadoras, por que Vadico tinha conseguido a nacionalidade norte-americana. Fez isso "naturalmente, aborrecido de o tirarem das referidas parcerias aqui no Brasil", disse o colunista Jair Amorim. Em outra nota, publicada meses depois, o mesmo jornalista – que também era compositor dos mais respeitados – fez questão de ressaltar que estava "inteiramente de acordo" com a campanha de Clemente Neto para restaurar a dignidade de Vadico – o texto saiu na edição de 29 de setembro de 1953.

O Cruzeiro e *Manchete* ampliaram a discussão e dedicaram a Vadico reportagens de algumas páginas. Aquela era uma época em que a indústria editorial vivia ampla expansão e, na guerra pela concorrência, valia tudo. Donos dos jornais brigavam entre sim e atraíam torcidas quase como um time de futebol. Na época, ficou famoso os embates entre Roberto Marinho (*O Globo*) e Samuel Wainer (*Última Hora*), Orlando Dantas (*Diário de Notícias*) e Carlos Lacerda (*Tribuna da imprensa*), por motivações políticas e financeiras. O diário de Wainer tinha sido o estopim para a crise que levou à morte de Vargas – o governo teria financiado sua fundação.

Entre as revistas, *Manchete* nasceu em 1952, fundada por Adolpho Bloch, para abocanhar parte da fatia das verbas publicitárias, que eram divididas principalmente entre *O Cruzeiro* e a americana *Seleções* (*Reader's*

A VIDA DE NOEL ROSA
NOEL, UM BOÊMIO!

A Vila e o Barão de Drumond – A marca original e o que disse o médico que o trouxe ao mundo – Um simples bloco de granito que não conta a história – Os pais de Noel – História de um samba

De ORLANDO PORTELLA   Exclusividade de CARIOCA

VILA ISABEL é a terra de Noel Rosa, talentoso compositor de música popular brasileira, que foi maior do que o Sinhô e cuja popularidade igualou a de Catulo da Paixão Cearense.

Visto de cima para baixo, o bairro de Vila Isabel dá a impressão de uma colher, encravada entre cinco outros bairros e marginada pela colina chamada de Morro dos Macacos. Há um século atrás o lugar era apenas conhecido como uma passagem do caminho entre o Engenho Velho e o Engenho Novo, onde ficava a "vila" da princesa Isabel, que veio mais tarde a tornar-se propriedade de um nobre do Império chamado Barão de Drumond. Esse barão, segundo a crônica, embora possuidor de um título nobiliárquico incontestável, era um aristocrata destituído de preconceitos, muito irreverente e um grande amigo dos animais. Essa dedicação aos animais, elevada ao extremo — se é verdade o que dizem os cronistas — levou-o a inventar o obedientíssimo "jôgo do bicho".

Nos dias atuais Vila Isabel se apresenta como um bairro residencial moderno, distante uns doze quilômetros do centro da cidade, com ruas bem pavimentadas que apresentam casarões enormes, ainda com vestígios da monarquia, ao lado de modernissimos "bangalôs" e de modestas residências proletárias.

Foi pois numa rua de Vila Isabel, a de nome Teodoro da Silva, na casa n.º 132, que nasceu no ano de 1910 o primogênito de um casal constituído de um comerciante e de uma professora, que anos mais tarde se transformaria no mais famoso bardo da música popular brasileira.

A MARCA ORIGINAL

O recém-nascido trazia, ao penetrar no palco da vida, um sinal que o distinguiria dos demais. A este respeito, o doutor Helena Brandão, que faleceu em princípios de 1947, um conhecido obstetra de Vila Isabel, que foi o médico que trouxe ao mundo o menino Noel, disse a uma pessoa de sua intimidade:

Era um parto difícil. Eu precisava tomar uma decisão. Tive que empregar os instrumentos para extração. Com dúvido de minha parte e sacrificaria a mãe ou a ambos. Peguei-o como pude e depois, com tristeza, verifiquei que o garôto ficaria com um defeito no rosto, com o maxilar afundado.

Com o tempo, esse acidente de cirurgia fez com que o afundamento do maxilar ficasse mais pronunciado, dando ao rosto do compositor um feitio ovalado.

1910-1937

Na simplicidade do bloco de granito que o povo de Vila Isabel pediu à Prefeitura para homenagear a memória do seu cantor, que hoje repousa entre árvores frondosas da praça Barão de Drumond, pode-se ler apenas esta "simplíssima inscrição": "Noel Rosa — 1910-1937". E vê-se no bloco de pedra talhada a efígie de Noel e um violão.

Mas seu silêncio o granito não conta o que aconteceu entre as duas datas, que representam a curta existência de um grande boêmio.

O pai de Noel Rosa, sofrendo um desastre financeiro em seus negócios, perdeu a casa comercial de sua propriedade, ficou endividado e foi à falência. Esteve no interior do Estado do Rio, voltando depois para assumir um cargo na Prefeitura. Foi ele quem organizou a primeira Tabela de Abastecimento que regulou os preços do Distrito Federal. Mas o trabalho excessivo, as enormes preocupações de família, o pêso dos golpes sofridos, abalaram-lhe os nervos, acabando por se transformar na psicose da mania do suicídio. E um dia, recolhido a uma casa de saúde, fugindo à vigilância dos que o tratavam, conseguiu consumar o desvairado objetivo.

A pedra também não conta que dona Martha era uma mulher de ânimo forte, descendente de proprietários de terras do Estado do Rio. Morto o marido, ela tomou o encargo de educar os filhos do casal, que então eram dois: Noel e Hélio.

A viúva não esmoreceu. Abriu uma escola na casa em que residia, pela qual passaram centenas de garotos, hoje homens e chefes de família, que ali foram aprender as primeiras letras.

Naquele tempo o compositor era um adolescente muito magro, com uma cabeleira de pouco lisa, sempre teimando em cair-lhe sôbre os olhos. Mas dava gosto ouvi-lo tocar o violão, ou vê-lo soltar um balão ou fazer um papagaio. Era considerado o maioral da rua Teodoro da Silva, no assunto.

A sua música já era contagiante. Tinha ensinado Hélio, o irmão mais moço, a tocar o instrumento dos seresteiros, para maior indignação de dona Martha, que queria ver ambos os filhos formados.

Enquanto lá dentro da sala de dona Martha ensinava soletrando, perguntando da sua mesa de professora: "Dois mais dois?" e a garotada em côro respondia: "Quatro!", Noel, no seu uniforme do Ginásio de São Bento, sentado debaixo de uma copada de mangueira, ia tocando o seu violão, ritmando o dialogação da taboada. Era um compasso que enchia de entusiasmo a lição, fazendo a taboada andar mais depressa, mas que acabava preocupando mais a atenção da garotada do que a aula de dona Martha. Esta se levantava, com o seu rosto gordo, pele muito alva e cabeleira encanecida, vinha até a janela e gritava:

"Noel, pare com isso!"

Noel parava. A taboada, porém, perdia tôda a graça. A garotada achava que taboada sem música de Noel Rosa não valia nada...

NOEL ROSA, O BOÊMIO

Se Noel Rosa chegou a ser um grande compositor, não foi por causa da incentivo materno. Ao contrário, dona Martha detestava ver o filho tocando violão, assediado por tantos amigos, boêmio, tresnoitado, magro, afastando-se cada dia mais dos livros de estudo.

Hélio, o irmão mais moço, embora gostasse de música, não abandonara os livros. Estudava e procurava contentar quanto podia os desejos de sua mãe que, quando ver os filhos formados. Se dona Martha sofreu um desgôsto quanto a Noel, teve a satisfação do lado de Hélio, que acabou se formando em Veterinária.

A fim de trazer o filho desviado do caminho que tinha escolhido para ele, dona Martha não poupava energias. Brigava com Noel, escondia-lhe a roupa ("Com que roupa?"), escondia o seu violão, proibia a entrada de violão em sua casa. Nada disso adiantava. Noel escondia o violão numa padaria da Avenida 28 de Setembro, com um violonista do bairro conhecido por "Cobrinha".

Um dia, mãe e filho tiveram um desentendimento mais sério. Dona Martha exigia uma decisão de Noel, ou estudava ou saía de casa.

Noel saiu da casa da rua Teodoro da Silva. Intimamente tinha a convicção de que não podia voltar aos livros... Nada lhe adiantava, porque na carreira médica escolhida não havia academia para cursar. Foi este incidente doméstico que o inspirou a criar um lindo samba, que constitui uma das maiores criações de Marília Batista:

"Batuque é um privilégio
Ninguém aprende samba em colégio
Sambar é chorar de alegria
É sorrir de nostalgia
Dentro da melodia"

(Continua na próxima semana)

Orlando Portella, de *Carioca*, foi o primeiro jornalista a tentar biografar Noel, por meio de uma série de reportagens. Em uma delas, revelou que seu pai havia se matado enquanto fazia tratamento psiquiátrico.

Digest), financiada por grandes corporações para combater o comunismo e que, em poucos anos, conseguiu 500 mil assinantes no Brasil. *O Cruzeiro* seria denunciada depois por mentir, inventar ou forjar reportagens em busca de leitores. Participavam desse esquema parte de seus lendários repórteres, principalmente David Nasser – parceiro de Francisco Alves (e, depois, Vadico) em vários sambas.

O "caso Noel Rosa-Vadico", como chamou Última Hora, surgiu como um prato cheio para *Manchete*. A repercussão da reportagem da mesma revista, já citada, de 18 de dezembro de 1953, seria fundamental para Vadico ir adiante na briga na justiça contra a Musidisc e a Continental. O "filho adotivo" da Vila Isabel, como a revista o descreveu, era o compositor que "havia se tornado assunto de uma controvérsia que empolga todo o Brasil, desde que *Manchete* trouxe ao conhecimento de seus leitores a sua decisiva e profunda participação na obra de Noel Rosa, como autor das músicas de muitos dos sucessos do falecido compositor".

Jackson Flores, autor da reportagem descreveu fisicamente Vadico como um sujeito "alto, de cabelos castanhos ondulados, bigodinho e óculos que o acompanham desde criança". E prosseguiu: "Extremamente modesto e reservado, aqui o tenho em meu apartamento para me contar aquilo que o público deseja saber a seu respeito". A entrevista, portanto, foi feita na residência do repórter de *Manchete*, por escolha de Vadico. "Enquanto saboreamos um cafezinho à moda brasileira, substituto do clássico *scotch and soda* para os amigos brasileiros que me visitam, procuro ordenar a memória e recapitular o meu primeiro encontro com Vadico."

Eles se conheceram em 1948, no restaurante italiano Villanova, um dos lugares preferidos dos brasileiros residentes em Nova York. Os dois foram apresentados por um amigo em comum. Vadico tinha acabado de se mudar para a cidade. "Naquela época, então, (ele era um) recém-chegado da Califórnia, de onde viera para fixar residência nesta grande cidade", recordou Flores. A pessoa que juntara os dois – seu nome não foi citado – advertiu ao repórter: "Esse que está aí é o autor das músicas dos maiores sucessos de Noel Rosa."

No mesmo texto, até aquele momento da apresentação, Flores contou, ele havia lido muitas crônicas sobre a vida de Noel. Mas não se recordava em absoluto de jamais ter ouvido ou visto o nome de Vadico associado ao do famoso compositor da Vila Isabel. "Por isso mesmo, o inesperado daquela revelação deve ter me forçado a assumir um ar de incredulidade, o que fez, provavelmente, com que meu amigo se apressasse

Ao visitar a Vila Isabel, Vadico descobriu que uma das ruas do bairro levava o nome do seu parceiro. Era o ano de 1954 e o Poeta da Vila era, então, considerado o maior sambista de sua geração.

em esclarecer." Ele perguntou se Flores se lembrava de *Feitiço da Vila* e *Conversa de botequim*.

Diante da resposta positiva, o interlocutor lhe disse: "Pois bem, o nosso amigo Vadico (aqui presente) é o responsável pelas músicas desses sucessos e de muitas outras que fez em parceria com Noel Rosa." O repórter de *Manchete* comentou ainda sobre aquele diálogo: "É claro que me recordava daqueles dois sambas, mas o que a minha memória não conseguia associar era o nome de Vadico como coautor daquelas composições." E essa revelação deve também ter sido constituído em uma grande surpresa em todo o Brasil, na sua opinião. E tratou o assunto como um furo de reportagem: o esquecido parceiro de Noel vivia quase anônimo em Nova York. Pelo menos para seu país.

Com a justificativa de que pretendia reparar essa injustiça histórica e acabar com o esquecimento a que foi relegado Vadico como compositor da era de ouro do rádio, a direção de *Manchete* lhe pediu que o entrevistasse. Assim, fazia isso "para que os seus leitores e o público em geral melhor possam conhecer e compreender a sua participação nesse assunto — autorias e parcerias — que tanta repercussão está tendo no Brasil".

A conversa entre os dois foi publicada em forma de pergunta e resposta, como entrevista convencional. O que se percebia era m descontraído Vadico, que passou a dar detalhes de como conheceu Noel e se lembrou de passagens curiosas sobre o processo de criação dos dois em alguns sambas – narrados aqui nos capítulos 2 e 3. Em seguida, Flores lembrou que *Manchete* estava, naquele momento, tentando estabelecer uma lista dos dez maiores sambas de todos os tempos, a partir da opinião de músicos, cantores e críticos. E solicitou a Vadico que apresentasse sua relação.

O pedido tinha sido feito antes, de modo que ele a levasse para a entrevista. Estava claro isso. Mas o repórter montou uma encenação em seu texto, como se Vadico tivesse sido pego de surpresa. "Você agora me deixou embaraçado, e isso porque, estando ausente do Brasil há mais de 13 anos, quase não conheço os compositores atuais." Mesmo assim, sacou do bolso as suas músicas escolhidas. E deu suas justificativas para não citar músicas mais recentes. "Tenho ouvido falar muito em Antonio Maria e em outros cujas composições não conheço, e as quais, evidentemente, não poderia incluir em minha lista, o que poderá parecer, talvez, injustiça."

Dos atuais, prosseguiu Vadico, poderia se pronunciar apenas a respeito de Dorival Caymmi, que conhecia pessoalmente e cujo valor como compositor era "insofismável", para usar um termo seu. "Desse modo, a minha lista dos dez maiores sambas abrange, principalmente, composições veteranas e sobre as quais, possivelmente, a geração atual jamais tenha tomado conhecimento." Suas preferidas eram *Vai-te embora* (Nonô e Francisco Matoso), *Na Baixa do Sapateiro* e *Foi ela* (Ary Barroso), *Agora é cinza* (Alcebíades Barcelos e Marçal), *Implorar* (Ismael Silva), *O orvalho vem caindo* (Noel Rosa.), *Marina* (Dorival Caymmi), *Promessa* (Custódio Mesquita) *Adeus* e *Falso amor* (Oswaldo Silva).

Vadico falou dos tempos em que fez parte do Bando da Lua, acompanhou Carmen Miranda, e da intensa experiência de dois anos na companhia de Katherine Durham. "Aí, tem você um resumo da minha vida nos Estados Unidos", continuou Vadico, depois de ter aceitado um cigarro do repórter. Ele revelou que, durante todo o tempo em que viveu na América, jamais deixou de compor. "Tenho mesmo um número razoável de sambas, alguns com letra de minha autoria, que não pretendo lançar nos Estados Unidos, em virtude de não serem para o gosto do público americano, que prefere composições baseadas em dois acordes, tipo mambo."

Por fim, anunciou que pretendia regressar ao Brasil "muito em breve" para "tornar públicas" suas composições inéditas. Quem não o conhecia poderia imaginar um certo oportunismo de Vadico, por causa da polêmica causada pelos processos contra a Musidisc e a Continental, que já tinham sido notificadas, naquele momento. Mas ele estava, de fato, na posição de vítima de uma grande injustiça: o esquecimento a que foi relegado como parceiro em alguns dos sambas mais notáveis daquele que agora era o maior compositor da era de ouro do rádio.

Vinicius de Moraes lembrou no texto que fez para a contracapa do disco *Dançando com Vadico*: "Oswaldo Gogliano, como é seu nome, achava-se então nos Estados Unidos, inteiramente alheio ao fato de que sambas seus, com letra de Noel, como *Feitiço da Vila, Conversa de botequim, Cem mil-réis, Provei, Pra que mentir?, Mais um samba popular, Quantos beijos* e *Tarzan, o filho do alfaiate* (sobretudo os primeiros e, ainda *Feitio de oração*, cuja música é de parceria), o juntavam enormemente ao prestigio social justamente conquistado pelo poeta de Vila Isabel."

O poeta reforçou que a vocação musical de Vadico vinha de longe – percebia-se que os dois tinham conversado para que o autor do texto tivesse informações para escrevê-lo. "Desde menino, em São Paulo, onde nasceu, o único horizonte de Vadico foi a pauta (musical). Mas, como é fatal para todo sambista que se preza, a experiência carioca seria um fator determinante na formação do seu talento popular", acrescentou.

A decisão final de Vadico de voltar a morar no Rio, segundo ele próprio, foi ao acaso, pois pretendia, inicialmente, apenas passar férias no país, rever amigos no Rio, ficar um tempo com a família – em São Paulo – e conversar com seu advogado sobre os processos contra a Musidisc e a Continental. De qualquer modo, fez isso a partir de um tremendo barulho pelas páginas dos jornais. A suposta viagem de descanso começou na primeira semana de agosto de 1954. Procurado com interesse pela imprensa, deu várias entrevistas nos dias 4 e 5, encontrou-se com antigos amigos.

Assim que desembarcou, foi crítico o bastante para incomodar alguns compositores e cantores. Na edição do *Correio da Manhã* de 8 de agosto de 1954, com o título "Vadico pousa no Rio", o repórter escreveu: "(Vadico) olha o mar de Copacabana e revela a sua dúvida: 'Mas ainda não sei se fico. Talvez volte, em breve, às minhas orquestrações e ao meu piano em Nova York'". O jornal registrou suas primeiras impressões sobre a cidade que o acolheu mais de duas décadas antes, e que havia mudado bastante.

Ele concluiu que nem tudo estava melhor. O ambiente tinha mudado bastante. Inclusive na música. "O maestro Oswaldo Gogliano, que o público conhece como Vadico, parceiro de Noel Rosa em muitos sucessos, disse: 'Não se ouve mais o gostoso e brasileiríssimo samba-canção. O que anda por aí parece bolero.'" De qualquer modo, encantou-se pelo talento da cantora Ana Cristina, estrela da Rádio Mundial, a quem prometeu que daria uma música para gravar. Fez mais que isso.

Passou-lhe, de imediato, o último samba inédito que restara da sua parceria com Noel, o esquecido *Mais um samba popular*. A cantora ficou radiante e disse à *Revista do Rádio*: "Imagina que Vadico (...) me escolheu para lançar um samba inédito da dupla", comemorou ela. "Que maior glória eu poderia desejar? Estudei o samba de todas as maneiras, sob todos os ângulos. E, na (gravadora) Sinter, no dia da gravação, dei o máximo. Acho que meu futuro como cantora depende do sucesso desse disco. Lançar Noel, sabe lá o que é isso?" Tudo, aliás, aconteceu rápido demais.

O disco de Ana Cristina trazia no lado B o bolero *Não sei porque*, de Jair Amorim e J. M. de Abreu. A cantora gravou o samba de Noel e Vadico no dia 26 de agosto. No registro, ela foi acompanhada pelo Conjunto de Luís Bittencourt. A interpretação desse samba por Ana Cristina foi vista pelo crítico não identificado do *Diário da Noite* como algo realizado de maneira "desenvolta e brilhante".

Mesmo assim, não achou que faria sucesso – e acertaria, pois a música passou quase despercebida pelas rádios e praticamente nada vendeu. Para o mesmo jornal, o resultado poderia ser outro se a cantora a tivesse gravado de forma diferente. Ou seja, o problema estava na sua postura como intérprete. "Infelizmente, em certos programas de estúdio, Ana Cristina, entregando-se a fáceis entusiasmos, tem introduzido na parte vocal certas variações de mau gosto — que desfiguram a linha melódica original e irritam o ouvinte menos exigente."

Algumas semanas antes disso, no dia 8 de agosto, a imprensa noticiou que, em breve, ocorreria mais uma audiência sobre o processo de Vadico contra a Musidisc, quando o juiz deveria decidir a sentença, em primeira instância, após ouvir um represente da Edições Mangione, acusada de ter sido a real responsável pela omissão do nome de Vadico das parcerias com Noel. No dia anterior, durante conversa com o *Correio da Manhã*, o compositor admitiu que estava, sim, de férias, mas pretendia também tratar de "seus negócios" como autor no Rio de Janeiro. Portanto, não tinha data certa para retornar aos Estados Unidos.

Na mesma conversa, ele lembrou, mais uma vez, que seus sambas com Noel continuavam a ser gravados por mais de uma gravadora, mas sem lhe darem a parceria ou pedirem sua autorização. O outrora discreto Vadico, de fala mansa e baixa, queria guerra e estava disposto a fazê-la. E surpreenderia muita gente por isso, pois encontrou na imprensa uma tribuna importante para defender seus direitos. Sua exclusão dos créditos das músicas seria bastante explorada, principalmente pelo jornal *Última Hora*, no decorrer do mês de agosto.

No dia 11, por exemplo, na nota de quatro parágrafos na coluna "Ronda da Meia-Noite", o jornalista que se identificava como Comendador noticiava que ele pretendia processar também o editor da obra de Noel, Mignone, que, desde 1939, havia parado de pagar pelos direitos de suas músicas. Ele iria cobrar cerca de 600 mil cruzeiros – o que, segundo o diário, poderia levar o editor à falência. O que ninguém sabia, e Vadico só revelaria depois, foi que o motivo do pouco dinheiro recebido por ele nada tinha a ver com vendas não creditadas a seu nome ou por uma apropriação irregular a UBC (União Brasileira dos Compositores).

Na primeira semana no Brasil, ele foi à empresa pedir um relatório, o que poderia ajudar a dar mais consistência às acusações na Justiça contra as gravadoras. Explicaram a ele que os direitos das músicas em parceria com Noel pertenciam exclusivamente à viúva, porque a

Odeon possuía documentos provando que pelo menos três sambas dos dois amigos que estavam sendo questionados no seu processo – *Feitiço da Vila, Conversa de botequim* e *Cem mil-réis* – tinham sido vendidos à gravadora pelo próprio Noel, que se identificou como único proprietário dos mesmos, embora não negasse a parceria com Vadico. O compositor, então, foi à Odeon para tirar a história a limpo, e saiu de lá chocado. O departamento jurídico da gravadora afirmou que ele recebia apenas por outras músicas, como coautor. Não por aquelas. Para a sua surpresa, a Odeon realmente tinha os documentos assinados por Noel e que provavam o que dizia. Em um desses recibos, estava escrito, em papel timbrado, com o nome do próprio Noel: "*Feitiço da Vila,* música de Vadico, letra de minha autoria. Propriedade minha". Anos depois, o compositor paulistano observou, em tom de lamento: "Esse documento e os outros dois foram estampilhados e assinados por Noel Rosa e mais duas testemunhas, faltando neles o mais importante: minha assinatura."

Como tinha outras fontes de renda, Vadico decidiu deixar tudo como estava. Pelo menos por enquanto, pois essa história daria muito o que falar quase três anos depois. A revelação, no entanto, não arrefeceu a disposição de Vadico pela cobrança de direitos autorais contra a Mignone. *Última Hora* apurou que somente do "show" *Feitiço da Vila*, de autoria de Carlos Machado e Paulo Soledade, baseado na vida do famoso Poeta da Vila, apresentado na boate Casablanca, na Praia Vermelha, em 1953 e, depois, no Hotel Esplanada, na região central de São Paulo, Vadico deveria ter a receber perto de 30 mil cruzeiros (ou mais) para receber.

No recital, havia nada menos que cinco de suas composições com Noel, cantadas por Silvio Caldas, Elizeth Cardoso e Grande Otelo. Inclusive *Feitiço da Vila,* claro, que foi a base do show, apontado como um dos que consolidaram definitivamente sua reputação de grande sambista. Três dias depois da publicação dessa reportagem, em 14 de agosto, o mesmo jornal retomou o assunto, com mais ênfase, e estampou com impressionante estardalhaço na primeira página: "Vadico (o companheiro de Noel) está sendo roubado no Brasil!"

A reportagem de Simão de Montalverne começava com a informação de que "queriam" pagar a ele apenas "mil, setecentos e poucos cruzeiros, quando ele teria mais de um milhão de cruzeiros para receber da Mangione e das gravadoras Continental, Musidisc e Odeon" – que seriam acionadas na Justiça pelo compositor. Para o jornal, ao voltar ao Rio, uma semana antes, Vadico teve uma "grande decepção", ao descobrir

A vinda de Vadico ao Brasil em 1954 deveria ser, segundo ele, uma viagem de férias. Mas a briga com as gravadoras para que dessem crédito a ele como coautor nas músicas gravadas de Noel e o interesse da imprensa pelo tema fizeram com que ele ficasse em definitivo no país. Nas fotos, ele diante do monumento em homenagem a Noel, na Vila Isabel.

que estava sendo "roubado" por seu editor, Mangione, ao se dirigir à empresa para saber o que tinha a receber, depois de 15 anos fora do Brasil, e sem ter sido procurado para uma única prestação de contas.

Apresentaram-lhe um saldo de Cr$ 1.726,70. O dinheiro vinha da venda de partituras de piano e acordeom e dos direitos de oito das "dez" (doze, na verdade) músicas que tinha feito com Noel. O jornal disse que havia "centenas" de gravações de músicas suas, além do uso das mesmas em espetáculos teatrais – o que deveria ser pago pela SBACEM, mas isso não acontecia. Sem ouvir a arrecadadora de direitos autorais, o repórter afirmou, de modo enfático: "O que Mangione quer fazer com Vadico, como se vê, é um furto, na expressão da palavra."

Outro indício de que ele vinha sendo "roubado" era que algumas fábricas de discos estavam lançando LPs sem seu nome como coautor, o que teria motivado o processo contra a Musidisc. "Mas Vadico está ciente de tudo e, por isso, já intentou ação contra as fábricas Continental e Musidisc". Havia um ano, esperava a decisão do juiz. A seu pedido, a Odeon também foi acionada e disse que concedeu autorização para gravação das suas "coirmãs" porque, no contrato inicial de exclusividade assinado por ele, "existia uma cláusula nesse sentido".

Os documentos de propriedade dos sambas pela gravadora não foram citados no texto. Era do interesse da empresa mantê-los em sigilo, pois não traziam a assinatura de Vadico. Nos bastidores, porém, mesmo com a insistência do advogado do compositor, a gravadora não havia apresentado o tal contrato assinado por Vadico. Ao jornal, ele afirmou que tão logo resolvesse as questões contra as gravadoras, processaria a Mangione e a RCA Victor. O motivo para acionar a segunda empresa foi a proposta de lhe pagar apenas Cr$ 410,00 pelas vendas de discos. Pelos cálculos do repórter e de alguns colegas de redação seus, Vadico teria perto de um milhão de cruzeiros para receber. Enquanto a solução não vinha, acrescentou o repórter de *Última Hora*, "talvez Vadico siga compondo música".

No meio de toda essa discussão, enquanto esperava a decisão da Justiça, Vadico foi passar algumas semanas com a família em São Paulo. E incluiu na bagagem uma série de partituras de fugas e sonatas de sua autoria, que, com a ajuda do irmão e maestro Dirceu, ele teria a enorme alegria, juntamente com a mãe, irmãos, cunhados e sobrinhos, de ver executadas pela orquestra sinfônica do Teatro Municipal de São Paulo, em concerto realizado no ano seguinte.

Capa do LP de Noel feita por Di Cavalcanti e lançado pela Continental. Imagem se tornou um dos ícones da década de 1950, época de ouro da MPB, marcada pelo nascimento da bossa nova e pela consolidação dos long-plays.

Tímido, retraído, mas determinado? Era difícil entender a personalidade de Vadico. "Nunca conversei com meu pai (Dirceu) sobre isso", observou Oswaldo Gogliano Sobrinho. "Mas sei que ele tinha profunda admiração por Vadico, tanto pelo compositor como pelo pianista. Lembro-me bem dos dias em que ficava hospedado em nossa casa. Ambos passavam horas juntos ao piano discutindo sobre música. A apreciação era recíproca. Enquanto estava nos Estados Unidos, Vadico chegou a pedir a meu pai uma orientação sobre estudos de técnica de piano, pois achava que estava perdendo um pouco da sua."

Se quisesse mesmo permanecer no Brasil, Vadico precisava encontrar formas de sobreviver novamente. Decidiu que voltaria a morar na mudada Rio de Janeiro de 1954, mergulhada na terrível crise política que levaria à morte do presidente Getúlio Vargas. Tinha a consciência de que nada seria fácil para ele. Mas não imaginava quanto.

CAPÍTU

CAPÍTULO 10

O MELHOR ARRANJADOR DO ANO

Em 1959, saiu *Choros famosos*, LP da cantora Ademilde Fonseca, com todas as faixas arranjadas por Vadico. "Esse poderá ser o LP do ano", escreveu o entusiasmado crítico Sérgio Cabral, em sua coluna "Música naquela base", publicada às quintas-feiras, no *Jornal do Brasil*.

Para Oswaldo Gogliano Sobrinho, não havia qualquer questão envolvendo uma possível volta definitiva de Vadico ao Brasil. "Nessa época, não era a vontade de meu tio regressar." Deveria mesmo ser apenas um passeio. Depois de 14 anos, Vadico viera uma única vez ao país. Em parte, por causa do custo da viagem. Aconteceu em julho de 1950, quando a Companhia de Katherine Durham se apresentou no Teatro Municipal de São Paulo. Depois que regressou ao Brasil, quatro anos após, como foi morar no Rio de Janeiro, ele passou a viajar com certa frequência para São Paulo, a trabalho, e aproveitava para visitar a mãe e os irmãos. "Nessas ocasiões, normalmente ficava hospedado em nossa casa por uns dias", recordou o sobrinho.

As drásticas transformações urbanas, culturais e de comportamento que aconteceram no Rio de Janeiro, na segunda metade da década de 1940, só beneficiariam Vadico no aspecto profissional. Principalmente ele, que era um músico que viveu nos últimos vinte anos quase exclusivamente de tocar na noite. Era o que se poderia chamar de um operário da música. Só que música de qualidade, agradável para quem gostava de sofisticação, além de ser autor de composições mais elaboradas – algumas até peças eruditas. Seu público jamais trocaria o jazz ou o samba-canção pelo bolero, que tomou conta do país durante a guerra.

Como não havia matéria-prima para prensar discos, as gravadoras importavam encalhes imensos de discos de boleros de países da América Latina. Assim, embora tenha sido um fenômeno longo no mercado fonográfico brasileiro, nunca estudado na dimensão da sua importância, a verdade era esta: o bolero foi imposto às rádios e lojas de discos, antes de cair no gosto popular. Multidões passaram a adorá-lo, grandes nomes começaram a tocar no país e o ritmo acabaria por dominar as vendas de discos por duas décadas, pelo menos, inclusive com cantores brasileiros que o adotaram, em busca de sucesso ou de rejuvenescimento de suas carreiras.

Enquanto isso, a proibição dos cassinos havia deixado milhares de pessoas desempregadas, inclusive músicos. Nesse momento, um bairro praieiro, em especial, começou a atrair a atenção dos cariocas, principalmente de quem tinha dinheiro, e dos brasileiros de diversos estados. "No asfalto deslizam automóveis cada vez mais velozes, cumpridos e mais conversíveis. (...) Enquanto isso, a vida está acontecendo dentro dos bares e restaurantes", dizia a crônica de Antonio Maria sobre Copacabana.

Já em 1946, o suave e bossanovista samba-canção *Copacabana*, composto por Braguinha (João de Barro) e Alberto Ribeiro, na voz de veludo de Dick Farney, funcionava como um jingle irresistível do bairro – e, depois, seu hino não oficial: "Existem praias tão lindas, cheias de luz/ Nenhuma tem o encanto que tu possuis/ Tuas areias, teu céu tão lindo/ Tuas sereias sempre sorrindo/ Copacabana, princesinha do mar/ Pelas manhãs tu és a vida a cantar/ E a tardinha ao sol poente/ Deixa sempre uma saudade na gente". O que não se soube por muito tempo foi que a música tinha sido composta por encomenda, para a inauguração de uma boate em Nova York chamada Copacabana. Como não ficou pronta a tempo, acabou na gaveta por um bom tempo.

Suas ruas, a partir de então, tornaram-se o bairro-sonho de todo o Brasil. Andar por ali era como passear dentro de um filme ou se sentir como parte de um. Em sua praia, viam-se as mulheres mais lindas e cobiçadas. Todo mundo queria morar em seus prédios, suas casas e sua praia. Mas os sonhos, claro, costumam ser caros. Copacabana era quase uma utopia de vida. Dizia-se que abrigava tanta gente em seus edifícios que, se todos descessem ao mesmo tempo, não haveria espaço nas ruas. Vadico não demoraria a se tornar um deles. O encanto se dava também à noite, de modo especial. Desde o final da década de 1940, o bairro começou a abrigar a boemia e a ocupar o espaço que antes pertencia à Lapa.

Ipanema ainda não era a praia mais badalada do Brasil. Ou do mundo, como se tornaria para alguns, depois. E Copacabana se transformou em um terreno fértil para o plantio do samba-canção, como disseram depois alguns historiadores da bossa nova. Aquele se tornaria, por toda a década de 1950, o ritmo mais gravado, tocado e ouvido de MPB nas casas noturnas e rádios – mesmo com a concorrência do bolero. E Vadico amava tudo isso. Arley Pereira faria a descrição perfeita da fauna da noite copacabanense no começo da década de 1950: "Milionários e meninos bonitos, damas do *society* e prostitutas do alto e baixo bordo, traficantes e viciados, graves senhores e meninotas em flor, todos conviviam no território livre da praia, onde o ritual do culto ao corpo paganizava a multidão de sol a sol."

Depois do dia intenso, que parecia ser sempre diferente ali, ainda segundo Pereira, quando a Lua subia aos céus, antes mesmo de o sol se pôr, a vida continuava pulsante nos restaurantes, boates, bares e cabarés de Copacabana. Eram lugares frequentados por "músicos, cantores (as), compositores, *bon vivants*, mulheres da noite, boêmios, garçons, vendedores de flores, cronistas, penetras de sempre", além de colunistas sociais, políticos, generais e golpistas. Ajudou nesse processo a imponência crescente do badalado Golden Room, do Copacabana Palace, aquele que se tornaria o mais mítico hotel brasileiro.

Em outra crônica, Antonio Maria defendia que Copacabana foi o bairro ideal para germinar o samba-canção. E fez uma comparação das mais poéticas e belas desse formato de texto daquele tempo: "Cada edifício tem uma média de 50 janelas, por trás das quais se escondem, estatisticamente, três casos de adultério, cinco de amor avulso e solteiro, seis de casal sem bênção e dois entre cônjuges que se uniram legalmente no padre e no juiz. Por trás das 34 janelas restantes, não acontece nada, mas muita coisa está para acontecer. É só continuar comprando os jornais e esperar..."

Quando Vadico chegou, a noite em Copacabana fervilhava em todos os sentidos, inclusive o musical, o que parecia mais interessá-lo. E ele sorriu agradecido, pois era grande a chance de conseguir trabalho, em momentos de incertezas e de briga na Justiça com algumas gravadoras. Ao tomar pé da região, certamente concordaria com o cronista Sérgio Porto, quando ele escreveu que só na estranha geografia da noite copacabanense, o Texas fazia fronteira com o Havaí – referia-se a duas boates vizinhas. Nas maiores, como a Vogue, ouviu-se por muito tempo jovens ou consagrados talentos como Dolores Duran, Aracy de Almeida e Inezita Barroso, que estava longe de sucumbir à música caipira.

Dorival Caymmi foi mais longe e abriu a sua própria casa, o Ranchinho, onde também se apresentava, claro – não demoraria a descobrir que a veia de empresário não corria em seus braços e voltou a se restringir a compor e a cantar. No Sacha's, de Sacha Rubim, onde Vadico viraria atração em breve, todo mundo suspirava pela voz de Murilinho de Almeida. Era preciso fazer justiça, porém, e lembrar que, nos bairros do Leme ao Leblon, havia também boates de grande prestígio. Como, por exemplo, Bistrô, Alcazar, Beguine, Bacarat e outras. Brilharam ainda em Copacabana: Au Bon Gourmet, Little Club de Paris, Drink e Arpège – que abrigou, por um bom tempo, a orquestra do popularíssimo Waldir Calmon, que lançaria um número grande de discos dançantes.

Enquanto a bossa nova levaria alguns anos para nascer oficialmente, a partir de Copacabana, a vida seguia para Vadico, com ele em busca de trabalho. Talvez ajudasse nesse sentido o interesse da imprensa por ele. O problema estava em ser procurado, principalmente, por causa da polêmica dos direitos autorais. Para não ficar atrás de *Manchete*, assim que soube que ele estava no Rio, *O Cruzeiro* foi entrevistá-lo. O encontro se deu uma semana depois de sua chegada, em 11 de agosto – no dia seguinte, ele foi para São Paulo ver a família. Nesse momento, não tinha se decidido ainda a voltar em definitivo ao país.

O Cruzeiro lhe dedicou respeitáveis seis páginas, que só saíram na edição de 4 de setembro de 1954, com direito a um ensaio fotográfico sobre os tempos em que ele viveu no Rio e foi parceiro de Noel – em algumas fotografias, ele aparece em bares onde os dois se encontravam e posou diante da casa onde o compositor havia nascido e passado a maior parte da sua vida. A revista também reproduziu fotos raras, que mostravam a ligação dele com a companhia de dança de Katherine Durham. "Depois de 15 anos (sic) de ausência, volta à Vila Isabel o compositor Vadico, autor das músicas de alguns dos mais famosos sambas de Noel Rosa", começava o perfil escrito pelo repórter Herberto Sales.

Desse encontro, aliás, nasceria uma amizade que transformaria os dois em parceiros em dois sambas-canção – *Dormir... sonhar*, com Carminha Mascarenhas, cujo disco foi lançado em julho de 1960; e *Vamos brincar de amor*, gravado por Rossini Pinto e lançado em junho de 1961. "A verdadeira história do grande colaborador do 'Poeta da Vila'", destacou a revista, no subtítulo. Sales acrescentou, enfático: "Tendo percorrido quase todo o mundo, Vadico empreende, no Rio, a sua mais grata viagem, através das ruas do 'Berço do Samba', cheias de recordações do seu inesquecível parceiro."

A revista o levou a pontos como a Praça Sete, onde ficava a placa em homenagem ao parceiro, enquanto o fotógrafo Mário Moraes tirava fotos suas, ele falava de sua vida ao repórter. Para Sales, os dois compositores se completavam como amigos e parceiros. "O silêncio em torno de Vadico é um crime", sentenciou ele. Na legenda da foto em que o músico aparecia de costas, diante da casa da mãe de Noel, *O Cruzeiro* enfatizava: "Noel Rosa deve tanto da sua glória a Vadico, e a Vila deve tanto da sua tradição sambística aos dois, que a placa talvez pudesse ter mais um nome: Vadico. Entretanto, (ele) pede apenas que não omitam esse nome nas músicas que fez para os versos do 'Poeta da Vila'."

Em outra fotografia, ele aparecia onde outrora fora o "chalé modesto" da família de Noel Rosa, no mesmo bairro, e que, naquele momento, havia um moderno edifício de apartamentos, que tomou o nome do seu parceiro emprestado, em mais uma homenagem da Vila ao seu cantor. A legenda daquela imagem dizia: "Percorrendo as ruas de Vila Isabel, que voltou a ver depois de 15 anos de ausência, num passeio promovido pela reportagem de *O Cruzeiro*, Vadico rememora o seu primeiro encontro com Noel, ponto de partida para a série de dez (doze) produções em que trabalharam juntos".

A revista foi direto ao tema que motivou a reportagem: "Enquanto trabalhava na América pela nossa música, divulgando-a com Carmen Miranda e outros, consumou-se no Brasil um verdadeiro atentado aos seus direitos. A popularidade póstuma das composições de Noel Rosa levou editores e casas gravadoras a explorarem ao máximo o interesse do público por tudo que estivesse ligado ao nome do 'Filósofo do Samba'". *O Cruzeiro* observou que "a glória de Noel praticamente passou a gravitar em torno de *Feitiço da Vila*, que servia de tema a grandes 'shows' de 'boites' (boates) e de prefixo a programas radiofônicos sobre o 'Poeta da Vila'".

Musidisc
LP-33⅓ RPM

NOEL
Rosa

HORACINA CORRÊA
LEO PERACCHI E ORQUESTRA
ATÉ AMANHÃ ★ ÚLTIMO DESEJO
FEITIÇO DA VILA ★ FEITIO DE ORAÇÃO
O ORVALHO VEM CAINDO
PRA QUE MENTIR ★ DE BABADO
SILÊNCIO DE UM MINUTO

Quando Vadico ainda estava nos Estados Unidos, aconteceu a primeira audiência do processo contra a Musidisc. Um dos motivos foi a gravadora não ter colocado seu nome nas faixas do disco Noel Rosa – Horacina Corrêa e Leo Peracchi, que trazia *Conversa de Botequim* e *Pra que mentir?*

MV-005

NOEL ROSA
Horacina Corrêa
LÉO PERACCHI e orquestra

Musidisc

Face A

1° «ATÉ AMANHÃ» — Samba
Noel Rosa

2° «FEITIÇO DA VILA» — Samba
Vadico — Noel Rosa

3° «SILÊNCIO DE UM MINUTO» — Samba
Noel Rosa

4° «P'RA QUE MENTIR» — Samba
Vadico — Noel Rosa

Face B

1° «DE BABADO» — Samba
Noel Rosa — João Mina

2° «ÚLTIMO DESEJO» — Samba
Noel Rosa

3° «FEITIO DE ORAÇÃO» — Samba
Noel Rosa

4° «O ORVALHO VEM CAINDO» — Samba
Noel Rosa — Kid Pepe

OUÇA AS GRAVAÇÕES "MUSIDISC"

M — 001 — DATAS FELIZES
M — 002 — PARADA DE DANÇA N.° 1
M — 003 — BAIÃO N.° 1
H — 35.001 — O GATO DE BOTAS
 O PEQUENO POLEGAR
M — 004 — BAIÃO N.° 2
M — 005 — MÚSICA DE CHAMPAGNE
M — 006 — ELVIRA RIOS — N.° 1
M — 007 — TRIO SURDINA
M — 008 — ARY BARROSO
M — 009 — SHOW

M — 010 — PARADA DE DANÇA N.° 2
M — 011 — CANÇÕES DE AMOR
M — 012 — BAIÃO N.° 3
M — 013 — RITMOS DO BRASIL N.° 1
M — 014 — TRIO SURDINA interpreta
 NOEL ROSA e DORIVAL CAYMMI
M — 015 — UM PIANO DENTRO DA
 NOITE
M — 016 — TANGOS FAMOSOS
M — 017 — TRIO SURDINA
M — 018 — CARNAVAL MUSIDISC

M — 019 — BAIÃO N.° 4
M — 020 — FESTIVAL N.° 1
M — 021 — TANGOS FAMOSOS
MV - 001 — ORLANDO SILVA canta
 músicas de ARY BARROSO
MV - 002 — ORLANDO SILVA canta
 músicas de CUSTÓDIO
 MESQUITA
MV - 003 — CANÇÕES DE PORTUGAL
MV - 004 — MÚSICA DE CHOPIN
MV - 005 — NOEL ROSA

MUSIDISC — RUA SETE DE SETEMBRO, 66 — 5.° ANDAR — RIO DE JANEIRO

As culpadas pela exclusão de seu nome das coautorias, disse Sales, eram, sem dúvida, as gravadoras. "E tudo se fazia com um silêncio deliberadamente hostil ao nome de Vadico, que, em consequência, acabou por ficar completamente esquecido." E foi por isso que, a partir dos Estados Unidos, ele moveu, por intermédio do seu advogado, ações contra a Musidisc e a Continental. "Ao chegar ao Brasil, ele procurou receber, no editor Mangione, os direitos de execução dos seus sambas, e teve esta surpresa: em 15 anos, e apesar do sucesso verdadeiramente extraordinário de *Feitiço da Vila* nos últimos tempos, executado profusamente em toda parte – tinha como crédito a irrisória soma de Cr$ 1.726,70."

Vadico continuava, porém, a lutar pelos seus direitos, com "várias ações" à espera da decisão de alguns juízes. É importante lembrar que ele, naquele momento, ainda não sabia dos recibos que a Odeon possuía das vendas que Noel havia feito de três sambas dos dois, sem a autorização ou o consentimento do parceiro. Sales explicou que a ausência do compositor do país por tantos anos teria sido a causa de toda aquela "criminosa" confusão. "Desta vez, entretanto, Vadico pretende passar uma longa temporada no Brasil, não só para pôr em ordem essa questão dos seus direitos autorais, mas também para gravar músicas do seu repertório inéditos."

Para provar que sempre houve amizade e boa relação entre os dois compositores, além da importância de Vadico no processo criativo de ambos, a revista publicou um bilhete do Poeta da Vila, escrito de próprio punho, até então desconhecido de todos. Estava registrado em um papel timbrado com o nome de Noel Rosa no alto e o endereço da gravadora Odeon (Rua do Ouvidor, 160 – 1º andar) e de sua residência (Rua Teodoro da Silva, 392 – Vila Isabel):

Estimado Vadico:
Bom dia.

Há dois dias que lhe procuro em vão.
*A Aracy de Almeida **tem que gravar** o nosso samba "Só pode ser você" e essa música tem que ser entregue logo mais na RCA Victor.*
E quem há de escrevê-la nas claves de sol e de fá?
– Só pode ser você.
Para evitar desencontros é favor que você a entregue pessoalmente até as 17 hs a dona Mercedes.

Um abraço do Velho Noel.

No mesmo dia em que a edição de *O Cruzeiro* chegava às bancas, a coluna "Mexericos da Candinha", da *Revista do Rádio*, a famosa fofoqueira das celebridades, contou que Vadico estava "de visita" ao Rio e havia ido às sedes de duas sociedades arrecadadoras de direitos autorais para saber o que ele tinha a receber. Ficou "chocado" quando recebeu de uma delas um extrato com a soma de 1.030 cruzeiros e, da outra, 64,80 cruzeiros. Esperava bem mais. "Vadico se aborreceu e disse que vai meter processo nessa gente."

Assim que voltou de São Paulo, onde passou duas semanas com a mãe e os irmãos, ele foi convidado a se hospedar por algum tempo na casa do jovem compositor e cantor paraense Billy Blanco, que conhecera quatro anos antes, durante a passagem da companhia de Katherine Durham ao Rio, e ficaram amigos. Blanco começou a aparecer em 1951, quando o conjunto Anjos do Inferno gravou seu samba *Pra variar*. No ano seguinte, sua *Prece de um sambista* foi gravada com sucesso pela veterana Linda Batista. E ele emplacou outros sucessos logo em seguida, como *Estatutos de gafieira*, por Inezita Barroso, *Grande verdade* (Dick Farney) e *Teresa da praia,* parceria com Tom Jobim, nas vozes de Dick Farney e Lúcio Alves.

Quando Vadico se hospedou em sua casa, Blanco tinha acabado de lançar, pela Continental, o LP *Sinfonia do Rio de Janeiro*, "suíte popular em tempo de samba", escrita com Tom Jobim, composta de onze músicas e um tema, com arranjos do maestro Radamés Gnatalli. As faixas foram interpretadas por nomes como Dick Farney, Gilberto Milfont, Elizeth Cardoso e Emilinha Borba, entre outros. Essa convivência dos dois seria importante para aproximar Vadico de jovens talentos, como Jobim e Baden Powell, e para se enturmar no meio musical.

Não demorou a conseguir o primeiro emprego, como arranjador da Rádio Mayrink Veiga, que ainda gozava de prestígio no meio artístico, depois de um passado glorioso como a mais importante rádio brasileira. O convite foi feito ainda em setembro por Haroldo Barbosa – que fora amigo de infância de Noel Rosa, Almirante, Braguinha e Aracy de Almeida – e incluía atuar como maestro das apresentações musicais de seu programa, bastante popular na época. Foi o tempo para se enturmar no meio, conhecer grandes músicos, fazer contatos e abrir portas.

O retorno de Vadico rendeu também uma extensa nota na coluna "Show", que Paulo Soledade escrevia na *Revista da Semana*, do dia 11 de setembro. Soledade observou que o quase desconhecimento do nome do compositor fora e dentro do meio musical carioca se devia ao longo tempo em que ficou fora do Brasil. E por ser autor das melodias e não das letras de Noel Rosa. Ele destacou que, nesse período, porém, era preciso reconhecer, Vadico levou a música brasileira para diversos pontos do mundo, ao acompanhar Katherine Durham – "com pureza e autenticidade como talvez nunca tivesse sido ouvida antes. Mesmo assim, Vadico não foi devidamente exaltado".

O colunista se referia também ao fato de ele ter incluído músicas de prestígio de Ary Barroso (*Aquarela do Brasil* e *Na Baixa do Sapateiro*) e Zequinha de Abreu (*Tico-tico no fubá*) nos filmes da Disney (*Você já foi à Bahia?* e *Alô, amigos*) e da Fox, com as comédias de Carmen Miranda. Afinal, ele era arranjador e participou ativamente da escolha das canções que entrariam em cada produção.

Soledade mostrou sua indignação por Vadico ter voltado havia mais de um mês e não ter sido ainda convidado para se apresentar em programas de rádio e TV. "Qual teria sido a razão desse belo pianista se encontrar há algum tempo entre nós e ainda não haver sido solicitada sua colaboração nos grandes programas das estações de rádio, nos shows de boates e mesmo nas fábricas de gravações onde o seu o concurso deveria contribuir enormemente para elevação do nosso nível artístico?" Ele atribuiu esse seu "deslocamento" ao fato de o meio musical estar totalmente modificado, de não haver mais pontos de encontros de compositores e cantores, como o Café Nice.

Os tempos eram outros. Não havia mais "cachacinhas e bate-papos". O compositor de agora era um "elemento de prestígio social". Segundo ele, "vivia cercado de boas amizades, enaltecido pelo seu talento, quando tem ou não". Assim, "Vadico necessita de um bom entrosamento nos novos meios musicais populares". Soledade lembrou que cantores não gravavam mais músicas de quem não encontravam habitualmente. "As estações só tocam músicas de seus contratados. As fábricas de gravações estão procurando formar suas equipes de compositores, promovendo reuniões entre estes e os cantores de suas marcas, a fim de descobrirem em primeira mão as novas audições".

Enfim, acrescentou ele, marchava-se para a industrialização da música popular brasileira. Dirigindo-se a Vadico, ele destacou que, "antigamente, podia ser mais bonito, e eu acredito que fosse. Mas, hoje, isolado, não pode um compositor se fazer notar nem terá oportunidade para mostrar a sua possibilidade". E fez um apelo ao amigo: "Apareça,

Vadico. Entregue suas lindas músicas aos cantores ou às fábricas de gravações. Aceite os convites para reuniões de música popular".

Depois do Nice, voltou a insistir o colunista, as coisas tinham mudado muito. E insistiu em dar sugestões a Vadico: "Embora haja quem pense que foi para pior, aproveite a nova situação criada pela evolução da nossa música popular porque você terá sempre lugar. Você que não foi apenas parceiro de Noel Rosa, mas, sim, um grande compositor em condições de contribuir para melhorar ainda mais o nível de nossa música popular".

Parece que o apelo ao mercado e ao próprio compositor, feito por Paulo Soledade, deu certo, pois as coisas começaram a ficar melhores para Vadico. A ponto de alugar um pequeno apartamento para morar, no momento em que ele passou a trabalhar, também à noite, em boates conceituadas como Dancing Avenida. De pianista solitário passou a fazer parte, ainda em 1954, da orquestra de sopros Os Copacabana (sim, o nome sem plural), que se apresentava regularmente na boate Casablanca.

O conjunto, fundado em 1947, era bastante conhecido na década de 1950, dirigido pelo respeitado saxtenorista brasileiro Quintas, que tinha se tornado seu amigo quando os dois tocaram juntos na boate Lido, duas décadas antes. Fora ele quem chamara o antigo companheiro para ingressar no grupo. Alguns anos depois, passou a ser considerado, então, o melhor conjunto de boate, segundo Liberto Ribeiro, crítico do *Correio da Manhã*, "pelas suas atuações corretas e seus magníficos arranjos, que executa com perfeita harmonia e sonoridade".

Seus componentes eram descritos como "músicos de primeira linha e instrumentistas de primeira grandeza". Além de Quintas (sax tenor), faziam parte Vadico (piano), Jorginho (sax alto e clarineta), Mozart (pistão), Astor (trombone e arranjador), Marinho (contrabaixo), Sutinho (bateria) e Gilberto (pandeiro). Nos três anos seguintes, Os Copacabana gravariam dois LPs de 12 polegadas pela Odeon e pela Mocambo. O primeiro sairia em 1955, com Vadico entre os músicos. As apresentações, durante algum tempo, traziam como *crooner* a jovem Elvira Estrela. Com ela, a orquestra faria uma longa temporada no Brasil.

No começo de 1955, a Continental concordou em pagar os 500 mil cruzeiros cobrados por Vadico na Justiça pelos discos de Aracy de Almeida, e se comprometeu a colocar seu nome nas futuras prensagens de todos os discos com músicas suas. Foi uma negociação melhor do que esperava para ele, que aceitou o argumento de que a gravadora não tinha culpa pela omissão de sua coautoria. Mas o melhor de tudo foi ele ter se transformado em um importante arranjador do selo a partir desse ano, com participação em pelo menos duas dezenas de discos, nos três anos seguintes. O convite veio de Braguinha, que apaziguou os ânimos dos dois lados. Enquanto isso, Jair Amorim, na coluna "Discos", da *Revista do Rádio*, observou que o compositor "estava reaprendendo o português", pois esqueceu "uma porção de palavras" quando morou nos Estados Unidos. Enquanto isso, Aracy de Almeida, antiga e fiel intérprete de Noel, gravou em três discos uma seleção de obras do compositor da Vila Isabel pela Continental, com uma capa de Di Cavalcanti que se tornaria um dos ícones da década de 1950 – e que incluía sambas da dupla.

Noel, aliás, continuou a ser destaque na imprensa por meses em 1955, porque seu primo Jacy Pacheco publicou o livro *Noel Rosa e sua época*, a primeira biografia do compositor no formato livro, recheada de documentos e revelações, inclusive, fotos. O livro de Pacheco não era exatamente uma obra de fôlego e foi bastante criticado pela qualidade do texto, apesar de receber elogios também. Mas se tornou referência pelo pioneirismo em adentrar a intimidade do compositor e jogar luzes sobre sua vida pessoal.

A edição, com 186 páginas, foi publicada pela editora J. A. Penna, do Rio de Janeiro. "Antes de qualquer outro mérito ou demérito, possui esta biografia de Jacy Pacheco a qualidade de chamar a atenção do público e da crítica para o autor de *Palpite infeliz*, e tantos outros sucessos do nosso repertório", escreveu Saldanha Coelho, do *Correio da Manhã*. "E esse me parece ser o mais útil dos seus objetivos".

O fato de Pacheco ter sido parente de Noel lhe permitiu reunir extenso material informativo, observou Coelho, que considerou a obra um "trabalho excelente" para se entender melhor o compositor. "Mas a sua leitura, devo confessar que se confirmou plenamente minha intuição sobre a exata correspondência entre os valores humanos de Noel e a poesia de suas composições", acrescentou. "Desta maneira, o que nos ensina esta biografia de Jacy Pacheco é que, em Noel, o homem e o artista se integram de tal modo que o conhecimento de um exclui a necessidade de conhecimento do outro."

Chamado de "talentoso compositor e pianista", Vadico era citado por Pacheco na biografia sem maiores novidades, nas passagens em que descrevia as letras que Noel fazia para suas melodias – uma abordagem já exaustivamente explorada, depois que o compositor entrou com processos contra as gravadoras e ganhou perfis e entrevistas na imprensa. As citações acabaram por deixá-lo feliz, de qualquer modo, pois legitimaram as parcerias que fez com o Poeta da Vila e que ele tanto tentava provar pela Justiça, e por meio de reportagens em jornais, revistas e emissoras de rádio.

O livro, porém, não teve tratamento gentil da revista *Mundo Ilustrado*: "Um rapaz, aliás parente de Noel Rosa, quis antecipar-se e escreveu uma biografia. De aproveitável, ali, apenas o que ele compilou sem declarar dos fabulosos arquivos de Almirante. O que quis escrever por sua conta foi um desastre, repleto de erros, de datas, fantasia e infantilidade". Aliás, o próprio autor teria declarado que Noel sempre o julgou "infantil", observou a revista. Estava claro que esses comentários tinham por trás Almirante, que havia publicado a biografia de Noel em capítulos, a partir de outubro de 1952, na *Revista da Semana*, como foi visto.

Prosseguiu a crítica: "No tal livro, o 'biógrafo' faz questão de destacar que Noel é descendente direto de Caramuru, bebia muito para esconder o mau hálito, era comunista renitente e torcia pelo Flamengo... De verdadeiro, parece que só se aproveita a simpatia pelo Flamengo. O autor da biografia, pelo que lemos, pelos ataques que desferiu injustamente contra pessoas ainda vivas (se esse livro chegar a ser lido) dificilmente escapará de um processo."

E a vida seguiu para Vadico. No dia 1º de fevereiro de 1955, ele teve um agradável reencontro com sua amiga, a bailarina Katherine Durham, de passagem rápida pelo Brasil. Sua companhia de vinte e cinco bailarinos negros fez uma única apresentação no Rio, vinda de Buenos Aires. No dia seguinte, o grupo embarcou de volta, no navio argentino Evita, para os Estados Unidos, onde cumpriria contrato para apresentações em Nova York e Las Vegas. Katherine prometeu voltar em junho e tentou convencer Vadico a retomar o trabalho com ela. Ele agradeceu e disse que tinha outros projetos, como investir nas carreiras de compositor e arranjador.

A bailarina disse ainda que pretendia incluir em seu repertório alguns novos números brasileiros, além de composições de Dorival Caymmi, que ela tanto admirava e já apresentava com sucesso pelo mundo. Aos jornais cariocas, Katherine lembrou da alegria de rever Vadico e o pistonista Ivan Lopes – o mesmo que viajara com ele para os Estados Unidos, na Orquestra Romeu Silva, em 1939, e ficara por lá alguns anos, após a Feira Mundial de Nova York. Os dois foram importantes colaboradores de sua companhia. Também lembrou o bailarino brasileiro

canções de NOEL ROSA com ARACY DE ALMEIDA

meu barracão
voltaste
são coisas nossas
fita amarela
côr cinza
eu sei sofrer
a melhor do planeta
já cansei de pedir

ARRANJOS DE VADICO

Continental LONG-PLAY

O LP *Canções de Noel Rosa* tinha oito faixas interpretadas por Aracy de Almeida, algumas pouco conhecidas, como *Meu barracão, Voltaste, Cor de cinza* e *A melhor do planeta*. A produção e os arranjos couberam ao maestro Vadico.

Antonio Rodrigues, que continuava a trabalhar com ela e estava prestes a se tornar a primeira figura do elenco.

Nem tudo era elogio. No *Diário Carioca*, de 5 de fevereiro de 1955, Vadico tomou um puxão de orelha do colunista Ricardo Galeno, por escolher "mal", como produtor e arranjador, as músicas do primeiro disco de Oswaldo Silva (*Rei do cimento*). "É o caso de lembrar a Vadico: por que ele não 'encosta' em Antonio Maria, por exemplo, que tem tanta coisa boa dando sopa?", perguntou Galeno. De qualquer modo, o crítico pareceu ter razão, pois nada aconteceu com o disco.

Mas Vadico mostrava confiança no que fazia. Incansável, começou a emendar como arranjador um disco em outro, com a experiência de quem tinha feito arranjos para o cinema em diversos filmes e para discos de Carmen e Aurora Miranda na Decca americana. Em março, arranjou um 78 rpm de Jamelão, pela Continental, com músicas voltadas para os fãs de futebol, ambas de autoria de Billy Blanco, por sugestão sua: *Oração aos rubro-negros* e *Corinthianos, volver!*

Em seguida, Vadico escreveu os arranjos do terceiro disco que Aracy gravaria com músicas de Noel – dessa vez, com as polêmicas entre ele e Wilson Batista. O êxito do trabalho o fez ser designado para produzir outros cantores, como Dalva de Andrade, cujo bolero *O preço do silêncio* (de Othon Russo e Nazareno de Brito) e o samba *Tudo nos falta* (Claudionor Cruz e Pedro Caetano) foram bastante elogiados pela crítica, mas não tiveram a merecida campanha de promoção da gravadora, e praticamente passaram em branco.

Antes disso, no Sábado de Aleluia de 1955, 9 de abril, ele estreou na boate Casablanca na superprodução de Zilco Ribeiro, *Nós, os gatos*, com criação e direção de Meire Guimarães e do próprio Zilco. O elenco era formado por beldades que fariam história nos palcos, no rádio e na televisão, nas décadas seguintes, por serem principalmente vedetes: Consuelo Leandro, Carmen Verônica, Anilza Leoni e Ivani, além dos bailarinos Nobert e Judy Clair. O espetáculo incluía, ainda, um jovem promissor chamado Agildo Ribeiro – que se tornaria, a partir da década de 1970, um dos maiores humoristas brasileiros.

A direção musical era dos maestros César Siqueira e Vadico, que comandavam, na parte baixa do palco, a orquestra Os Copacabana, em apresentações sempre ao vivo, claro. Os dois maiores espetáculos de Zilco em 1955, um deles com participação imprescindível de Vadico, no entanto, foram *O samba nasce no coração* e *A velha guarda*, apresentados em sessão dupla na Casablanca, a partir do final de junho. Zilco era um dos mais respeitados produtores de espetáculos "das madrugadas" cariocas. Ambicioso, gostava de realizar grandes shows e alardear sua competência para criar eventos "inesquecíveis". Para viabilizar tamanha ousadia de dois espetáculos juntos, ele pediu ajuda financeira à Princesa Esperanza de Orleans e Bragança, que o atendeu.

O primeiro show teve o título tirado da letra de *Feitio de oração* – nada mais apropriado, portanto, que Vadico cuidasse dos arranjos. A cenografia coube ao cartunista Lan. No elenco, as musas Consuelo Leandro, Carmen Verônica e Anilza Leoni. Elas dividiam o palco com ninguém menos que o compositor e dublê de cantor Ataulfo Alves e sua Academia do Samba; e Ismael Silva, que foi acompanhado das irmãs Yáras. No segundo espetáculo, com orquestração de Vadico, reuniam-se em apresentações musicais – intercaladas por depoimentos com as memórias de cada personalidade. Eram elas lendas pioneiras do disco e da música popular no século XX, que levaram o público ao delírio: Pixinguinha, Donga, João da Baiana, Alfredinho, J. Cascata, Bide, Waldemar, Mirinho e Léo.

Ao todo, mais de 60 artistas foram reunidos nas duas atrações e se revezaram no palco da boate para lembrar os tempos áureos do disco e do rádio no Brasil, nas décadas de 1920 e 1930. Os shows tiveram *avant-première* na segunda-feira, 20 de junho, em um evento beneficente coordenado pela Princesa Esperanza e organizado pelo jornalista Roberto Vasconcellos. O propósito era arrecadar fundos para a Casa da Providência, uma das mais antigas e beneméritas instituições de caridade de Petrópolis.

A festa reuniu o que havia de "mais expressivo em nossa sociedade". O *Correio da Manhã* anunciou a atração com entusiasmo: "O show deverá ser todo uma apoteose à verdadeira música popular nacional, pois há até uma sátira aos boleros e às versões em um quadro que se intitula, significativamente, "*Sambolero*". E chamou a atenção para a direção musical de Vadico, "parceiro de Noel Rosa". *O samba nasce no coração* seria um "espetáculo que devolverá ao convívio do público carioca os bambas da velha guarda", como observou o *Correio da Manhã*.

No *Diário Carioca*, Ricardo Galeno voltou a falar de Vadico no dia 5 de junho, dessa vez para destacar sua participação como arranjador e maestro no programa *Na batida do samba*, na Rádio Mayrink da Veiga, escrito por Sérgio Porto e apresentado por Almirante. Ele musicou composições em parcerias com Noel e produções recentes suas, ainda não gravadas em discos. Todas foram tocadas ao piano. Perguntado por Almirante, relembrou episódios dos tempos em que compunha com Noel.

Galeno lembrou nessa conversa entre o radialista e Vadico e em outras entrevistas que, curiosamente, nada era questionado sobre seus tempos nos Estados Unidos, e a convivência com Carmen Miranda – que morreria poucos meses depois, em agosto. "E devo destacar dois choros magníficos, inéditos no Brasil, mas do conhecimento dos americanos, que constituem, de fato, duas joias no cancioneiro popular", disse o colunista. Ele ressaltou qualidades no músico e compositor: "Vadico é todo diferente. Sentimental. Triste, às vezes. E brasileiro como gente grande."

O músico pareceu ter caído nas graças do colunista, pois, em 7 de janeiro do ano seguinte, Galeno descreveu um encontro entre os dois, quando Vadico fez elogios a seu trabalho como crítico musical no *Diário Carioca*: "Vadico está ao pé de mim. Paletó no braço, jornal funcionando como ventilador, simpatia atrás dos óculos e um pacote de músicas pendurado na mão esquerda. Abeira-se desta seção, diz que ela é isso, mais aquilo e eu aproveito para cumprimentá-lo, mais uma vez, pela melodia do *Feitiço* (*da Vila*). Vadico é um compositor muito brasileiro."

Em pouco tempo, menos de um ano depois de regressar ao Brasil, Vadico começava a se transformar em sinônimo de arranjos modernos e sofisticados, em que elementos do jazz se fundiam com o samba-canção e orquestração, em ritmos suaves e deliciosos de se ouvir. Ao perceber isso, a exigente Aracy de Almeida o chamou para os arranjos de quatro faixas, distribuídas em dois discos que ela pretendia gravar. O registro foi feito em julho: o samba-toada *Cafuné*, de Dênis Brean e Gilberto Milfont; *Conselho inútil*, samba de Miguel Gustavo e Gilberto Milfont; a marcha *Dois mil e quatrocentos*, de Paquito e Romeu Gentil; e o samba *Batendo cabeça*, de Haroldo Lobo.

Nesse ano, sob as bênçãos de Braguinha e da direção da Continental, Vadico montou um regional, com músicos de sua escolha, para gravar, pela primeira vez depois de voltar ao país, um disco de 78 rpm com seu nome no rótulo. O trabalho traria, com nova roupagem, seu samba *Conversa de botequim,* com vocal de Zezinho (José Delphino Filho), e o choro *Duvidoso*, também de sua autoria.

O disco, com *Conversa de botequim* e *Duvidoso*, chamou a atenção de Lúcio Rangel, que cobriu o compositor de elogios. "Vadico é, sem favor, um dos grandes músicos do Brasil. Compositor, chefe de orquestra e orquestrador, seu nome acha-se muito ligado ao de Noel Rosa, que forneceu os versos de muitas das suas composições, inclusive de *Conversa de botequim*, novamente apresentada ao público em forma apenas orquestral." *Duvidoso* também o agradou. "Com seu regional, o autor apresenta duas esplêndidas faces, com orquestrações adequadas, em que a parte de piano é das mais importantes. A combinação clarinete-flauta é das mais felizes. Ritmo seguro e ótima sonoridade fazem deste disco uma esplêndida realização. Para dança, não há nada melhor."

Essas duas faixas foram incluídas no LP de dez polegadas *Vamos dançar?*, lançado em setembro de 1955. Era um trabalho coletivo, com vários artistas do *cast* da gravadora. Mesmo assim, Vadico não podia estar mais feliz. *Conversa de botequim* abria o disco. *Duvidoso*, o fechava. As demais eram: *Cumané* (mambo com Aloysio Oliveira e seu Bando da Lua), *Charmaine* (valsa com Chiquinho e Radamés Gnattali e sua orquestra), *Violão na gafieira* (samba com José Menezes e seu conjunto), *Damasco* (bolero com Edu da Gaita), *Casa de Loló* (samba com Djalma Ferreira e Os Milionários do Ritmo), *Através da vidraça* (samba com Radamés Gnattali e sua orquestra).

Na contracapa do disco, a Continental informava em um breve texto não assinado que aquele LP pretendia entregar ao público brasileiro diferentes estilos, timbres e ritmos de orquestras, dentro de um nível elevado de qualidade para quem gostava de dançar, músicas arranjadas e interpretadas por alguns dos mais importantes músicos do país. Afirmava ainda que, desse modo, iniciava uma série de registros fonográficos criteriosamente selecionados, "gravações estas que, por suas características de dança, deverão atender plenamente a sua finalidade".

Reintegrado ao meio musical no decorrer de 1955, Vadico passou a viver também da fama de parceiro de Noel, o que começou a incomodá-lo de modo quase irritante. Queria provar sua incontestável capacidade como compositor, pianista e arranjador, com catorze anos de experiências nos Estados Unidos, tocando com músicos importantes, principalmente de jazz, que muitas coisas ensinaram a ele. Felizmente, passou a ser requisitado por cantores, gravadoras e até programadores de rádio por causa disso, também.

Na Continental, Vadico cuidou, ainda em 1955, dos arranjos para a gravação que Helena de Lima fez do seu inédito samba-prelúdio *Prece*, com letra de Marino Pinto, considerado pela crítica como uma de suas músicas mais inspiradas – dir-se-ia depois que foi sua melhor criação nesse retorno ao Brasil. Tanto que teria várias regravações nos seis anos seguintes, por nomes como Elizeth Cardoso, Agostinho dos Santos, Márcio Montarroyos, Marisa Barroso, Raul de Barros e Agnaldo Rayol, entre outros.

Dona de uma das vozes mais bonitas e elegantes da década e quem ficaria famosa pelo hit *Estão voltando as flores*, de Paulo Soledade, Helena estava em começo de carreira naquele momento. Mais de 60 anos depois, em depoimento para este livro, a cantora recordou que fora apresentada por Pinto a Vadico, quando fazia uma temporada na boate O Cangaceiro, na Rua Fernando Mendes, em Copacabana. Ele o levou para vê-la cantar. "Eu fiquei encantada com ele, era uma pessoa delicada, educada, bem agradável e atenciosa, e foi assim que nos tornamos amigos." A música começou a fazer sucesso bem antes de sair em disco, quando era cantada por Helena nos shows que ela fazia no bar Jirau, a partir de setembro daquele ano. A letra era curta, com apenas dois versos:

Quem duvidar que duvide
A saudade em meu peito reside
Sem querer fui querer
Novamente

Já fiz tanta oração
Ao Senhor eu pedi
Proteção, inutilmente
Eu rezei minha prece
Saudade vai e me esquece

No lado B, vinha outra música sua com o mesmo parceiro: *Coração, atenção!* Nessa, também, ele foi o arranjador e acompanhou a cantora com sua orquestra. Em junho, saiu pela mesma gravadora mais um 78 rpm com novo arranjo de Vadico para *Conversa de botequim* – ele parecia se divertir ao criar novas roupagens para uma de suas composições mais gravadas naquela década. A releitura, lançada no disco 17.117-A, "estava se tornando rapidamente um dos dez discos mais vendidos do ano".

Com o produtivo e respeitado Marino, Vadico consagraria uma parceria das mais eficientes de sua carreira. Pinto, sem dúvida, estava a anos luz do talento de Noel. Mas era o que havia disponível para o ex-parceiro do Poeta da Vila. Eles fizeram juntos nada menos que nove sambas, como os sucessos *Julgamento, Prenúncio, Só, Até quando?, Coração, atenção* e, claro, aquela que se tornaria a mais famosa de todas, *Prece*.

Seis anos mais novo que Vadico, Marino era carioca de Bom Jardim, filho de violonista e cantor amador da cidade. Quando tinha 11 anos, a família se mudou para o Rio de Janeiro. Em 1928, aos 12 anos de idade, seus pais o matricularam no Ginásio São Bento, no mesmo local e ano em que Noel Rosa concluía seu curso ginasial. Talento precoce, compôs sua primeira música, o samba *Ilka*, aos 11 anos de idade, dedicado a uma namoradinha.

Apesar de entrar para a faculdade, Pinto não chegou a concluir o curso de Direito e decidiu ser jornalista – na época, não havia cursos de formação para esse ofício. Começou no jornal *Avante* e passou por *A Pátria* e *A Nação*. Em seguida, trabalhou nas sucursais da *Folha da Manhã* e da *Folha da Noite*, de São Paulo. Ao mesmo tempo, começou a se dedicar à música, inicialmente como letrista. Em 1938, quando tinha 22 anos, *Fale mal, mas fale de mim*, parceria sua com ninguém menos que Ataulfo Alves, foi gravada com sucesso por Aracy de Almeida. No ano seguinte, começou a compor com Wilson Batista.

Em 1940, Pinto voltou a criar com Ataulfo, que musicou seus sambas *Positivamente não* e *Continua*, gravados naquele mesmo ano por Aracy de Almeida, na RCA Victor. Nessa época, Carlos Galhardo gravou o samba *Deus no céu e ela na terra*, outra dobradinha sua com Wilson Batista. Dos dois, no ano seguinte, *Preconceito* foi gravado por Orlando Silva, que enfrentava um declínio em sua carreira naquele momento. Desapontado com a profissão de repórter, Marino Pinto aceitou, em 1944, o convite para ser gerente comercial da Casa Waldeck.

Dois anos depois, deixou o comércio para se dedicar à carreira artística. Pretendia sobreviver como compositor. E apostou seu futuro em algo que muitos consideravam incerto e arriscado. Em 1946, ele fundou com um grupo de colegas a SBACEM (Sociedade Brasileira de Autores, Compositores, e Escritores de Música), para estabelecer formas mais rigorosas de fiscalização e cobrança de direitos pela gravação e pela execução das músicas nas rádios. Em 1951, devido à sua proximidade com o governo de Getúlio Vargas, foi nomeado censor do Departamento Federal de Segurança Pública, cargo que manteve pelo resto de sua vida, até se aposentar.

A partir da segunda metade dos anos de 1940, Marino Pinto construiu uma carreira gloriosa de compositor, ao lado de nomes nobres como

Mário Lago (*Cuidado com o andor*), Herivelto Martins (*Segredo*), Mário Rossi (*Que será?*), Haroldo Lobo (*O retrato do velho*), Paulo Soledade (*Calúnia*), Manezinho Araújo (*Rua de valentão*) e outros.

Suas músicas foram gravadas por muitos dos maiores nomes da MPB: Anjos do Inferno, Isaura Garcia, Dircinha Batista, Linda Batista, Jorge Goulart, Nelson Gonçalves, Orlando Silva, Aracy de Almeida, Dalva de Oliveira, Vocalistas Tropicais, Quatro Ases e Um Coringa e seu ídolo maior, Sílvio Caldas.

Um mês depois da primeira gravação de *Prece*, chegou às lojas o LP *Canções de Noel Rosa*, com oito faixas interpretadas por Aracy de Almeida, algumas pouco conhecidas, como *Meu barracão, Voltaste, Cor de cinza* e *A melhor do planeta*. A produção e os arranjos couberam a Vadico, mais uma vez. Para compensar as injustiças que cometeu ao arranjador, a gravadora fez uma série de elogios no texto da contracapa. A apresentação não era assinada.

Em um dos parágrafos, o autor deu ênfase ao passado recente de Vadico: "Esse talentoso patrício viveu muitos anos nos Estados Unidos, onde teve ocasião de demonstrar suas qualidades de arranjador e compositor. Posteriormente, foi o assessor musical, arranjador e chefe de orquestra do balé de Katherine Durham, que difundiu pelo mundo todas as suas peças, especialmente preparadas para aquela companhia."

Para a gravadora, dizia o texto, "ninguém melhor que Vadico para orquestrar as composições de Noel Rosa", como ele fazia naquele LP que viraria um clássico na discografia de Aracy. Elogiadíssimo, por causa desse trabalho, Vadico foi descrito, também pelo *Correio da Manhã*, como um "músico excelente, de fina sensibilidade", que era responsável pelos expressivos arranjos desta coletânea".

O *Correio da Manhã* lembrou que, por ser parceiro de Noel, "ninguém mais indicado para vestir tão belo conjunto musical". Com elogios assim, Vadico não podia deixar de admitir que vivia seu melhor momento profissional, pois fazia o que mais gostava, que era arranjar e reger discos. E para sua felicidade, aquele momento seria estendido até o ano seguinte.

Em novembro de 1955, ele gravou com sua orquestra mais um 78 rpm para a Continental, com uma de suas parcerias com Noel, *Tarzan, filho do alfaiate*. No lado B, vinha o choro *Não sobra um pedaço*, de Bororó e Aregivo. O disco, de número 17.188, saiu em dezembro. Um pouco antes disso, em sua coluna "Gente da Cidade", publicada em *O Cruzeiro*, de 29 de

Continental

AGORA É CINZA
VOCÊ VAI SE QUIZER
NÉGA
SAUDADE DELA
AOS PES DA CRUZ
MINHA CABROCHA
SE VOCÊ JURAR
VAI-TE EMBORA

dançando com VADICO

LPP - 37

Em 1956, o compositor finalmente ganhou seu primeiro LP, em formato de dez polegadas, pela Continental. *Dançando com Vadico* era uma tentativa de provar que tinha força como músico e arranjador, além da reputação de autor de *Feitio de Oração* e *Feitiço da Vila*.

outubro, Rubem Braga traçou um delicado perfil de Vadico. No começo do texto, feito a partir de uma longa conversa entre os dois, Braga dizia que o compositor lhe fizera uma confissão surpreendente: continuava com a mesma "mania" da adolescência de ter "horror" de tocar.

Sim, o badalado pianista, arranjador e maestro, que se tornara mais conhecido em respeitadas boates e casas de shows do Rio no último ano, por dedilhar o piano, tinha outras preferências mais relevantes que o seu inseparável instrumento. Ele gostava mesmo, explicou o jornalista, era de compor e de orquestrar discos. Em seguida, mudou de assunto e passou a falar da "difícil" volta ao Brasil, marcada por algum estresse, provocado pelas brigas na Justiça contra as gravadoras que não colocaram seu nome nas parcerias com Noel. "Mas, agora, acha que não precisará mais deixar o país. Está satisfeito: não precisa tocar. É orquestrador e arranjador."

Vadico contou com orgulho que foi ele quem dirigiu a parte musical do mais recente show de Zilco Ribeiro, *O samba nasce no coração*, com os compositores e cantores da velha guarda e fez isso durante todas as noites, ao longo de dois meses. E se contradisse ao afirmar que também podia ser visto, ao piano, dirigindo seu conjunto em boates cariocas. O jornalista observou ainda sobre Vadico: "Está compondo também. Tem muita fé em seu último samba – que ele considera sua melhor produção" – referia-se a *Prece*, parceria com Marino Pinto que, como já visto, fora gravado por Helena de Lima.

Nesse perfil, Rubem Braga foi o primeiro a falar de um problema que se tornaria complexo na vida de Vadico: o alcoolismo. Mas tratou do assunto com discrição e certo glamour, não com a gravidade que o tema merecia. "Boêmio, solteiro, bebe bem e gosta de conversar; fuma, mas não traga, e tem sempre um ar meio vago, que ele justifica dizendo que não enxerga bem." O gosto pela bebida seria alimentado e ampliado nos anos seguintes, o que levaria alguns amigos a dizerem que teria se tornado um alcoólatra – o que seria confirmado por parte da família, décadas depois.

Antes que o ano terminasse, o *Correio da Manhã* fez uma votação para a escolha dos melhores da noite carioca de 1955. O prêmio para a melhor orquestra foi para a de Vadico, pelos discos gravados na Continental e pela temporada que apresentou no Casablanca – não confundir com Os Copacabana, da qual ele fazia parte e tocava no mesmo lugar. "Há muito não se ouvia numa boate brasileira uma orquestra com personalidade e com a eficiência demonstrada pelo conjunto regido por Vadico", justificou o diário.

Nesse período, ele participou como arranjador do registro em disco da cantora Dalva de Andrade com a valsa *Linda Espanha*, composição do badalado flautista Altamiro Carrilho – cujos discos acompanhados por sua "bandinha" faziam o maior sucesso – e de Armando Nunes; e do samba-canção *Aquele quarto*, de Oswaldo Nunes e Aníbal Campos. Mesmo com o bom momento, porém, Vadico continuou a manter nos jornais mais para deixar claro que nada passaria de sua fiscalização, de forma a não excluírem seu nome das parcerias com Noel. Não parecia preocupado em colecionar desafetos ou ser visto como antipático ou paranoico. Pelo menos, publicamente.

No dia 8 de novembro, por exemplo, foi publicada uma carta sua, enviada ao *Diário da Noite,* em que protestava contra o que chamou de "golpe" contra ele, após a publicação, no dia 29 do mês anterior, de uma enquete sobre os dez maiores sambas de todos os tempos, escolhidos por figuras badaladas da sociedade carioca – e que pouco conheciam de música, convenhamos –, na coluna "Sociedade", de José Mauro. Na correspondência, datada daquele mesmo dia, com zelo, mas de modo incisivo, Vadico questionou duas respostas.

Ele se irritou porque dois entrevistados, os *socialites* Murilo Almeida e Marly Bandusch, escolheram como melhores sambas *Feitiço da Vila* e *Feitio de oração,* mas citaram apenas Noel como autor – na verdade, o colunista deveria ter checado a autoria antes de publicar a enquete. Vadico lembrou, na mensagem, que as músicas eram dele e os versos de Noel. Visivelmente impaciente, Mauro saiu em defesa de seus entrevistados, de quem era amigo, e comentou, em seguida, com firmeza e alguma ironia: "Vê-se que Vadico continua vítima de sua ausência prolongada do Brasil e do grande prestígio popular de Noel Rosa."

Com seu retorno ao país, continuou ele, "e graças a ações movidas contra editores e casas gravadoras, e ao interesse e apoio irrestrito do jornalista Clemente Neto, que lançou a campanha pelo reestabelecimento da verdade na parceria Noel-Vadico, o autor de *Feitiço da Vila* regularizou a situação de suas músicas, erroneamente atribuídas até então à autoria exclusiva de Noel Rosa, o qual, realmente, para elas escreveu apenas as letras". E acrescentou: "Os nossos entrevistados, naturalmente conhecendo somente as gravações durante a ausência de Vadico, incidiram num equívoco, endossando de boa-fé um lapso das gravadoras brasileiras."

Tanto Murilo quanto Marly, continuou José Mauro, embora tenham ido no "golpe das casas gravadoras" contra o coautor dos sambas, "não são golpistas e a melhor prova disso é que se valem da oportunidade para reconhecer e proclamar, por nosso intermédio, os direitos que a Constituição assegura a Vadico e a todos os brasileiros, dando posse aos eleitos, isto é, a Vadico como autor das melodias dos sambas *Feitiço da Vila* e *Feitio de oração*".

Ao falar "dando posse aos eleitos", José Mauro fazia ironia à tentativa de impedimento da posse do presidente Juscelino Kubistchek – em 3 de outubro, JK fora eleito presidente, com 35,6% dos votos, contra 30,2% de Juarez Távora, da UDN. Com o argumento de que ele não havia obtido a maioria absoluta dos votos, a oposição tentou anular a eleição. Mas o general Henrique Lott desencadeou um movimento militar que garantiu a posse do candidato mineiro, e do gaúcho João Goulart (Jango), como vice-presidente – eles assumiriam o poder na data prevista, 31 de janeiro de 1956.

O lançamento da primeira biografia de Noel por Jacy Pacheco serviu para alimentar a discussão sobre a importância da sua obra por todo o ano. De vez em quando, apareciam matérias sobre ele, em especial por causa das seguidas gravações de suas músicas por diversos cantores, com Aracy de Almeida à frente. Como muitos dos que conviveram com o Poeta da Vila estavam vivos, não faltaram depoimentos sobre amizades, relacionamentos e "negócios" com sambas e marchas. De certo modo, isso ajudou a posicionar Vadico como seu mais importante parceiro, o que era algo inquestionável ou indiscutível, pois ele se tornara praticamente uma unanimidade.

Vadico era respeitado como compositor, arranjador, orquestrador e músico, nessa ordem, pois as três primeiras atividades dominavam os elogios que ele recebia pela imprensa. Nessa época, todos os jornais diários do Rio de Janeiro – uma dezena – tinham seções de crítica musical, notícias do meio da música, com entrevistas, perfis e lançamentos da semana ou do mês. Os leitores liam e compravam os discos, em um momento em que as vitrolas – móveis com toca-discos e rádios – se tornavam objetos cobiçados e de desejo de consumo da classe média, que incluía o fato de serem belos móveis para decoração da sala.

Sem que Vadico aparentemente quisesse ou provocasse, começou-se a questionar a importância de Noel em suas composições, discussão que ganharia uma polêmica nacional completamente descabida em 1957, vigésimo ano de sua morte. Isso jogou o ex-parceiro em uma inesperada saia justa com praticamente todos os jornais e revistas do Rio de Janeiro envolvidos no debate. Na edição do *Correio da Manhã* de 26 de novembro de 1955, o crítico Vasco Mariz saiu em defesa do Poeta da Vila, quando ganhou força a discussão sobre qual dos dois fora mais importante na realização dos sambas que fizeram juntos.

Mariz, em um perfil de Noel, escreveu: "Essa associação (de Noel) com Vadico tem-se prestado a muitos comentários desencontrados sobre o grau da colaboração, isto é, até que ponto teria Vadico escrito a música daqueles sucessos. A verdade é que Noel não sabia escrever música, embora fosse exímio violonista, dotado de prodigiosa musicalidade. A corrente que costuma diminuir o mérito do compositor de Vila Isabel, quer limitar somente aos versos a participação de Noel em seus êxitos de parceria. Mas, se examinarmos a sua obra em conjunto, verificaremos uma continuidade formal que traz uma orientação única, tão peculiar a ele."

Com a personalidade bem delineada de Noel, prosseguiu Mariz, a música a brotar de cada verso, as obras que escreveu em parceria deveriam conter mais do que os simples 50% do poeta. "Muito se tem escrito e falado sobre a personalidade e a obra de Noel Rosa. É mesmo possível que o lado romântico de sua vida e a mente prematura tenham contribuído para o desmesurado engrandecimento de seu nome na história da música popular brasileira. Verdade ou não, parece-me indiscutível o mérito do cantor de Vila Isabel."

Para Mariz, (Noel) "pontua uma veia inesgotável tanto poética quanto musical, embora as suas noções de música tenham sido muito rudimentares e jamais lhe tenham permitido escrever diretamente em uma pauta qualquer de suas composições". O jornalista lembrou que o compositor dependia sempre de parceiros para a fixação de seu gênio musical e para a divulgação dos produtos de sua musicalidade extraordinária. "No entanto, Almirante conta que viu diversas vezes (ele) corrigir no violão harmonias de outros melhor preparados do que ele na técnica musical. Em virtude dessa dependência já se julgou erroneamente Noel como um poeta apenas, esquecendo, porém, que existe uma diretriz musical que liga *Com que roupa?* (1930), *De babado...* (1935), a revelar, a despeito das parcerias, a personalidade inconfundível de Noel Rosa."

Sua melodia não era rica, admitiu Mariz. Nem muito variada. Mas ninguém sabia, como ele, unir os versos ferinos ou sentidos que redigia à música singela e picante com que os comentava. "Julgaríamos que as palavras e as notas nasceram juntas, tão espontâneas parecem." O exemplo, no entanto, já não era único na música popular brasileira, "pois Dorival Caymmi, autor das letras de suas próprias músicas, vem se revelando poeta e compositor de mão cheia, seguramente à altura de Noel, embora cantando outras musas e outras paragens, com música bem diferente também".

Mariz lembrou que quase todos os principais compositores populares da época colaboraram como parceiro de Noel: Vadico (10 (12) obras), Ary Barroso (3), Ismael Silva (2), João de Barro (2), Heitor dos Prazeres, Francisco Alves, Donga, Hervé Cordovil, André Filho, José Maria de Abreu, Lamartine Babo, Custódio Mesquita, Armando Reis, Orestes Barbosa, Nássara etc. Só faltou, ao que parece, Assis Valente – embora os dois fossem amigos e se admirassem bastante. Para provar a existência da contribuição musical de Noel, lembrou ele, bastava dizer que, de suas 128 obras conhecidas, mais da metade foi elaborada sem parceria. Entre as mais relevantes, estavam os sucessos: *Com que roupa?, X do problema, Fita amarela, Palpite infeliz, Três apitos, Dama de cabaré* e Último desejo.

Noel, acrescentou Vasco Mariz, "granjeou" o nome que tinha por causa da originalidade e da "estranha" personalidade dos versos de seus sambas e marchas. Não por acaso, foi apelidado de "Filósofo do samba" depois de morto. "Mas, na realidade, nunca foi a porta social que muitos querem crer. Sofreu física e moralmente, viu muita miséria, conviveu com elementos extremistas, mas sou dos que pensam ser a sua arte mais extravasamento do seu 'eu' do que o porta-voz de reivindicações sociais coletivas."

Segundo Mariz, Noel era demasiado egoísta para se preocupar com problemas políticos, como, aliás, Almirante afirmou categoricamente, com a autoridade incontestável de velho amigo e divulgador de sua obra. O crítico lembrou ainda que pouca influência tiveram as mulheres que figuraram na vida de Noel: a esposa Lindaura, dedicada até o último momento, a famosa "Dama do Cabaré" Ceci, que lhe provocou alguns versos amargos, "embora de menor importância", e Josefina, cujos resquícios ainda seriam mais insignificantes. "Nenhuma mudou a orientação da vida de Noel, nenhuma inspirou um grande voo poético, nenhuma foi responsável por um sucesso definitivo. Só a Vila e o samba o preocuparam, suas duas únicas paixões."

Antes que o ano de 1955 chegasse ao fim, Vadico foi escolhido pelo crítico Silvio Túlio Cardoso, responsável pela coluna "O Globo nos Discos Populares", do jornal *O Globo*, como Melhor Arranjador do

na batida do samba

canta Risadinha
com Vadico e sua orquestra

SE ACASO VOCÊ CHEGASSE
ESCURINHA
RISOLETA
CONVERSA DE BOTEQUIM
FARAN-FAN FAN
JÔGO PROIBIDO
FALSA BAIANA
MINHA PALHOÇA

Continental

LPP - 39

Ainda em 1956, na Continental, Vadico produziu e fez os arranjos de mais um LP de dez polegadas do cantor Risadinha, contratado da Rádio Nacional, o ótimo *Na batida do samba*, com oito clássicos do samba.

Ano, e recebeu como prêmio um "disco de ouro", que seria entregue em cerimônia no Golden Room do Copacabana Palace, em evento organizado pelo diário. Não esperava por tamanha alegria. Mesmo assim, por motivo de saúde, alegou ele, foi representado pelo seu amigo, Paulo Soledade, o mesmo que quase uma década antes conseguiu que Aracy de Almeida fosse contratada pela boate Vogue, para cantar músicas de Noel, principalmente.

Seu irmão, o também músico Dirceu Gogliano, comentou o fato de a imprensa especializada ter dado a ele um prêmio de importância, como *O Globo*, que o deixou tão feliz. Mas não explicou sua ausência na cerimônia. "Vadico foi o escolhido e recebeu o troféu *Disco de Ouro,* atualmente guardado em casa de minha irmã, Ruth Almeida Gogliano, em São Paulo", disse ele, em 1979. A escolha foi ratificada pela Rádio Metropolitana, que o elegeu na categoria arranjador entre "Os melhores do disco de 1955". Ângela Maria e Cauby Peixoto venceram como melhores cantora e melhor cantor, respectivamente.

Outro momento importante para ele nessa volta ao Brasil, seria, sem dúvida, cuidar do retorno de sua amiga Aurora Miranda, irmã de Carmen, ao disco e ao rádio. E ele ajudou para que algo tão especial fosse em grande estilo. Isso aconteceu ao longo do primeiro semestre de 1956. Vadico nunca trabalharia tanto entre pessoas de que gostava e se sentiria tão valorizado.

CAPÍTU

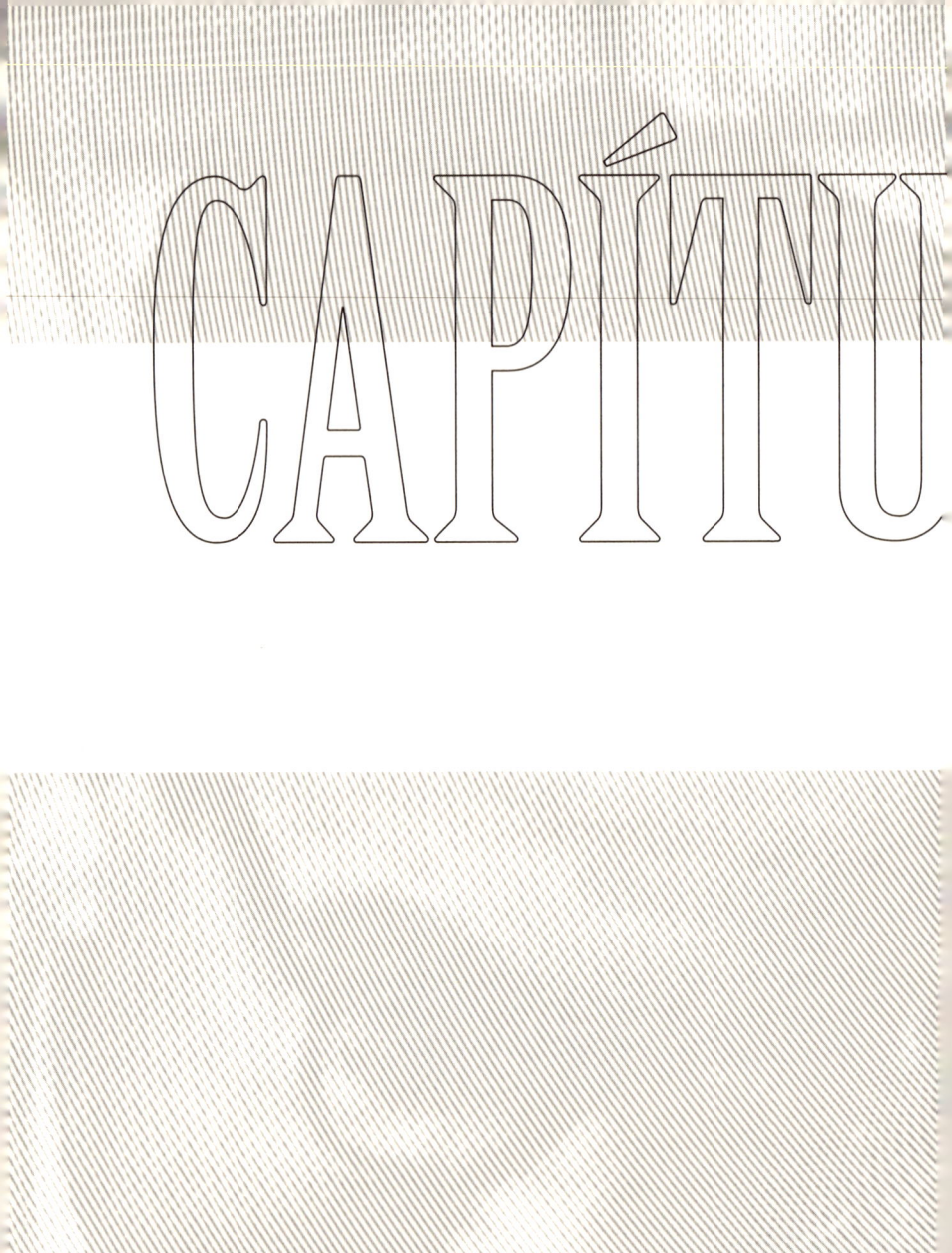

11

NOEL NA PAUTA DO DIA

Discrição fazia parte da personalidade de Vadico, embora ele tenha ido para a imprensa reclamar das gravadoras que lançavam músicas suas e de Noel sem lhe dar crédito. Somente os amigos próximos e os familiares sabiam que tinha enfartado duas vezes nos Estados Unidos.

Aurora Miranda era a irmã mais famosa de Carmen Miranda, pois Cecília também cantava – e diziam que muito bem, embora não tivesse gravado e seguido carreira. Houve quem dissesse que, entre elas, a voz de Cecília era a mais bonita e era ela quem melhor cantava. Mas Aurora, mesmo talentosa, por causa da posição de Carmen de estrela máxima da música brasileira, acabaria por ter uma trajetória à sua sombra, instável e irregular, sem o merecido destaque. As insinuações de oportunismo por pegar carona na irmã e as inevitáveis comparações com Carmen resultaram em enormes cobranças e pressões sobre ela.

Mesmo assim, Aurora se tornou uma das cantoras que mais discos gravaram na década de 1930. A sua estreia fonográfica aconteceu de modo glorioso, ao gravar a primeira música e em dueto com ninguém menos que Francisco Alves, a marcha *Cai, cai, balão*, de Assis Valente, em 1933. Tinha apenas 18 anos, na época. No lado B, Aurora cantou o samba *Toque de amor*, de Floriano Ribeiro de Pinho. O disco fez enorme sucesso, por causa de *Cai, cai, balão*. Tanto que, no mês seguinte, a Odeon lançou outro êxito da dupla, o fox *Você só... mente*, dos irmãos Noel e Hélio Rosa. E Aurora emendou um samba atrás do outro.

Um dos destaques de sua produção foi a marchinha vencedora do concurso oficial de carnaval de 1935, e que se tornaria, em 1960, o hino oficial da cidade do Rio de Janeiro: *Cidade maravilhosa*, de André Filho – com quem fez dueto na gravação. E assim, de sucesso em sucesso, a afinadíssima Aurora conseguiu impor respeito como um dos grandes "cartazes do rádio". A ponto de passar a cantar em dupla com a irmã mais velha, com quem se dava muito bem e era, de fato, uma espécie de afilhada e protegida. Mas as duas só gravaram um único disco juntas, em 1936: a marcha *Cantores do rádio*, de Braguinha, Alberto Ribeiro e Lamartine Babo, e o samba *Rancor*, de A. Rocha e Paulo de Frontin Werneck.

Se não bastasse, Aurora também virou estrela de cinema. Sua estreia se deu na chanchada *Alô, Alô Brasil*, de 1935, dirigida por Wallace Downey, com argumento de Braguinha e Alberto Ribeiro. Na tela, ela aparecia cantando *Cidade maravilhosa* e a marcha *Ladrãozinho*, de Custódio Mesquita. Carmen e Francisco Alves também cantavam no longa. Aurora gravaria os maiores compositores de seu tempo, como Assis Valente e Ary Barroso, além de Braguinha, Alberto Ribeiro, Sinval Silva, Alcebíades Barcelos, Leonel Azevedo, Alcyr Pires Vermelho e Heitor dos Prazeres, entre tantos.

Em junho de 1939, aos 24 anos, Aurora fez seu último disco pela Odeon, com a marcha de título irônico *Não há ninguém mais feliz*, de Alcyr Pires Vermelho, e o samba *Você sambou pra mim*, também de Alcyr Pires Vermelho com Alberto Ribeiro. No mesmo ano, a jovem cantora foi contratada pela Victor, onde gravou vários sambas e marchas, como *Menina do regimento*, de Braguinha e Alberto Ribeiro, que ela cantou no filme musical *Banana da terra*, de 1939, que tinha roteiro de João de Barro e Mário Lago, e direção de Ruy Costa – o mesmo em que Carmen Miranda cantava *O que é que a baiana tem?*, música que lançou Dorival Caymmi.

No ano de 1940, Aurora lançou mais alguns discos e se casou com o comerciante Gabriel Richaid, por quem praticamente abandonaria a carreira não muito tempo depois – ela ganhou de presente de casamento de Carmen um vestido de noiva bordado a ouro, feito nos EUA. Ainda nesse ano, foi levada pela irmã para os Estados Unidos, para ficar algum tempo com ela. Estrela de Hollywood, ela conseguiu que Walt Disney incluísse Aurora no filme *Você já foi à Bahia?* (1944), ao lado do personagem Zé Carioca – a voz era de Zezinho, aquele mesmo do Bando da Lua, apelidado de Zé Carioca, também. Os dois cantavam *Os quindins de Iaiá*, de Ary Barroso. Como já foi dito, o longa teve repertório e arranjos de Vadico.

Nos EUA, Aurora ainda fez seis gravações para a Decca. Mas apenas quatro foram lançadas, em 1941. As outras só sairiam em disco em 1975, em LP da MCA, no Brasil. A cantora também participou de programas de rádio ao lado de Orson Welles e Rudy Valee. E fez espetáculos musicais no Teatro Roxy e na boate Copacabana, em Nova York, onde cantou músicas de *Você já foi à Bahia?* Desaparecida do meio musical na segunda metade da década de 1940, Aurora, o marido e os dois filhos retornaram definitivamente ao Brasil em 1952. Ovacionada pela imprensa em sua chegada, aceitou o convite da Continental para gravar um disco ainda naquele ano, que trouxe os sambas *Risque* e *Faixa de cetim*, ambos de Ary Barroso.

O primeiro só se tornaria popular depois, na voz de Linda Batista. O disco foi saudado com entusiasmo pela crítica, mas não ajudou a colocar Aurora nos trilhos da música outra vez. Até que, em 1955, ano da morte de Carmen (em agosto), ela lançou regravações de oito antigas canções, que tinham saído em disco originalmente duas décadas antes. A antologia virou o LP da Sinter *Sucessos de Aurora Miranda*, cuja produção e responsabilidade dos arranjos seria de Lyrio Pinicalli – alguns historiadores atribuiriam erroneamente a Vadico. O disco, de oito polegadas, trazia clássicos como *Cidade maravilhosa*, *Cai cai balão* e *Se a lua contasse*, entre outros. Sua voz estava impecável.

A ideia de promover seu retorno ao rádio em 1956 já existia havia algum tempo entre os comandantes da Mayrink – desde o diretor geral, Victor Costa, ao escalão intermediário, formado por Luiz Vassalo, Francisco Abreu, Edmundo de Souza e Caribé da Rocha. Era uma unanimidade entre eles e toda a imprensa o talento de Aurora como intérprete e o quanto ser irmã de Carmen pesou na sua carreira, abortada precocemente. Costa queria que ela voltasse como a estrela de um programa que apresentaria na PRA-9, outro na TV Paulista e, um terceiro, na Rádio Nacional de São Paulo, também comandadas por ele, através da Organização Victor Costa.

Como a vontade de um chefe deve ser tratada de forma prioritária, a ideia tomou forma de projeto rapidamente, enquanto o disco continuava a ser vendido. Aurora foi consultada com insistência sobre a possibilidade de voltar ao rádio e estrear na TV. Luís Vassalo argumentou que cantaria "para um público que jamais a esquecera", o que fez minar as suas resistências. Ajudou também em sua decisão o retorno de seu amigo e "ex-cunhado" Aloysio de Oliveira ao Brasil, com o propósito de assumir um posto de "vanguarda" na Organização Victor Costa – para escrever, apresentar e dirigir programas no rádio e na televisão. Ele ficaria responsável pelos programas em que ela apareceria, portanto.

E, assim, Oliveira conseguiu convencê-la a assinar um contrato com o grupo. A intérprete de *Cidade maravilhosa* seria assessorada e acompanhada por ele, uma vez que foram amigos em Los Angeles e Hollywood e conviveram muito próximos por vários anos. Aurora confiava demais nele. Por fim, chegaram a um consenso sobre o formato da atração. Assim, ela e o antigo chefe do Bando da Lua atuariam juntos, como forma de lhe dar confiança e segurança. Ele escreveria e apresentaria o programa *Se a lua contasse*, também cantando e, ao mesmo tempo, Aurora faria entradas sobre coisas "interessantíssimas" de sua carreira para o público.

A pedido da cantora – e Oliveira adorou a ideia –, coube ao maestro Vadico o trabalho dos arranjos e da regência da orquestra durante os números musicais. Sua presença a deixou mais à vontade, por se tratar de outro querido amigo. Montou-se, então, um eficiente esquema de promoção e divulgação da "volta gloriosa" ou "triunfal" de Aurora Miranda em jornais, revistas e nas próprias emissoras de rádio e TV do grupo. A operação acabou por transformar a novidade em um acontecimento radiofônico, "coroado de absoluto sucesso", como escreveu a *Revista do Rádio*.

Sob o patrocínio dos Laboratórios Eno-Scott, fabricantes do sal de fruta Eno e da Emulsão de Scott, no Rio, *Se a lua contasse* estreou na Mayrink Veiga na noite de 27 de março de 1956. A partir daquele momento, todas as terças-feiras, às 22 horas, Aurora, Aloysio, Vadico e orquestra – além de um convidado especial por programa – fariam a alegria dos fãs da estrela. Como era comum na época, essas apresentações aconteciam no auditório das emissoras. E Aurora recebeu apoio maciço de amigos, que se concentraram na plateia. Entre eles, Patrício Teixeira, Barbosa Junior, Ismênia dos Santos, Gadé e Hebe Camargo.

O arranjador paulistano também recebeu elogios: "Aurora cantou uma beleza de samba de Vadico intitulada *Prece* (em parceria com Marino Pinto). Ele regeu um convidado para lá de especial, ninguém menos que Dorival Caymmi, que tocou violão", observou a *Revista do Rádio*. Para o músico, uma honra sem tamanho, pois era fã do compositor e cantor baiano. Com Caymmi, a cantora interpretou *O que é que a baiana tem?*, enquanto segurava o braço do autor do samba. O sucesso no Rio fez com que o mesmo laboratório farmacêutico bancasse a atração em São Paulo, onde estreou seis dias depois da versão carioca, no dia 3 de abril, às 22h05.

Se a lua contasse ganhou como vinheta uma música instrumental escrita por Vadico especialmente para Aurora. Isso também contribuiu para seu sucesso. Nos bastidores, após o primeiro programa, ela recebeu os cumprimentos de vários amigos famosos, que foram abraçá-la e desejar vida longa à atração. Dentre eles, o cantor Barbosa Junior e a direção do grupo Victor Costa. Em São Paulo, da rádio, eles passaram a se apresentar também ao vivo, diante das câmeras, às segundas-feiras, às 20 horas, pela TV Paulista. A Rádio Nacional bandeirante também passou a transmitir a atração televisiva.

A primeira apresentação da cantora na televisão Tupi, Canal 5, do Rio, aconteceu com acompanhamento ao vivo de uma pequena orquestra, comandada por Vadico, na última semana de abril, para promoção do seu disco, quando as músicas eram tocadas aleatoriamente em algumas emissoras – na época, os discos ficavam à mercê dos programadores e só na década seguinte passaria a predominar os acordos com as gravadoras, que escolhiam a "música de trabalho", aquela que todas as emissoras deveriam tocar primeiro.

Vadico foi, sem dúvida, nesse contexto, um personagem importante para o retorno de Aurora ao rádio e sua ida para a televisão. Na estreia na Tupi, excepcionalmente, ela cantou uma música acompanhada do trio de amigos da velha guarda, Aloysio de Oliveira, Vadico e Souza Filho. Nas outras composições, interpretou com orquestra conduzida por Vadico, intercaladas por um bate-papo com Oliveira. "Quando a orquestra atacou, sob a regência do compositor Vadico, Aurora surgiu no palco, com seu sorriso anzol, seu desembaraço, seus gestos leves e graciosos, seu vestido elegante, com uma das alças caída no braço roliço e seu jeito simpático de falar", descreveu Ricardo Galeno, no *Diário Carioca*.

Enquanto colaborava com Aurora, Vadico parecia se divertir bastante como arranjador de disco e maestro. E agradava aos muitos jornalistas que escreviam sobre música, pois era bastante citado nas colunas musicais. Em junho de 1956, parecia bastante entrosado com o meio musical. Era amigo de artistas veteranos que conheceu duas décadas antes, como Ary Barroso, Dorival Caymmi e Pixinguinha. E dos novos, como Billy Blanco. Na coluna do dia 30 daquele mês, de *O Cruzeiro*, Ary Vasconcelos publicou uma foto dele bem à vontade, bebendo com Tom Jobim. A legenda dizia: "Dois dos maiores arranjadores e compositores desta praça. Poderiam ser rivais. Mas preferem ser amigos. Ei-los jantando em Copacabana."

Aliás, ele estava tão em alta que era consultado para qualquer opinião sobre qualquer coisa pela *Revista do Rádio*. Topou, inclusive, participar da brincadeira criada por Hélio Tys, em maio de 1956, sobre uma hipotética greve de consumo do uísque, a bebida preferida dos meios musical e radiofônico. A escolha do seu nome, claro, não foi aleatória. Em menos de dois anos de retorno ao Brasil, já era conhecido por tocar com um copo de uísque sobre o piano e, quando terminava, antes de ir para casa, depois de secar uma garrafa, fazia uma ronda por bares pelo caminho – e parecia pouco preocupado sobre os males que o álcool poderia trazer ao seu debilitado coração. A brincadeira, que talvez alguns leitores da revista não entenderam e a levaram a sério, começou no badalado bar Vilariño.

O movimento nasceu como protesto ao preço elevado e a qualidade ruim dos uísques vendidos na cidade – não era o que acontecia naquela casa, mas ocorria, inclusive, nos bairros mais boêmios e até mesmo mais aristocráticos, em boates de boa reputação. Foram entrevistados nomes famosos por serem bons de copo. Como Luís Jatobá, Fernando Lobo – que teria sérios problemas com alcoolismo e era pai do futuro compositor e cantor Edu Lobo –, Aloysio de Oliveira, Antonio Maria ("Isso é pura atitude literária", disse ele), Lúcio Rangel (para quem era uma "greve teórica", pois todos a tinham furado) e Vadico.

O músico soube entrar na divertida brincadeira, com bom humor. Ao ser perguntado sobre o que tinha a dizer a respeito da greve, ele encenou um discurso: "Estive muito tempo, mas muito tempo mesmo, longe do Brasil, para que possa falar, com conhecimento de causa, de uma greve desse porte. Na América, eu gostava de beber o Teacher's. Aqui, por isso mesmo, peço o Teacher's. E o encontro. Quantas doses? Sei lá. E com um copo de uísque na mão, toda conversa é boa, toda companhia é agradável", disse Vadico, que funcionava mais como um confidente que ouvia pacientemente lamúrias dos amigos do que exteriorizava seus sentimentos nas mesas dos bares.

No papel de arranjador, no entanto, ele sabia manter a bebida longe nos momentos de escrever os arranjos, ensaiar e gravar os discos. Enquanto isso, respeitado pela modernidade e pela qualidade do que fazia, Vadico continuava a ser requisitado. Inclusive por artistas já consolidados, além de Aracy de Almeida. Depois de gravar 18 discos em 78 rotações – 17 deles pela Odeon –, desde 1949, o paulistano Francisco Ferraz Neto, o Risadinha, de apenas 25 anos, foi anunciado como uma das sensações da música brasileira em 1956.

Em nota, a *Revista do Rádio* antecipou que ele iria "abrir sua flor" na Continental. Ou seja, havia assinado contrato com a gravadora e tinha acabado de gravar um LP de dez polegadas em seus estúdios. O disco era a sua estreia nesse formato e foi intitulado *Na batida do samba*, com regência e arranjos de Vadico e edição técnica de Norival. Risadinha cantava *Falsa baiana* e outras melodias conhecidas. O disco saiu em setembro de 1956.

Aquele era outro Rio de Janeiro musical quando Vadico voltou e passou a viver na cidade. E de comportamento também. O colunismo social começava a ocupar espaço de destaque nos jornais e passou a ditar moda e a criar celebridades. Um dos requisitos para isso era que as pessoas frequentassem boates, casa de shows e restaurantes que tomaram lugar dos cassinos. Quanto mais caro o local, maior o status econômico e social.

Nesses lugares, os colunáveis eram observados, consultados e entrevistados, além de fotografados. Invejados, ditavam seus gostos e modismos. Como suas fotos saíam nos jornais, eram identificados e cumprimentados nas ruas, como se fossem íntimos de que acompanhava suas vidas pelas páginas dos jornais e das revistas. O Rio continuava lindo, mas sua corte estava agora picotada em três dezenas de locais frequentados pelos nobres.

Enquanto o Palácio do Catete era visitado por quem cortejava o presidente e sua família, o Palácio Monroe, na Cinelândia, recebia senadores e deputados, e chique boate Vogue, em Copacabana, abria suas portas para os ricos e políticos de toda espécie, além de jornalistas bem relacionados e influentes. "Antes, havia o complexo de diversões do

Copacabana Palace, com o salão de shows do Golden Room, o cassino, a boate Meia-Noite e o restaurante Bife de Ouro — tudo requintado, mas espalhado pelo prédio", recordou Joaquim Ferreira dos Santos.

Segundo ele, na Vogue, pela primeira vez, a elite se reunia em um só espaço fora das mansões e se misturava com — a palavra já estava em moda— as celebridades. A boate funcionava no térreo do hotel de mesmo nome e fora inaugurada em 1947, "para acolher os zumbis chiques que vagavam na noite, perdidos, sem rumo desde o ano anterior, com o fechamento dos cassinos".

O espaço funcionava na avenida Princesa Isabel, com dois ambientes: no mais elevado, circulavam os ricos, como os Rocha Miranda, Galdeano, Moreira Salles, Saavedra, Nabuco, Mayrink Veiga, Catão, Bastian Pinto, Guinle, Duvivier, Gallotti, Klabin, Monteiro de Carvalho, Hime, entre outros. A mais baixa foi apelidada de "Sibéria", a geladeira para onde eram mandados os *vipinhos* pretensiosos. "A história do colunismo social moderno no Brasil começou nesse cenário", afirmou Santos.

Ainda pelo que descreveu Joaquim Ferreira dos Santos, a Vogue se apresentava como a original mistura de restaurante e boate, uma simbiose de diversão inédita na cidade. Esse *mix* fora inventado pelo "barão" austríaco Maximilian von Stuckart, ex-funcionário do Copacabana Palace, "nobre apenas por ser dono de um faro agudo para implantar aqui as novidades curtidas mundo afora pela nova classe dos ricos", segundo o jornalista, em sua biografia do colunista Zózimo Barroso do Amaral. Ele importara um *chef* de cozinha russo, Gregoire Berezansky, que faria história naquele espaço pela qualidade de seus pratos e pela capacidade de criar estratégias de *marketing* a partir do estômago dos clientes.

Os dois lançaram os primeiros modismos gastronômicos no Rio de Janeiro, vista como uma cidade que apenas aprendia a usar o guardanapo sobre o colo. As estrelas do primeiro cardápio carioca no mundo *gourmet*, assinadas pela dupla Max von Stuckart/Berezansky, foram o picadinho, criado a partir das referências locais, e dois pratos importados da mesa russa, o estrogonofe e o frango à Kiev. Por isso, com a Vogue, o carioca teria começado a sair de casa para comer (bem) fora. Esse templo do glamour, aliás, seria destruído naquele ano de 1956, no dia 14 de agosto, por um incêndio trágico, onde morreram o jornalista Raul Martins e o jovem cantor norte-americano Warren Hayes, ainda estudante em Nova York, e que fora contratado pelo Barão para uma rápida temporada na Vogue.

Mas a festa da noite carioca prosseguiu em outros lugares chiques. Havia também espaços badalados e respeitados, onde se comia bem, bebia-se bastante, tinha-se papos interessantes e se podia ouvir música, como o Sacha's, onde Vadico faria história como músico da noite em uma longa temporada de três anos. Funcionavam ainda o Avenidas e outros, onde músicos conceituados como o ex-parceiro de Noel podiam tocar em orquestra, acompanhar grandes cantores ou tocar sozinhos. Nesses espaços, o samba-canção daria o tom e a bossa nova seria fermentada.

A expressão usual naquele tempo e na linguagem do jornalismo das colunas sociais era "ver e ser visto" — e seria a cara que o Rio viria a ter —, que passava a ser a regra de conduta da maioria que almejava exibir sucesso profissional com vaidade pessoal, e se tornar conhecido por meio das colunas. A vida noturna era, agora, regada com champanha gelada e registros de encontros, conversas e supostos flagrantes de fotógrafos que passavam em busca de um furo ou de um prato de comida, o "picadinho relation".

Diariamente, essas imagens ocupavam os jornais e alimentavam a curiosidade da classe média, que sonhava em fazer parte daquele mundo de riqueza e aparente felicidade. Vadico passou a conviver nesse universo com desenvoltura, porém discrição, e, com essas pessoas, às vezes, divertia-se. Mas sabia separar as coisas. Estava ali para tocar e receber pagamento para sobreviver. A música tinha mais de um sentido para ele, portanto.

Na edição do dia 9 de maio de 1956, a revista *Mundo Ilustrado* publicou uma matéria sobre o aniversário da morte de Noel. Era um texto crítico contra quem questionava sua importância como compositor, construído a partir das entrevistas com o radialista Almirante e a viúva Lindaura Rosa. "Dezenove anos depois de sua morte, parece até que o 'Poeta da Vila' morreu no ano passado, tal a evidência em que se encontra", dizia a reportagem.

A revista observou que Noel havia finalmente deixado o esquecimento e tinha agora o seu espaço: "seus discos estão sendo aproveitados, velhas matrizes empoeiradas e ruidosas que encontram ainda um número respeitável de compradores. Suas músicas são editadas a todo instante, e parece que as fábricas gravadoras só se interessam por Noel, tal o número de gravações suas postas no mercado".

Isso acontecia por que o povo gostava de suas canções, "de ponta a ponta do Brasil". Não havia, na matéria, números sobre vendas. "É, sem dúvida alguma, o compositor mais executado e mais discutido entre nós." Todavia, prosseguiu a revista, o compositor continuava desconhecido para o grande público. E até mesmo os que com ele conviveram, não conseguiram compreendê-lo, "pois o que se nota a respeito da vida de Noel é que circulam muitas e muitas mentiras a seu respeito". Os que o conheceram bem e chegaram a "estimá-lo, preferiam não falar a seu respeito, "restringindo-se apenas a comentar as suas músicas".

Sem dar qualquer importância ao livro *Noel Rosa e seu tempo*, de Jacy Pacheco, a publicação lamentou que não existissem biografias "completas" do compositor. Para a revista *Mundo Ilustrado*, era pouco tempo para se falar de alguém que morreu, quase duas décadas após seu falecimento. O texto não era assinado e o autor não parecia um daqueles fãs empolgados do Poeta da Vila: "E, em se tratando de Noel Rosa, somos de parecer que o espaço para tratar do assunto deve ser no mínimo de cem anos..." Mesmo assim, os primeiros dias de maio de todos os anos deveriam ser lembrados como a "semana" de Noel. "Ele morreu a 4 de maio de 1937, com 26 anos de idade, depois de quase três anos tuberculoso".

O semanário fez um retrato nada lisonjeiro dele: "Viveu muito, para quem levou uma vida tão desregrada na boemia. Era baixo, tinha um defeito no queixo que não lhe deixava abrir muito a boca, mas que não lhe impedia nem de falar bem nem de cantar razoavelmente as suas músicas. Estudou até o segundo ano de medicina, não prosseguindo por sentir que lhe faltava qualquer vocação para a profissão. Desmaiava quando via sangue..." A influência de Noel, de acordo com a revista, na música popular brasileira, se "prendia" apenas ao samba.

O autor da matéria parecia tê-lo conhecido bastante. "Foi ele quem moralizou as letras dos sambas. Em 1930, começou a lançar suas músicas, que fizeram sucesso pela forma agradável com que abordava os temas mais simples e reais da vida carioca." E deu o braço a torcer: "Foi um compositor completo, pois, além de excelente letrista, musicava muito bem." Por fim, lembrou que "algumas pessoas insistem em afirmar que Noel não musicava suas composições, sendo que as melhores eram colaboração de parceiros. Dizem mesmo que Vadico foi quem escreveu todos os seus sucessos, o que não é verdade."

O parceiro, disse a revista, tinha, no máximo, doze músicas com Noel. "E não são as melhores", completou. Não era verdade. A publicação, em seguida, bateu pesado nos parceiros do compositor. Mas com o único propósito de alfinetar Vadico: "Sem querer desmerecer os companheiros de Noel, a maior parte deles poderia figurar na laje do túmulo do boêmio da Vila: 'Aqui jaz Noel e seus parceiros', pois, depois de sua morte, desapareceram...." Em seguida, deu voz a Almirante e à viúva do compositor, pois eles seriam "os mais credenciados de verdade para falar daquele que mostrou ao mundo todo o feitiço da Vila".

O radialista e "biógrafo" de Noel – por causa da série de textos na *Revista da Semana*, publicada entre 1952 e 1953 – só recebeu ovação: "O excelente produtor consagrado pelos ouvintes de rádio prescinde de elogios e adjetivos. É, porém, uma pessoa autorizada para falar de qualquer coisa do meio artístico musical do Brasil. Seu arquivo particular é imenso, com mais de cinquenta mil músicas catalogadas. De Noel Rosa, porém, Almirante pode falar bastante, não só por possuir dados aos milhares, como, também, por ter sido seu amigo desde garoto, pois era da turma da Vila."

Mundo Ilustrado contou que o radialista morou perto de Noel, os dois trabalharam na mesma profissão – como cantores – e conviveram até a sua morte. "Depois de muitas e muitas horas de conversa com Almirante, guardamos estas poucas frases: 'Noel Rosa foi um grande compositor, sabia explorar um assunto como ninguém e suas letras aí estão até hoje agradando a todos." Em seguida, o radialista e ex-cantor passou a defender o antigo companheiro dos críticos. "Não é verdade que Noel não tenha sido um compositor completo. Fazia música e muito bem. Entre outras, bastariam que se citasse melodias como as dos sambas: *Cor de cinza, Meu barracão, Gago apaixonado, Último desejo, Já cansei de pedir, X do problema* e tantas outras."

No primeiro momento, Almirante atacou Jacy Pacheco, que teria usado em sua biografia os textos publicados na *Revista da Semana* e apresentados em seu programa de rádio. "Uma coisa que me põe zangado é a desonestidade de certas pessoas lançarem mão de meus apontamentos, do que eu escrevi e não mencionarem a fonte. Afinal, aquilo é meu trabalho", reclamou. O radialista explicou que tudo que possuía em suas famosas pastas sobre o compositor fora produto de muito empenho de pesquisa seu, "de sindicâncias cuidadosas, trabalhosas e muito demoradas". Assim, afirmou ele, "essas histórias que andam circulando por aí de Noel foram apuradas por mim e em meus programas a respeito do 'cantor da Vila'. Eu procurei sempre testemunhá-las".

Almirante disse que sempre achou Noel "um homem feio, tanto de físico como de cara". Mas nunca conseguiu compreender como o rapaz

Por sete anos, entre 1954 e 1961, Vadico ganhou a vida como pianista de conhecidas boates cariocas como Dancing, Plaza e Sacha's. O uísque se tornaria um companheiro inseparável para amanhecer o dia tocando ou suportar os chatos recorrentes.

dava sorte com tantas mulheres bonitas. "Na rádio, ele era procurado por cada uma de 'fazer parar o comércio... Até a 'dama do cabaré', que eu já conheci na decadência. Pelos retratos você verá como era bonita", disse ao repórter. Na sua opinião, o legado do compositor cada vez mais interessava ao Brasil, em uma revisão do valor de sua obra. "Enquanto foi vivo, Noel não fez muito sucesso com suas músicas, essas mesmas que atualmente se esgotam nas casas de discos. Nós, os seus amigos, achávamos que ele estava muito adiantado para a época e que só futuramente seria compreendido melhor. E era verdade."

No decorrer de 1956, a briga de Vadico – que continuava a ter amplo apoio da imprensa – pelos *royalties* de seus sambas acabou por aproximá-lo do movimento em defesa dos direitos dos compositores, músicos e cantores, que havia nascido no meio teatral, com a fundação da Sociedade Brasileira de Autores Teatrais — a SBAT, na década de 1930. Por muito tempo, a entidade acumulou a arrecadação dos artistas que atuavam exclusivamente no meio musical, pela ligação de tinham com as peças cantadas do teatro de revista.

Dos seus líderes fazia parte uma das maiores figuras de todos os tempos da música popular brasileira, a compositora e pianista Chiquinha Gonzaga. Ary Barroso foi outro autor que simbolizou aqueles tempos de desbravamentos autorais. Ele chegou, inclusive, a presidir a SBACEM (Sociedade Brasileira de Autores, Compositores e Escritores de Música). Como tantos outros compositores, recebia quase nada, e buscar seus direitos era uma luta, na verdade, pela sobrevivência. Mas nunca aceitou aquela situação calado.

Enquanto isso, Vadico continuava a compor. Ainda em 1956, Lana Bittencourt regravou *Prece*. Logo em seguida, Agnaldo Rayol fez o mesmo. Sua carreira musical ganhou novo fôlego com sua ida para a TV Rio, naquele ano. A oportunidade surgiu graças a Névio Macedo e Bob Chust, locutores, produtores e corretores – que buscavam anunciantes – de programas de TV, que decidiram montar uma empresa para produzir e vender atrações às emissoras. Eles denominaram a empresa de NMBC Ltda., com as iniciais dos seus nomes.

O primeiro contrato foi fechado com a TV Rio, para produção do programa musical *Melodias Mesbla* – o nome, claro, vinha da famosa magazine ou loja de departamentos, sua patrocinadora. Vadico foi chamado para cuidar dos arranjos exclusivos de todos os convidados e dirigir a orquestra do canal. Ele diria depois que nunca ganhou tanto dinheiro. E vivia feliz com isso, sem se preocupar com as bebedeiras, que começavam a ficar fora de controle.

Antes de o programa entrar no ar, na edição de 9 de junho de 1956, O *Cruzeiro* trouxe na coluna musical do jornalista Ary Vasconcelos uma informação que parecia bombástica: ele prometia revelar naquele texto uma suposta música inédita de Noel Rosa, 19 anos depois de sua morte. A notícia trazia à cena um velho conhecido daqueles que conviveram com o compositor da Vila Isabel, principalmente Vadico. Era um sujeito talentoso, porém conhecido por ser um notório falastrão: o sambista Wilson Batista, o mesmo que tivera um embate de sambas com Noel na primeira metade da década de 1930 e o levara a fazer com Vadico *Feitiço da Vila*.

Vasconcelos começou sua coluna de forma inusitada para tentar convencer seus leitores de que a informação era verdadeira. Ou, ao menos, deixar claro que falava algo verídico, pois era provável que ninguém acreditasse naquela história: "A verdade é que se não fosse o uísque, Wilson Batista talvez não lembrasse. Mas aquela única dose fez o milagre. Os vapores subiram suavemente e empurraram a porta da memória que se achava apenas encostada. E ali, naquela confusão de músicas, milhares de letras e melodias empilhadas como estalagmites, Wilson lembrou."

Referia-se ao fato de ele ter se recordado, durante conversa com o colunista de *O Cruzeiro,* do encontro dele com Noel, antigo desafeto. Mais que isso, o improvável: que ele tivesse se lembrado da letra completa de um samba feito havia mais de vinte anos – e que jamais seria gravado – depois de ouvi-la uma única vez. Era de madrugada, contou ele, quando nasceu o tal samba inédito. "A boemia estava era ali mesmo", poetizou o jornalista e crítico musical. Wilson fazia uma boquinha no restaurante Leitão, nos Arcos (em frente à Garagem Eugênia), quando Noel entrou, armado de seu violão. "Tinha vindo do Cabaré Apoio, onde passara momentos de prazer com sua Ceci."

O episódio teria ocorrido em 1933. Pela história contada, o compositor se sentou à mesa de Wilson e a conversa caiu, pouco depois, nas músicas do duelo genial que ocorrera entre eles havia pouco tempo. Noel quis conhecer outros sambas que Wilson lhe disse ter composto, atacando-o. Ao ouvir *Terra de cego*, o Poeta da Vila teria se entusiasmado com a melodia. E ali mesmo, dedilhando o violão ("Noel improvisava com uma facilidade espantosa") e, a partir da melodia de *Terra de cego*, teria cantado a seguinte letra do samba *Amor de parceria*:

Deixa de ser convencida
Todos sabem qual é
Seu velho modo de vida
És uma perfeita artista

Eu bem sei
Até salto mortal, no arame, eu já dei
E no picadeiro desta vida
Serei o domador

Será a fera abatida
Conheço muito bem acrobacia
Por isso não faço fé
Em amor de parceria

Sem dúvida, aquela bem poderia ser uma letra do espirituoso Noel, observou Vasconcelos, "pois era um mestre em trocadilhos e ironias". Ele até defendeu a veracidade da letra. Seria de espantar, porém, que Batista guardasse em segredo na memória e por tanto tempo, 23 anos, todos aqueles versos com tamanha precisão. Era até possível, não fosse a sua fama de apropriador e comprador de sambas alheios, malandro dos mais espertos e exímio brigador de rua, daqueles que sempre tinham um canivete de fácil alcance no bolso, para o caso de algum imprevisto que colocasse sua vida em risco.

O jornalista, no entanto, deixou claro, no final, que acreditou na história. Assim, *O Cruzeiro* publicou a informação como um furo jornalístico – como já foi dito, a revista acumulava uma série de reportagens que, depois, provou-se terem sido inventadas. "Wilson confessa-nos que achou a letra fraca, não a entendendo mesmo inteiramente. De qualquer maneira, julgamos ser este um detalhe histórico de grande importância que não pode ser mais omitido em uma biografia de Noel Rosa. E, para os que pensavam que Noel e Wilson eram inimigos ferrenhos, apresentamos este samba curiosíssimo, letra de Noel Rosa, música de Wilson Batista. Enfim, teria sido a única parceria dos dois."

O Cruzeiro só não informou que o tal samba apareceu quando Batista não passava por um momento de popularidade, enquanto as músicas de Noel eram cada vez mais gravadas e celebradas como grandes sambas. De qualquer modo, ninguém se interessou pela tal parceria entre os dois – ou levou a sério –, uma vez que jamais foi gravada. Nem mesmo teve alguma repercussão em outros órgãos de imprensa.

Mas não foi só o improvável samba com Wilson Batista que fez de Noel presença constante no noticiário em 1956. Tinha a ver, principalmente, com Vadico, que continuava a cobrar que a imprensa também lhe desse crédito pelas coautorias com o sambista da Vila Isabel. Uma de suas maiores alegrias em 1956 foi o lançamento, em junho, de seu primeiro LP, em formato de dez polegadas, pela Continental. *Dançando com Vadico* era uma tentativa de provar que seu nome tinha força como músico e arranjador, além da reputação de autor de *Feitio de Oração* e *Feitiço da Vila*.

Soou estranho, à primeira vista, pois ele acompanhava ao piano o cantor Zezinho. O normal era o intérprete dar nome ao disco, e não o arranjador. Com Vadico nos arranjos, na regência da orquestra e ao piano, Zezinho interpretou com suingue os sambas *Agora é cinza* (Bide e Marçal), *Você vai se quiser* (Noel Rosa), *Nêga* (Waldemar Gomes e Afonso Teixeira), *Saudade dela* (Ataulfo Alves), *Aos pés da cruz* (Marino Pinto e Zé da Zilda), *Minha cabrocha* (Lamartine Babo), *Se você jurar* (Ismael Silva, Nilton Bastos e Francisco Alves) e *Vai-te embora* (Nonô e Francisco Matoso).

A contracapa do disco, em vez da tradicional lista das músicas, com as faixas divididas entre os lados A e B, trazia um texto de Vinicius de Moraes, em que o poeta e ex-embaixador ressaltava sua admiração e amizade por Vadico, com quem compunha *Sempre a esperar*, que seria gravada por Elizeth Cardoso – o que aconteceria somente em janeiro de 1963. No texto, Vinicius partiu, claro, da mais importante referência ao músico: "Nem todo mundo sabe que a extraordinária voga alcançada pelo imortal Noel Rosa, na última década, voga que atingiu todas as classes, em todo o país, deve-se, em parte, à música de seu maior parceiro, o nosso grande Vadico."

Em seguida, fez uma extensa lembrança dos principais momentos de sua carreira, até focar naquele disco que deveria apresentar. E não lhe poupou elogios. "Foi, sem dúvida, uma ótima ideia da Continental a de gravar este disco de grandes sambas para dançar, com Vadico ao piano. O piano de Vadico é dança pura. A experiência estrangeira que muito serviu para enriquecer os meios de expressão harmônica do sambista de *Feitiço da Vila* – e, atualmente, dos esplêndidos *Prece, Coração, atenção!* e *Revolta* (as três com Marino Pinto), *Antigamente* (com Jarbas

Mello) e *Guanabara* (com Aloysio de Oliveira) – não lhe deformou em absoluto a sensibilidade brasileira, de que ele é um dos maiores defensores e intérpretes dentro da nossa música popular".

Vinicius listou os instrumentos que tanto enriqueciam seus arranjos e mostravam o valor daquele disco: além do seu piano, havia pistão, clarinete, sax-tenor, sax-alto, sax-barítono, trombone, contrabaixo, violão elétrico, bateria e quatro ritmistas. Estavam todos presentes na execução do clássico *Agora é cinzas* e *Minha cabrocha*. "Vadico conseguiu efeitos de grande originalidade, como o solo a três vozes (clarinete, violão elétrico e piano) dos sambas *Aos pés da cruz* e *Vai-te embora*, sendo que, nesse último, é interessante notar o desenho melódico do sax-barítono duas oitavas abaixo."

O apresentador do disco destacou, ao final, a importância do *crooner* das faixas, Zezinho (José Delphino), "responsável pela parte cantada", lembrado como figura que dispensava apresentação. Carioca do Estácio, Zezinho começara sua carreira musical na Continental, ao interpretar, com Vadico, a releitura de *Tarzan, filho do alfaiate* e *Não sobra um pedaço* (Bororó e Aregivo). "Todos os frequentadores da extinta 'Vogue' (boate) lembram-se, certamente, da simpática figura de Zezinho, pois o talentoso cantor atuou (no local) de 1951 a 1955".

Dançando com Vadico se tornaria um bom exemplo da febre de discos feitos para dançar, que tomou conta do mercado nacional na segunda metade da década de 1950, gravados por uma infinidade de orquestras e conjuntos, alguns só instrumentais, em que se mesclava a música americana (o jazz e o fox) com a brasileira (o samba). Foram diversos os que atuavam no mesmo estilo, na cena musical noturna de Copacabana. Na época, os músicos e maestros eram influenciados por arranjos sofisticados e buscavam inspiração em orquestras como a de Stan Kenton – na verdade, o maestro brasileiro Radamés Gnattali, já nos anos de 1930, fundiu o samba com o jazz.

Nesse momento, Vadico tinha também pequenas atividades paralelas. Ele continuava a atuar como pianista no Os Copacabana, em uma longa temporada na boate Casablanca. Logo depois, o conjunto passou a atuar no Dancing Brasil e, depois, no Avenida. Vadico seguiu como pianista em clubes noturnos. Em setembro daquele ano, ele foi chamado mais uma vez pela TV Rio. Dessa vez, para comandar os músicos de uma das principais apostas do ano pela emissora, o *Festival de Emoções*, com uma hora e meia de duração toda semana. Um dos destaques da atração era Lamartine Babo, que tinha um quadro para revelar novos talentos. No balaio, havia ainda competições de anônimos, que poderiam levar para casa generosos prêmios em dinheiro.

Com Vinicius, Vadico viveu, em agosto de 1956, um momento que seria bastante lembrado por biógrafos e autores que escreveram livros sobre a bossa nova. Principalmente aqueles que trataram da origem da bossa nova. O poeta contou que chegou a pensar em seu nome para musicar a peça *Orfeu da Conceição*, mas, como ele hesitou em aceitar a tarefa, a peça acabou sendo musicada pelo então jovem compositor Antonio Carlos Jobim. Vinicius estava determinado a levar ao teatro aquela peça musical, uma adaptação bem ao seu estilo do mito de Orfeu para os morros cariocas, que deveria ter elenco inteiramente formado por atores negros.

O que aconteceu em seguida se tornaria um marco no nascimento da bossa nova. Vinicius compusera todas as melodias. Dentre elas, destacaria-se o samba *Quando tu passas por mim*, cuja letra era do compositor e jornalista Antonio Maria. Ele revelou depois que procurou Vadico porque tinha consciência de que, para criar as canções da peça, precisaria de um compositor tarimbado. Pensou, em primeiro lugar, no seu querido amigo, parceiro de tantas cantigas ao pé do piano nos anos em que os dois conviveram em Los Angeles.

A escolha, sem dúvida, tinha mais a ver com a intimidade dos dois, de tê-lo visto tocar por noites seguidas, os dois sozinhos, a bebericar em longos porres, a falar do Brasil, dos amores perdidos e das paixões. O nome de Vadico surgiu depois que Vinícius escreveu o texto da contracapa de *Dançando com Vadico*. Os dois se encontraram algumas vezes para que o poeta anotasse dados da sua vida que o ajudassem a escrever a contracapa – a pedido do amigo músico.

Vinicius sabia bem da capacidade do amigo. Vira-o improvisar dezenas de vezes madrugadas adentro. Para quem não sabia dessa amizade, daria ênfase, como motivo do convite apenas a seu talento de arranjador e compositor, o que era verdade. "Podia-se estranhar (mas, aparentemente, ninguém estranhou) que, em busca de alguém moderno, ele propusesse casamento musical a um homem de 46 anos como Vadico, cujos últimos sucessos tinha acontecido mais de vinte anos", observou Ruy Castro. Em seu livro *Chega de saudade*, ele observou que Vinicius não via nisso um impedimento: as harmonias de Vadico, então arranjador da Rádio Mayrink Veiga, ainda eram tão modernas "que provocavam suores frios em Silvio Caldas, refratário a qualquer novidade em samba".

Nunca se soube, ao certo, a motivação que levou Vadico a recusar o convite de Vinicius. Uma das justificativas seriam problemas de saúde. Ruy Castro apurou que, além disso, ele teria dito que não se encontrava à altura daquela missão. Ele questionou essa afirmação. Sem dúvida. Para quem, aos 20 anos, tinha aceitado o desafio de compor 23 músicas para um espetáculo da Companhia Mulata Brasileira e se dizia apaixonado pelos ofícios de compor e fazer arranjos, soava mesmo estranho.

O que ninguém sabia era que, nessa época, Vadico tratava com um cardiologista o cansaço excessivo e dores no peito, o que poderia significar início de um novo e letal enfarto – não se pode esquecer que o médico americano lhe dera apenas de cinco a dez anos de vida. Podia ser também algum problema ligado aos pulmões, uma vez que fumava bastante.

Para outros, faltou-lhe certa percepção para a grandiosidade do que ele poderia fazer e as oportunidade que viriam dessa experiência. Para Carlos Didier, se não quis aceitar o desafio sem um motivo de força maior, esse foi o maior vacilo que o compositor deu em sua carreira musical, pois seu substituto, Tom Jobim, alcançaria projeção mundial e se tornaria um dos mais importantes compositores e arranjadores daquela época, fundamental para o nascimento da bossa nova. "Eu compararia esse momento como aquele em que um centroavante fura a bola e perde um gol decisivo em uma final de campeonato."

Oswaldo Gogliano Sobrinho se irritaria sempre que ouvia essas justificativas nada lisonjeiras, pelo fato do tio não ter aceito o convite de Vinicius. "Muitos livros já afirmaram que Vadico recusou a oferta por 'não se sentir capaz', sugerindo que se referia a seu limitado conhecimento musical. Isso é totalmente falso. De fato, ele não aceitou o convite por não se sentir capaz fisicamente de realizar a empreitada, em função de seu estado de saúde, que continuava bastante debilitado e sob risco constante." Naquele momento, em especial, ele não andava nada bem, com cansaço frequente, por causa do coração. "Musicalmente, por outro lado, Vadico tinha outros trabalhos tão ou mais demandantes do que seria o Orfeu".

No mesmo dia, após falar com Vadico, quando bebia com amigos na Casa Villariño, bar e loja de bebidas e comidas finas no centro da cidade, onde gostava de ir depois do expediente no Itamaraty, Vinicius comentou sobre seu projeto com o jornalista e crítico musical Lúcio Rangel, que lhe teria sugerido "um rapazinho que está começando e que merecia uma oportunidade". O garoto era bom, garantiu ele. Chamava-se Antonio Carlos Jobim. Por uma dessas coincidências do destino, Tom,

Em 1958, mesmo com problemas de saúde, a bebida e o cigarro, além de tocar quase que diariamente em boates, Vadico se ocupava durante o dia em gravadoras de cuidar da sua orquestra nos programas de auditório na TV Rio.

como era chamado, também estava no Villariño naquele momento, pois trabalhava perto dali como arranjador da gravadora Odeon. E a música brasileira nunca mais foi a mesma.

Assim, aquele ano de alegrias, 1956, chegou ao fim. Vadico tinha motivos para acreditar que sua carreira continuaria em ascensão. Estava feliz e escondia de todos que trazia no peito um coração que mais parecia uma bomba-relógio. Para piorar, fumava e bebia muito. Mas parecia bem. Até se meter em um dos mais rumorosos, desgastantes e polêmicos episódios da história da MPB. Uma briga das mais turbulentas, em que ele estava absolutamente sozinho e exposto no meio do salão. Tudo isso aconteceria em 1957.

CAPÍTU

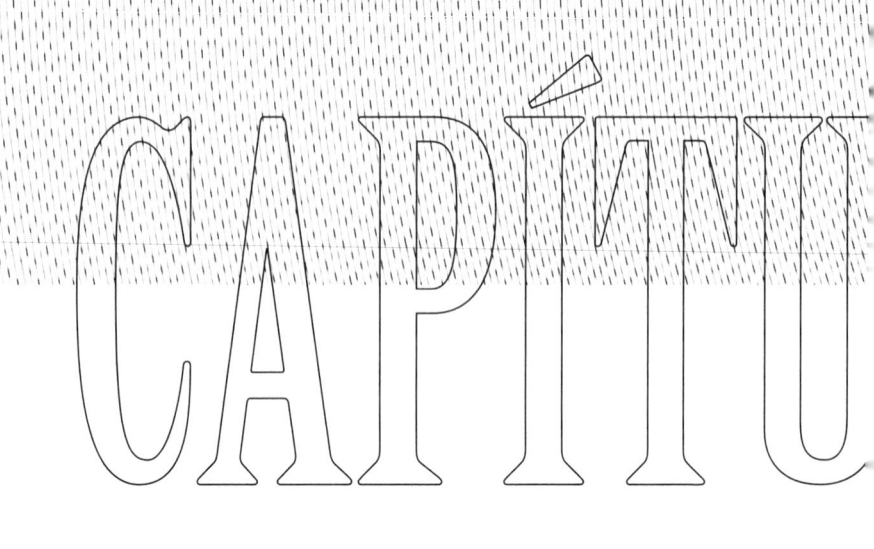

LO 12

GUERRA CONTRA NOEL

Defendendo Noel Rosa,
ALMIRANTE ENFRENTA VADICO

Almirante, de documento em punho, contesta a Vadico. Abelard França conduz os debates, pela TV-Rio.

Prosseguiu mais um capítulo da questão Noel Rosa-Vadico-Flávio Cavalcanti-Almirante. Como se sabe, Flávio, em seu programa na televisão, em presença de Vadico, acusou Noel Rosa de omitir o nome dêsse último, seu parceiro, em muitas das músicas que seriam dêle (Noel) e do Vadico. Almirante não concordou com aquela afirmativa e, munido de provas, contestou as afirmações de Flávio, através dos jornais, da TV-Rio, etc. Convidado pelo apresentador do programa "A figura da Semana", Abelard França, foi Almirante à TV-Rio, mais uma vez, defrontando-se, então, com o próprio Vadico. Exibindo novas provas (inclusive partes de músicas e documentos da época) Almirante voltou a desfazer aquelas acusações. O debate decorreu agitado, mas, ao final, Almirante e Vadico, velhos amigos, deixaram, juntos, a emissora do Pôsto 6. De sua parte, considerando que provara a honestidade de Noel, Almirante deu-se por satisfeito, afirmando que só voltaria ao assunto se insistissem em atingir a memória do compositor da Vila.

Conduzindo o debate, Abelard França registrou um novo sucesso no seu vitorioso programa "A figura da semana", pela TV-Rio.

No decorrer de 1957, Vadico se envolveu naquela que, para muitos, foi a maior polêmica da história da MPB: o embate entre o radialista Almirante e o apresentador Flávio Cavalcanti, que acusou Noel de vender seus sambas com Vadico e de tentar esconder seu nome das parcerias.

No começo de 1957, a *Revista do Long-play* mandou o repórter Francisco Duarte Silva conversar com Vadico em sua residência, na Rua Ministro Viveiros de Castro, 35, apartamento 410, em Copacabana, para saber um pouco da sua carreira nos Estados Unidos e os planos que ele tinha para o Brasil, desde que voltara em agosto de 1954. O músico continuava a render interesse para a imprensa. Em sua apresentação, o jornalista escreveu: "Vadico não foi somente o parceiro de Noel, mas, sim, e durante toda a sua vida, um elemento da música popular, nela integrado e para ela vivendo quase que exclusivamente. Conversamos durante uma noite inteira e ouvimos dele aquilo que aqui transmitimos e que se resume no pedido inicial que lhe fizemos: 'Maestro, o senhor vai me contar a sua vida?!'"

De imediato, o entrevistado exigiu que Duarte Silva o tratasse de "tu" e não de senhor. "E começou dizendo que se chama Oswaldo Gogliano, sobrenome que indica a descendência peninsular (italiana) e de onde ele deve ter herdado o gênio alegre e o gosto pela música." Em seguida, ele se pôs a falar sobre o recomeço profissional no Rio e o cenário musical que encontrou, bastante modificado em relação ao que deixou quase duas décadas antes. Principalmente, a vida noturna da capital. Mudou, inclusive, o tipo de samba, que vivia mais uma de suas mutações. "Voltei e encontrei tudo tão diferente, que confesso que estranhei", disse ele. "O samba não tem mais nada do que tinha. É um bolero, e bolero mal escrito. E pelo jeito, só tende a piorar."

Dos protagonistas que ocupavam aquele cenário, como compositores, Vadico disse que gostava de uma nova geração que começou a se impor no começo da década. Pelo que já conhecia, gostava e apostava suas fichas – acertadamente – em Tom (Jobim), Ismael Netto ("infelizmente já falecido") e Billy Blanco, que ele via "como letrista de primeira". Dos "antigos", só Ataulfo Alves e "algumas exceções". Afora isso, continuou ele, "só um ou outro caso isolado" – mas não quis citar outros nomes. Para Vadico, parecia que "o contágio dos ritmos e dos sistemas americanos, que tudo assaltam com a propaganda, também encontrou campo no Brasil e ele se desmereceu no que tinha de melhor, mais puro e mais espontâneo: sua Música Popular".

Na sua opinião, assimilou-se entre os brasileiros o que o americano tinha de pior e de mais antigo em sua música popular, o que o deixou bastante desapontado. "Quando regressei, já estava em andamento o chamado 'ressurgimento' (do samba), mas, se antes era pior do que está, então era o caos completo e irremediável." Ele completou, não estava no país para ter tamanho desgosto.

Por isso, reclamava. O músico afirmou ainda que "o samba havia perdido em naturalidade e ganhou em acordes sofisticados, que não condiziam com sua principal característica: o ritmo, que o centro americano apanhou e produziu o mambo, a rumba, o chá-chá-chá e outros tantos estilos menores, que eram o que, na realidade, dominava o mercado fonográfico e se vendia no estrangeiro."

E prosseguiu em sua crítica: "Nossa música é pouco conhecida no exterior e pouco aceita, com raras exceções." Vadico citou como exemplo *Aquarela do Brasil,* que fez enorme sucesso na época da Segunda Guerra Mundial, graças ao filme de Walt Disney. Lembrou também do gênero baião, que veio bem depois e se expressava em clássicos regionalistas como *Mulher rendeira*, e que fazia sucesso no ano em que ele voltou, graças ao êxito mundial do longa-metragem *O Cangaceiro*, do diretor Lima Barreto, lançado um pouco antes pela Vera Cruz e que levou o prêmio de melhor filme de aventura no badalado Festival de Cannes. A música popular brasileira se enfraqueceu, explicou ele, ao querer herdar de outras correntes internacionais o que devia ter buscado em si mesma: "força e melodia".

Mesmo com tanta ocupação no dia a dia de Vadico, o nome de Noel continuaria a fazer parte da sua vida e a render polêmica, mas de dimensões inimagináveis no ano de 1957. O assunto das parcerias não creditadas nos discos parecia superado e até mesmo enterrado, quando o compositor da Vila Isabel virou tema do quadro "Reportagem Musical", do programa *Um instante, maestro!*, do crítico musical e apresentador Flávio Cavalcanti, exibido ao vivo na quarta-feira, 8 de maio de 1957, a partir das 21h, pela TV Tupi do Rio de Janeiro. À primeira vista, a pauta daquela noite eram os vinte anos da morte do Poeta da Vila, cujo aniversário ocorrera quatro dias antes.

Cavalcanti era famoso por sua "sinceridade" em questões ligadas ao mundo do disco. Tanto no *Diário Carioca*, onde era colunista, quanto no seu programa na televisão – sensacionalismo, aliás, seria o melhor termo, pois ele adorava quebrar os discos de que não gostava diante das câmeras para, em seguida, atirar os restos em uma lata de lixo. A cena, invariavelmente chocante, dava-lhe uma credibilidade acima de qualquer suspeita junto ao público. Mas poderia destruir uma carreira. Com a audiência que tinha, tornou-se o terror dos cantores, que morriam de medo de cair em desgraça, se o apresentador escolhesse seu disco para ser destruído.

Naquela noite de maio, então, ele colocou como tema a acusação de que o Poeta da Vila "ocultava" em vários sambas os nomes de seus parceiros. Principalmente Vadico, que estava presente no palco, como convidado de honra. Segundo o apresentador, Noel fez isso ao vender os direitos das composições à Odeon por pequenas quantias, devido à constante falta de dinheiro para manter suas noitadas pelos cafés, bares e cabarés do centro do Rio de Janeiro. Se não bastasse a gravidade do que afirmara, insinuou que o compositor teria se apropriado sozinho de sambas que tinha feito em parceria. Quem assistiu viu na tela um Vadico vitimizado, cabisbaixo, que servia de decoração para a metralhadora de críticas e ataques do apresentador.

Vadico jamais fez qualquer afirmação pública de que fora mais importante na hora de fazer as músicas que o parceiro. Mesmo assim, naquele instante marcante em sua vida, ao insistir que Noel não tivera escrúpulos para esconder o nome de seus parceiros de algumas músicas, Cavalcanti apontou o dedo, que estava em riste, para Vadico. A câmera, então, fechou em seu rosto. Segundo o apresentador, ali estava a grande vítima de Noel. Ele disse que, depois de 17 anos (14 anos, na verdade) ausente do Brasil, Vadico encontrou o Poeta da Vila em plena evidência, com músicas sendo "tocadas" em "todas as estações de rádio, boates etc., sem que nos dez sambas que musicou para Noel constassem seu nome."

Todo mundo estava cansado de ouvir aquela queixa e Noel, claro, não tinha culpa nenhuma. Mas Cavalcanti a tratou como novidade. E falou, também, da existência de documentos em que Noel se dizia proprietário de algumas composições feitas pelos dois. Isso, sim, era novo. E grave. E a pura verdade. Vadico sabia disso desde que foi à Odeon, em setembro de 1954. O apresentador não explicou de onde tirou os fundamentos para as suas acusações. A presença de Vadico na transmissão, porém, fez com que parte dos telespectadores achasse que todas aquelas informações tinham partido dele – o próprio parceiro daria declarações que reforçariam essa impressão, como se verá mais adiante.

Além disso, não se podia esquecer que, de vez em quando, ele aparecia na imprensa reclamando quando alguém omitia seu nome das músicas que fez com Noel, embora jamais tenha dirigido críticas ao amigo. Pelo menos até ali. Por tudo isso, Vadico passou a impressão de que estava no programa para, mais uma vez, bater nessa tecla. Para piorar, ele não desmentiu, quando o apresentador fez uma acusação mais impactante: Noel teria retirado o nome do parceiro em "muitas" das músicas que seriam dos dois – não existem registros de quais composições Cavalcanti teria citado no programa, pois os jornais que relataram o problema não as listaram.

O primeiro jornal a explorar o que havia dito Flávio Cavalcanti foi o *Última Hora*, dois dias depois, na edição de 11 de maio de 1957. Dizia a manchete: "Almirante defende o Poeta da Vila: Noel Rosa não precisava de parceiros para compor". O jornal destacou abaixo do título: "'A maior patente do rádio' advoga a causa do ex-companheiro, acusado injustamente por Flávio Cavalcanti em um programa de TV." O diário tomava partido de Almirante desde a primeira linha. "Ninguém põe em dúvida a palavra de Almirante, quando se trata, principalmente, da vida de Noel Rosa, o 'Poeta da Vila.'" Dizia Última Hora ser do conhecimento de todos que ele possuía o mais completo documentário sobre a vida do autor de *Com que roupa?* e outros sambas.

O jornal prosseguiu com a explicação: "Eis por que fomos ouvi-lo logo após ter o produtor de TV Flávio Cavalcanti, também conhecido como o 'homem dos discos impossíveis', em seu último programa *Um instante, maestro!*, acusado Noel Rosa de esconder os nomes de seus parceiros, principalmente Vadico." Para o explosivo radialista, o "Caso Noel" vinha de longe. Por isso, podia falar "de cadeira" sobre o assunto: "Nunca, em toda a minha convivência com Noel, pude surpreender qualquer intenção dele em esconder seus parceiros. Ao contrário do que alguns levianamente têm afirmado, Noel Rosa não precisava de parceiro algum para compor. E é bom que se saiba, que muitos daqueles que se tornaram seus parceiros só o foram porque procuraram Noel para isso."

Para Almirante, o compositor de Vila Isabel era uma pessoa totalmente desprendida pelo o que suas músicas poderiam produzir financeiramente. E estava longe de ser um tipo vaidoso. "O meio musical sabe muito bem que inúmeros sambas e marchas do seu tempo possuíam versos de Noel sem que seu nome aparecesse nas autorias, sem que ele nada lucrasse pecuniariamente com eles e sem que jamais tivesse reclamado coisíssima alguma." Sozinho, observou, ele produziu "maravilhas" musicais. "Antes de Noel aparecer com qualquer parceiro, produzira sucessos estrondosos", como *Com que roupa?*, *Gago apaixonado*, *Quando o samba acabou* etc.

Almirante lembrou que já havia se referido a isso em entrevista na extinta *Revista da Música Popular* (1954-1956), de Lúcio Rangel, onde defendeu Noel de um injustificado ataque de Ary Barroso que, "sem base alguma", apontava-o, simplesmente, como bom letrista e péssimo musicista. "Isso porque Ary, como muitas outras pessoas, só lembram de Noel os dez (doze) sambas que ele fez com Vadico, esquecendo-se completamente os 50 (76, na verdade) e tantos que ele fez sozinho." O radialista destacou ainda que Cavalcanti havia dito no seu programa que existiu nos cofres da Odeon um documento em que Noel se dizia "não sei se proprietário ou autor exclusivo" de sambas como *Feitiço da Vila*, *Feitio de Oração* e outras músicas que fez com Vadico.

Em primeiro lugar, afirmou ele, era preciso saber se esse documento existia mesmo, para ser examinado e debatido "nos seus termos exatos". A declaração de que havia algo assim e que, portanto, fazia supor de que não existia mais era um pouco afoita. "Se esse documento existiu, quem foi que o viu? Quem será capaz de reproduzi-lo nos seus termos exatos? Merecerá inteira confiança a reprodução de memória feita por alguém de um documento que essa pessoa viu há tempos?" Mesmo com aparente prudência, Almirante se precipitou ao dizer, sem modéstia, de modo a se resguardar de alguma surpresa: "Como possuidor do mais completo documentário sobre Noel Rosa e sabidamente interessado em todas as ocorrências da vida de um ex-companheiro como Noel, mesmo que isso constituísse tão triste decepção para mim, gostaria de ver esse documento."

Mas voltou a defender Noel e a sua inocência, a seu modo: "Não posso deixar de lamentar essa atitude abominável de criaturas apressadas, totalmente ignorantes da verdade sobre pessoas e coisas de música popular brasileira e que não trepidam por mero sensacionalismo em fazer afirmativas das mais levianas, como essa de que Noel só foi bom compositor quando teve parceiros." Como morreu em 1937, acrescentou Almirante, o compositor não poderia ser responsabilizado pelas omissões dos nomes de seus parceiros, feitas em gravações e em edições musicais nesses últimos anos. E se voltou diretamente a Vadico: "Tampouco contra ele podem voltar os desabafos dos parceiros prejudicados pelas gravadoras, editoras e sociedades arrecadadoras."

O assunto estava longe de ser encerrado. Principalmente porque, ao longo das três semanas seguintes, outro veículo de imprensa entrou no debate. E, em menos de uma semana, a reputação de Noel nos quesitos talento e honestidade foram colocados em cheque. O *Correio da Manhã* só se envolveu na discussão uma semana depois que o primeiro programa com a história foi ao ar. O *Correio* saiu em defesa do parceiro de Noel, ao afirmar que aquelas acusações de Cavalcanti não poderiam ter partido dele. "Conhecemos Vadico e sabemos que tem qualidades. Sabemos também que não poderia culpar Noel por uma falha ou, mais acertadamente, 'golpe' inteligente de alguns donos de gravadoras e edições musicais", escreveu o diário, na edição de 12 de maio de 1957.

O jornal também foi ouvir Almirante. Lembrou que ele foi o primeiro a biografar Noel, na *Revista da Semana*. E trouxe a reportagem com o título que era uma frase do radialista: "O Poeta da Vila sempre fez samba sozinho; os parceiros vieram depois". No texto, ele era a única fonte de informação. "Ninguém melhor do que Almirante poderia responder por Noel Rosa a essas acusações. Principalmente, levando-se em conta dois fatores: ele foi companheiro de Noel e possui o mais completo arquivo sobre a vida do autor de *Com que roupa?*" E ele praticamente repetiu tudo que havia dito ao *Última Hora* e desafiou Cavalcanti, mais uma vez, a mostrar o documento que provava a apropriação dos sambas feitos com Vadico.

Três dias depois, em 15 de maio, numa nota do colunista musical do *Correio da Manhã*, com o título "Palpite infeliz", tentou colocar panos quentes na discussão que apenas começava: "Os Jota (personagens fictícios do colunista) não viram o programa, mas ouviram dizer que Flávio Cavalcanti andou na televisão a lançar dúvidas quanto à capacidade de Noel Rosa para fazer sucesso sozinho como um autor de sambas. A coisa teria sido motivada pela boa intenção de elogiar Vadico, que é bom músico e bom compositor, e que fez com Noel alguns sambas de merecido êxito.

O mesmo texto prosseguiu em defesa do compositor morto e sem atacar Vadico. Mas não poupou o apresentador da Tupi. "Seus companheiros (muitos estão aí para depor)", continuou o colunista, "sempre souberam muito bem que Noel, fabuloso improvisador, compunha com a maior facilidade coisas de primeira ordem e nunca precisou de se encostar em quem quer que seja para brilhar. Não façamos a injustiça de admitir que o ardoroso Flávio Cavalcanti tenha agido como certos colunistas de última hora, que aparecem na imprensa escrevendo grosseria para ganhar cartaz. Nada disso. Mas que precisa espanar sua erudição sâmbica, isto precisa."

No dia 17, ao seu estilo bombástico, *Última Hora* publicou em uma de suas manchetes na primeira página: "Vadico responde a Almirante: 'Noel Rosa vendia sambas aos 'compradores do 'Nice'". Era um Vadico firme e contundente que falava agora ao jornal, por meio de uma longa carta ao repórter Simão de Montalverne, como resposta à entrevista com Almirante, publicada uma semana antes, que ele denominou de "artigo".

Chamava atenção o modo aparentemente autodepreciativo – porém, irônico – como Vadico falava das parcerias com Noel, o que causou mal-estar junto aos leitores e conhecidos seus, pois o fazia como meio de autodefesa. Ao mesmo tempo, tornou-se um documento autobiográfico dos mais valiosos, pois ele falava de importantes episódios em sua carreira musical que, até então, ninguém sabia. O mais impressionante estava no detalhe de que tinha visto os documentos na Odeon, os quais provavam a venda dos sambas por Noel:

PAGINA 6 — Rio de Janeiro, Quinta-Feira, 23 de Maio de 1957 — ULTIMA HORA * Tablóide

Almirante (na TV) Responde a Flavio Cavalcanti

"A Calúnia e a Infâmia Não Podem Pesar Sôbre um Morto: Noel Rosa Nunca Escondeu Seus Parceiros!"

Com Provas, Edições de Músicas e Documentos, "a Maior Patente do Rádio" Levou Araci de Almeida a Desfazer as Dúvidas Sôbre as Composições do "Poeta da Vila"

"Noel esteve muito ganado João de Barros modificou "Linha Pequena" e lançou "Pastorinhas"

A tua da velha Almirante não se vê ninguém ao menos um estranho...

"Pasterinhas"

A Posição de Vadico

O Compositor Noel

A Capacidade de Noel

A "Maroteira do Cabecinha"

Araci de Almeida ("a vozinha rua jovem") desfaz a voz de Almirante e já a TV contou as músicas de Noel, que ela não fazer sentir que

RADIO Hi-Fi
OSWALDO MIRANDA

CÉSAR, TV-RIO E NACIONAL

A MAYRINK E SEUS ASTROS

"PEDIDAS" PARA HOJE:

DAS 7, ÁS 23 HORAS, DIARIAMENTE — DE MEIA EM MEIA HORA ouçam as últimas notícias do Rio de Janeiro, do Brasil e do Mundo, através da EMISSORA CONTINENTAL — 1.030 quilociclos — O MAIOR E MAIS COMPLETO SERVIÇO INFORMATIVO DO PAÍS

A partir de maio de 1957, no vigésimo aniversário da morte de Noel, praticamente todos os grandes jornais passaram a dar destaque à briga entre Almirante e Cavalcanti. A maioria ficou do lado do radialista.

Prezado amigo:

Lendo há dias **Última Hora** *(grifos de Vadico), deparei com um artigo de Almirante, a quem muito admiro, sobre Noel Rosa, o qual, indiretamente, me atinge. Aliás, para ser mais claro, esse artigo dá a impressão de que eu vivo chorando e lamentando a omissão de meu nome em alguns dos sambinhas que escrevi de parceria com o "Poeta da Vila", como se esses sambinhas, tão sem importância, fossem a maior coisa que consegui fazer na vida.*

Segundo Almirante, a questão da autoria das músicas de Noel Rosa já vem de longe e nunca, em toda a sua convivência com o mesmo, conseguiu surpreender nele qualquer intenção de esconder seus parceiros. Realmente, o caso vem de longe. Vem de muito longe e começou no tempo da Rádio Phillips, onde eu vi e ouvi muitas vezes quando os locutores da época anunciavam: "A seguir, ouviremos Noel Rosa no samba Feitiço da Vila, *de sua autoria". Quando não era* Feitiço da Vila *era, às vezes, outra melodia qualquer, também minha, provando, desta maneira, que Noel aceitava a autoria de minhas músicas.*

Revela Almirante que Noel tinha um total desprendimento pelo que suas músicas pudessem render financeiramente e que o meio musical sabe muito bem que inúmeros sambas e marchas do seu tempo possuíam versos de Noel, sem que seu nome aparecesse nas autorias, sem que nada lucrasse pecuniariamente com eles e sem que jamais tivesse reclamado coisíssima alguma.

Parte disso é verdade, o que, aliás, não é nada demais, porque também muita gente sabe que eu corrigi letras e músicas de muitos sambas, além de ter escrito muitas segundas partes de inúmeros sambas de sucesso — sambas autênticos, de morro — que, depois, apareceram por aí com os nomes dos "compositores" cá de baixo e tampouco jamais reclamei coisíssima alguma.
No caso de Noel, se ele não lucrou aparentemente, o certo é que houve ocasiões em que vendeu suas composições.

*Prossegue Almirante dizendo que não era Noel quem se oferecia para parceiro de ninguém e muitos de seus parceiros só o foram porque o procuraram para isso. Bem, essa não me atinge e o resultado aí em 5 a 5. Explico-me: mostrei a Noel cinco melodias (*Feitio de oração, Feitiço da Vila, Só pode ser você, Provei e Quantos beijos*) para as quais ele fez as letras e recebi dele quatro letras (*Conversa de botequim, Tarzan, Pra que mentir? *e* Cem mil-réis*) para musicar. O quinto "gol" (o gol do empate) chama-se* Mais um samba popular, *o qual escrevi sozinho, letra e música, tendo Noel gostado da ideia e modificado a letra totalmente.*

Quanto aos documentos de que fala Almirante (são três e não um), realmente existiu ou existiram. Se ainda existem não posso afirmar, pois, infelizmente, não sou o dono da Odeon. Essa gravadora, na época em que regressei dos Estados Unidos, após uma ausência de quinze anos, costumava receber os direitos autorais das músicas de sua exclusividade, regravadas por outras fábricas. Soube, então, nessa mesma época, por intermédio de terceiros, que a referida Odeon ia pagar à viúva de Noel Rosa a parte que me cabia nas músicas Feitiço da Vila, Conversa de botequim *e, se não me engano,* Cem mil- reis, *os quais, segundo o informante, eu havia vendido a Noel Rosa.*

Estranhei o fato, pois, tendo uma profissão — sou pianista, orquestrador, diretor de orquestra e, se quiser, também posso ser professor de música, indo da teoria à composição (não de sambas) —, nunca tive a necessidade de vender minhas músicas para viver. De qualquer forma, fui aos escritórios da Odeon, onde me mostraram esses documentos.

Reproduzi-los nos seus termos exatos, como quer Almirante, é exigir um pouquinho demais. Em linhas gerais, diziam mais ou menos isto: "Feitiço da Vila, *música de Vadico, letra de minha autoria. Propriedade minha". Esse documento e os outros dois foram estampilhados e assinados por Noel Rosa e mais duas testemunhas, faltando neles o mais importante: minha assinatura*

Termina Almirante dizendo que Noel, morto em 1937, não pode ser responsabilizado pelas omissões dos nomes de seus parceiros feitas em gravações e edições musicais nestes últimos tempos. Tampouco contra ele podem se voltar os desabafos dos parceiros prejudicados pelas gravadoras, editoras e sociedades arrecadadoras. Ora, não existem parceiros, nesse caso.

Todo mundo sabe que eu sou o único parceiro de Noel prejudicado pela omissão de meu nome, por seis vezes, em diversos discos com músicas de minha autoria. Isto sem falarmos em long-plays que incluem músicas minhas, omitindo meu nome nas capas

Exemplos: Horacina Correa cantando Noel Rosa (Feitiço da Vila, Feitio de oração *e* Pra que mentir?*)*; Noel Rosa na voz de Nelson Gonçalves (Feitiço da Vila *e* Só pode ser você); Noel Rosa por Aracy de Almeida (Feitiço da Vila, Feitio de oração, Pra que mentir? *e* Conversa de botequim); Poeta da Vila, por Marília Batista (Feitio de oração)*;* Trio Surdina interpretando Noel Rosa e Dorival Caymmi (Conversa de botequim); Francisco Carlos canta Noel Rosa, Ary Barroso, Custódio Mesquita e Lamartine Babo (Feitio de oração)*; e, finalmente, outro do* Trio Surdina interpretando Noel, Dorival Caymmi e Ary Barroso (Feitio de oração).

Agora digo eu: se Noel Rosa era grande e não precisava de parceiros para compor, por que razão as nossas gravadoras insistem em incluir meus "bagulhos" nos long-plays do mesmo, em vez de usarem somente as "maravilhas" citadas por Almirante, que ele (Noel) produziu sozinho?

A carta de Vadico terminava assim, abruptamente. E podia levar à interpretação, mais uma vez, de que fora a fonte para as denúncias de Flávio Cavalcanti. Ou seja, ele próprio causara toda aquela suposta confusão. Mas ninguém o acusou. Pelo menos na imprensa, apesar de algumas insinuações de Almirante. Dois dias depois, em 19 de maio, o radialista voltou a reagir à resposta que o apresentador da TV Tupi deu em seu programa às suas entrevistas à *Última Hora* e ao *Correio da Manhã*. Cavalcanti insistiu no seu ponto de vista e fez referência a depoimentos que teriam sido dados por Henrique Pongetti, Silvio Caldas, Paulo Roberto e João de Barro, os quais confirmavam que Noel teria assumido sozinho a autoria de parte da sua produção que nascera de parcerias.

O *Correio* escreveu: "Tornamos a ouvir Almirante, que hoje se pronuncia mais uma vez, destruindo esses depoimentos e trazendo novos esclarecimentos e documentação." De novo, o jornal estava claramente na defesa de Noel. E do radialista, também. "O rádio da grande sala que é o arquivo de Almirante solta a voz de Aracy de Almeida, por uma incrível coincidência, no bonito samba *Não tem tradução*, de Noel Rosa, quando o repórter chegou à casa da 'maior patente do rádio'. Íamos em busca, pela segunda vez, de uma nova resposta à acusação feita por Flávio Cavalcanti de que o 'Poeta da Vila' escondia seus parceiros nas músicas que com eles compunha." Se Noel estava morto, "e sendo ele uma glória de nossa música popular, alguém deveria defendê-lo", justificou o diário.

Segundo o *Correio*, até a viúva de Noel, Linda (Lindaura) Rosa desconhecia 95% da história da vida do marido. "E Almirante estava preparado, com provas documentais, visto que deverá comparecer diante do público da televisão a fim de defender o seu ex-companheiro e amigo Noel Rosa." E o radialista passou a responder ao apresentador: "Flávio Cavalcanti ironizou meu arquivo (que havia elogiado entusiasticamente quando aqui esteve), declarando que a história da música popular não se conta por meio de documentos, de recortes de jornais, revistas, edições de músicas impressas e discos, mas, sim, por meio de depoimentos pessoais."

Almirante confessou ao jornal que não entendera quando o apresentador da Tupi falou de "essa teoria revolucionária de se fazer história somente por meio de depoimentos pessoais, desprezando-se toda a documentação". Dessa maneira, prosseguiu o radialista, gostaria que Flávio Cavalcanti lhe ensinasse como se poderia contar a história, por exemplo, do Padre José Mauricio (músico barroco brasileiro) que, no Brasil, viveu na época de Dom João VI. "Com certeza, tais depoimentos pessoais, a que Flávio alude, teriam de ser procurados numa sessão espírita."

Disposto a ir em frente no embate contra seu agora desafeto, Almirante apresentou uma pasta (recém-montada por ele) ao repórter, para o caso de precisar provar o que dizia, com o título "Caso-Noel e autorias-parceiros". Enquanto folheava seu conteúdo diante do repórter, prosseguiu na defesa, referindo-se mais diretamente a Vadico: "Continuando a difamação da memória de Noel, no seu último programa de TV, Flávio repetiu a torpeza de dizer que Noel escondia os parceiros de suas músicas. E dentro da sua tese do depoimento pessoal, além de Vadico, cujas palavras devem ser consideradas suspeitas, mencionou quatro nomes de projeção: Henrique Pongetti, Silvio Caldas, Paulo Roberto e João de Barro (Braguinha), afirmando, enfaticamente, que os mesmos poderiam testemunhar, pessoalmente, o que ele afirmava. Vamos examinar esses quatro depoimentos."

Para o jornal, o radialista passou a "destruir" os depoimentos citados no programa da Tupi, um a um: "Henrique Pongetti declarou que Noel, ao lhe entregar a música *Tarzan, o filho do alfaiate*, para o filme *Cidade mulher*, anunciou-se como seu único autor, quando (sabemos que) a melodia é de Vadico. Ora, como pode o bom Pongetti lembrar-se de um fato passado há 22 anos e quando problemas de autorias não tinham, pode-se dizer, nenhuma importância? Falando pessoalmente a Pongetti fiz-lhe esta mesma pergunta, e mais ainda, como ele podia explicar o fato de que só a ele (Pongetti) Noel Rosa fazia tal revelação, pois que na música de *Tarzan, o filho do alfaiate*, lançada à venda, em princípios de 1936, já constava o nome de Vadico como parceiro?"

Como explicar, também, continuou o radialista, que, no outro disco de *Tarzan*, gravado por ele próprio na RCA-Victor, já constava, também, o nome de Vadico? Almirante questionou também: "É de se considerar que foi uma mágica besta essa de Noel ter dito somente a Pongetti que a música era dele, quando discos eram impressos e mencionavam já a autoria de Vadico? Portanto, esse depoimento de Pongetti, 22 anos depois dos fatos passados, não tem apoio em nenhum fato concreto, está desmentido pelos próprios documentos que exibirei por esses dias na TV."

O radialista passou, em seguida, ao "caboclinho" Silvio Caldas. E não poupou palavras duras contra o apresentador da Tupi, que, na sua opinião, havia forjado uma prova com o nome do seresteiro. E contou o que seria a verdade sobre seu depoimento: "O caso de Sílvio Caldas é lamentável. Há uns poucos meses, no fim de uma noite alegre, Flávio Cavalcanti gravou certas palavras que o grande cantor proferiu como uma das muitas piadas do seu temperamento jocoso (e que foram mostradas no seu programa para fundamentar suas 'denúncias'). Pelas circunstancias da gravação e pelo tom de voz de Sílvio Caldas, percebe-se, claramente, que aquilo foi uma galhofa e não uma declaração para ser tomada a sério, coisa que Flávio Cavalcanti não soube compreender."

Por mais que tentasse desvincular seu nome do de Noel e mostrar que podia fazer músicas com outros compositores, Vadico sempre aparecia nos jornais como "parceiro" ou "companheiro" do Poeta da Vila.

Silvio dizia, afirmou ele, que Noel havia gravado como de sua exclusiva autoria o samba *De babado*, cujo estribilho era da autoria de um tal "Papai da Cancela". "E, concluindo, declarava em puro tom de brincadeira que Noel tinha dessas 'maroteiras'. Quando Flávio Cavalcanti irradiou aquela gravação em seu programa 'Discos impossíveis' (quadro, na verdade), houve um espanto! E eu, procurando Silvio Caldas, fiz-lhe ver quanto ele estava enganado a respeito. Provei (coisa fácil de se verificar) que na música e no disco, Noel não está sozinho (como autor). Ali está citado o nome do seu parceiro, João Mina."

Se João Mina era o mesmo "Papai da Cancela" de que falava Silvio Caldas, nunca se soube. "O que é certo é que Noel, totalmente ao contrário do que afirmava Silvio, não editou nem gravou *De babado* como sendo exclusivamente seu". Assim, se realmente o estribilho era do tal "Papal da Cancela" e não de João Mina, não era a Noel que cabia investigar, na opinião do radialista. "E se eram duas criaturas distintas, quem é que garante que 'Papai da Cancela' não se afirmava autor do que era de João Mina, ou vice-versa? Mas, repito, não era Noel que devia esmiuçar esse detalhe. O certo é que *De babado*, que fez um sucesso estrondoso, nunca despertou nenhuma questão no seu tempo."

Flávio Cavalcanti, afirmou Almirante, sabia dessa história. Mas a omitiu para jogar a opinião pública contra Noel e vitimizar Vadico. "Sabia que o caso de *De babado* não poderia servir como prova para suas declarações capciosas. Mas o usou assim mesmo." Enquanto folheava novamente a pasta com seus arquivos sobre o compositor, o radialista parou no nome de Paulo Roberto, o famoso produtor e animador da Rádio Nacional. "Paulo Roberto, o quarto citado pelo deslumbrado produtor (apresentador) do programa *Um instante, maestro!* não lhe prestou a menor declaração. E seu nome, aparecendo como testemunha, é mais uma triste prova dos processos mentirosos de que ele (Cavalcanti) usa para iludir sua imensa plateia da Televisão. Também tenho, em meu poder, um documento em que Paulo Roberto desmente ter prestado a Flávio qualquer declaração de que Noel escondeu as parcerias."

Por fim, a reportagem chegou ao cunhado de Almirante, João de Barro, o Braguinha, autor da letra de *Carinhoso*, música de Pixinguinha e último a ser "desmentido" pelo biógrafo de Noel. Ele afirmou que "o coparentesco entre os dois foi mencionado como prova armadora da 'verdade' de que ele (Flávio) iria revelar e que foi a seguinte: 'Noel procurava esconder que João de Barro era seu parceiro na famosa

O "Poeta da Vila" sempre fêz sambas sòzinho: os parceiros vieram depois

O produtor de TV, Flávio Cavalcanti, em seu último programa "Um instante maestro", acusou Noel Rosa de esconder o nome de seus parceiros em algumas músicas. Citou, especialmente, o caso de Vadico, que de retôrno ao Brasil, depois de 17 anos ausente, encontrou o "poeta da Vila" em plena evidência, "tocado" em tôdas as estações de rádio, "boîtes", etc., sem que nos dez sambas que musicou para Noel constassem seu nome. Mas Flávio Cavalcanti falou, também, na existência de um documento em que Noel Rosa se dizia proprietário das referidas composições. Conhecemos Vadico e sabemos que tem qualidades. Sabemos também que Vadico não poderia culpar Noel por uma falha ou, mas acertadamente, "golpe" inteligente de alguns donos de gravadoras e edições musicais.

ALMIRANTE TOMA A DEFESA

Ninguém melhor do que Almirante — "a maior patente do Rádio" — poderia responder por Noel Rosa a essas acusações. Principalmente levando-se em conta dois fatôres: Almirante foi companheiro de Noel e possui o mais completo documentário sôbre a vida do autor de "com que roupa".

— "A questão da autoria das

(Continua na 6.ª página)

Guerra é guerra. Valia tudo no embate entre Flávio Cavalcanti e Almirante, inclusive distorcer fatos e informações. O público, confuso, ficou sem saber que lado tomar. A imprensa preferiu apoiar Almirante.

marcha *Pastorinhas*". Almirante se mostrou indignado com a afirmação por causa do erro de informação do apresentador da TV Tupi. "Pasmem, os leitores, diante do que vão saber agora. Noel Rosa morreu sem saber que a sua extraordinária bagagem musical iria ser enriquecida pela marcha *Pastorinhas*."

Ele explicou que a composição, com tal título, só apareceu em dezembro de 1937, sete meses depois da morte de Noel. A verdadeira história daquela marcha era a seguinte, segundo ele: em fins de 1934, João de Barro e Noel Rosa compuseram a marcha que os dois intitularam *Linda pequena*, editada logo a seguir e gravada em disco somente em fins de 1935, pelo cantor João Petra de Barros, que faleceria em 1948, aos 34 anos. A marcha, no entanto, não fez sucesso. Pior, passou em branco, quase nada vendeu – apenas 189 discos –, pois não foi tocada nas rádios.

Morto Noel, em maio de 1937, continuou Almirante, alguns meses depois, João de Barro, inconformado com o desinteresse do público por aquela linda melodia que ele tanto apostava comercialmente, resolveu fazer pequenas modificações em seus versos, dar-lhe um novo nome e a entregou para Silvio Caldas gravá-la. "Já porque a marcha era realmente extraordinária, já por ter tido uma gravação mais atraente, e, também, pela aura de saudade que Noel Rosa deixou, *Pastorinhas* se tornou no maior sucesso do Carnaval de 1938."

Chegou até a ganhar o concurso de sambas e marchas carnavalescas naquele ano. Mas, como ele já tinha dito, "o pobre Noel não veio a tomar conhecimento, não só desse sucesso, como, também, daquele novo nome de *Pastorinhas*". Como poderia, portanto, prosseguiu ele, "em alguma ocasião, ter Noel ocultado o nome do seu parceiro, nessa composição, de que em vida não tinha tomado conhecimento? Só por espiritismo. Aí, estão, pois, destruídos a luz de documentos incontestáveis, os quatro depoimentos pessoais cavilosamente citados por Flávio Cavalcanti."

Não, não estavam destruídos. O enfrentamento de Cavalcanti e Vadico contra Almirante ainda teria novos *rounds*, com maior envolvimento do ex-parceiro de Noel na confusão.

CAPÍTU

13
O VENDEDOR DE SAMBAS

Uma pergunta (é verdade que Noel escondia os co-autores de seus sucessos?) e 14 respostas

COM A MORTE DE NOEL ROSA SECOU A FONTE DA INSPIRAÇÃO DOS PARCEIROS

Noël por Noël

Almirante jogou a toalha e admitiu que Noel vendeu mesmo três sambas que fez com Vadico para a Odeon. E passou a insistir no argumento de que Noel era sim um compositor de valor quando criava sozinho, ao contrário do que diziam Flávio Cavalcanti e Ary Barroso.

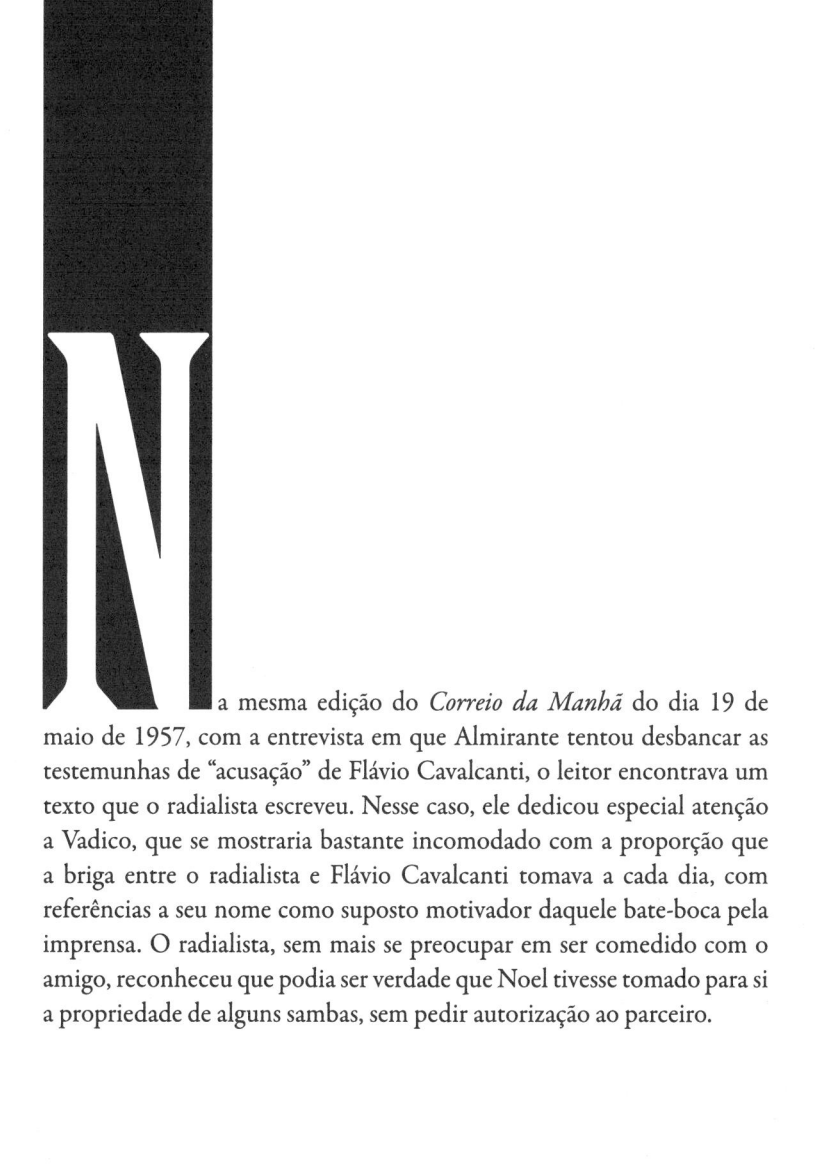

Na mesma edição do *Correio da Manhã* do dia 19 de maio de 1957, com a entrevista em que Almirante tentou desbancar as testemunhas de "acusação" de Flávio Cavalcanti, o leitor encontrava um texto que o radialista escreveu. Nesse caso, ele dedicou especial atenção a Vadico, que se mostraria bastante incomodado com a proporção que a briga entre o radialista e Flávio Cavalcanti tomava a cada dia, com referências a seu nome como suposto motivador daquele bate-boca pela imprensa. O radialista, sem mais se preocupar em ser comedido com o amigo, reconheceu que podia ser verdade que Noel tivesse tomado para si a propriedade de alguns sambas, sem pedir autorização ao parceiro.

Almirante, no começo de sua carta, criticou Vadico por tentar diminuir a importância da parceria com o Poeta da Vila em mais de uma dezena de sambas. Em outras palavras, insinuou que era um invejoso: "O excelente compositor Vadico, cujo mérito ninguém põe em dúvida, tem toda razão quando reclama do fato de seu nome não ser citado na apresentação de muitas músicas que escreveu com Noel. Somente não soube ele compreender que a grandiosidade do nome de Noel, por uma lei inexorável, que todos os que vivem da música popular conhecem, acabaria sobrepujando o seu."

E até amenizou a exclusão de seu nome nas músicas gravadas em disco. O lançamento de discos no formato de long-plays, afirmou Almirante, em que figuravam composições de Vadico, "mas em que só o nome de Noel é destacado nas capas, é um recurso comercial (lamentável, concordemos), mas perfeitamente compreensível". De toda sorte, continuou ele, "o que não é lógico se atribuir qualquer culpa a Noel". Segundo o radialista, Vadico teria lhe enviado uma carta em que desmentia Flávio Cavalcanti, mas confirmava a existência dos tais documentos em poder da Fábrica de Discos Odeon. Não podia Almirante concordar com o momento em que "Flávio esbravejou dizendo que Noel escondeu a verdade de Vadico".

Na tal carta de Vadico teria afirmado que, nos documentos, Noel sempre figurava como autor das músicas. Almirante, porém, não falou do trecho em que o compositor insistiu na venda dos sambas por Noel sem seu consentimento. Admitida a culpa do Poeta da Vila, ele tentou amenizar o impacto do erro do amigo: "Flávio Cavalcanti, que é neófito (iniciante, recém-convertido) em coisas de música, não compreendeu, ainda, que, em um contrato, propriedade significa uma coisa e autoria, outra. Eu posso comprar os direitos de *Aquarela do Brasil*, de Ary Barroso, e me tornar seu proprietário. Daquele dia em diante eu é que irei receber os direitos que o grande samba render, mas não poderei, em hipótese alguma, retirar o nome de Ary Barroso daquela autoria."

Em seguida, Almirante entrou direto na discussão sobre Vadico ter declarado que não vendeu as músicas a Noel consentiu que ele fizesse isso à Odeon. Mesmo sem provas, disse que o parceiro tinha vendido, sim. "Foi isto, exatamente, o que aconteceu com os sambas *Feitiço da Vila*, *Conversa de botequim* e *Cem mil-réis*, cujos direitos autorais em discos Vadico vendeu ou cedeu a Noel Rosa: simplesmente pelo fato de que a vendagem dos discos, naqueles tempos, era uma coisa ridícula. *Feitiço da Vila*, lançado em 1934, até 1940, teve somente 284 discos vendidos.

A parte de Vadico era de 150 réis por disco, o que lhe teria dado, caso recebesse, a quantia de quarenta e nove mil e seiscentos-réis."

De acordo com ele, *Conversa do botequim*, lançada em disco no mês de setembro de 1935, teria vendido somente 260 discos até o ano de 1942. E *Cem mil-réis*, lançado em abril de 1936, por cinco anos, até 1941, teve somente 600 discos vendidos. "Não é de estranhar, portanto, que diante dessas ridicularias e não prevendo, como não se podia prever, então, que tais sambas fossem se constituir em grandes sucessos (o que só ocorreu muitos anos depois de Vadico ter ido para os Estados Unidos), fossem eles cedidos a Noel como consta da documentação da Odeon", disse Almirante, sem ter visto os recibos da gravadora.

Essas operações se faziam, então, para Almirante, "com a maior simplicidade, bastando a simples declaração de um dos autores. E ela, no caso em questão, está sobejamente confirmada, pelo fato de Vadico, a partir de 1935, ao receber seus direitos naquela fábrica, não ter jamais reclamado coisíssima alguma". Ou seja, o mero silêncio do parceiro, que alegava desconhecer os recibos até 1954 – caracterizaria prova de cessão de diretos de sua parte. "Até 1939, quando seguiu para os Estados Unidos, (Vadico) não fez a menor reclamação ou a mais ligeira menção a esses fatos. Isto porque, a transação recente ainda lhe estava fresca na memória. Somente depois de voltar dos Estados Unidos, em 1954, percebendo o sucesso de Noel Rosa, lembrou-se de reivindicar direitos que ele cedera antes."

Não aconteceu assim, como foi aqui mostrado. Mas Almirante disse ainda que, "no resumo de tudo (e nós não queremos entrar no mérito dessas questões de propriedade), não há onde se pegar para que alguém fique autorizado a dizer que Noel Rosa escondeu a parceria de Vadico em alguns de seus sambas". Concluiu ele, dirigindo-se ao ex-parceiro do Poeta da Vila: "Triste evidência da grande amizade que Vadico propala ter tido por Noel Rosa está no grito que ele usa na sua carta-resposta ao classificar músicas de Noel como 'maravilhas', querendo deixar a impressão de que eram coisas sem valor. Então, meu bom Vadico, aquela inativa quantidade de excelentes músicas que Noel compôs sozinho, você, com toda a sua capacidade musical, acha que não tem valor?"

Ao final do seu artigo, Almirante arrematou, com uma cutucada no patrocinador do programa de TV de Flávio Cavalcanti, a rede de lojas O Rei da Voz: "Não posso deixar de fazer um reparo, que um programa de tal virulência e inexatidão, como o de Flávio Cavalcanti, tenha o patrocínio de uma casa de passado ligado ao grande Francisco Alves e que, portanto, não deveria cuidar de questões desprimorosas contra a nossa música popular e, principalmente, de ataques mentirosos a figuras ilustres, como tem acontecido ali", escreveu.

Continuou ele: "E mais surpresa me vem, ainda pelo fato da agência, que produz tal programa, pertencer a quem sempre foi um grande, um extraordinário amigo de Noel Rosa (referia-se ao dono da rede, o empresário Abraham Medina), que deu a maior fama ao programa que ele manteve nos princípios do nosso Rádio e que podia, inclusive, ser o primeiro a atestar que Noel Rosa podia ser boêmio, mas nunca um desonesto."

A reportagem seguinte – ou seria *round*? – saiu na edição do *Última Hora* de 20 de maio de 1957. O jornal anunciou para o dia seguinte a ida de Almirante à televisão para defender o que descreveu como "a honra de Noel Rosa". Dizia o texto que, "armada de provas e documentos, 'a maior patente do rádio' brasileiro falou para *Última Hora* as razões porque defenderá seu ex-companheiro (do grupo musical Bando de Tangarás)", dizia o subtítulo da matéria. O programa seria exibido ao vivo, às 18h15. "Diante das câmeras da TV Tupi", Almirante advogaria por Noel das acusações que lhe tinham sido feitas por Flávio Cavalcanti. Seria uma espécie de "direito de resposta" da emissora.

O jornal lembrou que tinha publicado a primeira resposta de Almirante e uma carta de Vadico alguns dias antes. E que o assunto prometia ser esquecido, "mas Flávio Cavalcanti voltou a bater na mesma tecla e, por essa razão, Almirante estará amanhã diante dos espectadores da TV Tupi". Tal espaço ele conseguiu depois de pressionar a direção da TV. A emissora preparou um pequeno espetáculo, que deveria durar quinze minutos, com Aracy de Almeida como convidada. Mas chegou a meia-hora. Entre uma argumentação e outra, ela cantaria as músicas de Noel. Assim, ela também entrou na briga "para defender seu falecido amigo, glória de nossa música popular".

Para o programa, Almirante levaria o que dizia serem provas irrefutáveis sobre a honestidade de Noel. E justificou: "Eu não poderia deixar passar em branco as acusações contra Noel Rosa. Vários motivos me levam a defender meu ex-companheiro." E repetiu ao jornal, mais uma vez, que estava bem preparado para isso. "Como todos sabem, sou o único que possui um documentário completo sobre o Poeta da Vila. Já reuni documentos que mostrarei amanhã na televisão e acredito que bastarão para destruir todas as infâmias e mentiras levantadas por Flávio Cavalcanti contra Noel Rosa."

Almirante ocupou o horário em que tradicionalmente era transmitido o programa de Aidée Miranda, que havia vencido o *Campeonato Brasileiro de Calouros*, comandado pelo locutor no rádio. Ou seja, não foi difícil convencer a moça – sua pupila – a lhe ceder o espaço. Além de Aracy, ele foi ajudado pelo maestro Aldo Taranto e sua orquestra. Somente a parte final das falas do defensor de Noel seriam preservadas: "Faço votos para que eu tenha sido bastante explícito em minha exposição e que, portanto, não reste – pelo menos entre os que assistiram a este programa – nenhuma dúvida sobre a capacidade de Noel como musicista e, principalmente, que não reste dele a ideia caluniosa de ter escondido qualquer dos seus parceiros".

Continuou Almirante: "Em 1937, Noel foi morto fisicamente pela doença; em 1957, neste mês de maio, 20 anos depois do seu desaparecimento, e quando, portanto, sua memória deveria ser reverenciada, tentam matá-lo de morte mais triste ainda, porque, agora, é a morte moral, a morte de sua honra, a morte pela difamação, pela mentira, provocada pelo mero sensacionalismo. Perdoe-me a liberdade do pleonasmo 'matá-lo de morte mais triste ainda'. É que agora tenho habeas-corpus, depois que filólogos e gramáticos aprovaram, com muita justiça e em honra a Ary Barroso, o seu 'coqueiro que dá coco'".

A citação a Barroso era, na verdade, uma provocação, por ele insistir que Noel era somente bom letrista e não compositor acima da média. Almirante também participaria, dois dias depois, em 23 de maio, como diziam os críticos, do programa de Manoel Jorge, na TV Rio, Canal 13, com o mesmo propósito. Antes, no dia 22, o *Correio da Manhã* publicou com destaque a cobertura da participação do radialista no pronunciamento da TV Tupi.

Em sua defesa, o diário destacou no título: "Almirante deu uma aula". O *Correio* explicou que, "conforme foi anunciado, a TV Tupi, num gesto que muito a dignifica, cedeu ontem mais de um quarto de hora a Almirante, para que este fizesse uma defesa da memória de Noel Rosa, rebatendo as acusações que Flávio Cavalcanti fizera no seu programa daquela mesma estação, de que Noel sempre procurara esconder os nomes de seus parceiros".

De modo geral, ele repetiu o que já havia dito nas entrevistas anteriores ao *Correio da Manhã e ao Última Hora*. E deu destaque à declaração por escrito de Paulo Roberto – também citada na entrevista do mesmo jornal – em que o radialista negava ter declarado a Flávio

Cavalcanti que Noel Rosa ocultava seus parceiros. E mostrou às câmeras um gráfico relativo às gravações de músicas de Noel Rosa e Vadico, para ressaltar as "quantias irrisórias" a que o parceiro teria direito pelas vendas – das quais, segundo ele, nunca protestara até voltar dos Estados Unidos, quase duas décadas depois.

A reportagem descreveu a *performance* de advogado de defesa desempenhado por Almirante como algo a ser elogiado. "Esplêndida a argumentação demonstrada por Almirante — tanto mais simpática, por evidenciar o interesse em defender a memória do amigo e companheiro falecido exatamente vinte anos antes", observou o jornal. Segundo o *Correio*, ninguém poderia oferecer contestação às suas afirmações, "que deitaram por terra a acusação injusta de Flávio Cavalcanti e destruíram, por completo, os depoimentos a que o apresentador da Tupi se referiu".

Mesmo que os argumentos fossem conhecidos dos leitores dos dois jornais que cobriram a briga entre Almirante e Cavalcanti, o *Correio* manteve sua empolgação no restante da reportagem: "Em complemento à curiosa palestra que foi uma verdadeira aula, e justificando outro ponto de vista — o de que Noel Rosa não foi apenas um bom letrista, mas, também, um magnífico compositor —, Almirante lembrou inúmeras músicas feitas exclusivamente pelo seu antigo companheiro do Bando de Tangarás". Nessa "segunda fase" do embate público contra Cavalcanti, Almirante teve a colaboração valiosa de Aracy de Almeida, que, como noticiou *Última Hora* um dia antes, cantarolou os trechos apresentados.

Após a aparição de Almirante na TV, um indignado Flávio Cavalcanti decidiu ir à imprensa responder ao radialista. E o fez na mesma edição do *Correio da Manhã* do dia 22, por meio de uma carta enviada ao jornal. No que chamou de "Nota da Redação", o diário observou que não concordava com o ponto de vista do apresentador da Tupi de que Noel "escondia" o nome de seus parceiros, que já fora exaustivamente rebatido por Almirante. "Entretanto, aqui ainda abrimos espaço às palavras que o primeiro nos enviou." Entre suas frases de destaques, o jornal publicou: "Para conhecer a música popular, temos que nos basear na tradição oral", insistiu, na afirmação que tanto irritou Almirante. "Nunca declarei que Noel Rosa foi um bom letrista apenas", rebateu, na frase destacada pelo diário.

O apresentador começava assim sua defesa: "Como foi o princípio deste 'caso' Noel Rosa x Vadico? Vou começar tudo de novo e procurar pôr um fim nas inúmeras deturpações tendenciosas de minhas palavras." Ele contou que na quarta-feira, 8 de maio, em seu programa de televisão *Um instante, maestro!*, levara como convidado especial o compositor Vadico. "Tratando eu, em meu programa, da música popular brasileira tudo que a ela se refere é por mim abordado. Vadico é autor de lindas e inspiradas melodias, que atravessaram os anos transformadas pelo público em autênticos sucessos e, por isso mesmo, essas melodias de Vadico são consideradas verdadeiros clássicos de nossa música popular: *Feitiço da Vila, Feitio de oração, Conversa de botequim, Pra que mentir?* são melodias de Vadico."

De modo injusto, prosseguiu, "vem ele sendo 'esquecido' ou 'omitido' ao serem lembradas suas composições, aparecendo somente o nome de Noel Rosa como único autor das mesmas, pelo fato de Noel ter escrito os versos para essas canções de Vadico, versos muito bem feitos, é verdade, aos quais, no entanto, as melodias de Vadico nada ficam a dever". Esse esquecimento ou omissão, afirmou ele, vinha desde o tempo em que Noel estava vivo, e o próprio letrista estendia, sempre que possível a 'coautoria' de Vadico nessas composições. "Foram estas as minhas palavras, aí, começou a celeuma" (com Almirante), acrescentou ele.

Flávio Cavalcanti comentou, em seguida, a primeira entrevista do radialista ao *Correio da Manhã*, três dias depois que o programa fora ao ar – na edição de 11 de maio. "Almirante, a quem sempre admirei muito, investiu então contra minhas declarações neste programa, com recursos confusionistas, não elogiável e nobre objetivo de defender seu amigo." Mas, na sua opinião, ele cometeu uma série de injustiças porque "deturpou completamente as minhas palavras e, não contente com isso, acusou-me de leviandade e sensacionalismo e, ainda mais, pretendeu desmentir-me quanto à veracidade de um documento que eu declarara ter existido nos cofres da gravadora Odeon".

O apresentador da Tupi, então, transcreveu alguns trechos ditos pelo radialista, para melhor esclarecer a questão, segundo ele, com sua (verdadeira) versão. Disse Almirante, que "criaturas apressadas, totalmente ignorantes da verdade sobre pessoas e coisas da música popular, e que não trepidam, por mero sensacionalismo, em fazer afirmativas das mais levianas, como essa de que Noel **só foi bom compositor quando tinha parceiros**" (Todos os grifos aqui são do texto original). Essa seria a "primeira mentira" do radialista. "O meu programa foi todo gravado, assim como todos os outros programas que venho fazendo. O que afirmei é bem diferente do que me pretendeu atribuir Almirante, pois não falei em ter sido 'Noel Rosa bom compositor só quando tinha parceiros', e, sim, em 'procurar esconder a coautoria de Vadico nas músicas que fizeram juntos."

Almirante, em seguida, prosseguiu Cavalcanti, teria colocado em dúvida a existência da prova de que Noel havia vendido os sambas sem consultar Vadico, ao dizer: "A declaração de que o documento existiu, portanto, faz supor que não exista mais, foi um tanto afoita. **Se existiu, quem foi que o viu?**" O apresentador da TV Tupi rebateu com veemência e certa raiva: "Diante dessas deturpações de minhas palavras, diante dessas acusações de 'leviandade' e 'ignorância do assunto', vi-me obrigado a explicar aos espectadores a origem de minhas afirmativas, a consistência de minhas declarações e isto eu fiz em outro programa, na quarta-feira, 15, do corrente mês."

Cavalcanti insistiu na correção dos depoimentos de "várias" pessoas que conviveram também com Noel Rosa e que estariam habilitadas, por isso mesmo, a comentar e a opinar sobre o assunto, tanto quanto Almirante. Todas tinham sido "desmentidas" pelo radialista nas páginas dos jornais. Ele observou que eram "pessoas a quem havia eu me dirigido, procurando informações e esclarecimentos, antes de realizar o meu primeiro programa. Conversei sobre o assunto com muita gente e, reunindo tudo que ouvi, tirei as conclusões apontadas ao público."

Em primeiro lugar, citou o próprio Vadico, "que, no assunto, tem de ser ouvido, merece ser ouvido". Depois João de Barro (Braguinha), de quem Cavalcanti teria registrado queixas de Noel feitas no programa *Museu de cera*, de Yara Salles, da Tupi. Ele ainda teria entrevistado Silvio Caldas, Paulo Roberto e Henrique Pongetti, que, depois, foram rebatidos pelo radialista. "Todos eles foram citados por mim. Não foi assim, levianamente, como supôs Almirante, que tratei do assunto."

Outro trecho questionado por ele foi o de que o radialista era possuidor "do mais completo documentário sobre Noel...", o que nem sempre o credenciava, na opinião do apresentador, a ter a razão do seu lado. "Sim, todos sabem que seu arquivo é fabuloso, eu inclusive. Mas esse arquivo não é tão perfeito assim, pois ele duvidou da existência do documento por mim comentado, onde Noel se diz 'proprietário' das melodias de Vadico, chegando a escrever o apodo '**se existiu, quem foi que o viu?**'"

Cavalcanti lembrou que, dias depois desse questionamento, o próprio radialista disse ao jornal *Última Hora* que "**o documento existe. Aliás, são em número de três**". E o desafiou: "Então, Almirante, já agora você admite que o documento existe? E ainda admite mais (o que eu não declarara) que não era um só o documento, mas, sim, três os documentos? Voltemos a seu fabuloso arquivo..."

O apresentador disse que afirmou no segundo programa, "e continuo afirmando agora, que a bibliografia no assunto música popular (livros de estudo e pesquisa) é inexistente. Falei ainda: ... que para se conhecer, para se escrever, para se comentar a música popular, temos que nos basear na tradição oral, nas informações verbais". Ele teria dito ainda em seu programa: "Partituras musicais não seriam documentos tão certos como deveriam ser..."

Com isso, "não menosprezei nem pretendi ridicularizar seu arquivo, que continuo achando fabuloso, mas, unicamente, **reduzi sua indiscutibilidade às proporções exatas**. Foi isso que se passou em meu segundo programa. Acrescentei os depoimentos citados (Vadico, João de Barro, Silvio Caldas, Paulo Roberto e Henrique Pongetti) e fiz referência à importância que se deve dar às informações verbais, a par do documentado esparso e falho que se pode possuir em um arquivo nesse assunto, embora muito bem organizado".

Após assistir ao seu segundo programa, reclamou Cavalcanti, Almirante voltou ao *Correio da Manhã*, na edição de 19 de maio, com outra entrevista e fez também um programa no Canal 6, para "destruir" os depoimentos de seu opositor. Disse que fez isso sem, no entanto, conseguir seu intento. "E vou provar isto agora. Pelo que eu vejo, Almirante tem o vício de deturpar tendenciosamente, maliciosamente, as palavras que escuta."

Porque, continuou o apresentador, nessa outra entrevista, o radialista "começa com outra mentira, dizendo: 'Flávio Cavalcanti declara que a história da música popular não se conta por meio de documentos, de recortes de jornais e revistas, edições de músicas impressas e discos, **mas, sim, por meio de depoimentos pessoais...**' Vamos com calma, Almirante. Não foi nada disso. É esta uma falsificação desonesta."

O que ele dissera, explicou o apresentador, repetiria palavra por palavra naquele depoimento escrito à mão: "Partituras musicais não são documentos tão irrefutáveis como deveriam ser. Há partituras musicais com erros de grafia. Há discos velhos gravados de maneira errada (converse com Marília Batista a respeito da gravação de *Último desejo* por Aracy de Almeida). É preciso, portanto, ouvirmos, também, a tradição oral, as informações verbais."

Flávio Cavalcanti afirmou que era mesmo impossível precisar, em muitos casos, a autoria de uma música, pois sambas e marchas foram e ainda eram "mercadoria que muita gente vende e que muita gente compra" – fenômeno que acontecia desde o começo do século. Partituras musicais, portanto, não eram suficientes para dizer se um dos parceiros escondia ou não a participação do outro, como fazia parecer Almirante em duas entrevistas. "Embora esteja escrito na partitura o nome dos dois, ou dos três parceiros, não elimina a afirmativa ou admite que um deles tenha sempre 'esquecido' de citar o seu ou seus companheiros."

Para ele, "partituras musicais (impressas e vendidas) não são documentos nem mesmo para a comprovação de autoria. Isto porque, se daqui a alguns anos (20 anos, digamos, tempo necessário para que se 'esqueça' muita coisa, segundo as declarações de Almirante), alguém for comprar a partitura de *Ninguém me ama*, nela encontrará os nomes de Antonio Maria e Fernando Lobo. E todos sabemos hoje, pelas próprias declarações do senhor Fernando Lobo, que nenhuma participação teve na composição daquele samba."

Assim como Almirante questionou os depoimentos usados pelo apresentador para fazer acusações contra Noel, Cavalcanti voltou a eles para dar suas explicações – e justificativas: "Tentando destruir o depoimento de Vadico, o primeiro que citei no meu programa, disse Almirante que eu não conheço bem os termos usados em música popular e fez diferença entre 'proprietário' e 'autor', alegando que Vadico podia ser o autor das melodias, mas Noel Rosa podia ser o proprietário, **caso Vadico houvesse vendido sua propriedade a Noel.**"

O apresentador rebateu: "Ora, Almirante, a isso é muito fácil responder. Vadico publicou no *Última Hora*, de 17 de maio, o seguinte: 'Este documento e mais outros dois (chamo a atenção dos que me leem agora, para que sintam ter sido esta a afirmativa de Vadico, que fez Almirante concordar com a existência do documento posto em evidência antes) foram estampilhados e assinados por Noel Rosa e mais duas testemunhas, faltando neles o mais importante, a minha assinatura'." E disse mais Vadico, de acordo com a transcrição de Cavalcanti, que parecia querer desviar a atenção para a compra de sambas por parte de Noel: "Como pianista, orquestrador e diretor de orquestra, **nunca tive necessidade de vender minhas músicas a ninguém.**"

Vadico terminava esse trecho de sua entrevista com estas palavras, realçadas por Cavalcanti: "**Noel Rosa aceitava a autoria de minhas**

músicas..." Portanto, concluiu o apresentador, o parceiro não vendeu suas músicas a Noel, quem não podia se apresentar nem mesmo como "proprietário" das mesmas diante da direção da Odeon, para vendê-las. "Falei a verdade, então, ao dizer que Noel tentou esconder, sempre que possível, a coautoria de Vadico."

Cavalcanti destacou ainda outra fala de Almirante: "O excelente compositor Vadico, cujo mérito ninguém põe em dúvida, tem toda razão quando reclama do fato de seu nome não ser citado na apresentação de muitas músicas que ele escreveu com Noel." E alfinetou, mais uma vez: "Ora, Almirante, foi exatamente isso que provocou toda a questão. Foi exatamente com isso que começou a discussão, para fazer justiça a Vadico e, sem sentir, **você concorda comigo**. Era isto que eu queria."

Sobre o depoimento de Silvio Caldas, apresentado no programa da TV Tupi, de que Noel escondia algumas parcerias "(*Disco Impossível*, que fiz rodar em meu programa), disse Almirante, de maneira leviana (aqui, sim, foi leviandade)". Depois de reproduzir o trecho dito pelo radialista sobre não ser verdade a fala de Caldas, ele escreveu: "Não, Almirante, não foi no fim de uma noite alegre, **foi no princípio de uma noite de trabalho**. Estava comigo e testemunha que nada havia de 'alegre', assim, o compositor Billy Blanco."

O encontro teria acontecido antes de Silvio entrar em cena no show de Carlos Machado, sobre Noel, na boate Begin. "Achei leviana e pouco respeitosa a mentira pela qual Almirante quis destruir esse valioso depoimento do também amigo e companheiro de Noel Rosa, Silvio Caldas." Sem entrar em detalhes, o apresentador reconhecia a "insubsistência" no que se referia à citação que ele fez de Braguinha, pois, nesse caso, "realmente houve confusão das palavras do compositor", ditas em entrevista a Yara Salles, no programa *Museu de cera*.

Quanto ao depoimento de Henrique Pongetti, Cavalcanti tinha a dizer que teria apurado sua fala logo no dia seguinte ao que mostrou na televisão, de maneira "indiscutível". Afirmou, ainda, ter sido ele apoiado em "sérios e honestos depoimentos", que deram credibilidade ao que falou em relação a Noel. E que, logo depois do dia do programa, "bem cedo, telefonou para o escritor e teatrólogo Henrique Pongetti e pediu que o ilustre cronista de *O Globo* me desmentisse e Pongetti confirmou tudo".

Ou seja, o jornalista ratificou "que Noel Rosa, ao lhe entregar uma canção por ele encomendada, **não mencionou o nome de seu parceiro**, deixando supor ser **unicamente sua a composição**." Continuou ele, em

"Por que os parceiros de Noel não fizeram mais nad

◊ COMO SURGIU O «CASO» (Flávio Cavalcanti)

No dia 6 de maio último, quarta-feira, em meu programa de televisão «Um instante, maestro», levei como convidado especial, o compositor Vadico. Tratando eu, em meu programa, da música popular brasileira, tudo o que a ela se refere é por mim abordado. Vadico é autor de lindas e inspiradas melodias, que atravessaram os anos transformadas pelo público em autênticos sucessos, e por isso mesmo, essas melodias de Vadico são consideradas verdadeiras clássicos de nossa música popular. «Feitiço da Vila», «Feitio de oração», «Conversa de botequim», «Prá que mentir» são melodias de Vadico. Injustamente vem êle sendo «esquecido» ou «omitido» ao serem lembradas suas composições, aparecendo sòmente o nome de Noel Rosa, como único autor das mesmas, pelo fato de Noel ter escrito os versos para essas canções de Vadico — versos muito bem feitos — é verdade, aos quais, no entanto, as melodias de Vadico nada ficam a dever. Esse esquecimento ou omissão vem desde o tempo de Noel Rosa, e o próprio Noel escondia, sempre que possível, a co-autoria de Vadico nessas composições.

Foram estas as minhas palavras. E aí começou o celeuma.

Almirante, a quem sempre admirei muito, investiu então contra minhas declarações neste programa, com recursos confusionistas, no elogiável e nobre objetivo de defender seu amigo Noel, e no dia 11 de maio, publicou uma entrevista em dois jornais desta capital, onde deturpou completamente as minhas palavras. Não contente com isso, acusou-me de leviandade e sensacionalismo, e ainda mais, pretendeu desmentir-me quanto à veracidade de um documento que eu declarara ter existido nos cofres da gravadora Odeon.

Dessa entrevista transcrevo agora alguns trechos, para melhor esclarecer a questão. Disse Almirante: «Criaturas apressadas, totalmente ignorantes da verdade sôbre pessoas e coisas da música popular, e que não trepidam, por mero sensacionalismo, em fazer afirmativas das mais levianas, como essa de que Noel só foi bom compositor quando tinha parceiros».

Eis aí a primeira mentira de Almirante. O meu programa foi todo gravado, assim como todos os outros programas que venho fazendo.

O que afirmei é bem diferente do que me pretendeu atribuir Almirante, pois não disse ter sido «Noel Rosa bom compositor só quando tinha parceiros», e sim que «procurou esconder a co-autoria de Vadico nas músicas que fizeram juntos».

Continuando a entrevista, Almirante pôs em dúvida a existência documento, dizendo: «A declaração de que o documento exista tanto, faz supor que não exista mais, é um tanto mal feita. Se e quem foi que o viu?».

Diante dessas deturpações de minhas palavras, diante dessas ações de «leviandade» e ignorância do assunto, vi-me obrigado plicar aos espectadores, a origem de minhas afirmativas, a ver cia de minhas declarações e isto eu fiz em outro programa.

No segundo programa na televisão, resolvi trazer a público o poimentos de várias pessoas que conviveram, também, com Noel e que estão habilitadas, por isso mesmo, a comentar e opinar no to, tanto quanto Almirante. A várias pessoas havia eu me dirigido curando informações e esclarecimentos, antes de realizar o m meiro programa. Em primeiro lugar, citei o próprio Vadico, q assunto, teria de ser ouvido — merecia ser ouvido. Depois Jo Barro, de quem ouvira vários comentários quando de uma das sentações do programa «Museu de cêra», com Iara Salles Alm vio Caldas, Paulo Roberto e Henrique Pongetti Não foi assim namente, como supõe Almirante, que tratei da questão.

Havia Almirante declarado que ... «era possuidor de mais ce documentário sôbre Noel... e tive então de referir-me ao seu cido e comentado arquivo. Sim, todos sabem que seu arquivo é loso, eu inclusive. Mas êsse arquivo não é tão perfeito assim tendo Almirante duvidado da existência do documento por mim c tado, onde Noel se diz «proprietário» de melodias de Vadico, ; do a perguntar «quem foi que o viu?»). Muitos dias após, o Almirante vem, por intermédio de um jornal, declarar: «o docu existe. Aliás, são em número de três».

Então, Almirante, já agora você admite que o documento ex ainda admite mais (o que eu não declarara) que não era um só cumento, mas sim três o documentos?

Voltemos o seu fabuloso arquivo... Afirmei naquele progra continuo afirmando agora, que a bibliografia sôbre música p (livros de estudo e pesquisa no assunto) é inexistente Falei «...que para se conhecer, para se escrever, para se comentar ' sica popular, temos que nos estribar, temos que nos basear na ção oral, nas informações verbais. Perituras musicais não sã cumentos tão certos como deveriam ser »

Almirante: seus arquivos (fabulosos, reconhece Flávio) comprovam a lealdade e a honestidade do compositor

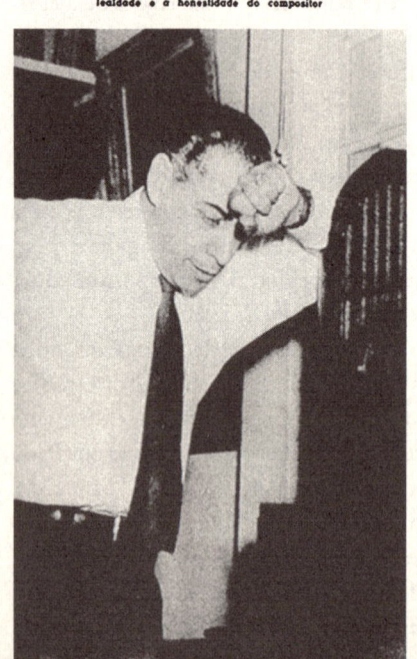

Flávio Cavalcanti lançou a campanha na Televisão. Agora é a de teimoso e caluniador pelos amigos de Noel

e grande depois que morreu o poeta da Vila?"

...ão menosprezei' bem pretendi ridicularizar seu arquivo — que con-
...o achando fabuloso — mas ùnicamente reduzi sua indiscutibilidade
proporções exatas.

...difícil, é mesmo impossível precisar-se sôbre a autoria de uma mú-
..., pois que sambas e marchas foram, e ainda são, mercadoria que
...ta gente vende e que muita gente compra. Partituras musicais não
... suficientes para diz... se um dos parceiros escondia ou não a par-
...pação do outro. Embora esteja escrito na partitura o nome dos dois,
... dos três parceiros, isto não elimina a afirmativa de que um dêles
...a sempre «esquecido» de citar o seu, ou seus companheiros. Par-
...as musicais não são documentos nem mesmo para a comprovação
... autoria

...n resumo, o que eu disse não foi documentàriamente destruído
...l Rosa, grande musicista, grande letrista, escondia, sempre que pos-
...ria Isso vem do tempo do Programa Casé, na Rádio Phillips, quan-
... locutores anunciavam composições apresentadas pelo próprio Noel,
...ndo-o como único autor.
...ra de Vadico nas belas músicas «Feitiço da Vila», «Feitiço de ora-
..., «Conversa de botequim» e outras 7 composições. Idêntico recurso
...m as fábricas de discos, na mais clamorosa injustiça a Vadico. A
...dade é dura de se dizer, mas a qualquer preço ela deve ser dita.

«ESTOU SENDO BOICOTADO» (Vadico)

«Se reclamo, tenho minhas razões. Não é justo que meu nome con-
... sendo omitido, sempre que se anuncia uma música de minha
...
...
... quando fui convidado, juntamente com Almirante, a comparecer ao
...rama do dr. Abellard França, para falar sôbre o caso Noel Rosa,
...nhei o fato de Almirante ter exigido recibos assinados por Noel
...ndo os direitos de suas músicas a terceiros. Ele pensou ter «ergu-
...tos» para provar que Noel não escondia seus parceiros. Outro fato
...rtante: nos meios artísticos sabe-se que Noel vendia suas obras
...re que estava precisando de dinheiro.
...anto à existência de documentos em poder da Odeon, segundo

os quais Noel declarou-se proprietário exclusivo de músicas em que
eu sou co-autor, não se pode dar crédito a um recibo sem a assinatura da parte interessada. Se êsses documentos não têm a minha assinatura, de nada valem. Eu nunca vendi minhas músicas, pois não precisei lançar mão dêsse meio E lamentável que Almirante tenha insinuado que sou trapaceiro, e que recebo direitos autorais de músicas
vendidas a Noel Rosa.

◊ O LEAL NOEL (Mangione)

— «Conheci bem Noel Rosa e o considerava incapaz de fazer qualquer negócio escuso Em tôdas as músicas que editei figuram os nomes de seus parceiros, de acôrdo com contratos assinados. Vejamos as
provas: «Feitiço da Vila» — na partitura musical figuram os nomes
dos autores: Vadico e Noel Rosa. Outros exemplos: A marcha «Mas
como?» — Francisco Alves e Noel Rosa. «Prá que mentir?..» — Vadico e Noel Rosa Os autores são mencionados, com a especificação
de música de Fulano e letra de Beltrano Vejam a música que se intitula «100$000». música de Vadico e letra de Noel Rosa. Perfeitamente
claro Outra composição: «D Emília» — música de Glauco Viana e
letra de Noel Rosa. Temos, por outro lado, músicas que são exclusivamente de Noel «Fita amarela», «Côr de cinza», «Meu barracão», etc,
em cujas partituras de piano consta «letra e música de Noel Rosa».

Sempre fui grande admirador de Noel, como o sou também de Vadico, como compositor. A verdade é que existe gente interessada em
desacreditar o nome de Noel Rosa Acredito que Vadico não tenha o
propósito de desprestigiar seu companheiro.

Quero esclarecer qualquer dúvida que paira sôbre a música «De babado» — de autoria de João da Mina e Noel Todo mundo sabe, inclusive Flávio Cavalcanti, que existe um João da Mina nessa melodia, e
se verificar detidamente, verá que seu nome figura na partitura musical como co-autor, e tem seus direitos assegurados no contrato.

Em síntese: não se pode acusar um homem que sempre procedeu corretamente. Eu tenho a certeza de que Vadico reconhece esta verdade.

◊ NOEL, O PRIVILEGIADO (Heitor dos Prazeres)

Noel Rosa nunca foi responsável pela omissão dos nomes de seus
parceiros Os únicos culpados são os locutores, que estão sempre come-

...i de Almeida (o samba em pessoa) diz que Vadico tem razão
em alguma coisa mas Noel não tem nada com isso

Estou sendo boicotado, diz Vadico, o parceiro de Noel em algumas
músicas. «Chega de burrice!», responde Almirante

sua carta: "Diz Almirante que após tantos anos (20 mais ou menos), o sr. Pongetti não se deve lembrar de um detalhe assim tão insignificante – Então, o senhor Pongetti não se deve lembrar? Por que então se lembra tão claramente Almirante, como foi o caso? Será que a memória do senhor Pongetti teria necessariamente de ser mais fraca que a de Almirante?"

Flávio Cavalcanti afirmou que, sobre o que dissera Paulo Roberto, achou o "recurso teatral e desonesto" usado pelo defensor de Noel. E explicou seu ponto de vista. "Achei falso o senhor Almirante vir exibir um documento onde Paulo Roberto 'disse que não disse, o que não disse o que ele disse' (as minhas palavras estão gravadas, como já salientei antes). O fato é que houve um depoimento do famoso produtor da Nacional sobre a figura humana de Noel Rosa."

Em seguida, o apresentador, então, passou a se defender da fala do radialista no pronunciamento que fez na TV Tupi. Ele destacou que "um dos pontos mais lamentáveis" do programa foi que, "no atropelo da defesa de Noel, (o radialista) insinuou que eu havia afirmado que Noel não era bom musicista, só era bom letrista, coisa que eu jamais disse. Essa declaração não foi feita por mim e, sim, pelo senhor Ary Barroso, conforme Almirante mesmo contou em sua primeira entrevista a este jornal, tendo deixado de ressalvar isto na televisão."

Acrescentou ele: "Ora, o honesto seria, naquele programa de televisão, o senhor Almirante citar, sem medo, o nome Ary Barroso e não deixar no espírito dos telespectadores a impressão de que eu, figura visada naquele programa, houvesse feito aquela afirmativa (também tenho gravado o programa do senhor Almirante)." Na parte final da defesa de Flávio Cavalcanti, o parceiro de Noel voltou ao centro de sua atenção. "Quanto aos quadros sinóticos para efeito de impressionar o público, referentes 'às quantias irrisórias' que seriam devidas a Vadico, em absoluto não comprovam também que Noel Rosa escondia ou não a parceria de Vadico."

Na página anterior: em outubro de 1957, quando o assunto parecia enterrado, a *Revista da Semana* publicou uma enquete em que a maioria dos artistas e produtores que conheceram Noel ficou a seu favor e contra Cavalcanti e Vadico, então transformado em vilão.

No que chamou de "conclusões", o apresentador disse que "as deturpações" de Almirante "foram tamanhas", a história ficou tão confusa, que *Última Hora* publicou em sua primeira página que ele havia declarado ser Noel Rosa um "plagiário". Irado, Cavalcanti prosseguiu: "Vejam os leitores como se documenta a história da música popular brasileira. Quem guardar aquele recorte de jornal dirá, daqui a alguns anos, que eu afirmei realmente isso. Serão esses recortes de revistas, essas partituras com o nome de autores que não são autores, essas deturpações de Almirante, essas coisas todas, **documentos indiscutíveis sobre o assunto música popular?**"

Em seguida, apelou a Almirante e aos jornais que alimentavam a polêmica entre os dois: "Em memória ao grande morto, **um dos mais fabulosos compositores do Brasil**, em se tratando de música popular, paremos por aqui. Vou finalizar com um novo depoimento do grande e conhecido compositor Sivan Castelo Neto, que me escreveu uma carta com estas palavras: 'Ao ouvir suas justíssimas referências ao nosso grande Vadico, quando você destemerosamente trouxe a público a verdade sabre os sucessos de Noel Rosa, essa verdade eu já a conhecia há 15 anos!"

Porém, disse Neto, "quando, timidamente, tentava contestar elogios exagerados (a Noel), procurando dar a Cesar o que era realmente de Cesar, o coro se unia se mesmo refrão: 'É o maior! É o maior'. E Noel Rosa, sem dúvida um grande letrista, seguia também como autor das músicas de Vadico, que assim continuava esquecido..." A defesa parecia encerrada, quando o apresentador tentou dar uma lição no seu desafeto: "Almirante, nem você, nem eu, nem ninguém pode ser considerado autoridade única e indiscutível no assunto música popular. A música popular só perde numa confusão tremenda, numa falta absoluta de provas, numa atrapalhação incrível."

De acordo com ele, em processo que correu na Justiça, o juiz Aguiar Dias teria dado a seguinte sentença: "A música popular brasileira constitui pasto de exploração gananciosa e de aventureirismo audacioso, criando situação que, por sua anormalidade, gera no espírito do observador as mais desencontradas dúvidas e perplexidades."

O apresentador, então, perguntou: "Se um juiz chega a dar esse tipo de sentença, porque Almirante pretende transformar as figuras da música popular em seres discutíveis e intangíveis?" E finalizou: "Em resumo, o que eu disse não foi documentariamente destruído (por Almirante). Noel Rosa, grande musicista, grande letrista, escondia, sempre que possível, conforme depoimentos por mim citados, a coautoria de Vadico nas belezas *Feitiço da Vila, Feitio de oração, Conversa de botequim* e outras sete (oito) composições. Idêntico recurso usam as fábricas de discos, na mais clamorosa injustiça a Vadico."

A celeuma foi tamanha que, na mesma edição, o *Correio da Manhã* publicou a segunda carta de Vadico sobre sua posição em relação ao assunto e ele, como na anterior, não procurou ser comedido. Ao contrário, as palavras duras que usou em relação a Almirante selariam o fim de uma amizade de quase três décadas. O texto se tornaria também outro raro e importante documento para se conhecer um pouco de sua personalidade, do mesmo modo que o primeiro, que saiu no *Última Hora* alguns dias antes. O texto era bem articulado e construído, e revelava ter sido escrito por uma pessoa culta, bem informada, de argumentos bem elaborados e escritos.

Embora não chegasse ao ponto de criticar a obra de Noel, Vadico se mostrava menos polido. Ele usava palavras firmes, tomava posições independentes e até contundentes, no esforço de dar ênfase ao que mais lhe interessava, apesar do título cuidadoso dado pelo jornal: "Vadico responde a Almirante: Noel Rosa não é culpado, mas nunca vendi meus sambas". O parceiro do Poeta da Vila não queria sair por baixo naquele bate-boca. E, também, estava longe de querer deixar passar em branco que discordava do que o antigo parceiro fizera, ao vender as músicas em parceria, sem sua autorização, à Odeon.

Não era uma questão meramente financeira, tentava deixar claro. Curiosamente, porém, o jornal fez questão de destacar que aquela era uma "carta-resposta do compositor ao *Correio*, em defesa do Poeta da Vila". Antes, o parceiro explicara ao diretor da publicação: "Eu tinha dado o assunto por encerrado, quando li a segunda entrevista dada por Almirante a seu jornal e, pela segunda vez, muito a contragosto, sou obrigado a falar de um assunto que detesto, ou seja, 'a questão Noel Rosa." A íntegra da carta dizia:

Sobre a "venda" de minhas músicas a Noel Rosa, nota-se a intenção de Almirante, em seu desespero, defendendo uma causa perdida, de fazer ao menos observadores que eu vendi ou cedi os direitos dessas músicas ao "Poeta da Vila". Em primeiro lugar, Noel não precisava comprar música de ninguém, pois tendo uma facilidade espantosa para compor, como poderia vendê-las facilmente, em vez de empregar seu dinheiro que, em geral, era pouco, em um negócio que não lhe daria lucro, pois – é o próprio Almirante quem diz – os direitos autorais pagos a um autor eram uma ninharia?

Como exemplo, ele cita Feitiço da Vila, que vendeu somente 264 discos, cabendo a cada um de nós a importância de quarenta e nove mil e seiscentos réis, na base de 150 réis por disco. Aliás, meu amigo Almirante errou em suas contas. Pelo menos na escola onde estudei, 264 discos multiplicados por 150 perfazem trinta e nove mil e seiscentos réis. Afirma Almirante que desde 1935 até a época em que eu embarquei para os Estados Unidos, em 1939, "jamais reclamei coisíssima alguma" sobre esses direitos. Ora, ele se esqueceu que, além dessas músicas, eu tinha outras, também gravadas nessa fábrica, e que, naquele tempo, as gravadoras não apresentavam uma relação dos discos vendidos?

O negócio era mais ou menos assim: chegava um compositor e perguntava: "Escuta, velho, vê se eu tenho algum aí..." Vinha a resposta: "Tem nove mil e seiscentos". Aí, o autor assinava um livro (tipo livro de ponto), embolsava seus 9$600 e, depois de duas ou três cachacinhas, ia direto ao Restaurante Reis onde, por 1$500 encestava meia porção de um prato qualquer. Isso acontecia aos menos afortunados, pois, no meu caso, tendo outra profissão, nunca precisei de 9$600 provenientes de direitos autorais para almoçar ou jantar no Reis, pois, não nego, minhas duas ou três cachacinhas.

Nem mesmo atualmente a questão dos direitos autorais é levada mais a sério. As gravadoras (com poucas exceções) apresentam aos autores uma relação com as músicas vendidas, como provo com o balancete trimestral que junto a esta, fornecido pela Odeon. Pode-se notar nesse balancete o número de cada disco, a quantidade vendida, a porcentagem do autor e o total, tornando-se necessário um Einstein para decifrar tantas frações.

Eu, tendo mais o que fazer, não procurei saber de que músicas provinham meus direitos. Junte-se a isso o fato de que, possivelmente, eu não tivesse ido aos escritórios da Odeon a fim de receber meus direitos. A prova está que só ontem, após três anos de eu regressar dos Estados Unidos, fui à Musidisc receber direitos *autorais daquela gravadora.* Posso citar também o samba Feitiço da Vila *(queira ou não Almirante essa música é a mola mestra, o eixo do repertório de Noel Rosa), com cerca de 25 gravações, algumas das quais eu nem sei onde foram feitas.*

De muitas dessas 25 gravações de Feitiço da Vila, *nunca recebi direitos e "jamais reclamei coisíssima alguma". Diz Almirante que eu, não prevendo o sucesso que essas músicas iriam fazer, vendi-as a Noel Rosa. Eu, por minha vez, digo que Noel Rosa, não prevendo o sucesso que essas músicas iriam fazer, declamou-se dono, por livre e espontânea vontade. Não quero acusá-lo de desonestidade e, ao contrário de Almirante, que afirma infantilmente, com detalhes fantásticos, talvez colhidos em alguma sessão espírita, como se processou a "venda" das minhas músicas, supondo que tenha acontecido mais ou menos isso: tendo sido Noel um boêmio incorrigível, o que, aliás, não considero defeito, e, estando sem dinheiro, foi à Odeon a fim de ver se arranjava algum.*

Não tendo a sorte do compositor de 9$600, declarou-se proprietário de Feitiço da Vila, Conversa de botequim *e* Cem mil-réis, *recebendo, assim, a parte que me cabia, pois, como já disse, não poderia prever que duas dessas músicas se tornassem autênticos sucessos, alguns anos mais tarde. Claro está que ele não ia negar a minha participação nessas músicas, pois não era desonesto e, além disso, essas músicas foram gravadas e editadas com meu nome.*

Chamo a atenção de Almirante para uma coincidência notável. Por que razão Noel se declarou proprietário das minhas músicas somente na fábrica Odeon, quando nós tínhamos outras gravadas na RCA Victor? Não afirmo (só afirmo o que posso provar), mas suponho que a Victor tinha exigido dele qualquer comprovante com minha assinatura, o que não aconteceu na Odeon.

Diz Almirante que, naquele tempo, as operações de vendas de direitos eram coisas simples. Não é bem isto. Naquele tempo, vendiam-se sambas, inclusive a autoria, mas nunca os direitos autorais que, porventura, um samba pudeste render. Os "sambistas do Café Nice" não tinham capacidade para negócios de tal natureza e, em alguns casos, sendo analfabetos, só poderiam assinar recibo com uma cruz.

Daí, então, venderem seus sambas, incluindo autoria, por qualquer 9$600, sem que o comprador exigisse recibo. Digo isto, esperando que Almirante não venha com "bossas novas", dizendo que os documentos não têm minha assinatura porque eu, então, só poderia assinar em cruz.

Almirante muda suas táticas

Tendo notado que deu fora em suas declarações, Almirante em seus programas na TV, em vez de continuar afirmando que eu vendi meus direitos a Noel, passou a dizer que eu os cedi ao mesmo.

A razão é clara: Almirante, declarando que eu vendi meus direitos, comprometia a própria causa a que se propôs defender, confessando publicamente que Noel era "comprositor", o que não é verdade.

Não sei de nenhum caso em que ele tivesse comprado músicas de outros. Muito menos minhas, pois entre nós nunca houve conversa sobre dinheiro. Nunca lhe emprestei dinheiro ou lhe pedi dinheiro emprestado. Quanto a ceder meus direitos, eu pergunto a Almirante: por quê, a troco do quê, se eu nunca tive propensões a Papai Noel? – Noel era o outro, meu parceiro.

Os documentos sem minha assinatura

Almirante, em suas entrevistas e programas de TV, propositadamente, procurou ocultar os termos exatos dos documentos em poder da Odeon, nos quais o "Poeta da Vila", por livre e espontânea vontade, declarou-se proprietário de músicas do "sambista do Brás, S. Paulo, Capital".

Esses documentos só têm valor para Almirante. E, para esclarecer aqueles que não acompanharam esta polêmica do princípio, dizem, em linhas gerais o seguinte:
"Feitiço da Vila, música de Vadico, letra de minha autoria. Propriedade minha". Esse e os outros dois documentos, referentes aos sambas Conversa de botequim ("Seu" garçom faça o favor de me trazer depressa") e Cem mil-réis, *ambos com música aqui deste "sambista do Brás, S. Paulo, Capital", foram estampilhados e assinados por Noel e duas testemunhas, faltando neles o mais importante, ou seja, aquilo que Almirante ainda não viu ou fez questão de não ver.*

Em outras palavras, esses documentos não têm minha assinatura e um caso desses, na mão de qualquer advogado, ainda que formado por correspondência, se tal coisa fosse possível, seria um caso ganho, uma verdadeira "barbada".

As "maravilhas"

"Triste evidência da grande amizade que Vadico – diz Almirante – propala ter tido por Noel Rosa está no grifo que ele usa na sua carta-resposta ao classificar músicas de Noel como 'maravilhas', querendo deixar a impressão de que eram coisas sem valor".

Quem citou as músicas de Noel Rosa como maravilhas foi o próprio Almirante e eu nada mais fiz do que repetir sua expressão, sem querer com isso menosprezar o valor de Noel, a quem sempre considerei um bom compositor. Com isso, eu quis apenas dar a entender que questão de gosto é coisa muito relativa, e, tratando-se de música, como no caso em questão, e não de letras que, realmente – queira ou não Almirante –, eram o ponto forte de Noel Rosa.

Eu não considero as músicas citadas por ele como maravilhas, várias eu conheço, pois não fizeram o sucesso que reclama Almirante.

Das que eu conheço, muitas são boas e outras, musicalmente falando, não o são. Está, nesse caso o samba Gago apaixonado. Ninguém vai me enganar que essa melodia é uma obra de arte. Trata-se de um samba com uma letra original e bem-feita, como a maioria das letras de Noel, porém, a melodia é bastante inferior à letra. Isto, porém, é uma questão de gosto e se Almirante acha que Gago apaixonado é uma obra-prima, superior à Quinta Sinfonia de Beethoven, está no seu direito – desde que não pise em meus calos, conforme fez em suas duas entrevistas.

Quanto a mim, sempre considerei Noel um letrista notável e um compositor bom, às vezes, e, outras vezes, não. Porém, daí a considerar suas letras "maravilhas" há uma grande distância.

Noel não é culpado

O "Poeta da Vila" não tem a menor culpa de que as nossas gravadoras omitam o nome do "sambista do Brás, S. Paulo, Capital", nas capas de seus long-plays, pois, tendo falecido em 1937, não pode ser responsabilizado pelo que está acontecendo na época atual.

Contudo, as gravadoras não são as únicas culpadas. O próprio Almirante, segundo o jornalista Clemente Neto, em sua "Carta a Lúcio Rangel", publicada pela revista A Cigarra, *em seu programa radiofônico, intitulado "Nos tempos de Noel Rosa", usava como característica musical desse programa minha melodia.* Feitiço da Vila, *sem mencionar meu nome sequer uma vez.*

Agora, digo eu, por que usar minha melodia dando a entender que era a autoria de Noel? Por que, então, Almirante não declamava os "versos desse samba, versos escritos por Noel, ou melhor ainda, por que não usou Gago apaixonado *como característica musical do seu programa?*

A resposta é simples: sem Feitiço da Vila *(o Puskas do repertório de Noel, de autoria deste "sambista do Brás"), o programa não seria exatamente sobre Noel Rosa.*

Nunca falei mal de Noel

Ao regressar dos Estados Unidos, há quase três anos, após uma longa ausência, fui informado da existência desses documentos sem minha assinatura (insisto no detalhe da inexistência de minha assinatura para que não haja quaisquer dúvidas) e fiquei tão decepcionado quanto Almirante.

Porém, jamais revelei a quem quer que fosse (com exceção de meu amigo Clemente Neto, com quem conversei sobre o assunto, mais como um desabafo do que propriamente revolta. Pedi-lhe que não fizesse comentários sobre o assunto em seus artigos ou com quem quer que fosse, no que fui atendido).

Também telefonei à viúva Noel Rosa, perguntando se ela possuía algum documento com minha assinatura cedendo ou vendendo os direitos dessas músicas a Noel, pois os que estão na Odeon não as têm. Ela respondeu que não.

Se venho agora a público esclarecer a verdade é somente por força das circunstâncias, pois trata-se de um assunto melindroso que fere a família de Noel, a quem muito estimo e peço desculpas pelo acontecido, fere a Almirante, seu grande amigo, e a mim próprio, também seu amigo e parceiro.

Para provar que o sambista da Vila Isabel era mesmo um grande compositor – o que era inegável –, Almirante convenceu a Sinter a gravar o LP de 12 polegadas *Noel sem parceiros*, que chegaria às lojas em setembro de 1957.

Final de uma música

Almirante em seus programas na TV exibiu vários documentos defendendo teus pontos de vista, provando por A + B que não bate prego sem estopa. Por que, então, não apresentou um documento legal com minha assinatura, (insisto) provando que eu vendi ou cedi os direitos autorais de minhas músicas a Noel Rosa?

Ele tem o direito de defender quem muito bem lhe aprouver, porém, que o faça com dignidade, baseado em provas concretas, palpáveis, como, por exemplo, um documento com minha assinatura, sem calúnia ou declarações levianas e aéreas, difamando o meu caráter. Que me perdoe Almirante se não fui muito sutil. Porém, também tenho um nome a zelar.

Para terminar, espero que esta polêmica não interfira em nossa velha amizade.

Oswaldo Gogliano (Vadico).

A carta de Vadico trazia, mais uma vez, algumas pistas importantes, talvez, para responder a uma pergunta que não seria feita por Almirante ou outros defensores de Noel: por que motivo Flávio Cavalcanti denunciou que Noel havia vendido os sambas de Vadico sem sua autorização? Esse questionamento levaria a outros: quem teria interesse em jogar luzes sobre Vadico, mais uma vez, por causa de suas parcerias com Noel?

Com que propósito? Teria sido Clemente Neto, de *Manchete*? Ou o próprio Vadico procurou Cavalcanti e o passou todas as informações, uma vez que disse na carta: "Ao regressar dos Estados Unidos, há quase três anos, após uma longa ausência, fui informado da existência desses documentos sem minha assinatura e fiquei tão decepcionado quanto Almirante"?

Seria um desejo seu de denunciar algo errado que Noel fizera? Uma espécie de traição à sua confiança e amizade? Vadico teria feito isso, mas não considerou que o assunto ganharia dimensões tão gigantescas? Ou era isso mesmo que ele buscava? Como essas questões não foram levantadas na época, a vida seguiu para todos. Inclusive para Vadico. Mas a polêmica ainda se arrastaria no decorrer daquele longo, tenso e desgastante ano de 1957.

CAPÍTU

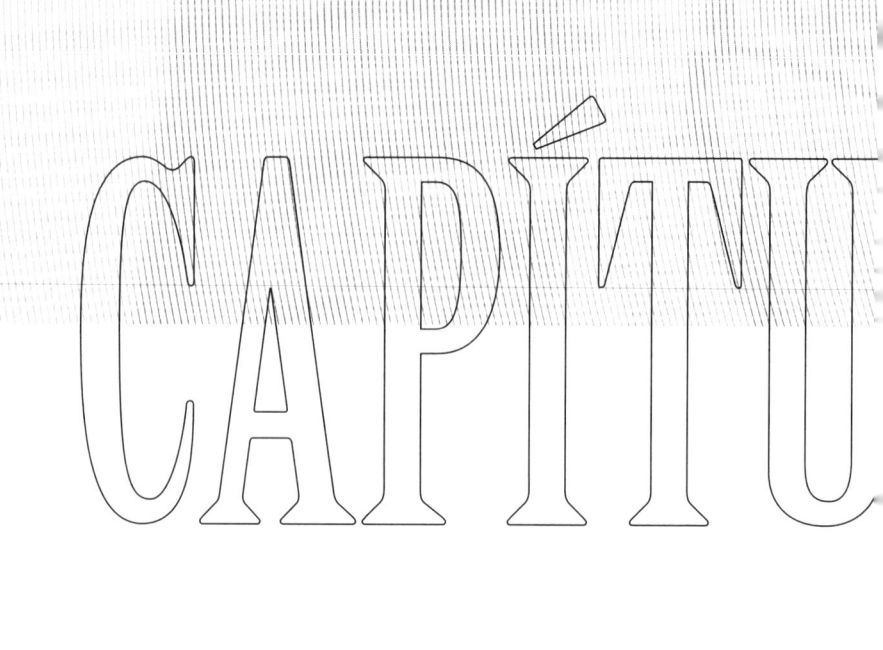

14

UM PIANISTA NA CORTE DO SAMBA

Vadico no estúdio da Continental, como maestro e arranjador. Ele teria exercido essas funções em mais de 30 LPs, até o começo de 1962, quando já trabalhava também na Columbia.

O samba-canção reinava na música brasileira em 1957. Em meio a boleros, às primeiras manifestações de influência do rock and roll americano, enquanto Dolores Duran e Maysa contavam sua fossa – ou dor de cotovelo, como se dizia –, em boates da nobreza carioca, um sem-número de instrumentistas tinha o apreço e o respeito de um público classe-média mais exigente, com suas *sessions* solos ou acompanhados de pequenas orquestras ou conjuntos. Como Valzinho, do mesmo modo que o multiinstrumentista Garoto, que já usava acordes alterados antes da bossa nova, e Vadico.

Não era, porém, um momento para se viver de música genuinamente brasileira, e isso já fazia algum tempo. Em sua crônica "A bolerização", publicada em 9 de agosto de 1953, no jornal *A Vanguarda*, Vinicius de Moraes começava assim: "Se é verdade que o Brasil está com tendência a perder a sua velha posição de primeiro país produtor de café do mundo, em compensação, está caminhando rápido para conquistar a dianteira como país produtor de boleros." A bolerização, segundo ele, era geral. "Não haja dúvida, os ritmos ouvidos são do melhor bolero: tristezas mil nos bares do Brasil."

Moraes perguntava se seria esse fenômeno uma das muitas formas de escapismo de uma sociedade doente e entediada a essa realidade saudável e dionísica, que era sempre a marca da boa música popular. "Evidentemente. A música com saúde passou a constituir um elemento 'Onézimo' no ambiente escuro e esfumaçado das boates pequenas. As estátuas de talco precisam – para serem convenientemente cantadas pelos manequins de cera – de ritmos emolientes, pervertidos e agônicos à meia-luz de pistas de dança mínimas, pois o amor das estátuas e dos manequins não pode se executar senão à vista dos demais."

Devaneios à parte, graças a arranjadores como o ex-parceiro de Noel Rosa, e à ampla oferta de talentos no mercado, cantores em começo de carreira tinham à disposição músicos de primeira grandeza para arranjar, orquestrar e gravar seus discos. Mesmo com as ressalvas à choradeira tremenda dos sambas-canções, como diziam seus críticos, coisas boas se faziam na época. Como os discos fundamentais de Dorival Caymmi – seriam nada menos que sete obras-primas, naquela década. Ou os sambas e as marchas de carnaval, e os baiões divertidos de Jackson do Pandeiro e Luiz Gonzaga.

Havia nisso tudo uma modernização, onde cabia o violão influente e a música regionalista de Caymmi e os clássicos instantâneos de Gonzaga com Humberto Teixeira e Patativa do Assaré. "Outro detalhe importante a ser remarcado era a delicadeza toda especial no ato de cantar dos intérpretes da época. Havia um cuidado na divisão das notas – por vezes, até intuitivo, pois grande parte dos artistas sequer estudou canto", observou Rodrigo Faour, em sua biografia de Cauby Peixoto.

Era o caso de Cauby. "Além disso, com raras exceções, para cantar e emplacar (sucessos) era preciso ter bem mais talento do que hoje", acrescentou ele. "Valorizava-se voz e dicção, algo que a música mundial, com o passar dos anos, tratou de exterminar, virando moda cantar mal", completou. Enquanto a bossa nova era gestada pelo dom catalizador de João Gilberto, os compositores não se envergonhavam de ser apenas autores e tratavam de permitir que suas obras fossem gravadas por quem realmente tivesse gabarito para interpretá-las, como observou Faour.

O cantor Agostinho dos Santos era um deles. Ele, aliás, teria um papel importante na promoção do nome de Vadico como compositor, nesse retorno dele ao Brasil. Nascido em São Paulo, em 1932, Agostinho foi criado no bairro do Bixiga (Bela Vista) e começou a carreira como *crooner* da orquestra do maestro Osmar Milani, ainda quando vivia na capital paulista. Nessa época, chegou a participar de alguns programas de calouros, e tirou o primeiro lugar em vários deles.

Em 1951, por indicação do trompetista José Luís, entrou para a Rádio América, de São Paulo. Dois anos depois, foi contratado pela Rádio Nacional paulista. A gravação do primeiro disco, um 78 rpm, aconteceu em 1953 pelo selo Star. Trazia o samba *Rasga teu verso*, de Sereno e Manoel Ferreira. Em 1955, mudou-se para o Rio de Janeiro, por acreditar que lá estava o epicentro da música brasileira. Na Rádio Mayrink Veiga, aproximou-se de cantores como Ângela Maria, Sílvia Telles e da Orquestra Tabajara. E passou a se apresentar com eles.

No mesmo ano, Agostinho assinou contrato com a Polydor e lançou um disco com a toada *O vendedor de laranjas (*Albertinho e Heitor Carilo) e o fox *A última vez que vi Paris* (J. Kern, com versão de Haroldo Barbosa). Em 1956, ele finalmente alcançou seu primeiro sucesso, com a valsa *Meu benzinho* (Hawe, Gussin e versão de Caubi de Brito). A música lhe deu os troféus Roquette Pinto e Disco de Ouro, entre os melhores do ano. Não demoraria para que seu caminho se cruzasse com o de Vadico – os dois seriam apresentados pelo compositor e parceiro Marino Pinto.

Enquanto isso, o desgaste da discussão entre Almirante e Flávio Cavalcanti atingia de forma direta, emocionalmente, o pivô de tudo: Vadico. Nessa época, passou a beber mais que de costume e sentia certa hostilidade por onde passava. Os amigos o aconselhavam a deixar Noel em paz, mas ele insistia que não era essa a questão. O ex-parceiro não havia sido correto, e uma vez que o assunto veio a público, precisava se defender dos ataques que Almirante lhe fazia. Ao mesmo tempo, queixava-se do radialista, que insistia em confundir a opinião pública, quando distorcia a discussão.

A briga dividia opiniões entre músicos, cantores, críticos e jornalistas. O assunto voltou ao debate em julho, quando o apresentador Abellard França, da TV Rio, transformou Noel Rosa em personagem do programa *A figura da semana*, exibido às 23h. E para apimentar o debate, ele colocou, frente a frente, Vadico e Almirante. Era a chance para os dois, finalmente, lavarem a roupa suja ao vivo, cara a cara. Vadico foi aconselhado a não aceitar o confronto. Mas seguiu em frente. Não queria ver Almirante criticá-lo na TV. O reencontro foi tenso e deixou no ar a certeza de que a amizade entre os dois havia sido rompida.

O resultado do embate diante das câmeras fez com que o colunista e humorista Leon Eliachar, do *Última Hora* – e sua indisfarçável preferência por Almirante –, ficasse impressionado e comentasse dois dias depois com certa ironia ao jornal: "Um programa geralmente cacete, conseguiu ser excepcional, pois o sr. Abellard França, focalizando a figura de Noel Rosa, conseguiu levar os senhores Almirante ('a maior patente do rádio') e Vadico (mais conhecido agora como 'o parceiro de Noel')." Nesse encontro, escreveu o jornal, "só faltou sair briga".

Mesmo com a "farta documentação" exibida por Almirante diante das câmeras, o compositor defendeu de modo enfático sua posição. Eliachar comentou: "Confesso que, particularmente, eu torcia por Vadico, um excelente músico que, sabe-se lá por que, não teve ainda o lugar que merece entre os compositores brasileiros. Mas a argumentação de Almirante foi tão convincente (devido não só à documentação como, e principalmente, à sua longa experiência de falar em rádio) que descontrolou o indefeso Vadico, que tinha, como 'provas', apenas a sua palavra."

Esse "descontrole" teria feito Vadico "perder" a classe, segundo o colunista, e cair em contradição em relação ao foco da discussão – a venda de seus sambas por Noel para a Odeon. "E, perdendo a classe, fez-se passar para o outro lado, cujas provas, por si, já eram válidas – independentemente da classe mantida por Almirante". Ou seja, ele supostamente ratificou o que o radialista havia dito. Ficou acertado que um novo debate ocorreria com os dois – mas isso não aconteceu. "O programa acabou como fita em série: 'continua na próxima semana'. Quem vencerá? Espero que Vadico leve os tais documentos da Odeon, porque, em televisão, para bom entendedor uma palavra não basta..."

Para a *Revista do Rádio*, que cobriu a atração, Almirante também vencera o embate. Ele fez o papel de advogado de defesa do Poeta da Vila "com as argumentações e provas das mais convincentes". Prosseguiu a revista, na defesa do radialista como vitorioso no duelo: "Numa linguagem que era mesmo para valer (e os que conhecem Almirante sabem do que ele é capaz, quando se zanga), positivou que Flávio (Cavalcanti) fizera acusações levianas, sem a precaução de comprovar o que resolvera dizer pela TV."

A revista lembrou que, mais uma vez, o radialista dissera que o apresentador da Tupi mentiu ao afirmar que cinco pessoas do meio musical confirmavam a "desonestidade de Noel" por esconder algumas parcerias. Apoiado em seu famoso e "imenso" arquivo, Almirante mostrou partituras musicais daquela época, em que figuravam os nomes dos parceiros de Noel – na verdade, como disse Cavalcanti em sua carta ao *Correio da Manhã*, o radialista fugia o tempo todo do tema real, que era a venda, sem autorização de Vadico, de três sambas feitos pelos dois para a Odeon.

Em seguida, o radialista exibiu trechos de diversas de melodias feitas "**unicamente**" (grifo da revista) pelo compositor da Vila, de incontestável qualidade. Entre as quais, destacavam-se *Último desejo* e outros clássicos. Nesse sentido, ele estava com a razão, sem dúvida. "Com amargor, Almirante disse a Manoel Jorge, seu entrevistador, que, muito embora as provas que apresentava, ficaria, nas pessoas que não tivessem assistido àquela audição, a suspeita sobre Noel Rosa, que estava sendo injustiçado e não podia voltar do túmulo para defender sua honra e rebater seus caluniadores."

A *Revista do Rádio* publicou que Vadico tirou Almirante do "sério" em alguns momentos. Como quando não tomou partido dele e não desmentiu Flávio Cavalcanti. Pelo contrário, tentou dar razão ao apresentador. E teria citado, ao vivo, composições que seriam suas também, mas traziam, desde a primeira gravação, apenas o nome do antigo parceiro – nenhum veículo de imprensa, no entanto, novamente relacionou quais seriam as músicas que Noel tomou para si, exclusivamente. A reportagem reproduzia, pela primeira vez, um recibo que tinha sido mostrado por Flávio Cavalcanti e pelo apresentador do programa onde participava do debate, sobre a venda de um samba à Odeon por Noel.

Mas não era um daqueles feitos com Vadico – que, como já foi dito, jurava ter visto os recibos de venda de seus sambas na Odeon quase três anos antes, em setembro de 1954, pouco depois de voltar ao Brasil. O documento dizia: "Recebi do Sr. Roberto Guimarães a quantia de 50$000 (Cinquenta mil-réis) pela compra de minha composição denominada *Iça a vela*, conhecida como *Mão no remo*". O texto era datilografado e o compositor acrescentou à mão uma observação rimada: "Em tempo digo, para ser gravada somente em discos Victor". O mesmo estava datado de 10 de julho de 1934, e assinado apenas pelo Poeta da Vila (estranho que ele falasse da RCA Victor e o vendesse à Odeon).

Almirante contestou, finalmente, os recibos citados por Vadico. Disse que, apesar do documento (se Vadico o conseguisse), havia o fato concreto de que as músicas saíram com o nome do parceiro no rótulo dos discos prensados, quando foram lançadas na década de 1930. E, para ele, era o que importava, independentemente de Vadico não ter recebido direitos autorais, os quais eram pagos à viúva de Noel. "Exibindo novas provas (inclusive partes de músicas e documentos da época), Almirante voltou a desfazer aquelas acusações", observou a revista.

Quem juntasse todo aquele quebra-cabeça perceberia que não era bem assim. Mas a imprensa estava claramente a favor de Almirante, e do valor da obra de Noel e, não necessariamente, contra Vadico. "O debate decorreu agitado, mas, ao final, Almirante e Vadico, velhos amigos, deixaram, juntos, a emissora do Posto 6", observou a *Revista do Rádio*. "De sua parte, considerando que provara a honestidade de Noel, Almirante deu-se por satisfeito, afirmando que só voltaria ao assunto se insistissem em atingir a memória do compositor da Vila."

E isso não demoraria a acontecer. De qualquer modo, toda essa confusão arranhou, sem dúvida, a imagem de Noel, quando seu maior defensor, Almirante, reconheceu – mesmo contra a sua vontade – que havia três documentos no arquivo da Odeon que comprovavam ser ele o único proprietário dos sambas mais famosos feitos com Vadico. Isso implicava o fato de que, embora os discos saíssem com o nome de Vadico, somente a viúva de Noel poderia receber os direitos autorais.

Ainda em julho de 1957, o persistente Almirante anunciou que apresentaria na PRG-3 (Tupi) uma série de programas sobre a vida do Poeta da Vila com o claro propósito de mostrar que "Noel não escondia seus parceiros". No seu programa, ao saber dessa nova atração, Flávio Cavalcanti não perdeu a chance de cutucar seu rival. E criticou aquela frase como "chamariz publicitário até certo ponto condenável". E observou, após olhar fixamente para uma das câmeras: "O talento de Almirante, o índice forte de ouvintes que seus programas devem ter, poderiam dispensar esse 'anúncio-manchete' de jornalzinho de segunda classe. Em todo caso, felicidades para esse novo programa de Almirante."

Para quem pensava que Almirante deixaria de dar a última palavra sobre o assunto, enganou-se. Desde junho, ele estava empenhado em projeto seu que, com seu incansável poder de convencimento, havia levado a Companhia Brasileira de Discos a bancar, pelo selo Sinter. Para provar que o sambista da Vila Isabel era mesmo um grande compositor – o que era inegável –, ele convidou o pianista Leal Brito para gravar o LP de 12 polegadas *Noel sem parceiros*, que chegaria às lojas em setembro daquele ano.

Na contracapa, o cantor, compositor, radialista e produtor Paulo Tapajós explicava: "Porque o objetivo da Sinter é salientar a existência de Noel Rosa compositor de músicas e não o Noel Rosa poeta. Quando nós ouvimos qualquer uma das melodias que aqui figuram, imediatamente cantarolamos seus versos, tão popularizados ficaram. Portanto, para que ouvi-las, ainda uma vez cantadas, se o que desejamos é poder saborear melhor o desenvolvimento melódico de cada uma?"

O mais impressionante desse disco foi a capa, planejada e desenvolvida pelo próprio Almirante como se fosse a primeira página de um jornal, cheia de manchetes em defesa de Noel. No alto, o nome da gravadora aparecia como se fosse a logomarca de um jornal, acompanhada da frase "edição extra". À direita, vinha uma caricatura não assinada do compositor. No rodapé, acima da lista dos sambas mais conhecidos que Noel compôs sozinho, lia-se em vermelho e preto: "Testemunhas importantes fornecem novas provas".

Mas o destaque maior estava na "manchete principal" do jornalzinho de Almirante: "Um long-play serve de defesa para Noel Rosa". Logo abaixo, vinha o subtítulo: "Almirante fornece provas concretas e decisivas". Em seguida, vinha um texto seu em três colunas, que imortalizava para sempre a briga pela honra do compositor, com o ex-parceiro no centro de tudo. Os dois alvos, portanto, eram Flavio Cavalcanti e Vadico:

> *Noel Rosa, morto em 1937, continua a ser o mais atualizado de todos os compositores brasileiros. Lembro-me perfeitamente de que, enquanto vivo, dele se dizia: "Noel só será compreendido depois de morto!"*
>
> *E foi o que realmente aconteceu.*
>
> *Somente o que não se poderia imaginar era que o Filósofo do Samba, vinte anos depois de seu desaparecimento, viesse a ser alvo de calúnias e afirmativas levianas de maledicentes gratuitos,*

que jamais o conheceram pessoalmente ou que em tempo algum se aprofundaram na verdadeira história de sua vida.

Duas lamentáveis acusações vieram a lume, ultimamente, tentando empanar a glória do Poeta da Vila: – uma o taxava como desonesto, acusando-o de "esconder seus parceiros em determinadas composições"; outra buscava diminuir-lhe os méritos de melodista, restringindo-o a simples letrista.

No primeiro caso, o infeliz detrator de Noel, desafiado a exibir **uma única prova** *concreta do que afirmava, escorou-se covardemente em evasivas cavilosas, próprias do seu espírito subalterno e maldoso; e aqueles que, no segundo caso, irrefletidamente, imaginaram denegrir a fama do saudoso compositor, nada mais se atreveram a alegar, diante da extensa relação de músicas de comprovado valor e sucesso, escritas exclusivamente por Noel Rosa, sem parceiro algum.*

O presente LP servirá como prova insofismável de que Noel Rosa, além de incomparável letrista, era também inspirado melodista, não dependendo de parceiro algum para alcançar, como alcançou, os pináculos da fama. É importante ressaltar-se que, antes de ter seu nome aliado a qualquer parceiro, Noel era figura consagrada pelas composições que já apresentara sozinho, tais como Eu vou pra Vila, Com que roupa?, Estamos esperando, Até amanhã, Fita amarela, Mulato bamba, Nuvem que passou, Cordiais saudações, Gago apaixonado, Capricho de rapaz solteiro, Não tem tradução, Quando o samba acabou, Quem dá mais?, Você, por exemplo!, Meu barracão, Pra esquecer *etc.*

Posteriormente, mesmo quando começou a admitir parceiros, (Noel) *prosseguiu apresentando produções sozinho, alcançando ainda sucessos marcantes, com sambas que o notabilizaram e que constituem joias maravilhosas do nosso cancioneiro, tais como:* Dama do cabaré, Você vai se quiser, X do problema, Amor de parceria, Palpite infeliz, Eu sei sofrer, Silêncio de um minuto, Século do progresso *e o imorredouro* Último desejo.

Rio de Janeiro, setembro de 1957.

Almirante

O anúncio do lançamento do disco reacendeu a polêmica e levou a *Revista da semana* a produzir uma reportagem diferente de todas que tinham sido feitas até ali. O longo texto seria publicado na edição de 5 de outubro. Em vez de dar voz somente aos três protagonistas da história, a publicação preferiu ouvir o "julgamento" de onze personalidades do meio musical, para saber quem estava com a razão, além dos três envolvidos. No placar final, Almirante ganhou de goleada, com nove votos a favor e duas abstenções (Estevão Mangione e Adhemar Casé).

Foi quando personagens importantes saíram das sombras, como a viúva de Noel, Lindaura. "Tire o leitor, por si mesmo, a conclusão e tome o partido que achar melhor", observou a revista. Ao contar como "surgiu o caso", a publicação reproduziu uma extensa carta de Cavalcanti, que não poupava seu rival, mais uma vez: "Almirante, a quem sempre admirei muito, investiu contra minhas declarações (no programa de TV) com recursos confusionistas, no elogiável e nobre objetivo de defender seu amigo Noel, e, no dia 11 de maio, publicou uma entrevista em dois jornais desta capital, onde deturpou completamente minhas palavras."

Não contente com isso, continuou o jornalista, "acusou-me de leviandade e sensacionalismo e, ainda mais, pretendeu desmentir-me quanto à veracidade de um documento que eu declarava ter existido nos cofres da gravadora Odeon". Em seguida, o apresentador reproduziu trechos do que dissera Almirante e sua versão para cada um. Explicou que o estardalhaço do radialista o levou a tratar do tema novamente em um segundo programa. Fez isso, "diante dessas deturpações de minhas palavras, diante dessas acusações de 'leviandade' e ignorância do assunto".

Na mesma carta, apresentou os quatro depoimentos rebatidos por Almirante e irritou ainda mais o radialista quando disse que seu arquivo não era "tão importante assim". À revista, Cavalcanti comentou: "Muitos dias após, o próprio Almirante vem, por intermédio de um jornal, declarar: 'o documento existe. Aliás, são em número de três'". No final da carta, tentou deixar claro seu ponto de vista: "Em resumo, o que eu disse não foi documentariamente destruído."

Concluiu ele, de modo insistente, como fizera até ali em todas as entrevistas, que "Noel Rosa, grande musicista, grande letrista, escondia, sempre que possível – conforme depoimentos por mim citados na televisão – a autoria de Vadico nas belas músicas *Feitiço da Vila, Feitio*

O conjunto Os Copacabana foi importante na carreira de Vadico em sua volta ao Brasil. Este disco, de 1955, foi o primeiro dos que ele gravou com o grupo liderado por Al Quincas.

de oração, Conversa de botequim e outras sete composições. Idêntico recurso usam as fábricas de discos, na mais clamorosa injustiça a Vadico. A verdade é dura de se dizer, mas, a qualquer preço, ela deve ser dita."

O segundo depoimento a aparecer na *Revista da semana* foi o de Vadico, cujo título era "Estou sendo boicotado" – o texto não falava claramente disso. Essa era uma informação do que acontecia com ele, até então desconhecida. Suas palavras revelavam, pela primeira vez, certa mágoa contra o ex-parceiro. "Se reclamo, tenho as minhas razões. Não é justo que meu nome continue sendo omitido, sempre que se anuncia uma música de minha autoria". E esclareceu, enfim, quando sua bronca começou: "Isso vem do tempo do *Programa Casé*, na Rádio Philips (onde Noel trabalhou por algum tempo, no começo da década de 1930), quando os locutores anunciavam composições apresentadas pelo próprio Noel, citando-o como único autor". (Sua queixa era que, nesses momentos, o cantor poderia ter corrigido os locutores e lembrado seu nome como coautor.)

Eram colocações delicadas, e Vadico não mediu esforços para ser o mais respeitoso possível com o amigo: "No programa de Flávio Cavalcanti eu só disse a verdade – só procurei defender meus direitos. Nunca tive a intenção de acusar Noel Rosa. Pretendi, apenas, que se fizesse justiça, no caso da omissão do meu nome." Ele disse ter estranhado quando foi ao programa de Abellard França e Almirante lhe exigiu no ar que apresentasse recibos assinados por Noel, vendendo os direitos de suas músicas a terceiros – isto é, à Odeon, o que o deixou desconcertado, pois o radialista sabia que não os tinha. Com isso, "ele pensou ter 'argumentos' para provar que Noel não escondia seus parceiros. Outro fato importante: nos meios artísticos sabe-se que Noel vendia suas obras sempre que estava precisando de dinheiro."

Sobre os recibos que ele mesmo viu na Odeon, foi enfático e revelou sua mágoa por Almirante, porque ele tinha conhecimento desses documentos, embora os tenha negado por bastante tempo. E que todos não traziam seu aval: "Não se pode dar crédito a um recibo sem assinatura da parte interessada. Se esses documentos não têm a minha assinatura, nada valem. Nunca vendi minhas músicas, pois não precisei lançar mão desse meio. É lamentável que Almirante tenha insinuado que sou trapaceiro e que recebo direitos autorais de músicas vendidas a Noel Rosa."

Estevão Mangione, dono da editora que cuidava do gerenciamento e da arrecadação dos direitos autorais ligados a Noel, listou uma série de músicas que, nos contratos assinados, constavam os nomes dos parceiros, depois de dizer que conheceu o compositor bastante, e que ele era incapaz de fazer qualquer negócio "escuso". Atacou Flávio Cavalcanti e poupou Vadico: "Sempre fui grande admirador de Noel, como também o sou de Vadico como compositor. A verdade é que existe gente interessada em desacreditar o nome de Noel Rosa. Acredito que Vadico não tenha o propósito de desprestigiar seu antigo parceiro. (...) Em síntese, quero dizer que não se pode acusar um homem que sempre procedeu corretamente. Tenho certeza de que Vadico reconhece essa verdade."

Outro ex-parceiro, Heitor dos Prazeres, com quem Noel fez *Pierrô apaixonado*, foi enfático em sua opinião: "Noel Rosa nunca foi responsável pela omissão de nomes de seus parceiros. Os únicos culpados são os locutores, que estão sempre cometendo enganos dessa natureza, isto é, ao anunciarem uma música, nunca citam, na íntegra, os nomes dos autores. Isto continua acontecendo atualmente." E deu seu veredito: "Na minha opinião, Flávio Cavalcanti é um idealizador de programa que está constantemente procurando um motivo que desperte a atenção de todos sobre seus trabalhos. Ele não tem conhecimentos musicais suficientes para provocar debates. Seus argumentos são feitos à base de informações e nunca com provas concretas."

Prazeres disse que a memória de Noel não seria maculada por "acusações inverídicas" como as que vinham sendo feitas pelo polêmico apresentador da TV Tupi. "Ele foi um excelente companheiro, incapaz de fazer qualquer coisa que viesse a prejudicar um amigo. Ao contrário, ele sempre foi o único prejudicado." O sambista reconheceu que, "muitas vezes", o compositor se encontrava mesmo em situação financeira tão precária "que não tinha outro recurso senão vender suas composições". O mesmo aconteceu com Prazeres. "Cada música dava 50 mil réis. E quantas vezes ele fazia letras para amigos, sem querer entrar na parceria?"

A entrevista com Almirante não podia ser diferente, e ele atacou seu desafeto desde a primeira frase. Só que, dessa vez, também colocou o ex-parceiro de Noel na mira: "Eu já estou cansado de apresentar provas que derrubam todas as declarações de Flávio e Vadico, mas eles são tão inconformados que voltam ao ponto inicial da questão. E a coisa vai rendendo..." Pela primeira vez, porém, admitiu, sem fazer rodeios, que Noel havia vendido os três sambas que fez com Vadico: "Flávio mente com muita facilidade. Eu nunca neguei a existência de documentos onde Noel se diz proprietário de melodias de Vadico. Eu mesmo investiguei sobre esses documentos e descobri que há três contratos na Odeon." O problema, segundo ele, era que o apresentador não conseguia distinguir autoria de propriedade, como era o caso.

Almirante não considerou, no entanto, que a questão implicava o não pagamento dos direitos a Vadico. E o culpou por ter sido omisso em não ter questionado a gravadora no passado, quando o parceiro estava vivo: "No mês seguinte, após ter sido entregue à Odeon o documento que tornava Noel proprietário de determinadas músicas, quando Vadico foi receber seus direitos autorais (o pagamento era feito mensalmente) naquela gravadora, ele devia ter notado que não lhe foram pagos os direitos das referidas melodias. Logicamente ele teria reclamado. Não houve nenhuma reclamação nesse sentido. E a Odeon ficou pagando os direitos integrais a Noel, até ele morrer." (Como foi visto, segundo Vadico, a Odeon não detalhava na hora do acerto quais músicas pertenciam os direitos pagos, informava apenas a quantia a ser sacada, e só o informou dos documentos vinte anos depois, quando ele voltou dos Estados Unidos.)

Aracy de Almeida garantiu que "Noel não tinha esse hábito que lhe atribuem Vadico e Flávio", porque ele sequer se interessava por suas próprias composições. "Noel cansou de 'endireitar' letras de outros compositores", acrescentou. Depois de citar várias músicas que gravou do compositor, a cantora fez uma ressalva: "Em parte, Vadico tem razão. Se anunciam músicas de Noel e dele, e não dizem seu nome, está errado. Porém, Noel está morto e não tem culpa." (Vale repetir que, na mesma reportagem, Vadico explicou que se chateava quando o locutor omitia seu nome ao apresentar Noel, quem jamais corrigiu e lembrou a parceria).

Ela chamou de "precipitação" o que fizera Flávio Cavalcanti, no modo como atacou a memória do sambista. Ainda na opinião de Aracy, como insistia Almirante em suas entrevistas, o amigo era um autor completo e, por isso, não precisava de recorrer a parceiros para fazer sucesso. Citou algumas que fez sem ninguém, como exemplo de qualidade inquestionável. Foi o caso de *Palpite infeliz*. "Quantos sambas ele compôs sozinho nas mesas do Café Nice, com um copo de cerveja do lado e marcando o compasso com um níquel sobre o mármore? Ainda me lembro do dia em que, sentada ao lado de Noel, numa daquelas mesas, esperei que ele terminasse um samba para mim: *O X do problema*."

Se Aracy foi um pouco polida com Vadico, o mesmo não aconteceu com o compositor Henrique Batista, irmão de Marília, uma das intérpretes preferidas de Noel. Ele alfinetou Vadico, como fizera

Almirante, ao insinuar que, sem o parceiro, o compositor paulistano jamais conseguiu fazer sucesso. "Os grandes autores, que acusam Noel de prejudicá-lo (Além de Vadico, cutucava Ary Barroso, outro crítico de Noel), deixaram de produzir há vinte anos ou, pelo menos, não fizeram sucesso durante esse tempo. Parece que, extinguindo-se a vida do 'Filósofo do samba', secou também muita fonte de inspiração". Segundo ele, o que Noel "escondeu", de fato, foi que vendeu (composições suas) e terminou sambas de outros – e jamais contou isso a ninguém.

Lamartine Babo e Marília Batista preferiram destacar o valor da obra do compositor da Vila Isabel. "Adhemar Casé foi reservado: não confirmou nem desmentiu as acusações feitas por Flávio Cavalcanti e Vadico", disse à revista. Vicente Vitale foi o mais enigmático de todos, ao dizer que não queria se posicionar porque "iria mexer com muita coisa que está encoberta". O compositor e colunista Jair Amorim, no entanto, não mediu palavras para criticar o apresentador e o ex-parceiro de Noel. "Nem Vadico nem ninguém poderia se sobrepor à glória de Noel Rosa", afirmou. Ele lembrou da crônica recente da escritora e jornalista Dinah Silveira de Queiroz, onde ela dizia: "Vadico não podia deixar de reclamar, mas não devia dizer que a glória de Noel o obscurecia." Amorim contou que deixou de levar o apresentador "a sério" quando ele criticou os versos de Castro Alves.

Talvez a maior surpresa de Vadico tenha sido o que disse a viúva de Noel, a ponto de chamá-lo de traidor. Para ele, ela tinha sido "envenenada" por Almirante, sem saber exatamente o que estava acontecendo. "Fiquei admirada de ver Vadico fazer esse papel triste, apoiando uma campanha desonesta contra Noel Rosa. Apoio decididamente o trabalho de Almirante (único amigo de Noel que está se empenhando para provar a inocência do meu marido) no sentido de desmascarar acusações falsas e traições imperdoáveis. Quero estar cara a cara com Vadico para lhe dizer umas verdades! Noel já morreu há tantos anos, e agora é que Vadico quer difamá-lo? Ele deve estar bem lembrado que Noel tinha prazer de fazer letras e dá-las graciosamente a outros compositores."

A reportagem deixou Vadico completamente arrasado. Tudo que ele temia estava exposto naquelas declarações. O ódio contra ele se disseminava no meio musical. As bebedeiras sinalizavam que tinha ficado realmente bastante chateado com tudo aquilo. O embate público sobre Noel foi bem desgastante e respingou, sem dúvida, em sua imagem. Não foram poucos os que o colocaram como responsável por botar fogo na confusão, quando, na verdade, acreditava estar defendendo o que achava correto e honesto, pois havia perdido o direito de receber os *royalties* pelas três das mais populares composições feitas com Noel.

Mesmo assim, nos meses seguintes, por mais que alegasse boicote a seu nome, sua carreira seguiu ativa. Profissionalmente, ele continuou dividido entre apresentações noturnas ao piano com sua orquestra e a criação de arranjos para discos da Continental durante o dia. Ainda em maio, quando a imprensa falava diariamente do Caso Noel-Vadico, o músico resolveu trazer de volta Os Copacabana, grupo que tanto sucesso fizera nos anos anteriores em longas temporadas no Dancing Avenida, no Copacabana Palace e na boate Casablanca, sob o comando do saxofonista Al Quincas. Seus músicos tinham dado um tempo desde o ano anterior.

Da antiga formação, somente Al Quincas confirmou que continuaria. Vadico precisava de bons músicos para animar as noites das boates cariocas, cuja presença e a importância de Os Copacabana ainda não seriam devidamente mapeados por historiadores. O grupo voltou com enorme sucesso e ajudou a revitalizar o Dancing Brasil, e até teria estimulado a casa a contratar nomes de peso, como Elizeth Cardoso, Silvio Caldas, Ângela Maria e Dorival Caymmi, que ali se apresentaram, a partir de agosto de 1957.

Em parte por causa do estilo discreto, não sobreviveram detalhes da vida pessoal de Vadico no Rio Janeiro dessa época. Soube-se depois, apenas, que a rotina noturna ao piano e o desgaste pela briga por causa de Noel teriam aumentado o gosto por cerveja e, principalmente, uísque, que o transformaria num alcoólatra, como revelou o cartunista e compositor Antonio Nássara a seu biógrafo, Carlos Didier, o já citado coautor de *Noel Rosa – Uma biografia*, com João Máximo.

No perfil que escreveu para um disco de Vadico lançado pela gravadora Eldorado, em 1979, Arnaldo José Senise se limitou a dizer que, após se fixar no Rio, o músico "constituiu família, à qual foi sempre dedicado, possuidor que era de um temperamento afável, poético mesmo". Vadico não teve filhos e, dessa época, sabe-se apenas que ele viveu maritalmente por alguns anos, até a sua morte, com Nazaré Amaral, cujo nome só se tornaria público após a morte do compositor.

Ainda em 1957, Vadico voltou à TV Rio, como diretor musical, em substituição a Oswaldo Borba – que o indicou para seu lugar. A fama de músico experiente e arranjador talentoso e moderno não o deixou sem emprego no decorrer da segunda metade da década de 1950. Além da Continental, trabalharia na Philips e na Columbia, entre outras gravadoras, até o começo dos anos de 1960. Mas ele queria mais: gravar discos com suas composições ou nos papéis de pianista, arranjador e maestro. Por isso, a atividade de compositor só aumentou nos primeiros anos. E estava ligada diretamente ao seu crescente consumo de álcool.

Mesmo com tanta ocupação, Vadico vivia atormentado pelo fantasma de Noel Rosa, de certa forma, além do mal-estar pelas vendas dos sambas. Queria provar para todos que era um compositor acima da média, capaz de criar canções sozinho ou com outros parceiros no mesmo nível ou até superiores às que fez com o Poeta da Vila. Os embates com Almirante aumentaram esse tipo de autocobrança nele. Mas, o compositor não conseguia, apesar dos elogios e do respeito que os críticos musicais tinham por ele, principalmente na imprensa carioca. Vadico precisava de um novo Noel Rosa para compor com ele. E essa pessoa não existia, ao que parecia.

Ele tinha reputação como pianista, arranjador e maestro. Afligia-o, porém, compor pouco e não ter conseguido nenhum novo êxito musical desde os tempos de Noel. Sua sombra parecia pairar sobre ele, quase como um estorvo, uma assombração. Tinha talento, sim, e poderia provar isso. "Não se pense, contudo, que estou inativo, com relação a produções musicais ou discófilas", disse ele, à *Revista Long-play*. "Agorinha, por exemplo, tenho na praça uma bonita gravação de Lana Bittencourt, o samba *Prece*, meu e de Marino Pinto, meu atual parceiro."

Ao contrário do que tinha afirmado à *Manchete*, em dezembro de 1953, quando ainda morava em Nova York –, onde guardava várias canções inéditas –, durante o tempo que esteve fora do país, Vadico praticamente não compôs sambas, marchas ou qualquer outro gênero popular. Criou somente peças eruditas – apresentaria publicamente cerca de dez. Uma de suas composições do período em que viveu no Brasil foi o samba *Antigamente*, composto em 1957 com Jarbas Mello, "na qual estão presentes sutilezas de toda ordem, aliadas à invejável capacidade de despojamento", segundo Arnaldo José Senise.

A melodia orquestrada de *Antigamente* acompanhava uma letra dentro do modismo de nostalgia que contaminava o samba-canção, desde que Ataulfo Alves gravou *Meus oito anos*. Como lembrou Brício de Abreu, letrista conhecido, Jarbas Mello recitou seus versos para Vadico em uma noite, quando os dois bebiam em uma das mesas do tradicional bar da Casa Villariño. Disse que fizera os versos como uma homenagem a ele e perguntou se podia musicá-la. Envaidecido, Vadico prometeu que sim. Não foi um de seus melhores trabalhos. Não por causa da belíssima melodia, mas pelos versos longos e um tanto tolos – havia, claramente, certa dificuldade em combinar esses versos com melodia:

> *Naninha noivava na sala da frente*
> *Vovó fuxicava as meias da gente*
> *Mamãe conversava em frente ao portão*
> *E olhava papai jogando gamão*
>
> *Vovô cochilava na sua cadeira*
> *A gente brincava e fazia besteira*
> *A vida era bela e tão diferente*
> *Antigamente, antigamente*
>
> *Joãozinho piscava os olhinhos pra mim*
> *Eu lhe chamava de meu querubim*
> *Depois me pegava de leve na mão*
> *Ai, como pulava meu coração*
>
> *E chegava a hora em que a gente dormia*
> *Então, eu rezava a Ave-Maria*
> *A vida era tão bela e tão diferente*
> *Antigamente, antigamente*

A música seria gravada no ano seguinte, no LP *Encantamento com Maria Helena Raposo*, pelo selo Mocambo. Era o disco de estreia, nesse formato, da bela cantora, cuja voz grave e jeito triste de cantar lembravam bastante Maysa. O repertório incluía ainda *Prece*, de Vadico e Marino Pinto, que abria o disco. O disco, aliás, chamava a atenção pelo bom gosto na seleção – mesmo com uma composição de Flávio Cavalcanti (ele mesmo, o apresentador de TV) –, com uma composição de Tom Jobim e Vinicius, a regravação de *Se todos fossem iguais a você*; e três de Ary Barroso, que continuava produtivo e atuante – *Na Baixa do Sapateiro, Bebeto e Doca e Nega Nanhá*.

Nessa época, quando tocava na orquestra Os Copacabana, Vadico musicou alguns versos do jornalista David Nasser, que compôs o samba-homenagem *Noel Rosa*. Nasser era, então, o mais importante repórter da revista *O Cruzeiro* e entraria para a história por seu sensacionalismo e falta de escrúpulos. Na década de 1940, atrelou-se a Francisco Alves, que aceitou gravar seus sambas. Com a morte de Chico em um acidente de carro, em setembro de 1952, ele passou a buscar novo parceiro. Encontrou alguns, como Vadico. Mas tudo entre os dois não passou de um samba que não fez sucesso, na única gravação que teve, na voz de Leny Eversong, em disco da Copacabana, nº 5.652-A. Começava assim:

> *Teu samba foi a manchete*
> *Do drama da garçonete*
> *Que o jornal não publicou*
> *Teu verso o diadema*
> *Da operária, o poema*
> *Que ela ouviu mas recusou*

    O dom de compor renderia frutos a Vadico, em parcerias com nomes conhecidos como Jarbas Mello, Herberto Sales, Edison Borges, Raul Barreto, Aloysio de Oliveira, Nestor Amaral, Celina Ferreira, Moreira da Silva, Marino Pinto e Vinicius de Moraes. Se não foi longe como parceiro de Nasser, Vadico teve um período produtivo na parceria com Marino Pinto, quando canções suas apareciam em diversos discos. Em todas, Vadico foi o responsável pela composição musical.

    Agnaldo Rayol seria importante para destacar Vadico como compositor na década de 1950 – entre outras músicas, registraria em disco *Prece*. Ele foi descoberto pelo produtor e diretor de TV Cassiano Gabus Mendes, da Tupi, quando cantava na boate Cave. Seu disco de estreia trazia composições de Tom e Vinicius, Hervé Cordovil, Dolores Duran e de Vadico com Herberto Sales. *Passageira desconhecida*, assim como todo o disco, tinha arranjos e acompanhamento de Cordovil e Ciro Pereira. Mais uma vez, o letrista Marino Pinto tentava encontrar alguma originalidade, sem acertar a mão:

> *Ao meu lado, no ônibus sentada*
> *Flor humana agasalhada*
> *Na tarde nublada e fria*
> *Ela era uma estranha na minha vida*
>
> *Passageira desconhecida*
> *Que ao meu lado ia*
> *O acaso feliz nos reunia*

Nesse carro que partia
Para o centro da cidade

Querendo lhe falar
Não disse nada
E de parada em parada
Cada vez crescia mais

Em minha ansiedade
Receio de que ela saltasse
Antes que eu lhe falasse
Não me trazia esperança

Sua luva os dedos abrigando
Bem podia estar ocultando
Dos meus olhos uma aliança
Eu pensei em tudo
Mas, em vão
Pois, do carro, então
Desceu em passo apressado

E sem saber seu nome e endereço
Ficava sem ter começo
A história desse amor
Desse amor ignorado

Enquanto isso, o apresentador da Tupi e colunista do *Diário Carioca* Flávio Cavalcanti havia deixado Noel Rosa e Almirante de lado. Mas continuaria a polemizar, com a mania de chocar cantores, músicos e produtores ao quebrar os discos de que não gostava, em seu *Um instante, maestro!*, na televisão. Cavalcanti achava a produção musical brasileira, naquela segunda metade da década de 1950, um horror. Pouca coisa tinha algum valor para ele. No domingo, 23 de junho de 1957, por exemplo, ele foi o entrevistado da matéria de capa do caderno de cultura do jornal onde trabalhava, com o provocativo título "Música popular brasileira vai muito mal".

O subtítulo trazia outra frase dele: "Quebrar discos, se for preciso!" O crítico sabia que uma postura contundente no jornalismo poderia trazer

Astro do samba-canção pré-bossa nova, Agostinho dos Santos gravou seis composições de Vadico em parceria com Marino Pinto e Edison Borges. No LP de doze polegadas *Agostinho Espetacular*, foram incluídas duas músicas dele com Borges, *Espera* e *Dói muito mais a dor*.

credibilidade e levou seu propósito às últimas consequências. E estava disposto a radicalizar ainda mais sua postura. Segundo ele, a constatação de que tudo ia de mal a pior era "fácil" e pedia ao leitor para citar cinco canções que tocavam nas rádios e TV, naquele momento, que tivessem algum valor. "Não sou derrotista, não sou pessimista." Nem ia cruzar os braços e ver a produção nacional se afundar. "Decidi lutar e estou na luta."

Cavalcanti contou que analisara pacientemente nada menos que 14 programas de TV que estavam no ar naquele momento e ficou indignado com o que viu: "as vergonhas e as drogas que tentam nos impingir". Por isso, conclamou os leitores: "Quebremos discos, se preciso. Rasguemos letras, façamos alguma coisa porque a música brasileira vai muito mal." Talvez ele não percebesse, no entanto, que algo diferente estava sendo gestado bem perto dele, no Rio de Janeiro, cidade onde morava.

Era um movimento musical diferente, que ganhava forma na vida noturna intensa carioca, com suas incontáveis boates, alimentadas com muita música, executadas por instrumentistas experientes e talentosos ou garotos que buscavam criar algo realmente interessante, e que incorporaria uma expressão popular bastante usada naquela década: "bossa nova", para simbolizar qualquer forma diferente de tocar um instrumento ou de fazer arranjos. Já em 1953, pouco depois de retornar ao Brasil, após cinco anos morando em Los Angeles, Vinicius de Moraes já tinha percebido que algo diferente estava acontecendo, mesmo com a praga dos boleros depressivos.

Algo, aliás, que não lhe agradou no primeiro momento. Na crônica "O novo samba", publicada em 27 de setembro de 1953, no jornal *A vanguarda,* ele escreveu: "Está certo que se critique, no Novo Samba, o contingente de estrangeirismos musicais que trouxe para a nossa música popular; mas há que ir com calma e ver a coisa com umas fumaças de sociologia, com perdão do mestre de Apipucos. O *novo samba* nasceu, indubitavelmente, de novas conjunturas: as mesmas que propiciaram o aparecimento de Sinatra, uma Sarah Vaughan e um Stan Keaton nos Estados Unidos; um Perez Prado em Cuba; um Ary Barroso e um Dorival Caymmi."

Do ponto de vista geográfico, Vinicius identificou onde as coisas estavam acontecendo. "E, no Brasil, um bairro como Copacabana – esse imenso cortiço com fumaças de grã-finismo onde se formou, premida pela falta de espaço, de educação e de numerário, uma geração desencantada, golpista e fria – a chamada geração Coca-Cola – capaz de colecionar vícios e neuroses com a mesma displicência com que as que lhe antecederam colecionavam botões, olho-de-boi ou retratos de cinema. Sinatra, Copacabana, be-bop, boate, microfone: eis o *novo samba*." Para ele, o divórcio formal entre a burguesia e o povo – "divórcio que, por outro lado, se anula certa comunhão de necessidades outrora inexistentes" – criou "naquela uma espécie de letargo, uma espécie de *laisser aller*, um intimismo escapista cuja melhor solução é o pequeno bar, a pequena boate onde encontrar seus desencontros, seu tédio de complicações orgânicas, seu medo à vida e ao povo lutando por se afirmar. Pequenos espaços passaram a pedir pequenas músicas – dançáveis, o mais possível, no mesmo lugar. Pequenas músicas passaram a pedir pequenas vozes, e o microfone veio facilitar a realização dessa pequenez toda, os cantores passaram a cantar para o microfone e não para os frequentadores."

Ao mesmo tempo, prosseguiu Vinicius, "essa lassidão patológica da sociedade que vai a boates transmitiu-se naturalmente aos ritmos que se alongaram, sofisticaram, tornaram-se também anelantes, doentios, neuróticos, cheios de problemas negativos, antes que afirmativos do ser e do sentimento humano". E acrescentou: "A condenação do novo samba só é possível nesses termos. Ele exerce, como tudo neste mundo, uma função. Neste particular, é capaz de produzir coisas belas, como tem produzido. O que se deve combater nele é a falta de organicidade, o entreguismo, em que se compraz, a vícios que são mais da sociedade do que dele mesmo."

Porque uma coisa era evidente, em sua opinião: a música popular, como tudo no mundo, não podia ficar parada. "Tem de evoluir, involuir, mover-se, enfim. Não se pode pedir a um Antonio Maria, a um Luís Bonfá, a um Paulinho Soledade, a um Fernando Lobo, que façam samba de morro, samba de batucada, porque se eles o fizessem estariam praticando uma contrafação. O samba que fazem é aquele que sabem fazer, aquele ditado pelos sentimentos, dilemas, taras, culpas, vazios, abstenções, negações, (um samba) impar dos quais vivem e lutam (os compositores) pela vida. Eu tenho um exemplo em mim próprio, que estou tentando fazer um tipo de samba assim, embora procurando torná-lo mais afirmativo, menos lamuriento no que exprime. Mas não há como fugir."

Quatro anos depois, as coisas tinham mudado bastante. Inclusive o modo como Vinicius via o que acontecia. Ele estava perto de encabeçar uma revolução musical chamada bossa nova. Em 1957, o Rio era, então, de uma efervescência só comparável aos velhos tempos dos cassinos, proibidos onze anos antes. Muitos dos músicos desses espaços, aliás, que migraram para as casas noturnas, os *dancings* – como forma de sobreviver, depois que milhares de empregados das casas de jogos ficaram desempregados do dia para a noite – tinham alcançado notoriedade. Para se ter uma ideia, naquele ano, existiam pelo menos 25 desses espaços, voltados principalmente para os mais endinheirados, o que não impedia que boêmios, intelectuais, jornalistas, escritores, músicos, cantores e compositores fossem frequentadores assíduos.

Nessa época, o rico roteiro noturno carioca dos jornais incluía boates e *night-clubs*, que ofereciam apresentações e até espetáculos musicais para a elite financeira e política do país. Dentre eles, Bacará, Cangaceiro, Fred's, Jirau, Hi-Fi, Sacha's, Plaza, Pigalle, Maxim's, Night and Day, Little Club etc. Artistas, jornalistas e intelectuais, no entanto, preferiam as casas do Beco das Garrafas e a boate Plaza, um sinônimo de vanguarda e de renovação musical na noite carioca. Os que gostavam de boa música ouviam em casa os discos de Sarah Vaughan, Frank Sinatra, Chet Baker, lançados no Brasil em formato de dez polegadas, com quatro músicas de cada lado.

Mas, também, compravam os discos moderníssimos de Dorival Caymmi, altamente conceituais e operísticos – sobre a vida dos pescadores –, que flertavam com a mistura de jazz e samba, com elementos da cultura popular de rua da Bahia. A chamada música moderna, esboçada por Caymmi desde os anos de 1940, com seu jeito diferenciado de tocar violão e fazer sambas, ganhava mais e mais adeptos. Dentre eles, o pai da bossa nova, João Gilberto. Caymmi, fã confesso de jazz desde que ouvia programas de Nova York por ondas curtas em Salvador, na década de 1920, abria corações e mentes dos jovens músicos e compositores para novas formas de tocar e cantar.

Dentre essas casas, naquele momento, Sacha's seria importante na história de Vadico, e seria uma das atrações por anos. E o espaço era para lá de chique, como contaria Ruy Castro, em seu livro *A noite do meu bem*. Segundo ele, Sacha's – Seven to Seven surgiu no Leme, em 1954, para entrar no rol das melhores boates da noite do Rio, a que seria lembrada por sua sofisticação. "A grande boate do bairro era o clube Vogue, que pegou fogo em 1955, e, um ano antes, Carlos Machado, conhecido como 'rei da noite', havia convidado o pianista Sacha Rubin para abrir a deles", contou. "Sacha levou toda a freguesia para lá. Tinha até barbeiro." O local se tornou a continuação natural do perfil chique do Vogue, acrescentou o jornalista Joaquim Ferreira dos Santos.

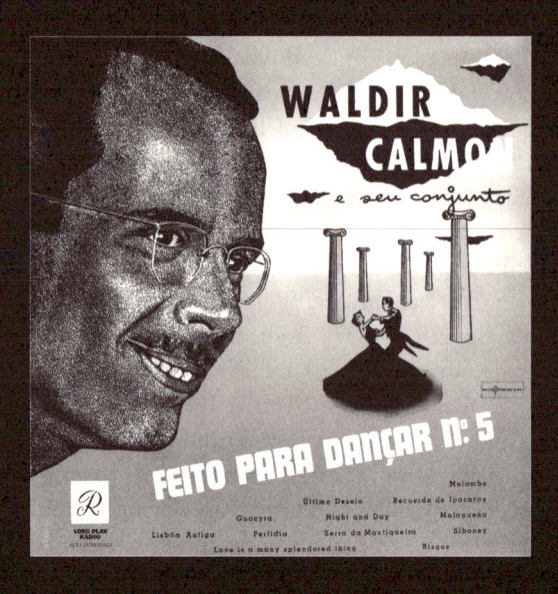

Entre a segunda metade da década de 1950 e meados dos anos de 1960, o mercado fonográfico brasileiro viveu o fenômeno dos instrumentistas que gravavam com pequenas orquestras discos dançantes. Aqui, dois exemplos do segmento que abriram espaço para Vadico e Os Copacabana.

Sacha Rubin seria lembrado por seu repertório musical imenso, e descrito por quem o conheceu como um anfitrião encantador, além de sedutor. Ele tinha como hábito homenagear com música as mais belas *habituées* do local, assim que elas adentravam a porta principal. Lourdes Catão era uma delas: "Sim, tínhamos nossas músicas, o que me deixava muito lisonjeada", contou ela ao jornalista Renato Fernandes, da revista Joyce Pascowitch, mais de 60 anos depois. "Ele tocava *My ideal*, quando ela entrava", confirmou ao mesmo jornalista o escritor Ruy Castro. Tereza Souza Campos e Rosita Thomaz Lopes também tinham suas vinhetas de entrada.

Astros famosos, como Marlene Dietrich, cantaram no palco da Sacha's, assim como notórios *playboys* internacionais, como Porfírio Rubirosa, e figuras do *jet set*, como o príncipe Ali Khan, andaram por suas dependências. "Jacinto de Thormes era o colunista dos 'de bem', e Ibrahim Sued o dos novos ricos naqueles anos", contou a Fernandes, de Portugal, Beth Jardel, viúva do ator e galã Jardel Filho, com quem viveu no bairro. "Realmente saíamos muito. A boate da moda era o Sacha's, um *nightclub* com uma comida ótima e um cantor de sucesso, o Murilinho", lembraria Carmen Mayrink Veiga, no livro *Feliz 1958 – O Ano que não devia terminar*, de Joaquim Ferreira dos Santos.

Todos, por vários anos, ouviram o piano de Vadico por lá, acompanhado de sua pequena orquestra ou de um *crooner*. Mesmo assim, por cachês mais generosos, ele fazia também apresentações em clubes mais populares da periferia do Rio, como o Olímpico, onde se apresentou com sua orquestra na noite de 20 de agosto de 1957, em um espetáculo dançante com jantar, no mesmo formato que fazia em boates. A classe C queria, enfim, experimentar um pouco daquele mundo glamoroso que o colunismo social dos jornais atiçava na imaginação dos menos afortunados. E Vadico a atendia.

A sua parceria com Noel continuava a ser ignorada pela imprensa e por algumas gravadoras na hora de falar de seus sambas. Mesmo depois de quase quatro anos de processos, queixas e reclamações. Como registrou Flávio Cavalcanti, na sua coluna musical no *Diário Carioca*, em 3 de julho, na recente interpretação de Aracy de Almeida de *Feitio de oração*, na PRG-3, a autoria do samba foi atribuída somente ao Poeta da Vila. "Continua injustiçado o esplêndido Vadico", escreveu o crítico. "Tenho dois LPs com músicas de Noel, cantados pela grande Aracy de Almeida", observou Vadico – nesses casos, ele foi o arranjador.

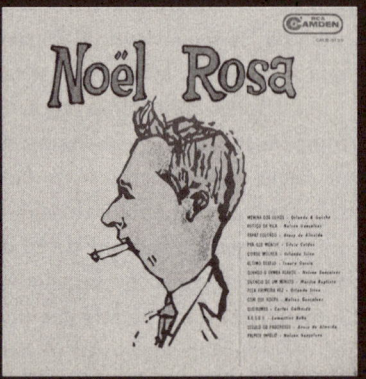

Entre 1959 e 1963, grandes discos foram lançados no Brasil, a maioria sob a influência da bossa nova. Nessa época, Noel Rosa brilhava como grande sambista e não paravam de sair LPs com sua obra.

E o paulistano do Brás queria mais. Tinha bastante planos para o ano de 1958, que seria um dos mais importantes da história da música popular brasileira. Ele estaria lá, a um passo do olho do furacão, e das ondas de uma certa bossa nova.

CAPÍTU

LO 15

HORA DE DANÇAR

Em 1959, Vadico lançou nada menos que dois LPs pelo selo Festa. Os títulos tinham a ver com o nome da gravadora, inclusive com o uso da logomarca, como se fossem antologias que levavam seu nome: *Festa dentro da noite*, com Vadico e Seu Conjunto de Instrumentos e *Festa dentro da noite Nº 2*, com Vadico e Sua Orquestra.

O ano de 1958 – tão marcante na história da MPB – seria de calmaria para Vadico, depois de um difícil 1957, que tanta chateação lhe trouxe, por causa da briga entre Flávio Cavalcanti e Almirante, centrada em seu nome. Em seu quarto ano vivendo no Brasil, ele havia se aprimorado intensamente como músico e feito o que mais gostava: compor e arranjar para discos e programas de rádio e TV. Nunca trabalhara tanto. Mesmo com problemas de saúde, a bebida e o cigarro – não se falava na época que o fumo era letal. Além de tocar quase que diariamente em boates, ocupava-se durante o dia em gravadoras e cuidava da sua orquestra nos programas de auditório na TV Rio.

Nessas experiências em discos, ele deixou a marca pessoal do seu talento em sucessos de consagrados compositores, a partir de releituras da obra de nomes como Ary Barroso, Assis Valente, Ataulfo Alves, Tom Jobim, Vinicius de Morais, Newton Teixeira, Arnô Carnegal, Billy Blanco, Dorival Caymmi, Antonio Maria, Ismael Neto, Lupicínio Rodrigues, Felisberto Martins, Zequinha Reis, A. Martins, Fernando Lobo, Helinho, Herivelto Martins, Pixinguinha, Benedito Lacerda etc. Seriam pelo menos três dezenas de discos com sua participação como músico, arranjador ou maestro, entre 1955 e 1960. "A todas (as músicas) soube ele 'vestir' com o seu talento de orquestrador e sua sensibilidade de artista", observaria depois o crítico Lúcio Rangel. Na verdade, naquele ano, viveria um período dos mais produtivos, que não se limitou a se apresentar com Os Copacabana na noite – tocou por todo o ano no Dancing Avenida. Vadico também participou das gravações de discos na Columbia apenas como pianista, sem cuidar diretamente de arranjos. Com o seu conjunto e seu *crooner*, ele acabou por ajudar a fazer um dos discos mais elogiados daquele ano: *Mesa de pista*, assinado por Zezinho e Os Copacabana.

As quinze músicas foram arranjadas pelos três cabeças do conjunto: Al Quincas, Astor e Vadico, que ficou responsável por quatro faixas: *Feito de oração, Longe dos olhos, Pois é* e *Chora cavaquinho*. Os demais integrantes foram: Jorginho (sax alto), Mozart (pistão), Marinho (contrabaixo), Sutinho (bateria) e Gilberto (pandeiro). "E é Zezinho o moço que canta as melodias bonitas que você ouvia da sua 'Mesa de Pista'", informava a contracapa do LP, gravado pelo sistema de alta fidelidade. A capa, com dois casais jovens, trazia o selo "Para dançar", da Odeon.

A crítica festejou a chegada do disco às lojas. Tanto pela qualidade dos músicos e do repertório quanto pela escolha do cantor. "Um dos bons intérpretes da nossa música popular", escreveu Lúcio Rangel, na revista *Mundo ilustrado*. Para ele, Zezinho gravou um disco "com orquestrações excelentes de Quintas, Astor e Vadico". O álbum seria relançado em 1963, com outro título, *Um Coquetel, Uma Dança*, e outra capa, feita por César Vilela, para o selo Imperial – espécie de subsidiária da Odeon.

No lado A, *Mesa de disco* trazia um *pot-pourri* com temas nacionais e internacionais, dentro de uma sequência sem pausas entre as faixas, feita exatamente para se poder dançar por mais tempo, sem as costumeiras interrupções de uma faixa para a outra. No outro lado, vinha uma série de sambas clássicos. Como os recursos para gravação eram limitados a um só canal, cada lado foi registrado de uma só vez e ao vivo no estúdio, o que consumiu muitas horas e até dias de ensaio, tentativas e a exigência de não se cometer um único erro.

Mas a principal ocupação de Vadico durante o dia e o começo da noite continuava a ser como diretor musical da TV-Rio, função que consumia boa parte do seu tempo – até por volta das 23h, quando deixava a emissora e ia tocar na noite. Nesse ano, ele também participou do conjunto musical do cantor Gaúcho, que tinha como componentes os músicos Coroa (bateria), Silvio (viola elétrica), Freitas (pandeiro) e Tião Marinho (contrabaixo). O grupo atuava aos sábados, no programa *Álbum de ritmos*, da TV Rio.

Uma boa surpresa para ele foi o lançamento de *O cantor da Vila*, segundo livro de Jacy Pacheco sobre seu primo Noel Rosa. No subtítulo, ele prometia aos leitores "documentos e episódios inéditos na vida" do compositor. À parceria entre o Poeta e Vadico ele dedicou um capítulo com seis páginas, sem entrar na história da venda dos sambas. Mais que tudo, Pacheco queria evitar discussão com Almirante, que não perdia oportunidade para destratar seu primeiro livro e o acusar de fazer uso suas pesquisas sem citar a fonte. Com o título de "A grande dupla", sem qualquer novidade sobre a parceria, o autor lembrou que fora Eduardo Souto quem apresentou Noel a Vadico, nos estúdios da Odeon, em 1932.

No novo livro, elogiou o compositor, observou que Vadico entrava com as músicas e Noel com as letras etc. Em seguida, reproduziu as letras de alguns sambas da dupla, como *Feitiço da Vila*. A passagem mais interessante da obra foi a transcrição de um trecho – sem data, mas que foi publicado em 18 de dezembro de 1953 – da entrevista que Vadico deu a Jackson Flores, da revista *Manchete*, em Nova York, sobre o processo de criação dos dois.

O maior acontecimento de 1958, claro, foi o surgimento do movimento musical da bossa nova. Vadico estava bem próximo e acompanhou de perto essa gestação. Era algo com o qual se identificava, como amigo dos principais envolvidos – Vinicius, Tom Jobim, Elizeth Cardoso e João Gilberto –, embora não tenha tido um envolvimento direto, no *front*, como afirmam alguns historiadores, que jamais fizeram referências aos seus arranjos jazzísticos nos discos que arranjou. Essa gênese tem uma história controversa, até mesmo quando se pretende identificar quem realmente gravou o primeiro disco – Elizeth Cardoso ou João Gilberto?

Uma consulta a jornais da época mostra que a expressão "bossa" era bastante usada, com sentidos diversos, para definir algo como "pose", "atitude", "postura". Dizia-se: "Fulano tem bossa, é cheio de bossa". Na verdade, era uma expressão tão antiga que, quase vinte anos antes, aparecia em uma das marchas mais famosas de todos os tempos, *Mamãe eu quero*, gravada por Carmen Miranda, em 1939 – "Eu tenho uma irmã que é da bossa e um marido que é bossa". E o termo "nova" se referia à tentativa de se diferenciar, criar algo moderno. "Ser bossa nova" significava ser adepto de modismos, vestir-se diferente e, claro, pensar por si próprio.

Na música, tinha a ver com um jeito de cantar e tocar que apontava para a novidade, também. "Isso é bossa nova" era o que mais se dizia. A expressão, portanto, era apropriada para denominar um dos gêneros musicais brasileiros que ficaria mais conhecido em todo o mundo, e que viraria uma espécie de refinamento musical do samba. Vadico tinha bossa em seus arranjos. Qualifica-lo com o termo a "nova" é algo discutível para os puristas defensores do movimento.

Historiadores apontariam a bossa nova como consequência de toda uma década de maturação em boates e *dancings* cariocas, além da gravação de discos modernos de samba-canção – um bom número deles arranjados por Vadico –, no final do ano de 1957, e de espetáculos como o que fora realizado por Carlos Lyra, Ronaldo Bôscoli, Sylvia Telles, Roberto Menescal e Luiz Eça, no Clube Hebraica, do Rio de Janeiro.

O evento foi anunciado como um show a ser feito por um "grupo bossa nova apresentando sambas modernos". Teria nascido ao acaso, a partir do encontro de músicos e jovens cantores de classe média, não em barzinhos, mas em apartamentos ou casas residenciais da zona sul carioca, onde se encontravam para fazer e música. E essas reuniões se tornaram frequentes a partir de 1957, observou Ricardo Cravo Albin.

Ruy Castro apontou o apartamento da família Leão, na Avenida Atlântica, em Copacabana, como um dos locais que sediaram muitos desses encontros. Nara era quase uma adolescente, com apenas 15 anos, narrou ele, mas se tornaria a musa da bossa nova. Ela costumava receber em casa jovens talentos como Carlos Lyra e Roberto Menescal, entre outros amigos músicos. O grupo logo ganhou adeptos que seriam importantes, como Ronaldo Bôscoli, Chico Feitosa, Luiz Carlos Vinhas, os irmãos Mário, Oscar, Iko e Léo Castro Neves e João Gilberto – o mais velho da turma –, entre outros.

O baiano de Juazeiro João Gilberto, no entanto, seria o nome mais importante da bossa nova, por ter "inventado" ou dado forma à batida do violão, sob a influência inegável de Dorival Caymmi. Em disco, a gênese seria o LP de Elizeth Cardoso, *Canção do amor demais*, lançado em 1958, pela gravadora Festa, no qual João Gilberto gravou o acompanhamento de violão que caracterizaria a pegada rítmica da bossa nova, e que o tornaria conhecido no mundo inteiro como ícone do movimento musical.

A gravadora Festa tinha sido criada em 1954 pelo jornalista Irineu Garcia e entraria para a história pela ousadia em fazer discos que não tinham compromisso com o comercialismo do mercado, e que iam do erudito ao popular, além de recitais de poesias. Fizeram parte do disco de Elizeth, aliás, músicas que seriam imortalizadas por João, como *Chega de saudade*, de Tom Jobim e Vinicius de Morais, que viraria um marco de tudo aquilo.

Elizeth tinha sido eleita a melhor cantora de 1957, e viveria seu grande momento musical no ano seguinte. Seu disco, descrito pelo crítico do *Correio da Manhã* Claribalte Passos como uma obra de "Dois autores e uma intérprete", daria a Jobim, pelo segundo ano consecutivo, o título de melhor compositor do ano. Mas, ao contrário do que se pensaria décadas depois, não foi um sucesso quando saiu em maio de 1958, como observou Ruy Castro. O lançamento da bossa nova ocorreria, oficialmente, no mesmo ano, quando João Gilberto lançou, em agosto, um 78 rpm com as faixas *Chega de saudade* e *Bim-Bom*, de sua autoria. Em abril do ano seguinte, veio o primeiro LP dele, com o nome *Chega de saudade*, descrito como "coletânea musical".

Claribalte Passos detestou o título e a capa e puxou a orelha da Odeon, "que deveria ter arranjado algo mais sugestivo, emprestando maior relevo ao lançamento". Não entendeu que aquela expressão era quase um grito de guerra, um manifesto pelo novo em oposição ao velho ("saudade"), uma ruptura com o saudosismo sem abrir mão da tradição do samba. Mas adorou todo o resto (as músicas, a interpretação e os arranjos) e chamou João de "moço simples" e "grande artista", responsável por "esplêndidas interpretações".

O cantor foi descoberto por dois talentos, acrescentou o crítico: "um sonhador passeando entre as estrelas, o inspirado poeta **Vinicius de Moraes**; e essa surpreendente personalidade musical, **Antonio Carlos Jobim**" (grifos seus). Segundo mostrou Tom Jobim, escreveu Claribalte

Passos, "a bossa nova de *Chega de saudade* está quase toda na harmonia, nos acordes alterados, pouco utilizados por nossos músicos da época, e na nova batida de violão executada por João Gilberto".

O movimento, no entanto, enfrentaria resistência. O aparecimento da bossa nova, para o crítico e historiador José Ramos Tinhorão, "na música urbana do Rio de Janeiro marca o afastamento definitivo do samba de suas raízes populares". Mesmo visto como uma nova forma de tocar samba, foi acusado de sofrer forte influência norte-americana, traduzida nos acordes dissonantes comuns ao jazz. Cravo Albin destacou que as letras das canções contrastavam com as das canções de sucessos até então, e abordavam temas leves e descompromissados, definidos por meio da expressão "o amor, o sorriso e a flor", que fazia parte da letra de *Meditação*, de Tom Jobim e Newton Mendonça, e que foi utilizada para caracterizar o que se denominou de "poesia bossa-novista".

A forma de cantar "para o microfone", estabelecida por João Gilberto – o mesmo estilo que Vinicius criticara em seu artigo de 1953 sobre o *novo samba* –, também seria um diferencial, em que se adotou o "canto-falado" ou o "cantar baixinho", com o texto bem pronunciado, o tom coloquial da narrativa musical, do acompanhamento e do canto, que se integravam, em lugar da valorização da grande voz, como observaram Júlio Medaglia e Augusto de Campos.

Como Vadico se colocou diante de tudo aquilo que estava acontecendo, como exímio pianista e elogiado arranjador que era dos discos de Aracy de Almeida e Elizeth Cardoso, jamais foi devidamente esclarecido ou ficou claro nos livros em que seu nome foi citado. Afinal, ele poderia ter ocupado o lugar de Jobim nos arranjos de *Orfeu da Conceição* e sua vida teria, talvez, tomado outro rumo – para alguns estudiosos, esse gesto sepultaria sua relação com a bossa nova, o que é um equívoco.

Uma reportagem de Roberto Reis, publicada em 2 de novembro de 1960, no *Correio da Manhã*, entretanto, daria ao menos uma ideia mais precisa sobre isso. O título era dos mais diretos: "Vadico e a bossa nova". Reis contou que, durante uma ronda da madrugada, quando percorria a cidade como repórter em busca de notícias da noite, teve a satisfação de observar que a maioria das boates executava sambas dos mais variados.

E lhe veio a ideia de fazer uma matéria para mostrar o quanto a bossa nova ocupava de espaço na rotina noturna carioca. "Entre um bolero ou um *fox*, os conjuntos executam cerca de três, quatro ou cinco sambas bem brasileiros. Quer 'bossa nova' ou não. Quer da 'SBATEM' ou da 'UBC' (entidades arrecadadoras de direitos autorais), mas todos sambas. *Mulher de trinta, Teleco-teco nº 2, Ri, Menina moça* e por aí a fora."

Durante a elaboração da reportagem, em um dos intervalos na boate Sacha's, ele conversou com Vadico, que destacou sua preferência pelo "samba corridinho" – e seu indisfarçável flerte com o jazz. No começo da entrevista, no entanto, voltou à sua incansável militância pelo direito autoral. "Um detalhe interessante contou o autor de *Prece*, com referência ao direito autoral, diz ele que existem na América do Norte diversas gravações de *Feitiço da Vila, e* há poucos dias, pela primeira vez, recebeu a sua cota como autor da música. Considerando os descontos disso e mais daquilo, recebeu a 'fortuna' de 8 dólares!"

O repórter observou que casos assim aconteciam com Ary Barroso e também com o saudoso Zequinha de Abreu, que parecia não ter recebido "um vintém" do seu *Tico-tico no fubá,* que, graças a Carmen Miranda, tinha sido regravado em quase todos idiomas – depois que ela o interpretou no filme Copacabana (1947), em um dos grandes momentos de sua carreira. Logo, porém, os dois mudaram de assunto. Perguntado qual era a sua opinião sobre "a chamada 'bossa nova'", Vadico disse, curto e direto: "Sou completamente favorável à 'bossa nova'."

O entrevistador insistiu sobre o tema. Parecia tentar tirar dele alguma opinião negativa. Mas ele tratou tudo com serenidade. Queria, o repórter, saber se existia mesmo uma "bossa nova" ou se deveria considerá-la "bem velhinha". Vadico foi enfático: "Olha, meu amigo, muita gente não tem 'peito' de falar sobre a 'bossa nova', alegando que a mesma é antiga etc. Mas a verdade é que ela existe e o seu ritmo atual é bem diferente daquele que muitos pensam conhecer. O ritmo de hoje foi criado pela juventude e é alimentado por essa mesma juventude. Sou músico e sei muito bem distinguir a 'nova' da 'velha'."

A "bossa" a que ele se referia era mais "caprichada e manhosa". E, também, "gostosa de se tocar e melhor de se ouvir". E chamou a atenção que era "fácil" para o executante e "fácil" de se compreender pelo ouvinte. Para ele, a bossa nova existia, sem dúvida. Mas não eram todos que a executavam. Ou tinham capacidade para isso. "Alguns fazem confusão e eu me refiro à melhor, à original, dos tempos de hoje." Assim, Reis encerrou a conversa: "Depois disso, Vadico deu conta pela hora e notou que se aproximava o término do seu intervalo na 'Sacha's' (na Rua Antonio Vieira, 6-A). Limpou os óculos, acertou o nó da gravata e prometeu outro 'papo' em outra madrugada quente."

Vadico participaria, em 1958, do lançamento de um novo cantor, Roberto Audi, que estreou com um LP, pela Copacabana, e gravaria dele e de Marino Silva o que foi descrito como "bolero", a canção *A distância*. Audi teria uma ascensão meteórica', o que despertou desconfiança porque era cunhado de David Nasser, aquele mesmo polêmico e influente repórter de *O Cruzeiro*, e seu padrinho musical. Ele começou cantando no coro dos shows que Carlos Machado apresentava na boate *Night and Day*. Antes de gravar, atuou com frequência nas rádio e TV Tupi.

Não foi a música de Vadico, no entanto, que o levou a ser tocado nas rádios. Os sucessos do disco foram a toada *Geada* (Armando Cavalcanti e David Nasser) e o fox *No azul pintado de azul* (Modugno e Puzzaglia, com versão de Nasser), em dueto com Leny Eversong, cantora que supostamente o descobriu. Desconfiava-se que Nasser havia atuado nos bastidores, junto aos programadores, para Audi ser tocado e promovido. Ainda em 1958, ele recebeu da revista *Radiolândia* o troféu Antena de Prata de cantor revelação do ano na TV, escolhido por um júri composto de críticos especialistas e representantes de agências de propaganda.

Outra alegria para Vadico aconteceu em setembro de 1958, quando Agostinho dos Santos, cantor em ascensão, lançou pela Polydor o LP de doze polegadas *Agostinho Espetacular*, com duas músicas dele em parceria com Edison Borges, *Espera e Dói muito mais a dor*. Antes de o disco chegar às lojas, naquele mês, já era apontado como um dos melhores do ano, na opinião do colunista Alberto Rego, do *Diário Carioca*, que o ouviu previamente. Em *Espera*, o arranjo orquestrado era quase uma valsa, quase uma ladainha, com versos carregados de melancolia, em que, mais uma vez, Vadico não deu sorte com o letrista. O resultado foi um Agostinho em uma busca constante para acertar letra e melodia:

O relógio bateu nove horas
Eu ainda esperava por ela
Deu dez horas
Bateu novamente

E eu ainda esperando...
Esperando...
Esperando bater lá na porta
Calada, fechada

O alô costumeiro
O sorriso brejeiro
Do bem que não vem

A lua sumiu
O sol despontou
Por entre fumaça
Meu sono chegou

Sonhei coisas lindas
Sonhei que ela veio
E eu descansava feliz
Feliz em seus seios

Foi então que acordei assustado
E confesso, de mim tive dó
Conclui que já era outro dia
Meu sonho terminara

E eu estava só
Meu sonho terminara
E eu estava só...

 Se *Espera* deixou a desejar, *Dói muito mais a dor* mostrava que Vadico tinha em Borges o parceiro-letrista apenas um pouco melhor que Marino Pinto. A música, aliás, ajudou bastante, em um bom momento do compositor. O tema tratava da perda de um amor, com versos pretensiosos e cheios de clichês. Não trazia nada de excepcional para mais uma bela e rica melodia do compositor:

Sonho sonhei
Sem viver
Nem um lábio beijei
Amei e pequei

Muito de amor
Pensei um dia entender
Muito sofri
Querendo amor, esquecer

Mas veio você, querida
E agora entendi de amor
E me dói
Muito mais a dor

Me enganei
Pois não sonhei
Jamais amei ninguém
Meu bem

Só você
Só você

Mas veio você, querida
E agora entendi de amor
E me dói
Muito mais a dor

Me enganei
Pois não sonhei
Jamais amei ninguém
Meu bem

Só você
Só você

Seis anos depois do último infarto, Vadico parecia não levar a sério a afirmação do médico de que precisava moderar em sua rotina para que seu coração suportasse de cinco a dez anos de vida. Além de beber, fumava cada vez mais. Do tipo que acendia um cigarro no toco do outro. E tinha uma vida totalmente desregrada. Sem parar de tocar à noite – em jornadas que o faziam amanhecer dedilhando o piano para clientes bêbados e, não raro, ele também acabava assim –, no começo de 1959, deixou definitivamente Os Copacabana e se tornou como um solitário pianista na Boate Fred's. O grupo, então, passaria a se chamar Quincas e Os Copacabana, e lançaria uma série de discos de dança a partir daquele ano, até meados da década seguinte.

Nesse ano, Carminha Mascarenhas – um dos mais belos rostos da música popular e bastante afinada – gravou, na Polydor, o samba-canção *Dormir... sonhar*, de Vadico com Herberto Sales, aquele mesmo que fizera uma longa reportagem com ele, logo depois que ele voltou dos Estados Unidos, publicada em setembro de 1954, e que se tornaria um escritor famoso nas décadas seguintes. O disco foi lançado em julho de 1960. A letra não era ruim, mas algo não funcionava e a música passou sem ser notada:

> *Dormir... sonhar...*
> *Da realidade fugir*
> *Sonhando te amar*
> *Eu procuro me iludir*
>
> *Dormir... sonhar...*
> *E contigo ficar...*
> *Nosso amor... meu amor...*
> *É um sonho que eu vivo a sonhar*
> *Nosso amor é um sonho*
> *Sonho bom de sonhar*

Logo depois, Vadico se juntou a talentos enormes, como o jovem Baden Powell (violão), Raul de Barros (trombone) e Copinha (flauta), para gravarem um disco duplo de 45 rpm, pela Phillips, do talentoso cantor Jonas Silva, ex-vocalista do conjunto Garotos da Lua. As faixas eram sucessos do momento: *Cheio de saudade* (Luiz Antonio e Djalma Ferreira), *Saudade querida* (Tito Madi) e *Vocezinha* (Chico Feitosa e Ronaldo Boscoli). Não trazia composições suas e o álbum foi bastante elogiado.

No decorrer de 1959, Vadico lançou com seu novo conjunto nada menos que dois LPs pelo selo Festa, os quais o projetaram e sepultaram para sempre o fantasma de Noel Rosa na sua vida. Pelo menos, aparentemente. Os títulos tinham a ver com o nome da gravadora, inclusive com o uso da logomarca na capa como se fossem antologias que levavam seu nome: *Festa dentro da noite*, com Vadico e Seu Conjunto de Instrumentos e *Festa dentro da noite Nº 2*, com Vadico e Sua Orquestra. A gravadora seria apontada como berço da bossa nova, por lançar o disco *Canção do amor demais*, de Elizeth Cardoso, em 1958.

O primeiro chegou às lojas em julho. Vadico e seus músicos (na ficha técnica do disco não havia créditos para os membros da orquestra) interpretaram – com arranjos seus –, *Leva meu samba* (Ataulfo Alves), *Se é pecado* (Herivelto Martins), *Viva meu samba* (Billy Blanco), *Naquele tempo* (Pixinguinha e Benedito Lacerda), *Lá vem a baiana* (Dorival Caymmi), *Siga* (Fernando Lobo e Hélio Guimarães), *Mangueira* (Assis Valente e Zequinha Reis), *Faceira* (Ary Barroso), *Canção da volta* (Ismael Netto e Antonio Maria), *Chega de saudade* (Tom Jobim e Vinicius de Moraes), *Se alguém disse* (Newton Teixeira, Arnô Canegal e Arnaldo Paes), *Se acaso você chegasse* (Lupicínio Rodrigues e Felisberto Martins) e o choro *Vai Astor!*, de sua autoria, homenagem ao maestro Astor Silva, parceiro seu no grupo Os Copacabana.

O disco era uma antologia de grandes sambas, todos instrumentais, em que se destacavam os solos de piano de Vadico, acompanhados de uma série de instrumentos de sopro. A capa trazia uma linda modelo, Ely Azevedo, segurando um copo, encostada ao piano, enquanto o dedo indicador da mão direita tocava delicadamente uma das teclas do instrumento – na época, era comum as gravadoras usarem mulheres jovens, bonitas e sensuais nas capas, para atrair compradores, semelhantes às *pinups* americanas, só que mais comportadas.

No verso do LP, vinha uma extensa apresentação do conceituado crítico Lúcio Rangel, que dava seu aval à obra – o que significava muito, diante de sua reputação como crítico musical. Assim como fizera Vinicius na contracapa de *Dançando com Vadico*, três anos antes, ele partiu de uma breve biografia em que lembrava ser "aquele compositor popular um dos grandes do Brasil" – tão carioca, apesar de ser paulistano do bairro do Brás e neto de italianos. "Em samba, é apenas Vadico, o mesmo que assina, juntamente com Noel Rosa, algumas das mais belas páginas musicais que já surgiram por esta terra."

Depois de listar as composições dos dois, Rangel dizia acreditar que *Só pode ser você* era, talvez, "a mais bela (realização da dupla), inexplicavelmente esquecida". Aliás, prosseguiu o crítico, "o encontro primeiro entre os dois gigantes da nossa música popular já foi cantado – em prosa e verso e o próprio Vadico ainda traz presente na memória aquele primeiro contato com Noel Rosa, nascimento de uma amizade que não terminou em um simples 'muito prazer em conhecê-lo'".

Nesse disco, Vadico "era o mesmo grande compositor inspirado, mas era também um músico, no sentido amplo da palavra, dominando a técnica, sabendo como poucos fazer uma orquestração ou realizar um 'arranjo'". Assim, ele estava "melhor que nunca, sempre o mesmo músico consciencioso, profissional perfeito". Vadico, não, Maestro Vadico, ressaltou Rangel. "Depois de alguns anos entre nós, sua bagagem musical tem se enriquecido enormemente em número e qualidade."

Para comprovar, listou uma série de músicas suas gravadas recentemente – *Guanabara* (Aurora Miranda), *Prece* (Helena de Lima, Elizeth Cardoso, Lana Bittencourt, Silvio Caldas, Agnaldo Rayol e outros), *Antigamente* (Maria Helena Raposo e Helena de Lima), *Noel Rosa* (Leny Eversong), *Passageira desconhecida* (Agnaldo Rayol), *Distância* (Roberto Audi), *Espera e Dói muito mais a dor* (Agostinho dos Santos). "Ele não escreve letras, mas sabe escolher a palavra exata que deve ser musicada."

Como soube descobrir em Noel Rosa o parceiro perfeito, disse o crítico, "ele encontrou letristas em nomes como Marino Pinto, Jarbas Melo, David Nasser, Herberto Sales, Edison Borges e Aloysio de Oliveira". Rangel lembrou que seus choros instrumentais não deveriam ser esquecidos: *Vai, Astor!*, gravado por Os Copacabana; *Dry Copacabana*, por Leo Peracchi e sua orquestra; e *Duvidoso*, que ele próprio registrou em disco com seu conjunto orquestral.

Até que veio o primeiro volume de *Festa dentro da noite*, que Rangel considerava "um dos melhores (long-playings) da nossa música popular". Afirmou ainda que, "com peças de consagrados compositores" (...), a todos soube Vadico "vestir com o seu talento de orquestrador e sua sensibilidade de artista". Por fim, arrematou com entusiasmo: "E não falta Vadico nessa nova gravação – está lá o chorinho delicioso que ele dedicou a seu colega trombonista de Os Copacabana — *Vai, Astor!*. Esse disco se deve a uma louvável iniciativa de Irineu Garcia, diretor da etiqueta Festa", destacou. "Como sua terra natal, Vadico não pode parar. E vai distribuindo generosamente o seu trabalho e a sua inspiração."

Não havia qualquer exagero do jornalista em sua apresentação. Aquele era mesmo um álbum para ainda ser descoberto pelo seu valor histórico, quase sessenta anos depois do seu lançamento. Embora seguisse os passos do samba de gafieira, era nítida a influência da mistura do jazz com as inserções dos instrumentos de choro e samba. Mas algumas faixas eram nitidamente a mais pura e legítima bossa nova – lembremos que o movimento estava se consolidando naquele momento.

Festa dentro da noite

VADICO

Na era do disco digital (CD), o mais famoso disco de Vadico ganhou reedição, mas sem a capa original. Os dois volumes de 1959 viraram itens de colecionador e o segundo não aparece no mercado de vinis há bastante tempo.

Eram faixas de grande prazer de se ouvir, com arranjos impecáveis, irretocáveis. O disco foi um sucesso, com generosas resenhas nos jornais. "As orquestrações do maestro Oswaldo Gogliano são o fino no gênero", recomendou o colunista Mister Eco, do *Diário Carioca*. A revista *A Cigarra* fez diferente e reproduziu o texto de Rangel da contracapa do disco.

A receptividade e as boas vendas animaram Garcia a lhe pedir um novo trabalho, que foi batizado de *Festa dentro da noite Nº 2 - Vadico e Sua Orquestra*. O disco foi programado para antes que 1959 terminasse, de olho nas vendas de Natal. E assim aconteceu. O álbum seguia o mesmo formato do anterior, com releituras de sambas famosos que misturavam jazz e bossa nova, mas em ritmo dançante de boate, cuja combinação era contagiante. Podia ser ouvida em casa, no escritório ou no rádio do carro.

Dessa vez, acompanhado pelos mesmos músicos, Vadico gravou: *Se você jurar* (Ismael Silva, Nilton Bastos e Francisco Alves), *Conversa de botequim* (ele e Noel Rosa), *Abre a janela* (Arlindo Marques Júnior e Roberto Roberti), *Neste mesmo lugar* (Klécius Caldas e Armando Cavalcanti), *Maria* (Ary Barroso), *Seu Libório* (João de Barro e Alberto Ribeiro), *Juramento falso* (J. Cascata e Leonel Azevedo), *Brigas nunca mais* (Tom Jobim e Vinicius de Moraes), *Meu primeiro amor* (Bide e Marçal), *Saia do caminho* (Custódio Mesquita e Evaldo Ruy), *Desengano* (Evaldo Ruy e Waldemar Silva), *Samba de Copacabana* (Eratóstenes Frazão e Antonio Nássara) e *Meu consolo* (Gadé e Valfrido Silva).

Sobre os três discos de Vadico lançados até então, Tárik de Souza comentou depois que haviam destacado mais seu lado intérprete e instrumentista, pois ele gravou somente uma música de sua autoria, no segundo disco, *Vai, Astor!*, em que fazia um solo nessa faixa. "Nos outros dois discos não há nenhuma canção própria, Vadico prefere interpretar compositores como Tom Jobim, Noel Rosa, Ataulfo Alves, Lamartine Babo e Dorival Caymmi."

Desde julho de 1959, e no decorrer dos dois anos seguintes, Vadico se apresentou ao piano na Sacha's, na Rua Antonio Vieira, 6-A, no Leme. Ele se revezava ao piano com o dono do local, Sacha Rubim. Por coincidência, nessa época, o cantor francês também chamado Sacha, com o sobrenome Distel, fez uma temporada no local, e ele e Vadico ficaram amigos. Tanto que, em abril daquele ano, o brasileiro participou do LP que Distel gravou e lançou pela Phillips, depois de muita polêmica com a Ordem dos Músicos do Brasil, que exigiu a contratação de somente músicos e técnicos brasileiros para que o disco pudesse ser feito. Além dos arranjos, Vadico tocou ao lado de um tal Baden ao violão, o mesmo que ficaria conhecido pelo nome de Baden Powell.

No dia 16 de junho, foi anunciada a conclusão do disco *Choros famosos*, com a cantora Ademilde Fonseca, e que tinha todas as faixas arranjadas por Vadico. "Esse poderá ser o LP do ano", escreveu o entusiasmado Sérgio Cabral, em sua coluna "Música naquela base", publicada às quintas-feiras, no *Jornal do Brasil*. Vadico, apaixonado por choro, poucas vezes esteve tão à vontade no estúdio e ajudou Ademilde a escolher o repertório, formado pelo filé do gênero: *Tico-tico no fubá, Sonhando, Dinorá, Apanhei-te cavaquinho, Pedacinho do céu, Sonoroso, Flor de abacate, O que vier eu traço, Comigo é assim, Carinhoso, Doce melodia* e *Delicado*.

O resultado foi perfeito para um grande álbum do gênero. "Uma coisa é certa: é o melhor disco que a Philips gravou até hoje", acrescentou Cabral, sem receio de parecer exagerado. No dia 17 de julho, o jornalista e crítico musical voltou a falar do disco em uma extensa resenha e, em uma das passagens, destacou o trabalho de Vadico na gravação: "A verdade é que Ademilde está muito bem, mas, não fosse a orquestração excelente de Vadico, o disco perderia muito do seu interesse."

Três dias depois, Cabral anunciou uma novidade que, infelizmente, jamais se concretizaria: a gravadora Vila não mais lançaria Cartola em LP, mas em uma série de discos de sete polegadas, em 33 rpm. Ficou acertado que todos os arranjos seriam feitos por Vadico. Como se sabe, Cartola só gravaria o primeiro disco individual de sua vida, em LP de 33 rpm, 14 anos depois, pelo selo Marcus Pereira. Algumas semanas mais tarde, a Columbia mandou para as lojas o LP *Madrugada da voz*, com a cantora Lila. No repertório, só de sambas, estava *Saudade intrusa*, de Vadico.

Era uma faixa de apenas dois minutos, em ritmo de completo samba-canção bossa nova. Curioso que, pela terceira vez, Vadico chamava a amada de "benzinho" em uma letra de sua autoria:

A saudade
Instalou seu barracão
Dentro do meu coração
E de lá não quer sair
Já fiz tudo
Não consigo convencê-la

Não há jeito de movê-la
Não adianta insistir

Reclamei inutilmente
Finalmente desisti
Respondeu-me simplesmente
Escute aqui
Meu benzinho, apesar do seu desejo
Não há ordem de despejo
Que me arranque daqui (bis)

No decorrer de 1959, Vadico passou a se apresentar também na boate Plaza. E foi lá que protagonizou um episódio quase esquecido na biografia daquele que se tornaria o maior vendedor de discos do Brasil: Roberto Carlos.

CAPÍTU

LO 16

AO PIANO, COM ROBERTO CARLOS

Vadico se transformaria, sem querer, em um personagem importante no início da carreira de Roberto Carlos. Em 1959, o jovem capixaba cantava acompanhando o pianista na boate Plaza. Sem qualquer disfarce, ele imitava o jeito de João Gilberto cantar.

Em 21 de junho de 1959, Vadico ganhou mais uma compensação pública na solitária luta para que o citassem como coautor de sambas de Noel Rosa: a Miss Brasil daquele ano, Vera Ribeiro, foi homenageada na boate Plaza, com uma apresentação especial de *Feitiço da Vila*, executada ao piano pelo próprio autor da melodia. Fotos dos dois foram publicadas pelos jornais. Vadico parecia bem feliz. Ele voltou à TV em julho, depois que deixou a TV Rio, no final do ano anterior, contratado pelo canal Continental. Sua missão era acompanhar ao piano a cantora Zoé Magno, do *cast* da Copacabana, no programa que passou a apresentar todos os sábados à noite, ao vivo. Além cantar, ela recebia convidados.

Em 7 de julho, os jornais do Rio de Janeiro começaram a publicar um anúncio que ganharia grande importância histórica, sobre uma série de atrações musicais que estaria em cartaz naquele mês no Plaza Boate e Restaurante – que funcionava no mesmo endereço de sempre, na Avenida Prado Junior, 258, em Copacabana. Entre elas, aparecia o nome de Vadico em destaque maior que os demais. Logo abaixo, informava-se que ele acompanharia ao piano – na verdade, seria acompanhado – por dois cantores jovens e ainda desconhecidos: Roberto Carlos e Milena Salvador. Depois, a cantora seria substituída por outra novata, Valéria Muller.

Com apenas 18 anos – completara a maioridade em 17 de abril daquele ano –, Roberto Carlos era tão novidade para o público elitizado da noite carioca que, por três semanas, uma nova propaganda trouxe seu nome invertido e se lia Carlos Roberto. Ninguém se deu ao trabalho de corrigir, pois ficou assim por tanto tempo. A vida nunca fora fácil para ele, que teve parte da perna amputada aos 6 anos de idade, após ter sido atropelado por um trem, que fazia uma manobra na estação de sua cidade, Cachoeiro do Itapemirim. Seu pai, o relojoeiro Robertino, queria que ele se dedicasse à datilografia para ter uma profissão em algum escritório ou outro emprego que precisasse apenas de seus serviços manuais e pouca locomoção.

O jovem vivia um momento sem rumo em sua vida. Não sabia exatamente o que fazer. A não ser que queria viver de música, de cantar. Mas as coisas estavam difíceis nesse sentido. Havia pouco tempo, deixara, chateado, o conjunto de rock The Sputniks, cujo comando dividia com o cantor Tim Maia. Roberto havia tentado gravar um disco de 78 rpm em praticamente todas os grandes selos do Rio. Nenhum se interessou por ele. Entre as gravadoras procuradas, estavam Chantecler, RCA-Victor, Philips e Odeon. Como não tinha um emprego fixo, Roberto precisava ao menos de ganhar algum dinheiro para se manter – pagar uma pensão e alimentação. Sem alternativa, pediu ajuda ao primo Amaral, gerente da boate Plaza, para conseguir um contrato como cantor da noite do Rio.

Amaral tinha toda a boa vontade do mundo para ajudá-lo. O problema era a ligação do rapaz com o rock, enquanto o gênero musical que reinava absoluto nesses espaços chamava-se samba-canção. Mesmo assim, Roberto achou que podia se adequar e resolveu tentar. Tratou, então, de convencer o primo disso. Com seu apadrinhamento, tornou-se *crooner* da badalada casa noturna. Ou seja, deveria ser a voz que acompanharia algum conjunto, orquestra ou músico. Com isso, ganharia seu primeiro salário profissional – o futuro "rei" da música romântica consideraria esse o início de sua carreira musical, apesar das experiências anteriores, durante a transição da adolescência para a juventude.

A boate Plaza nasceu na década anterior de um bar no hotel de mesmo nome. Em 1952, o Hotel Plaza arrendou o espaço – que seria ampliado – para a cantora Linda Batista, uma das estrelas da música popular e que emendava um sucesso atrás do outro desde a década de 1930. Em parte, por isso, a casa estava sempre lotada. O hotel, com acesso pela avenida Princesa Isabel, nesse período servia de morada para muita gente famosa, como a cantora Maysa, ou que ficaria conhecido dali a em alguns anos, como o músico Ronaldo Bôscoli. Entre o palco e as mesas havia uma pista para uns 20 casais dançarem agarradinhos, se quisessem. Tudo no maior bom gosto e com classe. Era um lugar bonito e bem decorado.

A passagem de Roberto pela Plaza duraria pouco mais de cinco meses, de julho a dezembro de 1959, e emprestaria sua voz à estrela maior do local, o pianista Vadico. Mas, como ele conseguiu se virar por tanto tempo, em um meio por demais competitivo, em que havia filas de cantores em busca de qualquer oportunidade para serem vistos por produtores e executivos de gravadoras? Sem qualquer cerimônia, desde o começo, ele se mostrou um escancarado imitador de João Gilberto, que brilhava desde o ano anterior, por ter lançado, quase um ano antes, o 78 rpm com *Chega de saudade*.

O próprio Roberto não negaria essa "influência". Nem poderia. Em entrevista de 2005, ele recordou: "Eu tinha uns 16 ou 17 anos e só ouvia rock and roll, quando, um dia, no rádio do carro, escutei João Gilberto. Mudei tudo e só quis cantar bossa nova", contou, para justificar sua mudança de direção, embora as evidências apontem para um gesto de desespero, em busca de trabalho. "Por isso, meu primeiro trabalho como cantor foi na boate Plaza." Havia um motivo especial para ele guardar em seu currículo a importância daquela temporada na casa. João Gilberto tinha se apresentado ali, assim como outros nomes importantes da bossa nova, como Baden Powell, Johnny Alf, João Donato e Milton Banana, entre outros. Era, portanto, um dos berços de tudo.

Na verdade, a "cara de pau" de Roberto para cantar bossa nova imitando João Gilberto veio, em parte, da pressão de seu empresário, o bonachão e cínico Carlos Imperial, ex-apresentador de um programa de rock. Filho de família endinheirada, seis anos mais velho que Roberto e com talento para uma malandragem capaz de dobrar qualquer pessoa e conseguir seus objetivos – que destoavam de sua educação aristocrática –, Imperial começou a aparecer no ano anterior, quando tinha 24 anos e criou o que chamou de Clube do Rock, uma espécie de agremiação de adoradores do gênero musical americano que organizava *rock sessions* – encontros para ouvir e tocar o novo gênero que desembarcava no país.

Nesse mesmo ano, Imperial compôs as músicas e organizou os dançarinos para o filme-chanchada (comédia com números musicais) *De vento em popa*, do diretor Carlos Manga, em que o comediante Oscarito e a atriz Sônia Mamede interpretavam, entre outras, a música *Calipso rock*, feita por Imperial em parceria com Roberto Reis. No mesmo filme, atuou com o grupo Os Terríveis – aparecia tocando piano e acordeom. Conseguiu, enquanto isso, transformar seu grupo em um programa de mesmo nome, o *Clube do Rock*, na TV Tupi. No começo de 1959, ele revelou na TV, mesmo com alcance limitado, porque poucos tinham aparelhos em casa, por serem caríssimos, o capixaba Roberto Carlos.

Roberto ficou razoavelmente conhecido, mas não o suficiente para gravar um disco. As gravadoras estavam interessadas em outra novidade, nascida no Brasil, a bossa nova. Foi por isso que Imperial decidiu maquiar Roberto em um produto vendável, bem a seu estilo. E o fez cantar parecido com João Gilberto, com um violão na mão. O engodo deu certo. Como ninguém na noite via o programa de rock, ele apareceu como uma novidade. Inclusive na imprensa. Com Vadico ao piano, Roberto cantava quase todo o disco de João Gilberto, lançado em abril. Mas se destacou pelo samba satírico *Fora do Tom*, composição de Imperial, uma brincadeira com Tom Jobim, principal compositor de João Gilberto. A letra era extensa:

Não sei, não entendi
Vocês precisam me explicar
Seu samba é esquisito
Não consigo decifrar

Na escola eu aprendi
E música estudei
Mas seu samba ouvi
Na mesma eu fiquei

Tentei ouvir a voz

Que existe nesse seu olhar
E pra beijar alguém
Os peixinhos fui contar

Responda por favor
Se isto é natural
Não durmo há mais de um mês
Por causa de vocês

Cheguei, sorri, venci
Depois chorei com a confusão
No tom que vocês cantam
Eu não posso nem falar

Nem quero imaginar
Que desafinação
Se todos fossem iguais a vocês

Tentei ouvir a voz
Que existe nesse seu olhar
E pra beijar alguém
Os peixinhos fui contar

Responda por favor
Se isto é natural
Não durmo há mais de um mês
Por causa de vocês

Cheguei, sorri, venci
Depois chorei com a confusão
No tom que vocês cantam
Eu não posso nem falar

Nem quero imaginar
Que desafinação
Se todos fossem iguais a vocês

Se todos fossem iguais a vocês (3x)

Os shows na Plaza eram divididos em duas partes: a nacional e a internacional. No segundo semestre de 1959, a primeira ficou a cargo de Vadico, Roberto e as cantoras Milena Salvador e Valéria Muller, nessa ordem. Eles apresentavam blocos de meia hora, alternadamente, mas sempre com o músico veterano ao piano. A função dos brasileiros era aquecer o público e esperar a lotação, para que desfrutassem da atração principal, o saxofonista americano Booker Pittman, que vivia no Rio.

Amigo desde a juventude de Louis Armstrong – eles cresceram em Chicago –, Pittman se mudara para o Brasil no início daquela década. Primeiro, morou em São Paulo, onde tocou em diversas boates. Depois, estabeleceu-se no Rio, contratado especialmente para tocar na Plaza. Nada ali, porém, era muito rígido e, às vezes, Roberto cantava acompanhado de Vadico e Booker Pittman ou ocupava o horário da atração internacional quando era dia de folga do músico americano.

Em entrevistas citadas pelo biógrafo Paulo César de Araújo, o cantor lembrou aquele momento que mudou sua vida. "Ali, eu não podia cantar rock. Mas fiquei à vontade, cantando da maneira que fazia em casa, muito parecido com João Gilberto", afirmou o cantor. Perguntaram a ele sobre a tal batida de João Gilberto, se ele fazia direitinho. "Bossa nova eu só cantava. Não tocava aquele violão todo, não." Arranhava o instrumento, claro, mesmo com o piano de Vadico. Como um típico *crooner* de boate, Roberto se apresentava uniformizado de terno e gravata. E virou um enigma: se cantava na boate Plaza, algum valor ele tinha, pois aquele era um espaço nobre da música carioca e brasileira.

A explícita relação de Roberto, "o garoto do violão", como passou a ser chamado, com a bossa nova, e sua clara intenção de cantar quase como um dublê de João Gilberto, o tornaram conhecido e chamaram a atenção da imprensa. O falatório que tomou conta da boate e dividia opiniões – se aquele quase menino com rosto de adolescente, dez anos mais novo que João Gilberto, era mesmo um cantor afinado e de talento – fez com que, em julho, a direção da Polydor o chamasse para gravar um disco.

Era a chance que tanto perseguia. Ele gravaria um compacto em 78 rpm com as canções *Fora do Tom* e *João e Maria*, ambas de Carlos Imperial. No começo do ano seguinte, Roberto ainda faria outro 78 rpm, agora para a Columbia, onde Vadico já fazia parte da orquestra, com *Brotinho sem juízo* e *Canção do amor nenhum* (Carlos Imperial) – numa clara paródia-provocação a *Canção do amor demais*, de Tom e Vinicius, que deu título ao LP de Elizeth Cardoso, de 1958.

Nunca se soube o real motivo da saída ou da dispensa de Roberto da Plaza, pouco antes do Natal de 1959, como ele mesmo contou, certa vez. Talvez tivesse a ver com a demissão do primo que o havia contratado. Àquela altura, para piorar, seu primeiro disco já tinha saído e não causara qualquer impacto. Sequer chamara a atenção dos críticos de música. Araújo observou depois: "Já o disco (com *Fora do Tom*) não é um trabalho que eu acredito que ele tenha gostado tanto. Não estava em seu estilo, era uma emulação de João Gilberto e ele foi muito criticado na época pelos músicos e simpatizantes da bossa nova."

O biógrafo de Roberto ouviu do próprio João Gilberto, em uma entrevista que fez com ele em Salvador, que o cantor baiano fora à boate Plaza, naquele segundo semestre de 1959, ver o menino que todos pichavam como "uma cópia meio aguada" sua. Ou o "João Gilberto dos pobres", como diziam outros. João Donato, que tocava no conjunto do pistonista Barriquinha, em um dos horários alternativos da boate, teria recebido o amigo João na porta. Roberto Carlos contou que apenas ouviu o burburinho: "O homem está aí, o homem está aí!", disse-lhe alguém. "Lembro-me que quando entrei na boate, Roberto estava cantando *Brigas nunca mais*. Achei Roberto muito musical", confirmou João Gilberto.

Vadico parecia não ligar para os comentários jocosos que ouvia de amigos a respeito do *crooner* que tinha de acompanhar na Plaza. Tanto que não impôs ou fez qualquer restrição ao rapaz. Ronaldo Bôscoli lhe teria falado: "Olha, bicho, não tá muito legal esse negócio de você imitar João Gilberto. A turma está chiando porque você canta parecido demais. Isso não é legal."

A reclamação teria acontecido no momento em que ele tentou dissuadir Roberto de não cantar em uma das canjas dos bossa-novistas no Leblon, ainda naquele final de 1959. A imprensa, porém, achou que ele era um personagem interessante para ser observado, além de mero imitador. Roberto não precisou mais que uma semana para chamar a atenção, como noticiou o *Diário Carioca*, no generoso perfil que publicou em 24 de agosto de 1959, com direito a uma foto sua ao lado de seu empresário, Carlos Imperial.

Escreveu-se depois que Roberto foi acompanhado em suas apresentações na Plaza ora pelo conjunto de Bola Sete ora pelo conjunto do tecladista Zé Maria ou pelo conjunto do pistonista Barriquinha, cujo pianista era João Donato. Os anúncios da boate, publicados em jornais importantes como *Correio da Manhã*, *Diário Carioca* e *Diário de Notícias*, a partir da primeira semana de julho de 1959, e que se prolongariam por cerca de três meses, diziam outra coisa: que ele atuava como cantor de Vadico e intercalava o microfone com duas cantoras, em momentos diferentes – como já foi dito, eram elas Milena Salvador e Valéria Muller.

Enquanto Roberto Carlos seguia no seu esforço de provar que podia ser um bom cantor, na primeira semana de agosto de 1959, Vadico estreava dois shows por noite na Fred's, acompanhando Booker Pittman, que tinha se tornado um de seus principais amigos na Plaza – principalmente porque seu inglês impecável permitia a Pittman conversas mais descontraídas. Os dois se apresentavam a partir da meia-noite, depois de tocarem na Plaza.

No dia 23 desse mesmo mês, ele teve uma emoção especial: voltou à Vila Isabel para tocar em um jantar dançante no clube que levava o nome do bairro. Em outubro, chegou às lojas mais um LP do selo Festa, com arranjos assinados por ele. Dessa vez, fez tudo em tom de bossa nova para o pianista Mozart. O LP tinha o título sugestivo de *Eu sei que vou te amar*, em referência à música de Tom Jobim e Vinicius, que fazia parte do repertório, e mostrava sua identificação com o movimento. Os arranjos eram de uma nobreza sem tamanho, feitos por Vadico – em sua maioria –, Tom Jobim e o maestro Gaya.

Em janeiro de 1960, a gravadora Copacabana lançou o LP *Magnífica - Elizeth Cardoso com Orquestra e Coro*, em que a diva interpretava exclusivamente composições de Marino Pinto e seus parceiros, no total de doze faixas. Por mais que fosse um letrista mediano, Pinto era de uma produção impressionante e convenceu Elizeth a celebrar suas músicas. As duas últimas eram dele com Vadico: *Só* e *Até quando?* No primeiro samba-canção, Pinto construiu a letra depois de Vadico ter tocado para ele a melodia pronta, ao piano. O resultado foi de uma melancolia intensa:

Só
Tão só
Sem ninguém
Até mesmo a saudade amiga
Quer me deixar
E nós a sós
A saudade e eu
Ainda temos tantos
Tantos segredos para contar

Quer a saudade partir
Pois sem ti
O que o seu lugar
A esperança tenta ocupar
O que eu sou
O que eu tenho
O que eu quero é você, saudade
Pra ter, enfim
Tranquilidade

Quer a saudade partir
Pois sem ti
O que o seu lugar
A esperança tenta ocupar
O que eu sou
O que eu tenho
O que eu quero é você, saudade
Pra ter, enfim
Tranquilidade

A letra de *Até quando?* era uma das melhores feitas por Marino Pinto. Também nesse caso, os versos foram criados após a audição da melodia pelo letrista. Assim como a anterior, dramatizava ao extremo a dor do abandono. E chegou a fazer relativo sucesso na época:

Há dentro em mim
Em meu peito
Uma dor escondida, tão escondida
Tenho um mistério em minh'alma
Um enorme segredo eu guardo na vida

Quem eu desejo, afinal
Nunca pergunta quem sou
Quem me causou este mal
Sempre está onde estou

Até quando serei pra você uma sombra perdida?
Até quando seus passos, amor, meu amor seguirá?

Até quando em meu peito esta dor ficará esquecida?
Até quando o teu nome, em segredo, meu deus, ficará, ficará?

Tenho um mistério em minh'alma
E um enorme segredo eu guardo na vida

Quem eu desejo, afinal
Nunca pergunta quem sou
Quem me causou este mal
Sempre está onde estou

Os demais parceiros de Pinto incluídos no disco eram Tom Jobim, Carlos Lyra e Aloysio de Oliveira, entre outros. A capa trazia uma curiosidade: em vez de informar que era uma reunião de sambas de Marino Pinto, o compositor aparecia no canto esquerdo, sentado, enquanto observava, fascinado, a cantora com um largo sorriso, no estúdio de gravação da Copacabana. As doze faixas foram recebidas como sendo de uma obra "magnífica", conforme ressaltou o crítico não identificado da coluna de discos do *Diário da Noite*, ao se apropriar do título do álbum.

No dia 30 de janeiro de 1960, Vadico se apresentou com sua orquestra no clube Florença, antes do desfile do cortejo de Carnaval do famoso espaço. Uma boa notícia veio três meses depois, em maio, com o anúncio de que Marisa Barroso lançaria pela RCA-Victor um 78 rpm com *Prenúncio*, de sua autoria com Marino Pinto. Para o lado B, fora escolhido o samba *Dois amigos*, de Ary Barroso. Marisa se revelou como cantora de *night-clubs*, ao fazer sólidas temporadas no Fred's e no Texas.

Também em 1960, a Philips lançou um LP (P 630.410 L) depois pouco lembrado, chamado apenas de *Samba – Aracy de Almeida*, com uma música inédita de Vadico, em que ele fez melodia e letra, *A verdade dói*. Bastante influenciado pela bossa nova, o álbum trazia uma seleção de autores de primeiro time da MPB, que incluía dois sambas de Noel Rosa – *Suspiro* (com Orestes Barbosa) e *Onde está a honestidade*. Entre as doze faixas, apareciam ainda *Pra quê* (Alcebíades Nogueira/Colombo), *De modo algum* (Marino Pinto/Aloísio Barros), *Chorando pedia* (Vinicius de Moraes), *Brotinho bossa nova* (João Roberto Kelly), Mulher de boêmio *(Alcebíades Nogueira/Ari Monteiro)* e *E daí* (Miguel Gustavo).

Na vida pessoal, as coisas não iam bem para Vadico fazia bastante tempo. Quase duas décadas seguidas tocando nas noites e madrugadas haviam feito um estrago considerável com a sua saúde, debilitada pelos problemas cardíacos que lhe causavam cansaço. Ele caminhava para o tempo final máximo que o médico americano lhe dera, após o segundo enfarto, no ano de 1953. Viveria de cinco a dez anos, disse-lhe ele. O prazo se aproximava do fim. Faltavam dois anos para 1963. Para piorar, havia o consumo excessivo de cigarro e álcool – embora Oswaldo Gogliano Sobrinho dissesse que a família desconhecia esse fato. O coração, enfim, poderia lhe pregar uma peça a qualquer momento. Mas Vadico parecia não se importar com isso.

CAPÍTU

CAPÍTULO 17
CORAÇÃO CANSADO

mesa de pista

Zézinho
e os
Copacabana

PARA DANÇAR

ODEON
ALTA FIDELIDADE

MOFB 3007

Com o seu conjunto e seu *crooner*, Vadico ajudou a fazer um dos discos mais elogiados de 1958: *Mesa de pista*, assinado por Zezinho e Os Copacabana. As quinze músicas foram arranjadas pelos três cabeças do conjunto: Al Quincas, Astor e Vadico.

Poucos artistas brasileiros que surgiram e se destacaram nos primórdios do rádio comercial, nas décadas de 1920 e 1930, tiveram uma vida tão longa e intensa quanto Vadico. No ano em que ele completou 51 anos de idade, em 24 de junho de 1961, contemporâneos de grande expressão seus não existiam mais. Tinham ficado pelo caminho, mortos prematuramente. Como Noel Rosa, João Petra de Barros, Custódio Mesquita, Geraldo Pereira, Canhoto, Francisco Alves, Carmen Miranda e Assis Valente, entre outros.

Eram 35 anos de carreira, desde que fez sua primeira apresentação profissional como pianista e compôs as primeiras canções, aos 16 anos. E pelo menos 32 anos de uma vida intensa como músico, compositor, arranjador e maestro. Desde que ganhou o concurso de sambas carnavalescos das Folhas, em 29 de janeiro de 1929, Vadico não parou. Ele queria viver de música sem ser cantor – e jamais se aventurou uma única vez em público a fazer isso, a não ser nas simulações nos filmes de Carmen Miranda – fazia coro com os rapazes do Bando da Lua. E conseguiu bem mais que isso. Suas músicas com Noel Rosa o colocaram no patamar dos grandes compositores de seu tempo.

Nesse período, ele passou cerca de 14 anos nos Estados Unidos, o que lhe permitiu voltar ao Brasil como artista experiente, amadurecido, conceituado e respeitado no seu país, em agosto de 1954. Nada pareceu ou foi fácil para ele, porém. Na América, ao contrário do que muito se escreveu, não levou uma vida glamorosa de apenas tocar e fazer filmes.

Teve de trabalhar pesado e estudar bastante para se impor e superar entraves burocráticos que protegiam o mercado para músicos nativos – e vencer suas próprias limitações como músico. Assim, precisou de se adequar às regras do sindicalismo dos músicos para sobreviver em um mercado altamente competitivo. Ainda nos Estados Unidos, casou-se com uma americana e sobreviveu a dois enfartos, e o segundo quase o matou.

A nova década que começava, e traria os turbulentos anos de 1960, parecia animadora para um Vadico com planos de mudar completamente de vida. Principalmente cuidar da saúde, antes que o prazo de validade do seu coração, dado pelo médico, expirasse. Decidiu que deixaria de tocar em boates naquele ano, em seu esforço para abandonar a bebida. O anúncio foi feito por meio de uma nota publicada em 10 de junho de 1961. Seu último dia seria 30 de junho. Ou seja, dali a vinte dias – ficaria mais uma semana no posto.

Enquanto isso, o samba *Prece* acumulava uma dúzia de gravações e se tornaria, ao longo do tempo, um clássico do samba-canção. Suas composições populares – entre sambas, marchas, choros e sambas-canção – eram por volta 80 de criações, no total, mas cerca de dez que não seriam registradas e gravadas.

No gênero erudito, ele escreveu, entre outras, as ainda inéditas em disco *Adagio, Sonatina, Prelúdio e Fuga, Pingos de chuva* e vários prelúdios, todas músicas para piano. A partir dos versos de Cleômenes Campos, compôs *Cantiga Sentimental*, jamais gravada, também.

Naquele momento, Vadico comandava apenas o piano da Sacha's, boate que continuava a gozar de prestígio, com seus frequentadores influentes. "Estou cansado de dormir às 7 da manhã. Vou ver se assim tenho tempo de fazer outras composições e me dedicar mais a orquestrações e gravações", justificou ele. Havia algo além do cansaço pelas limitações cardíacas e bebedeira para fazê-lo se aposentar tão novo. Estava exausto da rotina de ter de lidar com bêbados inconvenientes. Nem sempre as noites eram agradáveis, por causa de alguns clientes, principalmente os chamados *playboys* endinheirados – alguns andavam em gangues de arruaceiros – que bebiam além da conta e o provocavam.

E foi um deles que caiu como a gota d'água para o músico finalmente decidir largar tudo e nunca mais tocar na noite. A pedido do dono da boate, Vadico tinha aceitado prolongar suas apresentações por mais 60 dias – ou seja, por todo o mês de julho e até 10 de agosto. Mas, no dia 7 de julho, um dos frequentadores chatos resolveu insistir para que o pianista tocasse *Mustafá*, uma espécie de hino daqueles rapazes mimados e sem limites, que não gostavam de ser contrariados em seus caprichos, quando bebiam além da conta. Vadico insistiu que não o atenderia.

O sujeito, então, prosseguiu com os insistentes pedidos, que o interrompiam, enquanto tocava alguma música. Como detestava tipos assim, Vadico perdeu a paciência, levantou-se do piano e gritou o mais alto que pôde para o dono do local, que estava do outro lado do salão: "Olha, nêgo, estou me demitindo." Largou o piano e seguiu em direção à saída, sem olhar para trás. E foi para casa dormir para nunca mais voltar. Ninguém acreditou que fosse verdade o seu anúncio. Mas era. Tanto que o episódio foi descrito em uma nota de pesar na coluna musical do *Diário da Noite*, dois dias depois. Assim, ele abandonou as boates em grande estilo.

Quando não fazia arranjos para discos, Vadico tinha composições suas gravadas regularmente. Com o assunto Noel Rosa deixado de lado havia cerca de três anos, tocava a vida com a promessa de não mais voltar ao tema. Guardava para si o gosto amargo da derrota. Ele havia perdido aquela batalha pelos sambas vendidos. Em fevereiro de 1961, chegou às lojas mais um disco de Ademilde Fonseca, um compacto duplo de 45 rpm, pela Philips, com produção e arranjos seus – incluía as faixas *Boato*, *Quando chora o violão*, *Que falem de mim* e *Revolta*. Os dois eram grandes amigos.

Em março de 1961, nova canção dele e de Herberto Sales, *Vamos brincar de amor*, foi incluída no disco da Copacabana (6.243), na voz de

VINTE E CINCO ANOS DEPOIS...

NOEL ROSA

Algumas semanas antes de Vadico falecer, em junho de 1962, chegou às lojas este LP concebido para marcar os 25 anos da morte do Poeta da Vila. Nesse momento, nem mesmo a polêmica deflagrada por Flávio Cavalcanti cinco anos antes abalou a imagem de gênio do sambista da Vila Isabel.

Rossini Pinto, um carismático talento precoce, naquele instante meio perdido entre o rock e o samba-canção – e quem depois se tornaria produtor dos discos de Roberto Carlos:

> *Agora você não tem ninguém*
> *Não tem ninguém para querer bem*
> *Acontece que eu também*
> *Não estou amando absolutamente ninguém*
> *Por que motivo não aproveitamos*
> *Esta coincidência singular?*
> *Pois, se amando, na verdade, não estamos...*
> *Por brincadeira bem que a gente pode amar*
> *Vamos brincar de amor*
> *Vamos brincar de amor*
> *O amor, afinal, é uma brincadeira*
> *Que, às vezes, dura a vida inteira...*
> *Vamos brincar de amor*
> *Vamos brincar de amor*
> *Se "brincadeira tem hora"...*
> *A nossa hora pode ter chegado agora...*

Em julho, Vadico produziu e arranjou mais um disco 78 rpm. Agora, com a cantora Geny Martins, conhecida por sua voz meiga, bem ao gosto do músico, que ele conhecera e com quem fizera amizade quando colega na boate Plaza. De um lado, trazia a faixa *É demais*, de Carlos Monteiro de Sousa e Alberto Paz.

Do outro, *O domingo azul do mar*, de Tom Jobim e Newton Mendonça. Para o crítico Alberto Rego, do *Diário Carioca*, além da voz suave da moça, com seus arranjos, Vadico dava "uma contribuição musical excelente", em um disco popular que atendia bem "a seus propósitos". Ajudava também, acrescentou Rego, a qualidade técnica dos estúdios da Philips, que fazia a diferença em qualquer gravação.

Por todo o resto de 1961 e nos primeiros meses do ano seguinte, Vadico levou uma vida mais discreta, dedicado exclusivamente ao trabalho de pianista da orquestra da gravadora Columbia, na produção de discos. Estava tranquilo, aquele emprego lhe daria sossego por um bom tempo. Sua vida pessoal, nesse período, geraria informações contraditórias sobre a intensidade com que consumia bebida alcoólica. Para o amigo Wilson das Neves, Vadico adorava beber com os amigos cerveja e uísque nos fins de tarde, depois do expediente. Mas nunca o viu cometer excessos. Eles eram praticamente vizinhos, em Copacabana. "Vadico e eu éramos empregados da mesma gravadora, na orquestra, vínhamos e voltávamos juntos todos os dias, viramos grandes amigos." Wilson morava na Rua Barata Ribeiro, 135, apartamento 1004. Vadico, na Rua Ministro Viveiros de Castro, 32, apartamento 410.

Para o baterista, Vadico bebia "socialmente", como se dizia. "Jamais subi até sua casa, mas sabia que vivia bem com sua companheira, parecia-me estar feliz naquele momento da vida", observou. Em depoimento ao seu biógrafo Carlos Didier, o compositor e caricaturista Nássara, um dos amigos mais íntimos do pianista, no entanto, falou do drama pessoal assustador nos últimos momentos da vida de Vadico. Didier escreveu: "Sua última memória de Vadico, já no fim da década de 1950, não seria boa."

Nássara contou que o visitava de vez em quando em seu apartamento "de quarto e sala", em "Copacabana ou no Leme", não se lembrava onde era com precisão. Como mobília, pela sua descrição, havia no pequeno imóvel apenas uma cama e um piano de armário. "Sonhos terminados, completamente dependente de álcool, o parceiro de Noel Rosa em *Feitio de oração, Feitiço da Vila, Conversa de botequim, Só pode ser você e Pra que mentir?*, patrimônio musical para Cole Porter nenhum botar defeito, aguardaria apenas o fim", disse o compositor e caricaturista.

Ao ser perguntado se Vadico tinha problemas com bebida e se isso se agravou no fim da vida, Oswaldo Gogliano Sobrinho foi enfático em sua resposta: "Não que eu saiba. Nas poucas vezes que estive com ele, jamais me pareceu que isso acontecesse. Porém, ele fumava e bebia, como praticamente todo o mundo no meio artístico da época. Também nenhum de meus tios ou de meus pais fez qualquer menção a isso".

A sobrinha Glauce Gogliano, no entanto, contou para este livro que o álcool foi um problema não só para Vadico como para seu irmão Erasmino Filho, que morreu de cirrose provocada pela bebida. E o fim para o compositor viria em meados daquele 1962. Como apaixonado por futebol – seu time era o Fluminense, jamais revelou qual era o seu time em São Paulo –, Vadico compartilhava com boa parte dos brasileiros a expectativa de que o Brasil ganhasse novamente a Copa do Mundo, como acontecera quatro anos antes, na Suécia.

Seria o sonhado bicampeonato. Garrincha e Pelé estavam melhores do que nunca e havia outros craques, como Gilmar (Santos), Djalma

Santos (Palmeiras), Nílton Santos (Botafogo), Didi (Botafogo), Zagallo (Botafogo), Vavá (Palmeiras), Coutinho (Santos), Amarildo (Botafogo) e Pepe (Santos). A competição seria realizada no Chile, entre os dias 30 de maio e 17 de junho, com jogos das 16 seleções dos cinco continentes classificadas nas eliminatórias, distribuídos pelas cidades de Arica, Rancagua, Viña del Mar e na capital, Santiago.

Por ter sido o último vencedor, o Brasil não precisou disputar as etapas de classificação, o que poderia deixar o time menos competitivo, segundo os pessimistas de plantão. Mas os jogadores brasileiros já haviam demonstrado talento fora do comum com a bola. O país era, até ali, o único que havia disputado todas as sete competições anteriores. Seria uma campanha brilhante, impecável, com seis partidas, cinco vitórias, um empate, 14 gols a favor e cinco contra. Vadico, no entanto, não viveria para festejar a segunda conquista nacional.

No começo da tarde do dia 6 de junho de 1962, quando o Brasil entrou em campo contra a forte Espanha, ele parecia bem. Mas aquele foi um desses jogos que funcionam como "teste para cardíaco" – como diria o locutor Galvão Bueno – e os brasileiros venceram no sufoco por 2 a 1, com dois gols de Amarildo. O jogo foi realizado no Estádio Sausalito, em Viña del Mar. Foi uma virada espetacular, em apenas quatro minutos, no final da partida. O primeiro aconteceu aos 37 minutos do segundo tempo, depois de o Brasil ter levado um gol aos 35 minutos da primeira etapa. A seleção continuou a pressionar, embora o empate, àquela altura, já fosse um bom negócio. E, finalmente, aos 41 minutos, Amarildo fuzilou a rede espanhola novamente.

Os jogos ao vivo eram transmitidos apenas pelo rádio naquela época. Só depois se via o videoteipe pela TV ou no cinema, pelo cinejornal esportivo *Canal 100*. E os brasileiros foram ao delírio. Virar o placar no encerramento da partida e deixou o final tão eletrizante que Vadico sentiu uma forte tontura e desmaiou. Ele estava com os músicos da orquestra da Columbia no restaurante que ficava em frente ao prédio da gravadora, na Praça Tiradentes, ouvindo o jogo pelo rádio.

Os colegas o socorreram, conseguiram reanimá-lo e o sentaram em uma cadeira. Ele logo se recuperou e, mesmo com tontura, não achou que deveria ir ao pronto-socorro, apesar de seu histórico cardíaco e da insistência dos amigos. Acabou ao menos levado para casa por alguns deles.

O que pareceu um mal súbito, na verdade, era um sinal de que seu coração não ia nada bem. Pior, estava em estágio de pré-enfarto. Vadico

Marino Pinto observa Elizeth na capa desse LP só com músicas suas, duas delas em parceria com Vadico. Pinto foi um dos compositores mais gravados entre os anos de 1940 e 1960. Fez nove sambas-canções com Vadico, mas estava a anos-luz da qualidade das letras de Noel.

andou com certa dificuldade para casa, acompanhado de Wilson das Neves, que tinha metade da sua idade. Ele o deixou na portaria do prédio.

"No outro dia, Vadico reapareceu para trabalhar, parecia estar bem e assim continuou nos dias seguintes", lembrou Neves, 55 anos depois.

O próximo jogo seria quatro dias depois, em 10 de junho, no mesmo estádio, contra a forte Inglaterra. Dessa vez, a vitória foi mais fácil, 3 a 1, com dois gols de Garrincha e um de Vavá. Vadico suportou bem a emoção. Mais uma vez, estava cercado dos companheiros da gravadora.

"Íamos todos – músicos e técnicos – para o restaurante ouvir o jogo", recordou o baterista Wilson das Neves. Ali, aliás, os músicos batiam ponto no almoço, no jantar e nas noites regadas a cerveja. Era quase uma extensão da Columbia.

Faltavam apenas treze dias para Vadico completar 52 anos, quando ele adentrou o estúdio da Columbia, pouco depois das 8h30 da manhã da segunda-feira, 11 de junho de 1962. Havia tido um fim de semana tranquilo, normal, e saudou os músicos assim que os viu. Ele estava com a mesma idade que teria seu amigo e parceiro Noel Rosa, se estivesse vivo.

O músico vivera, até aquele momento, 25 anos a mais que o Poeta da Vila. Vadico tinha saído de casa cedo e seguira para a Columbia. Os ensaios para a gravação do dia nem tinham começado, todos conversavam, à espera do maestro escalado, que estava atrasado e entregaria as partituras do dia aos músicos.

Passava das 9h, quando ele se sentiu mal e caiu. Wilson das Neves guardaria na memória, com pesar, e nos mínimos detalhes, o que aconteceu em seguida. "Vadico folheava as páginas de uma orquestração da semana anterior, que permaneceu ali. Demorou-se na parte do saxofone, por causa de alguma coisa que lhe chamara a atenção."

Como se dissesse para si mesmo, sussurrou: "Ué, gozado...". Parecia perdido em pensamentos. "E não falou mais nada. Em seguida, caiu no chão. Seu rosto ficou todo vermelho e travado", contou o amigo. Como se não conseguisse respirar. Os companheiros de estúdio, técnicos e funcionários da gravadora correram para ajudá-lo. Vadico perdeu os sentidos e eles se apressaram em colocá-lo em um táxi para levá-lo ao Hospital Sousa Aguiar.

Por ser a pessoa mais próxima, Wilson disse que iria com ele e entrou junto no táxi. A cabeça de Vadico foi posicionada em seu colo. Parecia dormir. Mas, no caminho, seu coração parou de bater e ele faleceu

Um dos discos mais raros de Aracy de Almeida, Samba, de 1960, trouxe uma música inédita de Vadico, *A verdade dói*. A letra também era sua. Bastante influenciado pela bossa nova, o álbum trazia uma seleção de autores de primeiro time da MPB e incluía dois sambas de Noel Rosa.

apoiado no amigo – que tentou acreditar que se tratava de um longo desmaio e que ele ficaria bem. Assim que o carro freou bruscamente diante da entrada da emergência, Neves começou a gritar por socorro pela janela. Dizia que o amigo estava morrendo de enfarto. Um médico correu até o veículo e examinou Vadico. Viu que era tarde demais. Não havia batimentos cardíacos nem pulsos. O talentoso compositor, de existência conturbada, porém gloriosa, estava morto. Não suportara o terceiro enfarto. Eram, precisamente, 9h30, de acordo com o atestado médico.

Seu irmão Dirceu revelou quase vinte anos depois que lhe contaram que, ao sair de casa naquela manhã, Vadico disse, lacônica e misteriosamente, para a sua companheira: "Hoje eu não volto". Ela não deu atenção à frase, nem quis saber se ele tinha alguma viagem, pois nada falara a respeito. Pensou apenas se tratar de uma brincadeira. Só algumas horas depois, ao saber da tragédia, ela achou a fala do companheiro enigmática e premonitória.

Na edição do dia seguinte, o jornal *O Globo* estampou na primeira página: "Vadico, parceiro de Noel Rosa, morreu aos 52 anos". Talvez o músico ficasse mais feliz se sua descrição não se limitasse, mais uma vez, à sua relação de coadjuvante de Noel. Mas era inevitável. E correto, do ponto de vista da notícia. Informados da morte precoce do irmão, Dirceu e Rute embarcaram imediatamente para o Rio, a fim de cuidar do enterro.

Seu corpo, a pedido da família, seria transladado para São Paulo – o que só aconteceria na madrugada do dia 12, cerca de trinta horas depois. Até o momento de seguir no carro da funerária para a capital paulista, Vadico foi velado na capela do Hospital Hahnemanniano, na Rua Moncorvo Filho, onde os amigos que souberam da tragédia puderam se despedir dele.

Em São Paulo, o corpo de Vadico foi exposto na Catedral Nossa Senhora do Paraíso, de onde seguiu para o Cemitério da Vila Mariana. Rute contou que Vadico era um ótimo filho e irmão. Atencioso com a família, ligava, sempre visitava, quando possível, a mãe e os irmãos sempre que podia. Rute não teve filhos e ganhava a vida, então, como professora de inglês em um colégio. Até a hora do enterro, os irmãos não tinham contado ainda à mãe, Adelaide Gogliano, de 84 anos, sobre a morte do filho. A família morava em um sobrado no bairro de Moema e temia um choque de consequências fatais para a senhora, por causa da sua "avançada" idade.

ELIZETE INTERPRETA VINICIUS

MÚSICAS DE MOACIR SANTOS. BADEN POWELL. VADICO. NILO QUEIROZ. VINICIUS

INSTRUMENTAÇÃO E REGÊNCIA DO MAESTRO MOACIR SANTOS

Em junho de 1963, foi lançado o caprichado disco *Elisete interpreta Vinicius*. A faixa *Sempre a esperar* foi feita por Vadico em parceria com Vinicius. Ele não podia encerrar sua carreira de modo melhor. No texto da contracapa, em forma de manuscrito, o poeta dedicou o disco a Vadico de modo comovente.

Era curioso que, até o momento de sua morte, Vadico levasse uma situação de legalidade um tanto absurda: mesmo nascido em São Paulo, era um cidadão sem pátria. Havia abdicado da nacionalidade brasileira para se tornar norte-americano depois que se casou. Mas cometeu um descuido: nos Estados Unidos, estrangeiros naturalizados deveriam confirmar essa condição a cada cinco anos. Ele se esqueceu disso e, como vivia no Brasil havia quase oito anos que não procurava a embaixada daquele país. Por isso, perdera o direito. A Sbacem, que arrecadava seus direitos autorais – uma média de 25 mil cruzeiros por mês –, cuidou de todas as despesas de preparação do corpo, compra do caixão e translado para a capital paulista.

O presidente da entidade e maior parceiro de Vadico depois de Noel, Marino Pinto – que morreria prematuramente, em 1965, aos 48 anos – disse que o amigo foi, realmente, "um compositor de extraordinário valor" e que "sua morte talvez sirva para colocá-lo no devido lugar, a exemplo de Noel, que só muitos anos depois de morrer alcançou a consagração". Pinto destacou ainda que o falecimento de Vadico era uma perda irreparável para a música brasileira.

O ex-amigo e desafeto Almirante ficou abalado com a notícia e disse que a morte de Vadico veio roubar do Brasil e, especialmente, da Guanabara, um dos valores mais autênticos de sua música popular. "É uma notícia das mais lamentáveis", disse o também compositor Augusto Foréis Domingues, irmão de Almirante.

Para Pixinguinha, a partida de Vadico foi também uma perda irreparável porque suas composições, embora pouco numerosas, eram de ótima qualidade. "Vadico compunha com o coração", acrescentou o autor de *Carinhoso*. Ary Barroso – que morreria oito meses depois – foi ainda mais poético: "Com o falecimento de Vadico, a dupla com Noel se reconstitui na imortalidade." Para a cantora Marília Batista, intérprete preferida de Noel, e que lançou *Feitiço da Vila*, em 1934, na Rádio Guanabara, ele era um compositor de rara sensibilidade.

Na noite anterior à sua morte, Vadico tinha gravado na Rádio Roquete Pinto (PRD-5) um programa com Lamartine Babo, planejado para ir ao ar 48 horas depois, na quarta-feira, dia 13. E assim foi feito, com bastante audiência. O programa ganhou um tom de despedida e homenagem, com uma fala emocionada de Lamartine.

A última composição de Vadico só saiu em disco um ano depois de sua morte. Em junho de 1963, foi lançado o caprichado *Elizeth interpreta*

Vinicius. A faixa *Sempre a esperar* foi feita por Vadico em parceria com Vinicius. Ele não podia encerrar sua carreira de modo melhor. A composição mostrou que, mesmo sem ter colaborado nas canções de *Orfeu da Conceição*, Vadico e Vinicius continuaram amigos. E até frequentavam as mesmas mesas de bar, na noite carioca, em uma época em que Tom andava bastante com Vinicius, por volta de 1959. A letra tinha um pouco do estilo do poeta e letrista, e uma qualidade maior que os versos de Marino Pinto:

> *Meu querido amor, hoje*
> *Logo que cheguei e encontrei*
> *A sua carta e uma flor*
> *Juro, meu bem*
> *Pelo nosso amor*
> *Eu nunca mais poderei amar ninguém*
> *Mas quero só pedir*
> *Me perdoe eu lhe dizer, meu amor*
> *Você não precisa mais mentir.*

> *Pode ir se quiser*
> *Volte quando saudades tiver*
> *Eu estarei aqui*
> *Sempre a lhe esperar*
> *Aqui, meu bem,*
> *Neste lugar, a esperar*
> *Não precisa bater*

Aquela era, sem dúvidas, uma das mais belas melodias feitas por Vadico desde que retornara ao Brasil, enriquecida pelo arranjo orquestrado excepcional do maestro, arranjador, compositor e multi-instrumentista pernambucano Moacir Santos – curiosamente, ele seguiria um caminho parecido com o do compositor, ao se mudar para a Califórnia, em 1967, onde passou na Califórnia, onde passou a compor trilhas para o cinema e ministrando aulas de música.

O disco inteiro de Elizeth, aliás, pouco lembrado nas décadas seguintes, tinha uma influência forte do jazz, com bastante instrumentos de sopro e uma marcação constante da bateria. Na contracapa, saiu uma espécie de carta escrita a mão por Vinicius que, era, claro, uma forma criativa de se fazer uma apresentação da obra.

No texto, marcado pela emoção e em tom poético, ele incluiu uma passagem tocante sobre Vadico, que ele parecia conhecer bem – sem dúvida. O Poetinha destacou como um dos colaboradores mais importantes daquele disco "o inesquecível Vadico, o maior parceiro de Noel, que fez comigo o último samba e a quem dedico este LP, tão cheio das angústias, tristezas do fato de viver e do doloroso e lindo ato de amar".

Não podia haver descrição mais completa como aquela sobre a existência do talentoso, solitário, intenso e incansável Vadico.

EPÍLO

GO

ILUSTRE DESCONHECIDO

VADICO MORREU NA HORA DE GRAVAR UM SAMBA

Foto de Vadico, realizada algum tempo antes da sua morte, quando êle participou, com Almirante (ao seu lado, na foto) de programas sôbre a vida de seu parceiro Noel Rosa.

Reportagem sobre a morte de Vadico publicada na *Revista do Rádio* trazia uma imagem curiosa: um flagrante do bate-boca entre Almirante e Vadico na TV Rio, em 1957.

Levaria algum tempo – só a partir da segunda metade da década de 1960 – para Noel Rosa ser definitivamente reconhecido pela sua importância na história da MPB, embora tenha tido, nos anos de 1950, três biografias publicadas. A polêmica com seu nome, entre Flávio Cavalcanti e Almirante, seria esquecida, como também a afirmação de Vadico de que viu os recibos na Odeon pelas vendas, sem sua autorização, dos sambas *Feitio de oração, Conversa de botequim* e *Cem mil-réis*. Ajudou nesse sentido seu nome ter aberto a depois cultuada coleção de discos/ fascículos *História da Música Popular Brasileira*, publicada pela Editora Abril, a partir de 1968, e que se tornou um fenômeno de venda na época.

Em 2017, na entrevista nunca publicada que deu ao repórter Amilton Pinheiro, de *O Estado de S. Paulo*, o biógrafo e crítico musical Ruy Castro enumerou o valor incontestável do compositor: "(Noel) criou toda uma mitologia. Povoou o samba de tipos, estabeleceu cenários, propôs uma dicção nova para as letras. E foi, claro, talvez o melhor 'sambista do Estácio', o que não é pouca coisa, sabendo-se que ele não era do Estácio, mas da Vila Isabel". Somente o tempo, no entanto, confirmaria a força e a importância de sua obra revolucionária, até transformá-la em clássico.

A história da MPB nas décadas seguintes à morte de Vadico, merecidamente, reconheceu nele o papel de mais importante parceiro de Noel Rosa. Exatamente como atestara Vinicius de Moraes. E o maior também, pois foi com ele que o Poeta da Vila mais compôs músicas – onze sambas e uma marcha publicitária. Várias das composições dos dois estão entre as melhores do repertório de Noel, consagrado como o mais importante compositor de sua geração e, para muitos, o maior sambista de todos os tempos.

Um pouco do que aconteceu nos anos em que Vadico viveu nos Estados Unidos e nos oito últimos anos que se seguiram ao seu retorno, passados no Rio de Janeiro, entre 1954 e 1962, está registrado nos velhos e pouco consultados exemplares de jornais e revistas da época, que cuidaram de dar valor a seu nome quando noticiaram sua morte, em meio à polêmica de algumas gravadoras em não creditar seu nome como coautor de Noel – uma falha que se estenderia, pasmem, até o ano de 2017.

O nome de Vadico também é lembrado em algumas enciclopédias na internet, como o Dicionário Cravo Albin, o mais completo sobre sua trajetória de músico e compositor. Assim como aconteceu com Noel, nos dez anos seguintes à sua morte, o nome de Vadico foi logo esquecido. Mas, ao contrário do parceiro, não seria reabilitado por muitos anos. Ao menos, um de seus discos, felizmente, seria relançando em CD, *Festa dentro da noite, volume 1*, com capa diferente, e que ajudaria a preservar um pouco do seu legado de compositor e artista talentoso.

Em 1979, a gravadora Eldorado o homenageou com o lançamento do LP *Vadico – Evocação III*, que trazia doze composições de sua autoria – feitas sozinho ou em parceria –, na interpretação de diferentes artistas, exclusivamente em solos instrumentais: *Feitio de oração* (com Noel Rosa) *e Julgamento* – ambas compostas por Marino Pinto e interpretadas por Márcio Montarroyos; *Prece* (com Marino Pinto) *e Só pode ser você* (com Noel Rosa), interpretadas por Dominguinhos.

O disco incluía, ainda, duas composições de primeira linha: *Nego*, com Marino Pinto, e *Sempre a esperar*, com Vinicius de Moraes – a primeira seria gravada por Raul de Barros; a outra, *Choro em fá menor* e *Chopp*, choros de sua autoria, que ganhou solo de Amilton Godoy; *Pra que mentir?* (com Noel Rosa), e *Guanabara* (com Aloysio de Oliveira) entraram no disco no solo de Roberto Sion; *Feitiço da Vila* aparecia em versão perfeita de Edu da Gaita; e *Conversa de botequim*, com Heraldo do Monte.

Chamava a atenção o texto na contracapa, escrito por Dirceu Gogliano, que era, na verdade, uma carta reproduzida na coluna "São Paulo pergunta", de 22 de janeiro de 1976, no *Jornal da Tarde*, de São Paulo, em que ele lamentava o esquecimento do compositor, quase 14 anos depois de sua morte. O título era bem sugestivo, nesse sentido: "A Vadico o que é de Vadico". O irmão desabafou:

Sr. Redator:

Justa a homenagem prestada a Noel Rosa no programa Noel Rosa Especial, *levado ao ar por uma TV do Rio (Rede Globo) em 18 de dezembro passado. Estranhável, porém, o fato de que, sendo Noel autor de elevado número de composições, sempre que em rádio e TV se fala algo sobre Noel, as peças constantes de tais programas não são de sua autoria.*

Assim é que no programa surgiram Feitiço da Vila, Conversa de botequim, Só pode ser você, Feitio de oração, *músicas escritas por meu irmão Oswaldo Gogliano (Vadico). Durante a apresentação, ouvi frases como esta: "Noel é que endireitava a música e não queria botar o nome dele. Porque tem muito autor aí que eu sei que a música é de Noel inteira." Em seguida a essas expressões, a execução de* Conversa de botequim, *composição musical de Vadico.*

Deixo de citar o nome da autora das expressões, porquanto não é o meu feitio atingir a quem quer que seja. Além do mais, não há, nesta missiva, outra intenção senão a de estabelecer a verdade dos fatos. Foi infeliz a produção do programa: a execução de uma peça musical de Vadico, da qual Noel participou unicamente com

VADICO

EVOCAÇÃO III

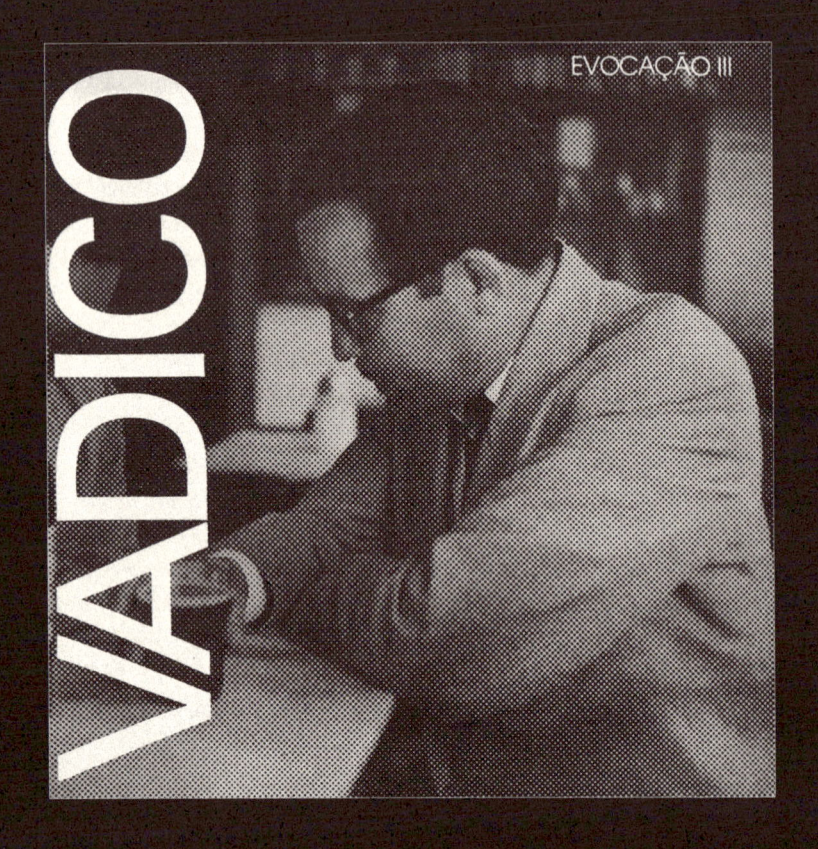

Em 1979, a gravadora Eldorado homenageou o parceiro de Noel com o LP *Vadico – Evocação III*. Eram doze composições de sua autoria – sozinho ou em parceria –, na interpretação de diferentes artistas, exclusivamente em solos instrumentais.

a letra (tenho o impresso original em meu poder), dá a entender que Vadico estaria incluído entre aqueles que Noel ajudou a compor música.

Isso posto, solicito aos senhores a fineza de publicar, para esclarecimento público, o seguinte: não me causa admiração o procedimento de Noel Rosa. Pessoa de coração bem formado, sentia prazer em colaborar, auxiliando compositores de diminutas possibilidades, caso que não se aplica a Vadico. De fato, não me causa surpresa, pois, decorridos quase quarenta anos do falecimento de Noel, há ainda muita gente fazendo música ruim. Como se vê, sua colaboração em favor daqueles que dele necessitavam era um ato de humanidade, mais do que de Arte.

Assim como Noel, com seu talento ímpar, não precisava de pessoa alguma para escrever seus versos, Vadico dispensava qualquer ajuda quando se dispunha a escrever música. Essa afirmativa não é só minha, mas de vários de seus colegas de São Paulo e do Rio, pessoas da maior capacidade musical.

Relativamente a Feitio de oração *e* Feitiço da Vila, *tal é o atrativo dessas composições em seu aspecto puramente musical que, segundo elementos comprobatórios, que coloco à disposição dos senhores, essas peças têm sido executadas em mais de vinte países.*

Dirceu Gogliano, Capital.

A antologia foi descrita como uma reunião de trabalhos "retratados com fidelidade às intenções que o autor marcou em seus originais", segundo escreveu na apresentação, o musicólogo, musicógrafo, pesquisador Arnaldo José Senise. Ele falou do esquecimento por que passava a obra do notável compositor: "Não fosse o encanto que algumas de suas melodias vêm exercendo sobre gerações e gerações – independentemente dos versos a que se juntaram – seria ele um compositor do qual se poderia, hoje, dizer, sem erro: 'Vadico, esse desconhecido.'"

O singular compositor era diferente e de um talento imenso, na opinião de Senise. Para ele, era sabido que os autores de samba e choro pressupunham, usualmente, para suas obras, ampla liberdade de adaptação a instrumentos, conjuntos e intérpretes. "Limitando-se alguns melodistas a sugerir, por cifragem, acompanhamento e harmonia, sem defini-los previamente." Não era o caso de Vadico. E isto o público certamente desconhecia, infelizmente.

Segundo o pesquisador, por cultivar largamente o samba-canção, era claro que o fato de destinar muitas de suas obras ao canto ensejava, por si, formas variadas de acompanhamento instrumental ou de conjunto. Pianista, porém, era na intimidade do seu instrumento que Vadico criava suas composições. Não foi diferente desde que era adolescente e nos tempos de Noel. "E foi sempre para o teclado que o compositor fundiu originalmente as suas peças, despreocupado, por vezes, de que viessem a ser cantadas."

Senise observou ainda que o "fino soar" das partituras construídas por Vadico mostrava um autêntico compositor de escala, no sentido integral do termo. Ele era do tipo que elaborava melodia e harmonia com a meticulosidade e o talento de um exímio artesão. Destacou ainda: "Mestre da inventiva melódica, afastava-se (Vadico) do banal por índole própria, sublinhando o desenho melódico com acordes de genial criatividade."

Dentro da harmonia clássica, explicou Sinese, Vadico dominou todos os recursos e artifícios com que os modernos trabalham. Ao mesmo tempo, orientou sempre a própria originalidade pelo conhecimento das leis de música, sem nunca deixar de falar à alma popular, nem perder o inconfundível caráter brasileiro. "Nas partituras de piano, (Vadico) escreve um tipo de acompanhamento rítmico-harmônico que revela especialmente um riquíssimo envolvimento nas vozes intermediárias, fazendo sobressair aí um trabalho verdadeiramente polifônico, que se torna quase tão relevante quanto a melodia."

O apresentador do disco teve acesso às anotações de Vadico, guardadas na época pela família – o acervo fora preservado pelos irmãos Rute e Dirceu. Senise fez observações valiosas para se compreender seu processo criativo. "Vê-se, pelos textos, que seus objetivos eram sempre claros e conscientes, nada havia neles de gratuito ou casual." Por isso, Dirceu Gogliano observou: "É lastimável que as suas composições sejam alteradas, empobrecidas, quando em mãos de intérpretes que amiúde ignoram as concepções artísticas do autor."

O irmão mais velho do compositor acrescentou ainda: "Desconhecendo preconceitos estéticos e leis musicais de que Vadico não se afastava, certos intérpretes invertem intervalos melódicos, acrescentam às suas frases musicais notas que ele não escreveu, como se isso fosse natural no seu caso, e como se não estivesse diante de escrita cuidada e intencional."

A estrutura dos detalhes de suas composições era, para ele, sagrada e intocável, portanto.

Como já foi dito, Vadico não foi daqueles compositores com obra imensa e variada. Não priorizava a quantidade, como fazia seu parceiro mais constante após sua volta ao Brasil, Marino Pinto. Preferia a qualidade, a elaboração. Era apaixonado pelo samba-canção e choro. E pelo samba, de modo geral, inclusive a bossa nova. E deixou um conjunto de cerca de oitenta músicas, entre populares e peças eruditas, gravadas enquanto estava vivo – não há informações sobre o paradeiro do material inédito, que ele supostamente deixou.

Dirceu Gogliano ressaltou, em 1979, sobre o legado do irmão: "Como irmão e músico, eu e meus familiares assistimos entristecidos ao esquecimento de seu nome em benefício do de parceiros, e do desvirtuamento de suas partituras finalmente concebidas, prejudicando um trabalhador sério, que tudo fez para enriquecer a arte popular, afastando a música daquilo que pudesse vulgarizá-la."

A família Gogliano teria de esperar por mais seis anos para ver a mais bela homenagem que o filho mais famoso recebeu. Em 1985, o samba-enredo da escola de samba paulistana Águia de Ouro foi "Vadico – o parceiro esquecido". A escola acabou em terceiro lugar naquele ano. O samba-enredo, composto por Royce do Cavaco, dizia:

Na roda gira, gira com calor
Ôôô traz um sorriso feito só de amor (bis)
Traz um sorriso feito só de amor

Bateu, bateu
Mais forte o meu coração
No canto dessa multidão
E vem de lá
O brilho que ilumina o caminho
Da águia que bordou seu ninho
Um canto de alegria vou cantar

Vem poeta das melodias serenas
Foi grande parceiro de Noel

NOVA HISTÓRIA DA MÚSICA POPULAR BRASILEIRA

NOEL ROSA

ONDE ESTÁ A HONESTIDADE
(Beth Carvalho)
QUANDO O SAMBA ACABOU
(Mário Reis)
TRÊS APITOS
(Maria Bethânia)
CONVERSA DE BOTEQUIM
(Moreira da Silva)
PALPITE INFELIZ
(Aracy de Almeida)
VOCÊ VAI SE QUISER
(Noel Rosa e Marília Batista)
FEITIO DE ORAÇÃO
(Francisco Alves)
ÚLTIMO DESEJO
(Aracy de Almeida)

O volume de abertura da lendária coleção de discos e fascículos *Nova História da Música Popular Brasileira*, lançada em 1969, foi dedicada a Noel Rosa. Era uma demonstração inquestionável da sua importância na música feita no país no século XX. Vadico aparecia como seu mais importante parceiro.

Seus acordes vêm do céu
Vadico, hoje a festa é pra você

Oi! Abram alas meu povo assim falou!
Oi! Samba iaiá (bis)
Oi! Samba ioio

É, mas não ficou só por aqui
E lá fora foi mostrar
Seu talento brasileiro
Foi maestro pianista seresteiro
E sambista e amante do luar
Mas se o luar tem feitiço
O feitiço da vila também vai brilhar
E ao piano Vadico num sonho alegre
Tocando mais um samba popular

Na roda gira, gira com calor
Ôôô traz um sorriso feito só de amor (bis)
Traz um sorriso feito só de amor

Vadico foi um compositor que tinha nobreza no melhor sentido do termo. Mesmo durante a briga com Almirante, não baixou o nível e poupou Noel de todas as formas. Trazia em si, como elemento natural, a elegância como pessoa quanto pelo talento nato para compor melodias. Daí a imortalidade de sua obra.

AGRADEC

IMENTOS

Todo processo de escrita de um livro é marcado por percalços e obstáculos. Neste caso, escrever sobre alguém que morreu 55 anos antes – mais de meio século, portanto – se tornou um desafio ainda maior. Quando comecei este livro, todos os irmãos de Vadico já tinham morrido e só foi possível encontrar sobreviventes da geração seguinte. Ou seja, dois sobrinhos de primeiro grau: Glauce Gogliano, Daysi Gogliano e Oswaldo Gogliano Sobrinho. Não foi nada fácil, aliás, entrar em contato direto com eles. Glauce e seu filho Rafael foram de uma gentileza sem tamanho, e esta biografia teria um resultado pífio sem sua colaboração. Oswaldo também se mostrou uma fonte preciosa, ao me responder um questionário e tirar dúvidas.

Além deles, sob o risco de cometer alguma injustiça de esquecimento, agradeço imensamente a essas pessoas incríveis que, de muitos modos, contribuíram para o melhor resultado deste trabalho: Carlos Didier (pelas dúvidas tiradas, com uma cortesia rara de se encontrar), Murillo Caetano Junior (por me presentear com o acervo de seu pai sobre Vadico e por me abastecer com discos preciosos para este trabalho), Rafael Peretta (pelos áudios que me permitiram transcrever letras preciosas), Arcírio Golveia Neto (pela ajuda na comunidade Noel Rosa do Facebook), Dirceu Rodrigues (pela leitura musical atenta) Ana Luisa Lage (pelo apoio), Doroteia Reis (por vasculhar sua coleção de revistas antigas para me socorrer), Roberta Sampaio (pela revisão cuidadosa e amizade de sempre), Cris Leite (pela revisão), André Hernandez (pelo maravilhoso projeto gráfico e pela capa fantástica, inteligente e de bom gosto) e Luti Nobre (que virou minha retaguarda desde criancinha).

Vocês são demais.

DISCOG

RAFIA

DISCOGRAFIA EM 78 ROTAÇÕES

Deixei de ser otário
Vadico
Samba
Genésio Arruda
Columbia – 5.098-A
Outubro de 1929

Isso mesmo é o que eu quero
Vadico
Marcha
Genésio Arruda
Columbia – 5.138-B
1929

Vou te pôr em leilão
Vadico
Samba
Januário de Oliveira
Columbia – 5.211-A
Junho de 1930

Onde estás, melodia?
Vadico
Fox
Orquestra Columbia
Columbia – 22.149-B
1930

Arranjei outra
Vadico e Dan Malio Carneiro
Samba
Francisco Alves
Odeon – 10641-B
Julho de 1930

Por amor de meu mulato
Vadico
Samba
Otília Amorim
Victor – 33438-B
Maio de 1931

Silêncio
Vadico
Samba
Luiz Barbosa e Vitorio Latari
Odeon – 10879-A
Dezembro de 1931

Feito de oração
Noel Rosa e Vadico
Samba
Francisco Alves e Castro Barbosa
Odeon – 11042-A
Agosto de 1933

Natália
Vadico
Valsa
Luiz Americano
Odeon –11212-B
Abril de 1935

Conversa de Botequim
Noel Rosa e Vadico
Samba
Noel Rosa
Odeon – 11257-B
Setembro de 1935

Cem mil-réis
Noel Rosa e Vadico
Samba
Marília Batista e Noel Rosa
Odeon – 11337-B
Abril de 1936

Tarzan
Vadico e Noel Rosa
Samba
Almirante
Victor – 34086-A
Setembro de 1936

Quantos beijos
Noel Rosa e Vadico
Samba
Marília Batista e Noel
34140-B
Dezembro de 1936

Provei
Noel Rosa e Vadico
Samba
Marília Batista e Noel Rosa
Odeon – 11422-A
Dezembro de 1936

Só pode ser você
Vadico e Noel Rosa
Samba
Aracy de Almeida
RCA Victor – 34152-A
Março de 1937

Seja o que Deus quiser
Mário Morais e Vadico
Samba
Nuno Roland
Odeon – 11546-A
Dezembro de 1937

Pra que mentir?
Noel Rosa e Vadico
Samba
Silvio Caldas
Victor – 34413-A
Fevereiro de 1939

Feitiço da Vila
Vadico e Noel Rosa
Samba
João Petra de Barros
Odeon – 11175-A
Dezembro de 1943

Feitiço da Vila
Vadico e Noel Rosa
Samba
Namorados da Lua
Continental – 15.613-B
Abril de 1946

Feitiço da Vila
Vadico e Noel Rosa
Samba
Severino Araújo e sua Orquestra
Tabajara Namorados da Lua
Continental – 16.129-A
Outubro de 1946

Conversa de botequim
Vadico e Noel Rosa
Samba
Aracy de Almeida
Continental – 16.317-B
Dezembro de 1950

Feitiço da Vila
Vadico e Noel Rosa
SambaAracy de Almeida
Continental –16.318-A
Novembro de 1950

Saudade intrusa
Vadico
Samba
Ari Cordovil
Philips – P61013H-B
Maio de 1950

Pra que mentir?
Noel Rosa e Vadico
Samba
Aracy de Almeida
Contnental – 16.391-A
Maio de 1951

Feitio de oração
Vadico – Noel Rosa
Samba
Aracy de Almeida
Continental – 16.392-A
Maio de 1951

Feitio de oração
Vadico e Noel Rosa
Samba
Zaccarias e sua orquestra
Victor – 80.0760-A
Maio de 1951

Feitiço da Vila
Vadico e Noel Rosa
Samba
Bené Nunes
Continental – 16.772-B
Junho de 1953

Maestro Marmelada
Vadico
Choro
Raul de Barros e seu conjunto
Odeon – 13.473-A
Julho de 1953

Feitiço da Vila
Vadico e Noel Rosa
Samba
Garotos da Lua
Sinter 347-B
Novembro de 1954

**Maestro Marmelada/
Is It All Right**
Columbia – 78 rpm
1954

Mais um samba popular
Vadico e Noel Rosa
Samba
Ana Cristina
Sinter – 354-A
Novembro de 1954

**Tarzan o filho do alfaiate/
Não sobra um pedaço**
Continental – 78 rpm
1955

**Conversa de botequim/
Duvidoso**
Continental – 78 rpm
1955

Feitiço da Vila
Vadico e Noel Rosa
Samba
José Luciano
Mocambo – 15.065-A
1955

Conversa de botequim
Noel Rosa e Vadico
Samba
Trio Surdina
Musidisc – M-15002-B
Setembro de 1955

Conversa de botequim
Vadico e Noel Rosa
Samba
Vadico e seu regional
Continental – 17.117-A
Junho de 1955

Duvidoso
Vadico
Choro
Vadico e seu regional
Continental – 17.117-B
Junho de 1955

Não sobra um pedaço
Bororó e Aregivo
Choro
Vadico e seu regional
Continental – 17.188-B
Dezembro de 1955

Coração, atenção!

Vadico e Marino Pinto
Samba prelúdio
Helena de Lima
Continental – 17.237-A
Fevereiro de 1956

Prece
Vadico e Marino Pinto
Samba prelúdio
Helena de Lima
Continental – 17.237-B
Março de 1956

Feitio de oração
Vadico e Noel Rosa
Samba
Britinho e seu ritmo
Sinter – 481-B
Junho de 1956

Feitiço da Vila
Vadico e Noel Rosa
Samba
Fafá Lemos e seu conjunto
Victor – 80.1624-B
Julho de 1956

Guanabara
Vadico e Aloisio de Olvieira
Samba
Aurora Miranda
Odeon – 14.076-A
Agosto de 1956

Prece
Vadico e Marino Pinto
Samba prelúdio
Trio Nagô
Victor – 80.1840-B
Setembro de 1957

Prece
Vadico e Marino Pinto
Samba prelúdio
Severino Araújo e Orquestra
Tabajara
Continental – 17.518-B
Fevereiro de 1958

Homenagem a Noel Rosa (pot-pourri)
Vadico e Noel Rosa
Samba
Orquestra Omar Izar e seus Harmonicistas
Odeon – 14.318-B
Abril de 1958

Prece
Vadico e Marino Pinto
Samba prelúdio
Helena de Lima
Continental 17.561-A
Julho de 1958

Dói muito mais a dor
Vadico e Edison Borges
Samba-canção
Agostinho dos Santos
RGE – 10122-B
Outubro de 1958

Prece
Vadico e Marino Pinto
Samba
Agnaldo Rayol
Copacabana – 5.865-A
Março de 1958

Prenúncio
Vadico e Marino Pinto
Samba
Carlos José
Odeon – 14.427-B
Fevereiro de 1959

Até quando?
Vadico e Marino Pinto
Samba-canção
Peri Ribeiro
Odeon – 14.547-A
Novembro de 1959

Tarzan, o filho do alfaiate
Noel Rosa e Vadico
Samba
Vadico e seu regional
Continental – 17.188-A
Novembro de 1959

Dormir... sonhar
Vadico e Herberto Sales
Samba-canção
Carminha Mascarenhas
Polydor – 334-A
Setembro de 1959

Prenúncio
Marino Pinto e Vadico
Samba-canção
Marisa Barroso
Victor – 80.2193-A
Abril de 1960

Cem mil-réis
Vadico e Noel Rosa
Samba
Risadinha
Continental – 17.806-A
Agosto de 1960

Até quando
Vadico e Marino Pinto
Samba-canção
Elizeth Cardoso
Copacabana – 6.114-B
Agosto de 1960

Vamos brincar de amor
Vadico e Herbeto Salles
Samba-canção
Rossini Pinto
Copacabana – 6.243-B
Junho de 1961

Os discos a seguir não apresentam data de lançamento em suas fichas técnicas:

Até amanhã/Fetiço da Vila
Vadico e Noel Rosa
Samba
Horacina Correia
Musidisc –M-15020-A

Feitio de oração
Vadico e Noel Rosa
Samba-canção
Trio Surdina
Musidisc – M-50005-B

Prece
Vadico e Marino Pinto
Samba prelúdio
Lana Bittencourt
Columbia - CB10274-B

Noel Rosa
David Nasser e Vadico
Samba-canção
Leny Eversong
Copacabana – 5.652-A

Maestro Marmelada
Vadico
Samba
Vadico e sua orquestra
Columbia – 22.246-A

Is it all right?
Vadico
Samba
Vadico e sua orquestra
Columbia – 22.246-B

Minha vida melhorou
Vadico
Samba
J. Kolman e sua orquestra
Columbia – 55.146-A

Glorinha
Vadico
Choro

Solo de saxofone
Ouvidor – 3.011-A

Não sei
Vadico
Choro
Solo de saxofone
Ouvidor – 3.011-B

**Silêncio de um minuto/
Pra que mentir?**
Vadico e Noel Rosa
Sambas
Horacina Correia
Musidisc –M-15020-B

FORMATOS LP DE 10 E 12 POLEGADAS

Os Copacabana
Quincas, Astor e Vadico
Continental – LP
1955

Dançando com Vadico
Continental – LP
1956

Festa dentro da noite
Vadico e Seu Conjunto
Instrumental

Festa – LP
1959

Festa dentro da noite Nº 2
Vadico e Sua Orquestra
Festa – LP
1959

Vadico. Evocação III
Eldorado – LP
1980

BIBLIOG

RAFIA

LIVROS

AGUIAR, Ronaldo Conde. Os reis da Voz. Rio de Janeiro, Editora Casa da Palavra, 2013.

ALZUGUIR, Rodrigo. Wilson Batista – O samba foi sua glória. Rio de Janeiro, Casa da Palavra, 2013.

ARAGÃO, Nilde Hersen. Vila Isabel – Terra de poetas e compositores. Rio de Janeiro, Editora Conquista, 1997.

ARAÚJO, Eduardo. Pelos caminhos do rock. Rio de Janeiro, Editora Record, 2017.

ARAÚJO, Paulo César de. Roberto Carlos em detalhes. São Paulo, Editora Planeta, 2006.

AUGUSTO, Alexandre. Moreira da Silva – O último dos malandros. Rio de Janeiro, Editora Record, 1996.

AZEVEDO, M. A. de (NIREZ) et al. Discografia brasileira em 78 rpm. Rio de Janeiro: Funarte, 1982.

BARROS, Orlando de. Corações de Chocolat – A história da Companhia Negra de Revistas (1926-27), Rio de Janeiro, Livre Expressão, 2005.

BLANCO, Billy. Tirando de letra e música. Rio de Janeiro, Editora Record, 1996.

CABRAL, Sérgio. No tempo de Almirante – Uma história do Rádio e da MPB. Rio de Janeiro, Editora Francisco Alves,1990.

_____. No tempo de Ary Barroso. Rio de Janeiro, Editora Lumiar, 1991.

_____. Ataulfo Alves – Vida e obra. Editora Lazuli/Companhia Editora Nacional, 2009.

_____. Elisete Cardoso – Uma vida. Rio de Janeiro, Lumiar Editora, 1994.

_____. Antonio Carlos Jobim – Uma biografia. Rio de Janeiro, Editora Lumiar, 1997.

CALDAS, Waldenyr. Iniciação à Música Popular Brasileira. São Paulo, Editora Amarilys, 2010.

CARDOSO, Sylvio Tullio. Dicionário Biográfico da música Popular. Rio de Janeiro: Edição do autor, 1965.

CASTELLO, José. Vicinius de Moraes, o poeta da paixão – uma biografia. São Paulo, Companhia das Letras, 1998.

CASTRO, Ruy. Carmen. Uma biografia. São Paulo, Companhia das Letras, 2005.

_____. Chega de saudade – A história e as histórias da bossa nova. São Paulo, Companhia das Letras, 2016.

_____. Ela é carioca – Uma enciclopédia de Ipanema. São Paulo, Companhia das Letras, 1999.

_____. Tempestade de ritmos – Jazz e música popular no século XX. São Paulo, Companhia das Letras, 2007.

_____. A noite do meu bem – A história e as histórias do samba-canção, são Paulo, Companhia das Letras, 2015.CAYMMI, Stella. Dorival Caymmi, o mar e o tempo. São Paulo, Editora 34, 1994.

CRAVO, Jorge. O caçador das bolachas perdidas. Rio de Janeiro, Editora Record, 2002.

DIDIER, Carlos; MÁXIMO, João. Noel Rosa – Uma biografia. Brasília, Editora da Universidade de Brasília, 1990.

_____. Nássara Passado a Limpo. Rio de Janeiro, Editora José Olympio, 2010.

DINIZ, André. Almanaque do samba. Rio de Janeiro, Jorge Zahar Editor, 2006.

EFEGÊ, Jota. Figuras e coisas da música popular brasileira – Volume 1. Rio de Janeiro, Funarte, 1978.

_____. Meninos, eu vi. Rio de Janeiro, Funarte, 1985.

FAOUR, Rodrigo. *Ângela* Maria – A eterna cantora do Brasil. Rio de Janeiro, Editora Record, 2015.

_____. História sexual da MPB – A evolução do amor e do sexo na canção brasileira. Rio de Janeiro, Editora Record, 2006.

_____. Bastidores – Cauby Peixoto, 50 anos da voz e do mito. Rio de Janeiro, Editora Record, 2001.

FEIJÓ, Leo; WAGNER, Marcus. Rio – Cultura da Noite: uma história da noite carioca. Rio de Janeiro, 2014.

GARCIA, Walter. (Organizador) João Gilberto. São Paulo, Editora Cosac & Naify, 2012.

GIL-MONTEIRO, Martha. Carmen Miranda – A pequena notável. Rio de Janeiro, Editora Record, 1989.

GIRON, Luís Antonio. Mário Reis – o fino do samba. São Paulo, Editora 34, 2001.

GOMES, Bruno Ferreira. Wilson Batista e sua época. Rio de Janeiro, Funarte, 1985.

GUIMARÃES, Francisco (Vagalume). Na roda do samba. Rio de Janeiro, Funarte 1978.

GONÇALVES, Camila Koshiba. Música em 78 rotações – Discos a todos os preços na São Paulo dos anos 30. São Paulo, Editora Alameda, 2013.

HOMEM, Wagner; LA ROSA, Bruno. Vinicius de Moraes – Histórias de canções. São Paulo, Editora Leya, 2013.

JOBIM, Helena. Antonio Carlos Jobim – Um homem iluminado. Rio de Janeiro, Editora Nova Fronteira, 1996.

JUNIOR, Ayrton Mugnaini. Adoniran – Dá licença de contar. São Paulo, Editora 34, 2002.

LEITÃO, Luiz Ricardo. Noel Rosa – Poeta da Vila, cronista do Brasil. São Paulo, Editora Expressão Popular, 2009.

LIMA, Giuliana Souza de. Almirante, a mais alta patente do rádio. São Paulo, Editora Alameda, 2014.

MARTINS, Luis. Um bom sujeito. São Paulo, Editora Paz e Terra, 1983.

MEDAGLIA, Júlio; CAMPOS, Augusto de. Balanço da bossa e outras bossas. São Paulo: Perspectiva, 1993.

MARCONDES, Marcos Antônio. (ED). Enciclopédia da Música popular brasileira: erudita, folclórica e popular. 2. ed. São Paulo: Art Editora/Publifolha, 1999.

MENDONÇA, Ana Rita. Carmen Miranda foi a Washington. Rio de Janeiro, Editora Record, 1999.

MONTEIRO, Denílson. Dez, nota dez!: Eu sou Carlos Imperial. São Paulo, Editora Planeta, 2015.

_____. Ronaldo Boscoli, a bossa do lobo. São Paulo, Editora Leya, 2011.

NETO, Antonio Leão da. Dicionário de filmes brasileiros – Longametragem. São Bernardo do Campo, Edição do autor, 2009.

NETO, Ramalho. Historinha do Desafinado (bossa nova). Rio de Janeiro, Editora Vecchi, 1965.

OLIVEIRA, Aloysio de. De banda pra lua. Rio de Janeiro, Editora Record, 1982.

PACHECO, Jacy. Noel Rosa e sua época. Rio de Janeiro, G. A. Penna Editora, 1955.

_____. O cantor da Vila. Rio de Janeiro, Edições Minerva, 1958.

PAIVA, Salvyano Cavalcanti. Viva o rebolado – vida e morte do teatro de revista brasileiro. Rio de Janeiro, Editora Nova Fronteira, 1991.

PECCI, João Carlos. Vinicius sem ponto final. São Paulo, Editora Saraiva, 1994.

PEREIRA, Arley. História do samba. São Paulo, Editora Globo, 1998.

PINTO, Mayra. Noel Rosa – O humor na canção. São Paulo, Ateliê Editorial, 2012.

RANGEL, Lúcio. Coleção Revista da Música Popular. Rio de Janeiro, Funarte, 2006.

_____. Sambistas e Chorões. São Paulo, Instituto Moreira Salles, 2014.

SANTOS, Joaquim Ferreira. Enquanto houver champanhe, há esperança. Rio de Janeiro, Editora Intrínseca, 2016.

SEVERIANO, Jairo e MELLO, Zuza Homem de. A canção no tempo. Volume1. São Paulo: Editora: 34, 1999.

TINHORÃO, José Ramos. Pequena história da Música Popular Brasileira. São Paulo, Art Editora, 1991.

VASCONCELOS, Ary. Panorama da música popular brasileira - volume 2. Rio de Janeiro: Martins, 1965.

VÁRIOS autores. Enciclopédia da Música Popular Brasileira – Erudita, folclórica e popular. São Paulo, Publifolha, 2003.

VIEIRA, Jonas. Orlando Silva, o cantor das multidões. Rio de Janeiro, Funarte, 1997.

JORNAIS E REVISTAS

Jornais consultados entre 1926 e 1965:
O Globo, Folha da Noite, Folha da Manhã, Correio da Manhã, Última Hora, Diário Carioca, Diário de Notícias, O Dia, A Nação, A Noite, O Jornal e *Diário da Noite*.

Revistas entre 1926 e 1965:
O Malho, Revista da Semana, Carioca, Revista da Música Popular, Mundo Ilustrado, A Cigarra, Vamos Ler!, Radiolândia, Revista Long-play, Revista do Rádio e *Manchete*.

INTERNET

pt.wikipedia.org/wiki/Oswaldo_Gogliano
dicionariompb.com.br/vadico
www.letras.com.br/biografia/vadico
enciclopedia.itaucultural.org.br/pessoa560843/vadico
formasemeios.blogs.sapo.pt/2009/08/26/
culturabrasil.cmais.com.br/programas/78-rpm/arquivo/vadico-100-anos
www.millarch.org/artigo/continental-sua-historia-gravada-fundo-dentro-da-mpb
www.cartacapital.com.br/cultura/um-sambista-do-bras
enciclopedia.itaucultural.org.br/pessoa560843/vadico
www.musica.ufmg.br/permusi/port/numeros/14/num14_cap_03.pdf
jgnews-jornaldasgravadoras.blogspot.com.br/2010/07/vadico-100-anos-erasmino-gogliano-e.html.
memoria.bn.br/DocReader/DocReader.aspx?bib=003581&pesq=Vadico
cifrantiga3.blogspot.com.br

CONHEÇA TAMBÉM:

AS MEMÓRIAS PERDIDAS DE CATULO DA PAIXÃO CEARENSE
UM DOCUMENTO PRECIOSO DA HISTÓRIA DA MPB.

Este livro foi impresso em papel pólen 70g, usando as fontes Garamond e Birch.